尚学

中国法律思想史
（第三版）

李贵连　李启成　著

北京大学出版社
PEKING UNIVERSITY PRESS

图书在版编目(CIP)数据

中国法律思想史/李贵连,李启成著. —3 版. —北京：北京大学出版社,2023.9
ISBN 978-7-301-34331-9

Ⅰ. ①中… Ⅱ. ①李… ②李… Ⅲ. ①法律—思想史—中国—高等学校—教材 Ⅳ. ①D909.2

中国国家版本馆 CIP 数据核字(2023)第 153892 号

书　　名	中国法律思想史（第三版） ZHONGGUO FALÜ SIXIANGSHI (DI-SAN BAN)
著作责任者	李贵连　李启成　著
责任编辑	张玉琢　王　晶
标准书号	ISBN 978-7-301-34331-9
出版发行	北京大学出版社
地　　址	北京市海淀区成府路 205 号　100871
网　　址	http://www.pup.cn
新浪微博	@北京大学出版社　@北大出版社法律图书
电子邮箱	编辑部 law@pup.pku.edu.cn　总编室 zpup@pup.cn
电　　话	邮购部 010-62752015　发行部 010-62750672　编辑部 010-62752027
印刷者	天津中印联印务有限公司
经销者	新华书店
	730 毫米×980 毫米　16 开本　22.25 印张　399 千字 2003 年 7 月第 1 版　2010 年 9 月第 2 版 2023 年 9 月第 3 版　2023 年 9 月第 1 次印刷
定　　价	59.00 元

未经许可，不得以任何方式复制或抄袭本书之部分或全部内容。
版权所有，侵权必究
举报电话：010-62752024　电子邮箱：fd@pup.cn
图书如有印装质量问题，请与出版部联系，电话：010-62756370

目 录

第一编 中国传统法律思想

3 第一章 导论
　　一、本课程的研究对象及其特点 /4
　　二、学习中国法律思想史的态度 /9
　　三、学习中国法律思想史的方法 /12

18 第二章 中国上古时期的神权法思想
　20 第一节 夏、商、西周的神权法思想
　　一、夏代的"天命""天罚"思想 /21
　　二、神权法思想在商代的发展 /22
　23 第二节 法思想由神权向世俗的演进——西周
　　一、"以德配天"说 /23
　　二、"明德慎罚"说 /24
　　三、大宗法制下的礼治思想 /25

31 第三章 儒家的法律思想
　32 第一节 儒家学说概述
　　一、儒家学说在先秦之形成 /32
　　二、先秦儒家学说之思想脉络简介 /35

38 第二节 "为国以礼"的礼治思想
　　一、礼治思想的渊源 /38
　　二、儒家对西周礼治思想的继承和发展 /38
　　三、儒家礼治思想的等级社会观 /40
　　四、礼的作用和礼与法的关系 /42

45 第三节 "德主刑辅"的德治学说
　　一、"省刑罚，薄税敛"，"富而后教" /45
　　二、"以德去刑" /48
　　三、"宽猛相济""德主刑辅" /50

53 第四节 儒家的"人治"学说

54 第五节 先秦儒家法律思想的命运和历史地位

58 第四章 墨家的法律思想

60 第一节 儒、墨两家的对立与互融
　　一、"敬鬼神而远之"与"事鬼神" /61
　　二、"爱有差等"与"兼相爱" /62
　　三、"小人喻于利"与"交相利" /63

63 第二节 墨家以"兼爱"为核心的法律思想
　　一、"天下之人皆相爱"的理想社会 /63
　　二、"法天"的法律观 /64
　　三、"尚贤" /67
　　四、墨家的一些重要刑罚命题 /69

72 第五章 道家的法律思想

74 第一节 老子的法律思想
　　一、"法自然"之"道" /75
　　二、对仁义礼法的批评 /76

79 第二节 庄子的法律虚无主义
　　一、庄子思想概述 /80
　　二、主张绝对无为，否定仁义礼法 /81

第六章 法家的法律思想 …… 86

第一节 法家法治思想产生的社会背景 …… 87
第二节 法家的法律观 …… 88
一、关于法律的本质 /89　　二、关于法律的起源 /90
三、关于法律的作用 /91
第三节 法家推行"法治"的理论 …… 92
一、"法治"与"礼治""德治"和"人治"的对立 /92
二、法家推行"法治"的理论前提 /93
三、法家推行法治的方法 /96
第四节 法家主要代表人物简介 …… 102
一、被法家奉为先驱的管仲 /102　　二、法家的开创者李悝 /103
三、法家思想的奠基人商鞅 /103　　四、以重"势"著称的慎到 /104
五、重"术"的申不害 /106
六、集法家思想之大成的韩非 /107

第七章 秦以后的正统法律思想 …… 111

第一节 秦汉之际正统法律思想的形成 …… 112
一、法家思想在秦汉之际命运由盛而衰的大转折 /112
二、黄老思想在汉初的得势与衰落 /113
三、儒学在汉初的发展 /115
四、董仲舒与儒学独尊 /118
第二节 正统法律思想的演变 …… 122
一、两汉之际的经义决狱 /122
二、魏晋时期"法律儒家化"进程的逐步展开 /126
三、正统法律思想的典范：《唐律疏议》的立法思想 /133
四、理学思潮与正统法律思想的强化 /136
第三节 正统法律思想的特点 …… 140
一、通过法制来治官治吏以维护君主的权威 /141
二、儒家思想法律化 /145

第八章　明清之际思想家的法律思想　149

第一节　黄宗羲的法律思想　150
一、抨击君主专制和限制君权 /151
二、以"天下之法"取代"一家之法" /155

第二节　王夫之的法律思想　158
一、以"夷夏大防"为中心的民族主义 /159
二、立法以成就"一代之制" /162
三、"任法"不如"任人" /166
四、成就"一代之制"的司法举措 /170

第二编　中国近代法律思想

第九章　中国近代法律思想导论　179

第一节　中国社会从传统到近代的转型　180
一、近代前夕的中西社会情形 /180
二、近代中国学习西方的逐渐深化——器物、制度和文化 /182

第二节　中国近代法律思想发展之脉络　185
一、近代早期西方法的输入 /185
二、近代转型的中心任务——宪政和法治 /189
三、中国近代法律思想演变综述 /193

第十章　洋务派的法律思想　198

第一节　洋务派及其"中体西用"思想　199

第二节　张之洞的法律思想　201
一、变而不失其道的变法观 /203
二、整顿中法与采用西法 /204
三、博采东西诸国律法，力求合于国家政教大纲 /207
四、任法不如任人 /210

216　第十一章　改良主义的法律思想

- 217　第一节　19世纪的社会改良运动和"戊戌变法"
- 219　第二节　康有为的法律思想
  - 一、维新时期的"变法"思想 /220
  - 二、康有为晚年的法律思考——《拟中华民国宪法草案》/227
- 234　第三节　梁启超的法律思想
  - 一、"随时创法"的变法观 /235
  - 二、君宪与共和——梁启超的宪政观 /238
  - 三、"民权"与"法治"/243
  - 四、"立法"与"司法"/247
  - 五、地方自治 /252
- 253　第四节　严复的法律思想
  - 一、严复的变法思想 /254
  - 二、严复的自由与民权观 /258
  - 三、严复的法治观 /261

266　第十二章　晚清法律改革和沈家本的法律思想

- 267　第一节　晚清法律改革
  - 一、对《大清律例》的改造 /268
  - 二、外国法典和法学著作之翻译 /269
  - 三、制定新法律 /270
- 272　第二节　法律改革中的礼法之争
  - 一、礼法之争概述 /272
  - 二、礼法之争核心内容举例 /277
  - 三、国家主义与家族主义之争 /280
- 284　第三节　沈家本的法律思想

　　　　一、治国强国的法律救国论 /286
　　　　二、儒家仁政与人道主义思想 /287
　　　　三、酌古准今，融会中西 /290
　　　　四、中西法律的融会点——法理 /293
　　　　五、沈家本的法治(Rule of Law)理想 /296

第十三章　革命派的法律思想

第一节　革命派法律思想概述
　　一、民权至上 /306
　　二、主张共和宪政 /308
　　三、对传统纲常伦理的批判 /310

第二节　孙中山的法律思想
　　一、民主法治的追求者 /313
　　二、三民主义理论和五权宪法构想 /316
　　三、"党治"理论的倡导者 /322
　　四、南京国民政府的"党治" /325

第三节　章太炎的法律思想
　　一、专以法律为治，反对人治和人法兼治 /330
　　二、反对专制和代议制 /334
　　三、中华民国成立后的法治方案 /337
　　四、军阀割据下的联省自治 /339

后　记 /345

修订三版后记 /347

第一编
中国传统法律思想

第一章　导论

一、本课程的研究对象及其特点

中国法律思想史主要以中国历史上曾经出现的法思想、法意识为研究对象,既包括传统中国的法律思想,也包括近现代中国的法律思想。但由于自近代以来中国的整个法律体系以西方法为导向的全面转型,我们今天在理解传统中国的法观念方面存在很大的困难。所以,我们首先必须探究一下,在传统社会,什么是"法"?什么是"法律思想"?什么是"中国"?

为什么开始要谈上述问题?因为这直接涉及本学科的学习范围和思路等问题。现在学界、包括学生,都在批评这门学科存在的一些问题。比如说,就学习和研究对象而言,它与任何一门中国思想史专史,尤其是中国政治思想史的区别何在?人还是那些人,背景还是那些背景,思想还是那些思想,给我们的印象好像是思想史中出现的人物都是大同小异,都是百科全书式的学者?又比如,撰写体例极其单一,从整体结构上讲:"我们的思想史家按照时间的顺序安排着他们的章节,大的思想家一章,小的思想家一节,仍不够等级的话可以几个人合伙占上一节,再不济的话也可以占上一段……思想的历史也就自然成了思想家的博物馆,陈列着他们照片。一半仿佛编花名册,把已经逝去的天才的生平与著作一一登录在案,一半仿佛挂光荣榜,论功行赏或评功摆好。"①从每个思想家的写法来看,先是叙述宏观社会背景,接着是思想家的生平,然后是归纳具体法律思想几条几款,最后是评述,而且在评述中还少不了其阶级局限性。这些问题确实存在,但也有被夸大和误解的地方。因为中国法律思想史是"思想"的历史,而"思想"是人所独具的,尤其是那些具有原创性的大思想家,故思想史的讲述以思想家为线索来展开自有其必然性;再则,传统中国之学术是以经史子集来划分的,思想家和学者之追求在"通",在寻道,故用今天的眼光看来,事实上就是百科全书式的;最后,看到并提出问题容易,但分析产生问题的原因并进而提出富有建设性的解决方案则难得多。

首先让我们来简单回顾一下本学科的学术史。在传统中国学术中,史学和文学具有悠久的传统,达到了相当高的水准。史学中的正史"二十四史"尤为其

---

① 葛兆光:《中国思想史——导论·思想史的写法》,复旦大学出版社2001年版,第9页。

中翘楚。①《史记》虽然有零星的关于中国古代法律的记录,但以专门形式对法律史料作系统的记录与整理则始于班固所著《汉书》中的"刑法志"。从此以后,刑法志成为中国正史的组成部分,形成了撰写断代刑法志的传统。② 这些刑法志中虽也体现了一些传统法律思想,但更多的属于法制史之论述。另外,在正史"列传""本纪"中,有一些关于思想家、律学家的介绍,则属于零星可见的法律思想史材料。编年体史书中也保存了一些法律思想史资料,比如说司马光编纂的《资治通鉴》和毕沅编纂的《续资治通鉴》等。此是从事实上而言。在思想领域,传统中国就主流而言,秉持为国以礼的观念,视法律和刑罚为一种不得已的下策(如纪晓岚所说"刑名之学,起于周季,其术为圣世所不取"③),最多只能是治国之下策。因此,传统中国并不存在独立的法律思想史学科。

沟通法学和史学的法律史学科之产生,必定是在新法学和新史学出现之后。中国新史学和新法学的出现是受西风东渐的影响形成于20世纪之初。所以学科意义上的中国法律史之产生也是20世纪之后的事情。杨鸿烈于1936年撰写成的《中国法律思想史》是本学科产生的重要标志,商务印书馆于1998年重新翻印出版。杨氏的《中国法律思想史》,将中国历代的法律思想分为四个时期,即殷周萌芽时代、儒墨道法诸家对立时代、儒家独霸时代和欧美法系侵入时代,由此杨氏根据思想派别之差异,结合思想家思想之具体内容,将中国几千年来占支配地位的法律思想变迁之轮廓勾勒了出来,对中国法律思想史学科之形成具有奠基意义。就是在现今看来,杨氏的《中国法律思想史》仍然能给我们诸多启发。

---

① 近代新史学的奠基者梁启超曾认为,传统正史是帝王将相之家谱。此一断言因为梁氏的巨大影响而广为流传,其实梁氏在这里是为了建设新史学需要拓宽史料范围而出的矫枉过正之言,当不得真。柳诒徵所说可能更符合实际情况,"世恒病吾国史书为皇帝家谱,不能表示民族社会变迁进步之状况,实则民族社会之史料,触处皆是,徒以浩穰无纪,读者不能博观而约取"。(柳诒徵:《中国文化史》,上海古籍出版社2001年版,《绪论》,第7页)

② 本来二十四史和《清史稿》中只有《汉书》《晋书》《魏书》《隋书》《旧唐书》《新唐书》《旧五代史》《宋史》《辽史》《金史》《元史》《明史》和《清史稿》等13种有"刑法志"(包括定名"刑罚志"等的同类篇目),到20世纪30年代,丘汉平鉴于《后汉书》《三国志》《宋书》《南齐书》《梁书》《陈书》《北齐书》和《周书》等8种正史原无刑法志,遂从各没有编修刑法志的断代史《纪》《传》中收集有关材料,汇成《后汉刑法志》《魏刑法志》和南北朝各朝刑法志,并收入《汉书》等各史书已有之刑法志(对元朝取《新元史·刑法志》,另收入清代汪士铎撰《南北史补志·刑法志》和明代宋濂等撰《元史·刑法志》作为附录,以《历代刑法志》(上下册)为书名于1938年由长沙商务印书馆出版,1962年群众出版社加以翻印。鉴于《晋书·刑法志》记述了自远古到魏晋时期的法律思想和法制演化概貌,保留了不少珍贵史料,在历代刑法志中水平较高,颇具特色,周东平主编《晋书·刑法志》译注(人民出版社2017年版),该书亦非常有助于学者认真研读。

③ 四库全书研究所整理:《钦定四库全书总目(整理本)》,上册,中华书局1997年版,第1313页。

现今我们谈论中国法律思想史这个学科,依然绕不开这本书。①

到了20世纪40年代,中国法律思想史这一学科有了较大发展,学界中人开始对中国法律思想,尤其是西风东渐以来的近代法律思想进行审视和反思。其中最有代表性,在某种意义上也最为深刻的是蔡枢衡先生于1947年自刊的《中国法理自觉的发展》一书。② 他所反思的近三十年来中国法学,当然也包括中国法律思想史在内的"幼稚"性质及其背后的原因分析,话语虽尖刻,但他指出的问题无疑是深中时弊的。这一时期还出现了一本研究中国传统法律的扛鼎之作,那就是瞿同祖先生的《中国法律与中国社会》。③ 该书正文分为六章,前四章主要谈及家族、婚姻和阶级,侧重于分析传统中国法律制度的社会背景;后两章分别谈及巫术、宗教和儒法两家思想及其关系和影响,与法律思想史紧密相关。该书的特色是从社会的角度来看待法律制度和思想,并把握二者间的密切联系,认为法律与社会有着密不可分的依存关系,它维护了当时社会的制度、道德和伦理等

---

① 其实,杨鸿烈的《中国法律思想史》并非凭空产生,在它之前有相当数量的学者做了不少奠基性的工作。较早可以追溯到梁启超的《先秦政治思想史》,之后还有吴经熊、丘汉平诸人的。吴经熊在近代法学史上很有名,与霍姆斯、斯塔姆勒等人平等对话,其法学造诣在他那个时代可以说是学贯中西,著有《超越东西方》等。

② 该书在新中国成立之后的很长一段时间内湮没无闻,直到20世纪90年代才有极少的法律史学者发现其价值。该书于2005年由清华大学出版社重新出版。蔡枢衡,这本是一个中国法学界不应遗忘的名字。先生虽然主攻刑法学,但在法理学方面也很有建树。其代表作《中国法理自觉的发展》的主要部分,是蔡先生于抗战时期烽火连天的岁月里在西南联大写就。本书的很多内容,蔡先生先以论说文形式在报上发表,故文章并非学究式的,而是以平实见长。如果当今中国的法律人没有看过这本书,建议大家找来看看,对理解中国法的当下处境很有帮助。另外也可以体会一下:在出版物汗牛充栋的今天,有几本法学著作能达到并超越该书的学术水准? 蔡枢衡(1904—1983),早年曾受私塾教育,后入新式学堂,中学毕业后留学日本,先后就读于日本中央大学法学部、东京帝大法学部,师从著名刑法学家牧野英一。从1935年开始先后执教于北京大学法律系、西南联大法律系,担任法学教授。新中国成立后,继续在北京大学做法学教授。1952年的法学教育改革中,作为旧法人员,从此被迫离开教学岗位,先后被安排到政务院法制委员会、国家法制局、全国人大办公厅法律室、全国人大常委会办公厅法律室任职。蔡先生的一生,可说是中国法学近百年发展的一个缩影。

③ 瞿同祖,1910年7月出生于湖南长沙,其祖父瞿鸿禨、晚清大学士、军机大臣,深度参与清末政治改革,1907年因失宠于慈禧太后而罢归故里。因祖孙同庚(鸿禨生于道光三十年,岁次庚戌),瞿鸿禨欣喜异常,特为长孙取名为"同祖"。童年在上海度过。1923年随叔父进京居住,先后就读于育英、汇文中学,1930年以优异成绩保送燕京大学,主修社会学。1934年毕业于燕京大学社会学系,随即转读该校社会史专业的研究生,1936年以论文《中国封建社会》(1937年出版)获文学硕士学位。1939年至1944年在云南大学任教,其间还在西南联合大学兼职。通过吴文藻的介绍,瞿同祖结识了来华访问的魏特夫。后来魏氏在美国哥伦比亚大学成立中国历史研究室,聘瞿同祖为研究员。其间,瞿氏著有《汉代社会》一书,用英文重写《中国法律与中国社会》。1955年到1962年应杨联陞教授的推荐,费正清邀请他到哈佛大学东亚研究中心任研究员,他在那期间,完成了《清代地方政府》的创作。1962年到1965年应聘到加拿大不列颠哥伦比亚大学任教,1965年秋回国,被分配到湖南文史馆工作。1978年调入中国社会科学院近代史研究所,任研究员。《中国法律与中国社会》是瞿同祖根据其在云南大学和西南联合大学的中国法制史和社会史讲稿改写的,于1947年由上海商务印书馆出版。后由作者加以修改、补充,译成英文,于1961年在国外出版。1981年作者又应中华书局要求,对原书作了某些修改,再次印刷出版。该书是社会学家研究传统中国法的代表性著作。

价值观念，也反映了该时期的社会结构。中国古代法律的主要特征表现在家族和阶级这两个概念上，反过来它们也是中国古代法律所要维护的社会制度和社会秩序的支柱。本书依据大量个案和判例，分析了中国古代法律在社会上的实施情况及其对人们生活的影响，揭示了中国古代法律的基本精神和主要特征，是相关学科研究的重要参考书。

1949年的政权鼎革作为中国现代史上最重大的事件，对中国法律思想史的前途产生了决定性影响。具体而言则是苏联法的移植和1952年的院系调整。之后，中国法律史被并入苏式法学课程表中，并改名为"中国与苏联国家的法权历史"，为法科学生的必修课。当时中国之所以全方位向苏联学习，原因很多很复杂，在当时自然是无可厚非，但学习榜样不应是教条主义式的，以榜样之是非为是非则会导致自我创造能力的缺乏。由于苏式课表里面没有法律思想史的课程，因此新中国成立前已经初步发展起来的中国法律思想史这门学科被人为取消。

20世纪70年代高等教育恢复伊始，高等院校的课程和研究生招生专业中没有中国法律思想史，而是栖身于中国政治思想史中，以后又有了学科划分不明不白的中国政治法律思想史。1979年中国法律史学会在长春召开成立大会，会议的中心议题之一就是探讨法律思想史和政治思想史的关系问题。有学者提出应将"中国法律思想史"设立为独立学科，并认为惟有如此，才符合学科分类原则和学科担任的研究任务，"只有把法律思想从政治思想的体系中分离出来，才有可能使之获得充分发展的机会并充分发挥其社会功能"，大会就此达成了一致。①1980年中国法律思想史从中国政治法律思想史中独立出来。② 至此，中断了三十年的中国法律思想史学科重新开始，一直发展到今天，又已是四十年。这四十年中，中国法律思想史的研究从数量上来看相当迅猛，但质量就难说了，至少与量的提升不相匹配。至今，我们也难以自信地说现今的研究达到并超过了20世纪三四十年代的水准。

其实，在传统中国的学科分类体系中，是以经史子集四部分类的。现今所说的法、法律、法律思想都是散见于此四部中间，没有单独的归类。我们现在的学科体系给了法学、法史学、法律思想史学一个专门的位置，那是西方学科分类体

---

① 饶鑫贤：《20世纪之中国法律思想史学研究及发展蠡测》，载《法律史论集》第1卷，法律出版社1998年版，第244—245页。
② 俞荣根：《寻求"自我"——中国法律思想史的传承与趋向》，载《现代法学》2005年第2期，第166—167页。

系的产物。这套学科分类体系是在20世纪20年代前后因为与国际学术接轨的需要才被中国人接受,到今天已经被我们视为当然。

中国古代,"法"字,写作"灋",强调其"平"的一面。国家颁布的成文法有律、例等多种形式,其中"律"是定音的律管,其主要作用是将不整齐的东西整齐之。传统中国有律学而无法学,有律学专家而无法学专家。律学本身是一种解释学,但"律"的含义则有点类似于马克思主义的法定义,强调其威慑、强制性等特点,尤指"刑律"。然而在传统中国,法也好、律也罢,都是"威慑教化之具",司法的目的不仅是在当前个案中定分止争,而且要进一步消弭纷争的潜在因素。① 故传统中国的"法"是一种追求"无讼"理想秩序②的手段,这也是人类所应该追求的理想。从这个角度讲,它不仅仅是一门实用技巧、也不只是权力的产物,而是有其高远的追求。只有从如此的视角去理解传统中国的法、法律和法律思想,理解其与礼的关系,才有可能在学科分类体系已经转换的情况下获得一个大致妥当的认识。正是在这个视角下,传统中国的法律思想、政治思想、社会思想甚至经学和哲学思想才发生了紧密的联系,从而凸显了思想史的整体性。

何为"传统中国"? 这个问题也就是追问中国传统法律思想史的时间独特性所在。按照柳诒徵先生的说法,人类的活动,有共同的一面,也有不同的一面。我们学习和研究,对这两个方面都要重视。要探讨这共同的一面,"当合世界各国家、各种族之历史,以观其通";要发现这不同的一面,则"当专求一国家、一民族或多数民族组成一国之历史,以觇其异"。③ 本书主要借鉴唐德刚先生的社会转型说,即"自夏禹家天下以后有记录可征之国史……四千年来我民族之社会政治型态之发展,盖可综合之为三大阶段,亦即封建、帝制与民治是也。从封建转帝制,发生于商鞅与秦皇汉武之间,历时约三百年。从帝制转民治则发生于鸦片

---

① 参考李启成:《功能视角下的传统"法"和"司法"观念解析——以祭田案件为例》,载《政法论坛》2008年第4期。

② 《礼记·礼运》关于"大同""小康"的描述就是儒家关于社会理想的集中表达该篇以"孔子曰"的形式说:"大道之行也,与三代之英,丘未之逮也,而有志焉。大道之行也,天下为公,选贤与能,讲信修睦。故人不独亲其亲,不独子其子,使老有所终,壮有所用,幼有所长,矜寡孤独废疾者皆有所养,男有分,女有归。货恶其弃于地也,不必藏于己;力恶其不出于身也,不必为己。是故谋闭而不兴,盗窃乱贼而不作,故外户而不闭。是谓大同。今大道既隐,天下为家,各亲其亲,各子其子,货力为己,大人世及以为礼,城郭沟池以为固,礼义以为纪,以正君臣,以笃父子,以睦兄弟,以和夫妇,以设制度,以立田里,以贤勇知,以功为己。故谋用是作,而兵由此起。禹、汤、文、武、成王、周公由此其选也。此六君子者,未有不谨于礼者也。以著其义,以考其信,著有过,刑仁讲让,示民有常,如有不由此者,在势者去,众以为殃。是谓小康。"

③ 柳诒徵:《中国文化史》,上海古籍出版社2001年版,《绪论》,第1页。

战争之后"。① 本书所用的"传统中国",指的是第二次社会大转型前的中国,亦即鸦片战争之前的中国,大致包括夏商周三代封建期、春秋战国第一次社会转型期和秦汉直至明清的帝制中国。中国法律思想史这门学科的传统部分主要就是要回答传统中国人的法律思想相对于其他国家、民族的法律思想的特殊性何在这个问题。

二、学习中国法律思想史的态度

(一) 实事求是看待中国法律思想的历史

1925年"五卅运动"中,6月9日会审公廨开庭审讯被捕者瞿景白②等人。下面是美国领事和瞿景白的对话,于此可见当时一般舆论对传统的蔑视态度:

美国领事:你读过四书五经吗?

瞿景白:读过。

美国领事:孔子曰,三十而立,四十而不惑。你懂得书中的意义吗?

瞿景白:这是两千年以前的陈腐学说,现在已不适用了。

美国领事:本领事倒很佩服孔子的学说,我想正会审官也是一样的,是不是?③

中国人的这种极度蔑视本国传统的风气,自五四以降不见稍刹,至今犹然。我在这里姑引钱穆先生在《国史大纲》开篇的告诫,与诸君共勉:

1. 当信任何一国之国民,尤其是自称知识在水平线以上之国民,对其本国已往历史,应该略有所知(否则最多只算一有知识的人,不能算一有知识的国民)。

2. 所谓对其本国以往历史略有所知者,尤必附随一种对其本国以往历史之温情与敬意(否则,只算知道了一些外国史,不得云对本国史有知识)。

3. 所谓对其本国以往历史有一种温情与敬意者,至少不会对其本国以往历史抱一种偏激的虚无主义(即视本国以往历史为无一点价值,亦无一处

---

① 唐德刚:《自序:告别帝制五千年》,载氏著:《晚清七十年》第壹册《中国社会文化转型综论》,远流出版事业股份有限公司1998年版,第8—9页。

② 瞿景白(1906—1929),江苏省常州市人,瞿秋白的胞弟。1921年夏考入浙江省立第一师范学校。后随兄长赴沪,进入上海大学读书。

③ 转引自陶菊隐:《武夫当国——北洋军阀统治时期史话(1895~1928)》,第五册,海南出版社2006年版,第54页。

足以使彼满意),亦至少不会感到现在我们是站在以往历史最高之顶点(此乃一种浅薄狂妄的进化观),而将我们当身种种罪恶与弱点,一切诿卸于古人(此乃一种似是而非之文化自谴)。

4. 当信每一国家必待其国民备具上列诸条件者比数渐多,其国家乃再有向前发展之希望。(否则其所改进,等于一个被征服国或次殖民地之改进,对其国家自身不发生关系。换言之,此种改进,无异是一种变相的文化征服,乃其文化自身之萎缩与消灭,并非其文化自身之转变与发皇。)①

(二)切忌急功近利

傅斯年于1918年在《新青年》发表了一篇文章《中国学术思想界之基本误谬》,认为中国传统学术存在的主要问题之一就是为学好谈致用,以施用于政治为目的。② 学术之目的,在追求真理、广博见闻、启迪智慧、陶冶德性。从这个意义上讲,读书学习是致用的。但如果每学习思考一个问题,先要问它有什么用,结果就不是经世致用,而是急功近利。也许,大用就存在于看似无用之中。《庄子》一书中记载了庄子和惠施的一段辩论,可对我们思考有用无用有些启发。惠子对庄子说:"你的言论根本无用。"庄子回答说:"知道无用的人才能和他谈有用。天地之广大,人所用的只有容足之地而已。然而如果把容足之地以外的地方都深挖至黄泉,人所站的这容足之地还有用吗?"惠子回答说:"没有用了。"庄子说:"那么无用之用不是非常明显了吗?"③在西方,海德格尔也讲过类似的话:柏拉图认为最高理念照耀万物,万物才有光明。海德格尔则认为,那个理念不是最重要的,一个大树林里,如果没有空隙,阳光也是照不进来的。"虚"比"实"更原始、更根本。

学习上的急功近利为害不小,约略举之,有以下几点:(1)流于浮泛和肤浅。这往往导致以不能用者强用之,真能用者又无恰当之方法用之,简单地将之归于无用而不去琢磨和研究。(2)忽略基础理论的研究,不利于"可持续发展",是所谓"杀鸡取卵"。(3)将学术工具化,沦为意气、派别甚至是政争的工具,成为学术不能独立的重要根由。如"文革"时期发展了所谓的"集体创作",形式之荒唐,令人好笑。如"干部出主题和思想,搞创作的出故事,会耍笔杆子的出技巧"。

---

① 钱穆:《国史大纲》(修订本),上册,商务印书馆1996年版,"凡读本书请先具下列诸信念",第1页。
② 原载《新青年》第四卷第四号,收入欧阳哲生编:《中国近代思想家文库·傅斯年卷》,中国人民大学出版社2014年版,第18—24页(该观点集中表达于第20—21页)。
③ 《庄子·外物》。

对于学法之人,如果忽略基础理论,一头钻进机械的法条里面,死抠法律文字,用我们的传统术语讲那叫"刀笔之吏""法匠""讼棍",都带有明显的贬义。那些"刀笔之吏",为迎合上意,没有或者是不愿坚持自己的独立价值判断和人格,有意选择性地运用法条,上级欲其生则生,欲其死则死。所以那些在专制体制下能坚持法律和自身人格尊严的少数人,在历史上能获得很高的评价,如汉代的张释之和唐代的徐有功。关于"法匠",在易卜生的《娜拉》里面有一则娜拉和律师的对话,形象地说明了这个问题:

> 律师:郝夫人,你好像不知道你犯了什么罪,我老实对你说,我犯的那桩使我一生声名扫地的事,和你所做的事恰恰相同,一毫也不多,一毫也不少。①
>
> 娜拉:你!难道你居然也敢冒险去救你妻子的命吗?
>
> 律师:法律不管人的居心如何。
>
> 娜拉:如此说来,这种法律是笨极了。
>
> 律师:不问他笨不笨,你总要受他的制裁。
>
> 娜拉:我不相信。难道法律不许做女儿的想个法子免得他临死的父亲烦恼吗?难道法律不许做妻子的救他丈夫的命吗?我不大懂得法律,但是我想总该有这种法律承认这些事的。你是一个律师,你难道不知道有这样的法律吗?柯先生,你真是一个不中用的律师了。②

法律有好处也有坏处。好处在于法律是没有偏私的,犯了什么法,就该得什么罪。坏处也在于此,法律是死板的条文,不通人情世故,不知道一样的罪名,却有几等、几样的居心,有几等、几样的境遇情形;同犯一罪的人却有几等、几样的知识程度。法律只说某人犯了某法的某某篇、某某章、某某节,该得某某罪,全不管犯罪的人的知识不同,境遇不同,居心不同,即便有自由裁量权在内,也不足以应对此问题。法学者和法学家等则要综合考虑这些因素。

关于"讼棍"就不多说了。日本学者夫马进写有《明清时代的讼师与诉讼制度》一文,虽然这篇文章的主题在于研究明清时期讼师对于国家司法制度运作的重要影响,但作者在开篇即指出下述事实:讼师时常被称为讼棍,尽管有时也被称为讼师,他们教唆人们进行毫无必要的诉讼,颠倒是非,混淆黑白,利用繁杂的

---

① 在这里,娜拉为救丈夫,和律师一样,做了法律所禁止的冒名签字的事情。
② 转引自胡适:《易卜生主义》,载欧阳哲生编:《胡适文集》(2),北京大学出版社1998年版,第478—479页。

诉讼文书和花言巧语诱惑人们兴讼,然后与官府的差役和胥吏勾结,从善良的人们那里骗取金钱等。所以在英语里讼师被译为 Pettifogger(骗人的律师)。①

学法之人,要避免成为"刀笔吏"、成为"法匠"、成为"讼棍",就不要急功近利,先在"道"上下些功夫。中国法律思想史一课,作为法科院系开设的为数不多的跟人文学科紧密相关的课程,应该有助于学生们体悟这个"道"。

三、学习中国法律思想史的方法

法史学既是法学,又是史学。有现代法学知识而无史学修养,或有史学知识而对现代法学一无所知的人是难以进行法律史学习与研究的。要学好中国法律思想史,不仅需要法理学和思想史学两方面的知识储备,而且需要以对中国政治、经济乃至整个社会的了解为基础。所以学好中国法律思想史具有相当的难度。根据我的经验,有下述几个方法供同学们参考:

第一,广泛参考哲学、史学、社会学、政治学、经济学和人类学等方面的书籍和论文,尤其是那些能够提供中国哲学、中国通史、中国政治制度思想沿革等方面的知识的。一个时期的法律和法律现象,都不仅限于法律领域本身,而是与当时整个社会的政治、经济和思想状况密不可分。进行广泛的阅读,既有助于准确理解中国历史上的法律和法律现象,同时也能潜移默化地培养法律人的人文精神。古人即有这方面的经验:"余每作咏古咏物诗,必将此题之书籍,无所不搜。及诗之成也,仍不用一典。常言人有典而不用,犹之有权势而不逞也。"②

第二,中国法律思想史作为中国历史的一部分,必须运用史学的学习与研究方法。史学治学方法繁多,择其与法律思想史最紧密者,简要说明如下:(1) 多接触第一手资料,根据原文全文理解其内容,切忌断章取义。新中国成立后法史学界长期误解苏东坡"读书万卷不读律"一句之含义就是这方面的一个例子。③ (2) 在各种不同的史料中间进行考订,择其信者而从之。法律史史料范围是相当广泛的,除了官方典籍和正史记载,还包括地下文物、社会习惯调查、历史档

---

① 该文收入王亚新、梁治平编:《明清时期的民事审判与民间契约》,法律出版社1998年版,第389—430页。
② 袁枚:《随园诗话》卷一,"四四"。
③ 他在《戏子由》一诗中有"读书万卷不读律"一语,通读该诗上下文,结合苏东坡的生平志业、写作时间和时代背景,可知这句诗有两层意思:第一,士大夫不能太过拘泥于像王安石所制定的新律条,否则与"致君尧舜"的目标南辕北辙。第二,士大夫读律,尤其是历代精义相沿的传世律条,对于治国平天下很重要,而不是如法史学界长期所理解的那样——读律对士大夫来说是可有可无的事情。

案、私家笔记、檄文、告示、口号、规约、家法族规等。①

第三，与上述两点紧密相连的，就是要对学习对象做"共情的理解"。学习与研究中国法律史，要有现代法学的视角和方法，但不能将现代法学的基本概念体系和思想观念直接套用于历史上的法律思想和事件，而应在了解当时社会状况的基础上做"同情的理解"。那些在中国传统社会发生的法律现象，我们不能以今人的观念来简单看待。尽管从地缘来看，我们与古人同在一种文化地域之内，但实际上，由于近代中国遭逢西风东渐的"数千年未有之大变局"，发生了多次思想断裂，因此我们理解古人格外需要"共情的理解"。我们今天所接受的公平、正义观念并非永恒真理，仅是特定社会的产物。历史上的许多道理存在于历史深处。我们在翻阅清代司法文书的时候，常常发现类似这样的案件：张大、张二同属一家族，案情很简单，张大向张二借了钱或者张大确实欠张二的钱，这一点当事人都承认，但官府的判决结果往往不是按照所欠金钱的原数目偿还，而是根据双方当事人的具体境况来作出判决，或者是张大全还，或还一半，或取消债务，有时甚至还要张二贴补点钱给张大。以我们今天的眼光来看，当时官府的裁断完全没有确定性，是葫芦僧判断葫芦案。殊不知这主要的原因之一是我们今天和传统社会对个人成功观念上的差异有以致之。我们今天会将某个人的成功主要看做是个人努力的结果，故他对其财产当然拥有完全的所有权；但在传统中国，一个人的成功主要被看做家族，尤其是祖先积德行善之结果。因此，个人对其占有之财产不具有完全之所有权，在很大程度上个人只是家族财产的暂时保管者而已。再则族人之间本就有相互周济之义务。如能理解前述这种种观念，我们就不难理解官府的判决在当时社会自有其合理性，因为它比较吻合该社会流行的正义观念。在传统社会氛围中，像这样貌似不公平的处理才被认为实现了社会公平。

还有就是对名人、伟人，造假的材料特别多。近代史研究者杨奎松告诫我们，"不为古人讳，但为古人解，这是我们做历史研究的一条原则"。所谓"解"就是理解的意思。那么，对于孙中山出让满洲权益的材料应该如何"解释"呢？他提出了一个很让人信服的说法："问题是，在当时的孙中山看来，无论是暂时出让满洲权益，还是引入日本顾问，借助于日本援助，与爱国并不矛盾。因为，孙中山当时内心里想要去爱的那个国，既不是满清统治的大清国，也不是袁世凯后来闹

---

① 关于各种资料的价值及其局限可参见李启成：《"差等"还是"齐一"——浅谈中国法律史研究资料之价值》，载《河南大学学报（社会科学版）》2012年第3期。

帝制丑闻的那个假民国……孙中山确实不爱国,因为这个国在他眼里并不是自己的国,而是满族统治下的大清国和袁世凯统治下的假民国。他想爱的,则是其计划中且日思夜想的,按照他的主张并由他的党所领导的那个'中华民国'。"①这样,作者就把"孙中山爱不爱国"这个非常敏感的话题出人意料地提出来,又进一步入人意中、令人信服地解决了。

  当然学习与研究中国法律思想史的方法并不只是上述几种。上述几种方法更多的是从思想观念层面来立论的。还有众多的方法是我们在学习与研究中国法律史过程中按照自己的知识结构和兴趣偏好而逐渐形成的。不过对于初学者,更重要的还是基本功,基本功不好,再好的方法也只不过是花架子。何谓基本功?就是阅读思想家的经典著述等一手文献。基本功练好了,方法自然也就出来了。因此前面所说的那些方法,只是一些注意事项罢了。

  总之,我们学习与研究中国法律思想史,是帮助我们求学问道的。如何求学问道?这是一个困惑古往今来无数圣贤豪杰的大问题,各人自有其心得。儒家最重要的经典《四书》中的《中庸》有两句话,"尊德性而道问学,致广大而尽精微",讲得特别好。在儒家性善论那里,德行是人天生具有的本心,不加涵育,则会蔽于外物;问学也是人天生具有的能力,如果不加以实践,则只是某种潜在的可能性。这句话告诫学者应该尊重自己的本心,时刻加以涵育。与此同时,要在问学的道路上切实努力,二者不可偏废。所谓"致广大",强调的是博;所谓"尽精微",说的是"专"。因此,我希望各位能够同时在"博"和"专"两个方向上致力,并能妥善处理二者间的关系。

参考阅读材料

《国学丛刊序》

王国维

  学之义不明于天下久矣。今之言学者,有新旧之争,有中西之争,有有用之学与无用之学之争。余正告天下曰:学无新旧也,无中西也,无有用无用也。凡立此名者,均不学之徒,即学焉而未尝知学者也。

  学之义广矣。古人所谓学,兼知行言之,今专以知言,则学有三大类:曰科学也,史学也,文学也。凡记述事物,而求其原因,定其理法者,谓之科学;求事物变

---

① 杨奎松:《开卷有疑——中国现代史读书札记》,江西人民出版社2007年版,第10、12页。

迁之迹，而明其因果者，谓之史学；至出入二者间，而兼有玩物适情之效者，谓之文学。然各科学有各科学之沿革。而史学又有史学之科学（如刘知几《史通》之类）。若夫文学，则有文学之学（如《文心雕龙》之类）焉。有文学之史（如各史《文苑传》）焉。而科学、史学之杰作，亦即文学之杰作。故三者非截然有疆界，而学术之蕃变，书籍之浩瀚，得以此三者括之焉。凡事物必尽其真，而道理必求其是，此科学之所有事也。而欲求知识之真，与道理之是者，不可不知事物道理之所以存在之由与其变迁之故，此史学之所有事也。若夫知识、道理之不能表以议论，而但可表以情感者，与夫不能求诸实地，而但可求诸想像者，此则文学之所有事。古今东西之为学，均不能出此三者。唯一国之民，性质有所毗，境遇有所限，故或长于此学而短于彼学。承学之子，资力有偏颇，岁月有涯涘，故不能不主此学而从彼学，且于一学之中，又择其一部而从事焉。此不独治一学当如是，自学问之性质言之，亦固宜然。然为一学，无不有待于一切他学，亦无不有造于一切他学。故是丹而非素，主入而奴出，昔之学者或有之，今日之真知学、真为学者，可信其无是也。

夫然，故吾所谓学无新旧，无中西，无有用、无用之说，可得而详焉。何以言学无新旧也？夫天下之事物，自科学上观之与自史学上观之，其立论各不同。自科学上观之，则事物必尽其真，而道理必求其是。凡吾智之不能通而吾心之所不能安者，虽圣贤言之有所不信焉，虽圣贤行之有所不慊焉。何则？圣贤所以别真伪也，真伪非由圣贤出也；所以明是非也，是非非由圣贤立也。自史学上观之，则不独事理之真与是者足资研究而已，即今日所视为不真之学说、不是之制度风俗，必有所以成立之由，与其所以适于一时之故。其因存于邃古，而其果及于方来，故材料之足资参考者，虽至纤悉不敢弃焉。故物理学之历史，谬说居其半焉；哲学之历史，空想居其半焉；制度、风俗之历史，弁髦居其半焉。而史学家弗弃也。此二学之异也。然治科学者，必有待于史学上之材料。而治史学者，亦不可无科学上之知识。今之君子，非一切蔑古，即一切尚古。蔑古者，出于科学上之见地，而不知有史学；尚古者，出于史学上之见地，而不知有科学。即为调停之说者，亦未能知取舍之所以然，此所以有古今新旧之说也。

何以言学无中西也？世界学问，不出科学、史学、文学。故中国之学，西国类皆有之；西国之学，我国亦类皆有之。所异者，广狭、疏密耳。即从俗说而姑存中学、西学之名，则夫虑西学之盛之妨中学，与虑中学之盛之妨西学者，均不根之说也。中国今日，实无学之患，而非中学、西学偏重之患。京师号学问渊薮，而通达诚笃之旧学家，屈十指以计之，不能满也。其治西学者，不过为羔雁禽犊之资，其能贯串精博，终身以之如旧学家者，更难举其一二。风会否塞，习尚荒落，非一日矣。余谓中、西二学，盛则俱盛，衰则俱衰，风气既开，互相推助。且居今日之世，讲今日之学，未有西学不兴，而中学能兴者；亦未有中学不兴，而西学能兴者。特余所谓中学，非世之君子所谓中学；所谓西学，非今日学校所授之西学而已。治《毛诗》《尔雅》者，不能不通天文、博物诸学；而治博物学者，苟质以《诗》《骚》草木之名状而不知焉，则于此学固未为善。必如西人之推算日食，证梁虞𠠎、唐一行之说，以明《竹书纪年》之非伪，由《大唐西域记》以发见释迦之支墓，斯为得矣。故一学既兴，他学自从之，此由学问之事，本无中、西，彼鳃鳃焉虑二者之不能并立者，真不知世间有学问事者矣。

顾新旧、中西之争，世之通人，率知其不然，惟有用、无用之论，则比前二说为有力。余谓凡学皆无用也，皆有用也。欧洲近世农、工、商业之进步，固由于物理、化学之兴。然物理、化学高深普徧之部，与蒸气、电信有何关系乎？动植物之学，所关于树艺、畜牧者几何？天文之学所关于航海、授时者几何？心理社会之学，其得应用于政治、教育者亦尟。以科学而犹若是，而况于史学、文学乎？然自他面言之，则一切艺术，悉由一切学问出。古人所谓不学无术，非虚语也。夫天下之事物，非由全，不足以知曲；非致曲，不足以知全。虽一物之解释，一事之决断，非深知宇宙、人生之真相者，不能为也。而欲知宇宙、人生者，虽宇宙中之一现象，历史上之一事实，亦未始无所贡献。故深湛幽眇之思，学者有所不避焉；迂远繁琐之讥，学者有所不辞焉。事物无大小，无远近，苟思之得其真，纪之得其实，极其会归，皆有裨于人类之生存福祉。己不竟其绪，他人当能竟之；今不获其用，后世当能用之。此非苟且玩愒之徒所与知也。学问之所以为古今、中西所崇敬者，实由于此。凡生民之先觉，政治教育之指导，利用厚生之渊源，胥由此出，非徒一国之名誉与光辉而已。世之君子，可谓知有用之用，而不知无用之用者矣。

以上三说，其理至浅，其事至明。此在他国所不必言，而世之君子犹或疑之，不意至今日而犹使余为此哓哓也。适同人将刊行《国学杂志》，敢以此言序其端。此志之刊，虽以中学为主，然不敢蹈世人之争论，此则同人所自信，而亦不能不自白于天下者也。①

---

① 本文收入谢维扬、房鑫亮主编，胡逢祥分卷主编：《王国维全集·第十四卷》，浙江教育出版社2009年版，第129—133页。

【讨论思考题】

1. 我们学习和研究中国法律思想的意义何在？
2. 如何对待和中国传统法律思想相关的古代典籍？
3. 如何对传统中国法律思想做"共情的理解"？

第二章 中国上古时期的神权法思想

第一节 夏、商、西周的神权法思想
第二节 法思想由神权向世俗的演进——西周

中国上古社会的法律思想大致可用"神权法思想"一语加以概括。按照事物发展的一般规律而言,神权法思想(将不可知的东西归之为神意是上古社会的普遍现象)有一个产生、发展和衰落的演变过程。

研究法律思想史,也和研究通史和其他专史一样,长期以来是依据文字材料。我们今天所见之文字,最早的当属甲骨文,其后是金文等。除了文字以外,还有考古实物、上古文献等。关于太初的历史,当然包括其法制部分,我们只能根据现有的材料(文字记载、实物、考古结论和人类学的研究成果)进行一些合乎情理的推测,甚或是猜测。①

夏、商、周被称为"三代",标志着中国史前时代的结束和文明时代的开始。② 尽管因"文献不足征",史学家还不能对夏代的历史有清晰的了解,但还是可以断定,位于今山西、河南境内的夏部落通过征讨周围那些不服从其命令的部落而大致在公元前 21 世纪前后建立了中国第一个王朝。③ 大约四五百年后,经十四世,十七帝④,位于黄河中下游的商部落兴起,在其首领汤的率领下,因为夏桀的残暴统治,成功革了夏之命,建立了中国史上第二个王朝——商。商经十七世三十一帝⑤,到公元前 11 世纪中期商纣统治时期,其天下共主地位被原活动于渭水流域的周部落取而代之。周以西方部落成为天下共主,疆域扩大甚多,为了有效统治,武王开始封邦建国;其弟周公姬旦,制礼作乐,建立了以宗法制和封建制为核心的系统典章制度。三代之中,文治于斯为盛,从而奠定了几千年中华文化的基础。

在此期间,与世界其他民族相近,中国也经受了神权的洗礼,神权自始便与王权结合在一起,成为王权和刑罚权的主要正当性根据。这种神权至上现象的

---

① 钱穆先生在《国史大纲》第一编"上古三代之部"开篇即指出:"上古史为全部历史之起点,应须求一明瞭之知解,然人类历史总可推溯到无人可说之一境,则上古史之探索,终不免于只成为一种比较近理之测想。"见钱穆:《国史大纲》(修订本),上册,商务印书馆 1996 年版,第 1 页。萧公权先生在其名著《中国政治思想史》中即明确指出:"其西周以前之一段,因文献寡征,暂援孔子阙疑之例,不立专篇叙述,只于孔孟诸章中随时附见。"(萧公权:《中国政治思想史》,新星出版社 2005 年版,《凡例》)因"文献不足征",基于已有的证据材料,来进行合乎情理之推测,实为考察上古史所应有的谨慎态度。

② 张光直:《商文明》,辽宁教育出版社 2002 年版,第 1 页。

③ 比如夏王启之时,诸侯有扈氏叛,夏启亲征,战于甘地之野。在战争之前,夏启誓命将士,作《甘誓》,成为《尚书》之一篇。

④ 参考《史记·夏本纪》。

⑤ 王国维:《殷卜辞中所见先公先王续考》,载氏著:《观堂集林》,河北教育出版社 2003 年版,第 228—230 页。

产生,是因为在远古氏族社会时代,整个社会的物质和精神水准极低,先民们对自然现象和人本身不能作理性的探求。令他们困惑或恐惧的现象,时时困扰着他们的心灵,这一切逼迫他们必须作出自圆其说的解释。他们将这一切归因于超自然因素的左右,逐步形成了对神意或原始宗教的依赖心理。因此,在氏族社会中,当把权威赋予了神的时候,氏族酋长和神职人员都先后学会了利用神意来行使其统治权。最早的国家是在氏族社会的基础上产生的,自然将此种统治方法作为先民遗产而加以继承,从而形成了最初的神权与王权相结合的国家形态,形成了世俗王权的神化统治,因而形成了神权法思想。

第一节 夏、商、西周的神权法思想

太古之世,无所谓政治和法律,有的只是类似于动物世界的生存。既要生存,必须依赖于两个因素:争夺和互助。二者交相为用,"群"成为人生存的重要条件和基本单位。群对内要整合,以便有更大的力量从事于与他群之斗争;对外要斗争,以扩大其生存之资源。《荀子·王制》中有言:"力不若牛,走不若马,而牛马为用,何也？曰:人能群,彼不能群也……君者,善群也。"《春秋繁露·灭国上》亦曰:"君者,不失其群者也。"总而言之,群要有竞争力,必须有力量,就要集中权力。故在家族内产生了家长权。从家族→氏族→部落→国家的演变历程中,可以看到国家权力和家长权之间存在的这种相似性。[①] 要维护这种权力,需要进行一些关于秩序的教育,也要有以强制力为后盾的刑法威慑甚至是军事讨伐的存在。为了说明该权力的合法性,同时也为了证明刑事威慑和讨伐的正当性,统治者自然会利用那不可为一般人所知的"神"。

为什么普通人能接受这种神的观念呢？这在很大程度上植根于人的本性:人类有一种依赖的愿望。儿童以父母、老师作为终极的权威;成人从经验、从先人那里去寻找参考。但经验世界并不总是能满足人类的需要。神的关怀就成为

[①] 关于上古时期"群"的特征与功能,读者有兴趣可以进一步参考陶希圣《中国政治思想史》(食货出版社有限公司1972年版)第一册第一章《自然状态的推测》。

最后的依托,哪怕只是一种纯粹的对孤独心灵的慰藉。统治者要造神,民间需要神,双方一拍即合,由此产生了神权法思想。

神权法思想的产生也有地理环境及其所决定的经济生活的影响。黄河流域很早就发展起来农业文明,需要靠天吃饭。因此,古代农耕民族很容易产生上帝这类思想观念,认为有一位法力无边且有意志的天神在主宰着这些跟农业生活紧密相关的自然现象。

神权法思想是夏、商、西周的主要思想之一。中国的神权法思想有一个产生、发展与演变的过程,大体可以概括为:形成于夏代,极盛于殷商,动摇于西周。

一、夏代的"天命""天罚"思想

夏代最高统治者非常重视祭祀。孔子曾称道夏禹:"菲饮食,而致孝乎鬼神;恶衣服,而致美乎黻冕。"[1]祭祀重仪式,其气氛特别肃穆。它虽是以不可知的天为对象,但却是做给参与祭祀的人群来看的,具有规范特定人群思想和行为的功能。"自古天意高难问",因此需要有人来解释那难知的天意。谁来主持祭祀,一般来说即可以解释神意。渐渐地,解释权由贵族祭司和王并存的局面变成了由王所垄断,这就是古史所言的"绝地天通"。[2] 此后,王意即天意。故王自称为"予一人"[3],可以承天之命,讨伐那些不服从的个人或团体,这就是法律思想史上最早的"天命""天罚"思想。

夏禹的儿子夏启在讨伐有扈氏时,就以代行天意的身份声称:"有扈氏威侮五行,怠弃三正,天用勦绝其命,今予惟恭行天之罚……用命,赏于祖。弗用命,戮于社,予则孥戮汝。"[4]可见,当时已产生了"天命""天罚"思想,所谓"有夏服天命",即肯定夏王的统治权乃秉承上帝或皇天的旨意而获得。"天命""天罚"思想不仅使夏王的统治合法化,而且具有神圣不可侵犯的权威性。不服从统治秩序

---

[1] 《论语·泰伯》。
[2] 《尚书·吕刑》,并参考《国语·楚语下》。
[3] 《尚书·汤誓》中,汤在伐桀前即对部众自称"予一人"。托名孔安国的传文解释《尚书·汤诰》(通说认为系"伪古文")中的"予一人",说:"天子自称曰予一人,古今同义。"参见《尚书正义》,北京大学出版社1999年版,第191,199页。
[4] 《尚书·甘誓》。唐代孔颖达等人撰写的《尚书正义》是这样解释这段话的:"今有扈氏威虐侮慢五行之盛德,怠惰废弃三才之正道,上天用失道之故,今欲截绝其命。天既如此,故我今惟奉行天之威罚,不敢违天也。我既奉天,汝当奉我……汝等若用我命,我则赏之于祖之前。若不用我命,则戮之于社主之前。所戮者非但止汝身而已,我则并杀汝子以戮辱汝。汝等不可不用我命以求杀敌。"《尚书正义》,北京大学出版社1999年版,第173—174页。

即被认为违反了天的旨意,统治者可代表天来施行"天罚"。

二、神权法思想在商代的发展

商人有尚鬼传统。殷人尚"鬼",不仅把神秘力量人格化,而且将它们大体组成了一个有秩序的系统。在这个系统中,"帝"居于殷商时代神灵世界的最高位,是一种超越了社会与人间的自然之神;其次是渊源于天地四方的空间秩序观念而产生的天神地祇四方之神;再次是商王和贵族们的祖先。这与英国法律史家梅因的论点较吻合。他根据对荷马诗篇的考察,借鉴人类学的研究成果,指出:"所有对于人类原始状态的忠实观察者现在都能清楚地看到,在人类的初生时代,人们对于持续不变的或定期循环发生的一些活动只能假用一个有人格的代理人来加以说明。"①

有了这个较完整的神化系统,导致商王和贵族针对人间诸事做决定时都必须向帝及诸神禀告,以求得其指示。举凡年成的丰歉、战争的胜负、城邑的兴建、官吏的黜陟以及奴隶是否逃亡等,都要通过占卜向上帝和祖先进行祈祷或请示。在举世闻名的甲骨文中,重要内容之一便是商王及代理人——沟通天地人神关系的"巫""史"——向上帝和祖先进行占卜而刻在龟甲和兽骨上的卜辞。在这种氛围之中,有些重大案件的定罪量刑也通过占卜来阐释神意,证明处罚的正当性。"兹人井(刑)?"(占卜是否执行刑罚)②便是这方面的卜辞之一。占卜是先王让老百姓深信时日吉凶、崇敬鬼神、敬畏法令的重要手段,在犹豫不决、是非不定之时就用占卜来作决定。因为在怀疑不定的时候用占卜来做决定就没有人说三道四,也就无所谓犯错了,故先必占卜,然后按照卜筮之吉凶以行事就很好了。③这样,商代统治者将人的意志披上鬼神之外衣,从而增加其权威。

为什么在这种浓厚的尚鬼传统中,未发展出一个独立的祭司组织呢?这跟当时的"帝"观念有关。在观念和现实的往复循环中,下界的"王"与上天的"帝",联系越来越紧密:"上帝并不直接与下界小民相接触,而要经过王室为下界之总代表,才能将下界小民的吁请与蕲求,经过王室祖先的神灵以传达于上帝之前。"④王成了神与人之间的唯一代言人和媒介,自然就没有专门祭司组织存在的

---

① 〔英〕梅因:《古代法》,沈景一译,商务印书馆1959年版,第2页。
② 商存祚辑:《殷契佚存》,收入《甲骨文研究资料汇编》,第十四册,北京图书馆出版社2008年影印版,第850器,第187、403页。
③ 史料原文为:"龟为卜,筴为筮。卜筮者,先圣王之所以使民信时日,敬鬼神,畏法令也;所以使民决定嫌疑,定犹与也。故曰:'疑而筮之,则弗非也。日而行事,则必践之。'"(《礼记·曲礼上》)
④ 钱穆:《中国文化史导论》(修订本),商务印书馆1994年版,第45页。

必要了。

为什么只有王才能充当这个代言人的特殊角色呢？受祖先崇拜观念的影响，商王认为他们之所以能承受天命，就在于其祖先与上帝的关系非常密切，能够经常在上帝左右，甚至干脆声称其祖先就是上帝的子孙。帝对王有保佑之功能，但也有惩戒之能力，总之，关系非同一般。《诗经·玄鸟》说："天命玄鸟，降而生商。"① 同时，他们认为死去的先祖先王上宾于天，叫作"宾帝"。先王对时王有保佑的功能，并且发展出用二十八宿与先公先王配祭的现象。这就既从血缘上找到了充当上帝代理人的合法依据，为垄断神权提供了借口，又通过时王亲自招降祖先之灵，沟通了天帝和先王。得到保护和庇佑的同时，统治者自己的权威也得到了宗教意义上的证明。

在这种缺乏理性的神权法笼罩下，刑罚的残酷性和任意性成为其突出特点。② 刑罚的残酷和任意，是商朝灭亡的重要原因，为周代反思其刑罚提供了借鉴。

第二节　法思想由神权向世俗的演进——西周

一、"以德配天"说

商周之间的朝代更迭③在很大程度上导致了神权法思想的衰落，逐渐向世俗化方向发展。既然以周代殷是顺天应人的做法，那为什么有祖先和上帝保佑的商王却丧失天意？周人又从何处得到了这个天意？这是周初统治者所要力图回

---

① 玄鸟，即燕子，商族图腾，传说简狄食玄鸟蛋生商先王契。
② 沈家本在考察商代刑罚之后，有一个总结性的论述："殷世刑制，大抵五刑皆备……而炮烙、醢脯，独详于《史》。淫刑以逞，而国亦随之亡矣。然则重刑何为哉？"沈家本：《历代刑法考》，第一册，邓经元、骈宇骞点校，中华书局1985年版，第11页。
③ 傅斯年在《夷夏东西说》一文中说自东汉以来的中国史，常分南北，但在三代及三代以前，中国的政治地理形势只有东西之分，而文化亦分为东西两个系统。故殷周之间的改朝换代，不仅是一个政治事件，同时也是一个文化事件。傅斯年：《夷夏东西说》，原刊1933年1月中央研究院《历史语言研究所集刊》外编第一种《庆祝蔡元培先生六十五岁论文集》，收入岳玉玺、李泉、马亮宽编选：《傅斯年选集》，天津人民出版社1996年版，第290页。

答的问题。如果对此不能有一个较圆满解释，会直接威胁到西周的统治。周初殷遗民的不断反抗，更增加了解决该问题的急迫性。以周公为代表的周初统治者，在殷商的"帝→王"解释框架中增加了一个媒介因子"德"，形成"以德配天"说。该说认为"天"或"上帝"是天下各族所共有之神，并不始终眷顾一个部族，使其常为下界的统治者。"天命"属谁关键在于有"德"，若一部族无"德"，统治不佳，失却上帝欢心，上帝就会撤销他们的代表资格，而另行挑选有"德"的另一部族来担任。① 所以他们认为"天命靡常"②，上帝或天并不特别厚待哪个人，而只辅助那些有"德"的人。过去，殷的先王有"德"，能够匹配上帝，得到眷顾，因此天命归殷，殷王成了"天之元子"，即天在人间的代表。后来的殷王不能保有其"德"，致使失去了"天命"。而周王有"德"，故皇天上帝即将原赋予殷王之命收回，改归于周文王。因此"天命"归周，周王成了"天之元子"③。通过这种"以德配天"④说的解释，周王取代商王统治天下，在理论上不成问题。以德为媒介，西周的政权和神权发生了联系，得到了上帝的护佑。

"以德配天"说的出现，意味着神权的某种动摇。如何能证明统治者有"德"呢？"德"作为一伦理观念，在西周更是一政治观念，在不同的时代有其不同的内涵。如在魏晋九品中正选官制度下，有门第即有德；在科举时代，有儒家经典之知识即有德。在西周，证明统治者是否有德的重要标准是其治下民心之向背，即"敬天命，重人事"；《孟子》引《尚书·太誓》说得更明白："天视自我民视，天听自我民听。"这即是西周民本思想较发达的原因所在。

二、"明德慎罚"说

天意归属取决于"民听""民视"，"民听""民视"之形成，又跟统治者具体作为直接相关。为防止天意转移到别的部族，统治者自然产生了"忧患"意识⑤，即一方面要以德为主要内容加强自我修养；另一方面在对待百姓上，尤其是当百姓犯罪之时，更要慎重，此即"明德慎罚"⑥说的内涵。

"明德慎罚"的主体是作为立法者和司法官的周王和各级贵族。"明德"是他

---

① 参见钱穆：《中国文化史导论》（修订本），商务印书馆1994年版，第45页。
② 《诗经·文王》。
③ 蔡沉：《书集传》，王丰先点校，中华书局2018年版，第210页。
④ 同上书，第236页。
⑤ 关于周代统治者"忧患"意识的产生及其特征，参见徐复观：《中国人性论史·先秦篇》，上海三联书店2001年版，第18—20页。
⑥ 《尚书·康诰》。

们要注重培育自己德行,只有良好的德行才能够配享天命,得到天的惠佑,保住社稷;"慎罚"是指他们在适用刑罚时,应该慎重其行,避免滥杀以致失德。受"明德慎罚"观念的影响,西周出现了颇具特色的刑法思想。具体表现在:(1)对犯罪开始进行具体分析,区别对待。关于犯罪的主观原因,有故意和过失之别;对于犯人,则区分偶犯与累犯。如系故意("非眚")和累犯("惟终"或"终"),虽小罪也处重刑;如系过失("眚")和偶犯("非终"),虽大罪也可减免。① (2) 一反殷商"罪人以族"②之残酷,周代统治者继承周文王的"罪人不孥"③思想,主张罪止一身,强调"父子兄弟,罪不相及"④。(3)反对"乱罚无罪,杀无辜"⑤。

到了西周中晚期,出现了"刑中"思想,成为"明德慎罚"思想的重要内涵之一。在《牧簋铭》(是共王册封贵族牧担任司士之职的一篇命辞)中,王一再叮嘱司士(仅次于司寇的"察狱讼之辞"的司法官)在司法过程中一定要用刑中正,"不中不井(刑)",更不能因为"多虐庶民"而招来"多乱"。⑥

"以德配天"说和"明德慎罚"说改变了过去神权意志绝对化的状况,代之以"上帝并无意志;即以地上群体的意志为意志;上帝并无态度,即以地上群体的态度为态度"⑦。统治者为长治久安,应特别重视民心向背,由此古代中国政治法律思想沿着人文而非神权方向演进。

三、大宗法制下的礼治思想

在上古社会,人与人之间关系的形成多从血缘而展开。⑧ 当然这种血缘,按照现今人类学界的说法,有以父系为准,也有以母系为准的。按照古史所载,夏、商、周三代,都是以父系为标准来确定血缘进而建构人际关系的。

一个政权要保持其稳定,很重要的问题就是如何确保最高统治者权力交接的确定性,通俗而言即选择接班人的问题。王权的特征是终身制和世袭制,在父系社会,兄弟关系、父子关系是两种基础性关系。商代的王位继承就经历了由前

---

① 《尚书·康诰》。
② 《尚书·泰誓》(一般认为系"伪古文")。
③ 《孟子·梁惠王下》。
④ 《左传·昭公二十年》。
⑤ 《尚书·无逸》。
⑥ 胡留元、冯卓慧:《夏商西周法制史》,商务印书馆 2006 年版,第 325 页。
⑦ 钱穆:《中国文化史导论》(修订本),商务印书馆 1994 年版,第 46 页。
⑧ 人类社会的发展一方面是组织的扩大化,另一方面是自我意识的缩小化。生民之初,智力水平低下,无人我群己之别。后来智力日高、记忆力增强,在本能基础上,萌生了与父母兄弟一家之观念。这就是所谓的"别亲疏"。

期的"兄终弟及"转向后期的"父死子继"。为什么会有这个变化呢？因为弟弟往往数量众多，容易起纷争，且谁能保证幼弟能将王位再传给长兄之子呢？商代中丁以后的九世之乱就是一例。且人情之常，父子亲于昆弟，兄长的权威也不如父亲。周初确立立子之法，其主要道理即在于此，当然也跟周公摄政而不自居王位有关系。

单纯的立子之法因为子的众多也不能保证继承人的确定，于是有了嫡庶之制。这就是西周初年即确立的嫡长子继承制，"立嫡以长不以贤，立子以贵不以长"。① 为什么不以贤呢？按照王国维的解释，就是要保证继承者的唯一性，杜绝其他潜在继承者的争心，以保持政权交接之稳定。个别人的贤与不肖，本就难以判断。即便能够准确判定，那它和建立在继承人唯一性基础上的秩序稳定相比，其重要性也是大大不如的。② 据《国语·周语》记载，鲁武公有儿子括和戏，括长于戏，宣王将戏立为鲁公之继承人。樊仲山父向宣王进谏：不可以立戏。立少子，鲁人必不从。违犯王命必诛，故王发布命令一定要遵守规矩。令不行，政不立，民将违反王令。"夫下事上，少事长，所以为顺也。"宣王将其少子立为诸侯之后，是教下面违反规定。如果鲁国遵守王令而能为诸侯仿效，则立后的原则遭到破坏；如果鲁国不从再来征讨它，是自己打祖先的耳光。宣王没有听从。鲁武公回国后不久就死了，鲁人杀了戏而立括。这又导致宣王讨伐鲁国，虽立了戏的弟弟为鲁公，但从此诸侯与宣王离心了。③ 理论推演和具体事例皆证明了嫡长子继承制对于王朝稳定的重要性。

要把嫡长子继承制落到实处，在周代的广土众民之上有效地进行统治，还需要其他配套制度来予以配合。这些成体系的制度主要包括宗法制、分封制等。宗法制是宗族或家族内部以血缘远近为基础来区分嫡庶亲疏尊卑的礼制；分封制是周天子按照宗法原则将其宗族成员和功臣分封到各地去做诸侯的制度。

历来论宗法者，都十分重视用《礼记》之《大传》及《丧服小记》这两篇中都有的这句话来描述周代宗法制的特征："别子为祖，继别为宗，继祢者为小宗。"所谓

---

① 《公羊传·隐公元年》，见《春秋公羊传注疏》，北京大学出版社1999年版，第13页。
② 王国维的原话是这样的："盖天下之大利莫如定，其大害莫如争。任天者定，任人者争；定之以天，争乃不生。故天子诸侯之传世也，继统法之立子与立嫡也，后世用人之以资格，皆任天而不参以人，所以求定而息争也。古人非不知官天下之名美于家天下，立贤之利过于立嫡，人才之用优于资格，而终不以此易彼者，盖惧夫名之可藉而争之易生，其敝将不可胜穷，而民将无时或息也。故衡利而取重，絜害而取轻，而定为立子立嫡之法，以利天下后世；而此制实自周公定之。"王国维：《殷周制度论》，载氏著：《观堂集林》，河北教育出版社2003年版，第234页。
③ 上海师范大学古籍整理研究所点校：《国语》，上海古籍出版社1998年版，第22—23页。

别子,是与嫡长子相对而言的。诸侯和天子一样,世代由嫡长子继位为君,只有嗣位之君才能世守祖庙。其他儿子地位卑于嫡长子,因而"自卑别于尊"(《仪礼·丧服》),称为别子。别子不敢祖诸侯,只能分出另立一系。这种别子往往受封为卿大夫,领有封邑采地,他的后世即奉之为始祖。这就是"别子为祖",郑玄注为:"别子,谓公子若始来在此国者,后世以为祖也。"① 在宗法制下,有大宗、小宗之别。小宗服从大宗,大宗保护小宗。但除了周天子及其嫡长子是永远的大宗之外,其他大宗和小宗一般来说是相对的。比如说,诸侯及其嫡长子对于周天子是小宗,但对于其封国内的卿大夫来说又是大宗。就这样,宗法制通过自然形成的血缘亲属关系确定了贵族的等级地位。

分封制又被后世称为封建制,是对宗法制的拟制,是要将宗法制作为家族基本制度上升为国家政治制度的必要举措。《左传·僖公二十四年》记载,周王将以狄伐郑,富辰谏曰:"不可。臣闻之,大上以德抚民,其次亲亲以相及也。昔周公吊二叔之不咸,故封建亲戚,以蕃屏周……周之有懿德也,犹曰'莫如兄弟',故封建之。其怀柔天下也,犹惧有外侮。捍御侮者莫如亲亲,故以亲屏周。"② 这说明以亲亲为骨干的封建③,是将封国作为王室的屏藩,由此强化周王朝的政治统一性。在封国的内部,也仿照周王室的做法,按照宗法原则逐级再分封。

不论嫡长子继承制,还是与之配套的宗法制和封建制的推行,都特别强调"分"这一观念,即在宗法封建制下,每个人皆有其特定身份。这种身份是按照血统的嫡庶和亲疏长幼等关系为标准确定下来的。其权利义务,各与其身份相称。

---

① 《礼记正义》,北京大学出版社 1999 年版,第 1008 页。
② 《春秋左传正义》,北京大学出版社 1999 年版,第 418—422 页。
③ "封建的"和"封建制度"最早是法律术语,布兰维里耶把这个 18 世纪法庭里的行话写进自己的著作,后来孟德斯鸠也用了这个词。结果就勉强成为一种社会结构的代名词,而且这种社会结构本身也没有被很好地定义(〔法〕马克·布洛赫:《为历史学辩护》,张和声、程郁译,中国人民大学出版社 2006 年版,第 143 页)。自布洛赫以来封建主义的研究著作层出不穷,大部分仍是以讨论政治、法律形态为主,但也有涉及社会经济诸方面。自布洛赫把西欧和日本的封建主义加以比较开始,就不断有学者从比较上研究封建制度和封建社会,想论证封建主义在全世界的存在。20 世纪 50 年代,美国学者柯尔本编有《历史上的封建主义》一书,认为封建主义最主要的内容是封建君臣关系,中国部分是老汉学家卜德所写,认为政治上的封建主义中国也存在,那是周代,而魏晋南北朝则是准封建时期。中国史学界从讨论封建主义开始,就不只是将它当作一个政治制度,而兼及社会、经济内容,如陶希圣的《中国封建社会史》即主张周代是封建社会,春秋之际开始解体,但封建的自然经济则一直延续下来;瞿同祖于 1937 年在上海商务印书馆出版的《中国封建社会》一书,以西方的封建社主义比附中国的封建,认为封建社会的要点是土地所有权的有无和主人与农民的关系。总的来说,封建主义、封建社会的概念、范畴出自西欧,在开始总结、概括时即存在简单化的毛病,和西欧本地的真实情况都有许多不符,更不要说放之于全世界了(参考马克垚:《布洛赫〈封建社会〉中文版序言》,载〔法〕马克·布洛赫:《封建社会》,张绪山等译,郭守田等校,商务印书馆 2004 年版)。

"定分"即可确立当时的政治秩序。① 在周代,具体是凭借什么来"定分"的呢? 那就是礼。

周公等周初统治者,在充分借鉴夏、商、周三代传统的基础上,创造性地制礼作乐,形成了一套包括嫡长子继承制、宗法制、分封制等行之有效的制度,概称"礼"或"周礼"。这套制度背后深刻的道德和伦理内涵,就是以"亲亲""尊尊"为基本原则的"礼治"思想。

"礼",繁体为"禮",许慎《说文解字》的解释为:"履也,所以事神致福也,从示从豊。""豊"字下面的"豆"是一种装东西的容器,上面的"王"在古代通"玉"字;"示"乃祭祀供台之象形。所以"礼"字的本义是祭祀时的仪节、仪式。上古时期,"国之大事,在祀与戎"②,祭祀和战争是国家最重要的两件大事。既然祭祀是大事,参与的人肯定少不了,且要有严格的仪式。如何把这些为数不少的参与者整合到仪式中来,就需要有一外在的区分标准。如何确定外在的区分标准,就要有贯穿其中的内在精神。这个内在精神,主要就是"亲亲""尊尊"。

"亲亲"指的是一个人必须亲爱自己的亲属,尤其是自己的以父系为中心的尊亲属,如子弟必须孝顺父兄。反映在宗法制上,就是小宗必须服从大宗。反映在国家政治层面上,那就是要遵循嫡长子继承制,在分封和任命官吏时要任人唯亲,不要唯才是举,而是要让亲者贵、疏者贱。"尊尊"指的是下级必须服从上级,尤其是要服从周天子,其目的是要严格维护等级制度,防止僭越,消弭犯上作乱于无形。

"亲亲"是宗法原则,故"亲亲父为首",强调的是孝;"尊尊"是等级原则,故"尊尊君为首",强调的是"忠"。在西周宗法制下,家国一体,"亲亲""尊尊",也就是忠孝能够很好地结合在一起,表现为:子弟孝顺父兄,亦即小宗服从大宗,同时也是下级服从上级。③

以"亲亲""尊尊"为核心精神内涵的西周"礼治"思想,在立法和司法领域集中表现为"礼不下庶人,刑不上大夫"。故它是西周"礼治"在法律层面上的重要特征。

"礼不下庶人,刑不上大夫"一语出自《礼记·曲礼》。《礼记》一书是儒家经典"三礼"之一,是战国至西汉的儒家后学传授《仪礼》时进行解释、说明和补充的文献汇编,是系统阐述儒家礼治思想的论文集。"记"就是对"经"的说明性文字。

---

① 参考徐复观:《两汉思想史》(第一卷),华东师范大学出版社2001年版,第12—14页。
② 《左传·成公十三年》。
③ 参考张国华:《中国法律思想史新编》,北京大学出版社1998年版,第30页。

"礼不下庶人",指的是"礼"的规范对象主要是庶人以上的各级贵族。换句话说,礼是赋予各级贵族的特权,这些特权不得为庶人所享有。礼强调等级差别,天子有天子之礼,诸侯有诸侯之礼,卿大夫有卿大夫之礼,总之,不同的等级有不同内涵的"礼"。这种"礼",只能在贵族内部实行。"礼不下庶人"即是说"贵族之礼不适用于庶人,而庶人也不能使用贵族之礼,否则就是僭越"。这种"礼的僭越"频繁出现,就是孔子所讲的"礼崩乐坏"。"刑不上大夫",指的是"刑"的处罚对象主要限于大夫以下的庶人和奴隶。但这并不是说大夫之上的各级贵族犯有严重的"僭越"行为概不用刑。即便是要用刑,也会享受一些特别的照顾。比如说,王之同族处死刑不公开执行,一般是赐死而不让其受到公开的杀戮之辱;为了保持贵族血统的神圣性,对犯事贵族一般不使用绝后的"宫刑",在诉讼上也不允许贵族及其配偶亲自出庭,以保持其尊严;各级贵族犯罪还享有减免刑罚的特权。①

所以,"礼不下庶人,刑不上大夫"的说法,实际上只是后代的一种形象说法,寄托了儒家后学对这样一个等级秩序井然的社会的向往,仅是西周等级社会的形象写照,不宜按照其字面意思做绝对化结论。

随着西周礼治的不断完善、充实,礼的内容越加庞杂,包括政治、经济、军事、教育、行政、司法、宗教祭祀、婚姻家庭、伦理道德等各个方面;上至国家的立法、行政,各级贵族和官吏的权利义务,下至人们的衣食住行、婚丧嫁娶、送往迎来,几乎无所不包。② 实际上,礼已基本具有了法律甚至国家根本大法的性质,成为"定亲疏,决嫌疑,别同异,明是非"③的依据,起着"经国家,定社稷,序民人,利后嗣"④的重大作用。西周礼治思想对之后整个中国传统法律思想都影响极大,成为中国传统法的重要指导原则。

---

① 史料原文为"王之同族有罪不即市"(《周礼·秋官司寇·小司寇》)、"有赐死而亡戮辱"(《汉书·贾谊传》)、"公族无宫刑"(《礼记·文王世子》)、"命夫命妇不躬坐狱讼"(《周礼·秋官司寇·小司寇》)等。
② 《礼记·曲礼上》云:"道德仁义,非礼不成。教训正俗,非礼不备。分争辨讼,非礼不决。君臣、上下、父子、兄弟,非礼不定。宦学事师,非礼不亲。班朝治军,莅官行法,非礼威严不行。祷祠祭祀,供给鬼神,非礼不诚不庄。是以君子恭敬撙节退让以明礼……是故圣人作为礼以教人,使人以有礼,知自别于禽兽。"
③ 《礼记·曲礼上》。
④ 《左传·隐公十一年》。

参考阅读材料

《史记·鲁周公世家》节选

武王克殷二年,天下未集,武王有疾,不豫,群臣惧,太公、召公乃缪卜。周公曰:"未可以戚我先王。"周公于是乃自以为质,设三坛,周公北面立,戴璧秉圭,告于太王、王季、文王。史策祝曰:"惟尔元孙王发,勤劳阻疾,若尔三王是有负子之责于天,以旦代王发之身。旦巧能,多材多艺,能事鬼神。乃王发不如旦多材多艺,不能事鬼神。乃命于帝庭,敷佑四方,用能定汝子孙于下地,四方之民罔不敬畏。无坠天之降葆命,我先王亦永有所依归。今我其即命于元龟,尔之许我,我以其璧与圭归,以俟尔命。尔不许我,我乃屏璧与圭。"周公已令史策告太王、王季、文王,欲代武王发,于是乃即三王而卜。卜人皆曰吉,发书视之,信吉。周公喜,开钥,乃见书遇吉。周公入贺武王曰:"王其无害。旦新受命三王,维长终是图。兹道能念予一人。"周公藏其策金縢匮中,诚守者勿敢言。明日,武王有瘳……初,成王少时,病,周公乃自揃其蚤沈之河,以祝于神曰:"王少未有识,奸神命者乃旦也。"亦藏其策于府。成王病有瘳。及成王用事,人或谮周公,周公奔楚。成王发府,见周公祷书,乃泣,反周公。①

【讨论思考题】

1. 神权法思想是怎么产生的?
2. 西周"以德配天"思想提出的背景和对后代的影响何在?
3. 如何理解"礼不下庶人,刑不上大夫"?

---

① 《尚书·金縢》记载的内容大致与此相同。惟《史记》所载,文字较为浅近,故选录。

第三章　儒家的法律思想

第一节　儒家学说概述
第二节　"为国以礼"的礼治思想
第三节　"德主刑辅"的德治学说
第四节　儒家的"人治"学说
第五节　先秦儒家法律思想的命运和历史地位

第一节 儒家学说概述

一、儒家学说在先秦之形成

儒家思想自汉武帝"罢黜百家,独尊儒术"而作为传统中国正统思想统治中国达2000多年,儒家的法律思想融合了先秦诸子各家中有利于维护社会秩序的因素,而逐渐取代了法家法律思想,成为正统法律思想的主导。它长期以来作为传统法制的指导思想,对中国法律思想和法律制度的发展起了重大影响,以致儒家法律思想的特点,成为五四运动前整个中国法律思想的重要特点,并且至今仍影响着人们的法制观念和道德意识。

先秦是儒家的创立和形成时期。先秦儒家学派由孔子(前551—前479)开创,主要经过孟子(约前385—前304)、荀子(约前313—前238)的发展,奠定了儒家思想成为正统思想的基础。而儒家法律思想的形成则是对以往法律思想加以继承和改造的结果。在这里需要提及的是春秋时期的革新家。

公元前771年,犬戎攻破镐京,第二年,周平王在郑、秦等诸侯国的拥戴下匆匆东迁洛邑,继承了西周王室的血脉,史称东周。中国进入了有史以来最为纷乱和最引人瞩目的大动荡时期——春秋战国时代。东周五百年的历史中,"共主衰微,王命不行"成为贯穿始终的一种局面。固有秩序的危殆和礼乐制度的崩坏已成为当时天下各国所急需应对的问题,周室难以复振,终于导致了各诸侯国争霸局面的出现。

旧有秩序的松弛为新秩序的形成提供了契机,社会秩序混乱使旧有制度的更新成为必须。故而,此一时期,修订各项法律制度以期形成新的社会秩序和促使国家富强,成了各诸侯致力以谋的目标。春秋时期,一些富有革新倾向的政治家便开始探索整顿社会秩序的道路,在几百年的乱局中首先开创出新的政治和思想脉络,为造成秦汉以后大一统的王朝走出了开风气的一步,而且成为后来"诸子百家"的滥觞。这些政治人物,主要有齐国的管仲、郑国的子产和邓析,他们在改造传统思想和政治法律制度方面,作出了重要的努力。

管仲一生事功主要在于辅佐齐桓公成就霸主大业。他提出了"仓廪实则知礼节"的治国论,初步认识到了礼仪法度的贯彻和社会秩序的养成有赖于一定的物质基础,从而将人看成了社会的核心,人的生存状态与制度的实现形成了紧密的联系。在此基础上,他形成了"令顺民心"的法治观。在他看来,法律得以实施的基础在合于民心。他已经认识到了法律具有调整各种利益关系的作用,在这种利益关系的调整中,必须对民众的利益给予一定的关照,即在法律实施中,民众能够获享应有的利益。只有这样的法律才能形成良好、确定的社会秩序。

子产是郑国执政,他为了调整和整顿新的社会秩序,于公元前536年"铸刑书",开创了公布成文法的先例,改变了以往的秘密法传统。这在中国法律史上是一个具有重大意义的创举。子产的刑书公布以后,打破了"先王议事以制,不为刑辟"的礼治传统,因而遭到晋国著名保守派贵族叔向的反对。叔向批评子产说:"昔先王议事以制,不为刑辟,惧民有争心也……民知有辟,则不忌于上……"指责子产公布成文法将导致人民根据成文法来争取各自的权利,从而使君主和贵族丧失昔日的权威,扰乱过去的社会秩序。叔向警告子产:"民知争端矣,将弃礼而征于书。锥刀之末,将尽争之。乱狱滋丰,贿赂并行。终子之世,郑其败乎!"[1]子产则认为铸刑书正是为了挽救郑国的危亡。成文法的公布[2]为春秋战国时期诸子百家法律思想的形成和发展创造了有利条件。

邓析也是郑国大夫,其法律思想相当激进,他明确反对传统的礼治,故后世学者批评他"不法先王,不是礼义"。[3] 邓析反对子产带有礼治色彩的"刑书",私自编了一部写在竹简上的成文法——竹刑。除此之外,他还聚众讲学,私家招收门徒,传授法律知识与诉讼方法,并助人诉讼。

春秋战国时期是由诸侯割据走向统一、废封建立郡县的社会大变革时期。孔子、孟子、荀子分别处于这一变革时期的不同阶段,社会历史条件不同,面临的社会政治问题也有所变化,这决定了他们基于各自的认识和立场所提出的解决社会政治问题的主张有所发展变化,以及阐述他们主张的哲学、伦理思想各具特色。但是,他们在政治上,都以维护礼治、提倡德治和重视人治为基本观点,这使他们同属儒家学派。而儒家的法律思想,则是服从和服务于其基本特征的,同

---

[1] 《左传·昭公六年》。
[2] 参见俞荣根:《中国成文法公布问题考析》,载杨一凡总主编:《中国法制史考证》乙编(法史考证重要论文选编)第一卷《律令考》,中国社会科学出版社2003年版,第95—132页。
[3] 《荀子·非十二子》。

时,也构成了这一特征的重要部分。由孔至孟而荀,先秦儒家法律思想的一些观点有不少变化发展,但终究殊途同归。

孔子(前551—前479),名丘,字仲尼,为殷商遗民之后代。孔子早年丧父,幼年贫贱,但好礼,"十有五而志于学","食无求饱,居无求安",学之不倦,30岁前后即以知礼而闻名于诸侯间。孔子一生之事迹,不外从政、教学与编书三端。其从政时间非常短暂,并不成功,但其教学与著书对当时,尤其是对后世影响甚大,说他形塑了中国文化亦不为过。孔子之时,"周礼已废而未泯,阶级方坏而犹著"①,孔子深受周礼之熏陶,又从中发现新意义,创立了自己的一套学说,欲以其"致太平",但当时执国政之贵族多不能用其言,故传其学说于平民,使其出仕于公卿,可望致用。因此他的教学之对象,多为贫贱之子弟,史载其弟子三千,贤者七十有二,于打破"学在官府"之局面,使人人皆有平等受教育机会,且"非抑旧贵族而使下侪于皂隶,实乃提升平民而令上跻于贵族也",功莫大焉。也正是孔子所开创的"有教无类",才产生了春秋战国时期的新兴阶层"士"。正是由于"士"广泛参与政治,中国自东周以降至秦汉之间所发生的第一次社会大转型才有完成之可能。② 孔子一生,皆注重加工、整理古代典籍,晚年回到鲁国,更专注于此。主要成就是整理六经,即《诗》《书》《礼》《乐》《春秋》《易》③,是为儒家最重要的经典。故孔子"所以贤于尧舜者正以其无尧舜所已得之位,而立尧舜所未有之学也"④。司马迁在《史记·孔子世家》末尾有如此评语:"《诗》有之:'高山仰止,景行行止。'虽不能至,然心乡往之。余读孔氏书,想见其为人。适鲁,观仲尼庙堂车服礼器,诸生以时习礼其家,余祗回留之不能去云。天下君王至于贤人众矣,当时则荣,没则已焉。孔子布衣,传十余世,学者宗之。自天子王侯,中国言六艺者折中于夫子,可谓至圣矣!"

孟子(约前385—前304)⑤,名轲,鲁国邹城人,受业于子思之门人。一生游说各大诸侯国君主,虽声誉日隆,生活日裕,但政治上成就甚少。盖战国群雄争

---

① 萧公权:《中国政治思想史》,新星出版社2005年版,第35页。
② 章太炎曾言之剀切:"哲人既萎,曾未百年,六国兴而世卿废。民苟怀术,皆有卿相之资。由是阶级荡平,寒素上遂,至于今不废。"章太炎:《驳建立孔教议》,载《章太炎全集》,第四册,上海人民出版社1985年版,第197页。
③ 《史记·儒林列传》说:"孔子闵王路废而邪道兴,于是论次《诗》《书》,修起礼乐。"《孟子·滕文公下》云:"世道衰微,邪说暴行有作,臣弑其君者有之,子弑其父者有之。孔子惧,作《春秋》。《春秋》,天子之事也;是故孔子曰:'知我者其惟《春秋》乎!罪我者其惟《春秋》乎!'"
④ 萧公权:《中国政治思想史》,新星出版社2005年版,第37页。
⑤ 孟子的生卒年月不详,古今有各种推断。我们这里参考了钱穆《先秦诸子系年》的考证,最后采纳了杨伯峻先生的说法。杨伯峻译注:《孟子译注》,中华书局2005年版,《导言》。

竟,皆以"定于一"为目标,仁义之说终不敌富强之言。司马迁为之感慨,云:"余读孟子书,至梁惠王问'何以利吾国',未尝不废书而叹也。曰:嗟乎,利诚乱之始也! 夫子罕言利者,常防其原也。故曰'放于利而行,多怨'。自天子至于庶人,好利之弊何以异哉!"①道既不行,退而与万章之徒专力著书立说,有《孟子》七篇传世。

荀子(约前313—前238),名况,时人尊称为荀卿,赵国人。少年即游学齐国稷下学宫,曾与齐相论列国安危之势,但终无所用,离齐到楚,为兰陵令。后游燕不遇,再度居齐,在稷下学宫"最为老师""三为祭酒",旋去齐至秦,后又返赵。最终到了楚国,葬于兰陵。其生平持论,虽与孔孟有不少差异,"然其欲以礼义之言易强暴诡诈之术,则强聒不舍,始终如一,实不愧为儒家之后劲"②,为战国末期儒家思想的主要代表,儒法结合的先驱。

尽管孔子言"仁"、孟子道"仁政"、荀子曰"礼法",三者有其差异,尤以荀子与孔、孟差异更大,但他们同为儒家,共同的方面还是主要的。下面简单论述一下他们法律思想共通的脉络所在。

二、先秦儒家学说之思想脉络简介

春秋战国之世,已行于数百年的周礼已呈崩溃之势,周代之礼,实为一套因等级而内容不同的差异性规范,等级又因血缘或拟制的血缘关系而定,其精神内核为"亲亲、尊尊、长长、男女有别"。孔子首见礼崩乐坏,因其醉心周礼③,要复兴周礼,所以必先"正名"。为什么呢? 我们先要弄清楚什么是"正名"。所谓"正名",按照萧公权的说法,指的是"按盛周封建天下之制度,而调整君臣上下之权利与义务之谓"④。为什么"正名"有这么重要的功效呢? 因为名之所以为名,是因为有相应的实(内容),由"名"构成的语言之所以成为人类交流思想的重要工具,就是因为它能传达相关内容。所以,人类"以名表实,而成知识,原与人类文

---

① 《史记·孟子荀卿列传》。
② 萧公权:《中国政治思想史》,新星出版社2005年版,第57—58页。
③ 孔子醉心周礼,这在《论语》中有许多证据:(1) 子张问:"十世可知也?"子曰:"殷因于夏礼,所损益,可知也。周因于殷礼,所损益,可知也。其或继周者,虽百世,可知也。"(《为政》)(2) 子曰:"周监于二代。郁郁乎文哉,吾从周。"(《八佾》)(3) 子曰:"甚矣,吾衰也! 久矣吾不复梦见周公。"(《述而》)(4) 子曰:"如有周公之才之美,使骄且吝,其余不足观也已。"(《泰伯》)(5) 子曰:"三分天下有其二,以服事殷,周之德,其可谓至德也已矣!"(《泰伯》)(6) 公山弗扰以费畔,召,子欲往,子路不说,曰:"末之也已,何必公山氏之之也!"子曰:"夫召我者岂徒哉! 如有用我者,吾其为东周乎!"(《阳货》)(7) 子谓伯鱼曰:"汝为《周南》《召南》矣乎? 人而不为《周南》《召南》,其犹正墙面而立也与?"(《阳货》)
④ 萧公权:《中国政治思想史》,新星出版社2005年版,第40页。

化俱始"①。所以,名与实在事实上乃相伴而生。但随着人类知识的发展,名实之间的统一关系会逐渐乖离,而形成名实不符的情况。为了恢复这种统一关系,就要循名责实。当然,从名实相符发展到名实背离再到循名责实,在时间上要经历一个漫长的知识演进过程。这种知识演进过程反映在政法领域,具体到孔子所生活的时期,最大的莫过于周礼的变迁了。本来,周礼的最重要表现就是君君、臣臣、父父、子子,到春秋时期,却是君不君、臣不臣、父不父、子不子,"臣弑其君者有之,子弑其父者有之"。

据此,孔子提出"正名"的主张,据《论语·子路》记载,子路问孔子道,如果卫君等着您去治理国政,您首先准备干什么呢?孔子即回答,一定要先从正名做起。子路不理解,认为这是迂腐之论。孔子接着讲了理由:"名不正,则言不顺;言不顺,则事不成;事不成,则礼乐不兴;礼乐不兴,则刑罚不中;刑罚不中,则民无所错手足。故君子名之必可言也,言之必可行也。君子于其言,无所苟而已矣。"《论语·颜渊》亦载,齐景公问政于孔子。孔子对曰:"君君、臣臣、父父、子子。"景公曰:"善哉!信如君不君、臣不臣、父不父、子不子,虽有粟,吾得而食诸?"按照孔子之意见,君要有君的样子,臣要有臣的样子,父子也要有父子的样子,天下人皆可以在君臣父子之人身关系网中找到自己的位置,能顾名思义,各依其位置尽其应尽之事,履行其应履行之义务,则会秩序井然,万民相安无事。正是鉴于正名对建立一个稳固的等级社会有如此巨大的作用,故《隋书·经籍志》说:"名者,所以正百物,叙尊卑,列贵贱,各控名而责实,无相僭滥者也。"

孔子从作为政法思想起点的正名出发,接下来必须要解决一个问题:正名既然需要循名责实,那判断实的标准是什么?最直接的想法是从字词之起源或从当时一般人对该字词的共同看法来判断字词之内容。实际上这二者都行不通,为什么呢?关于字词起源时的含义,一则经过了变迁,因为"文献不足征",难以找到;二则即便找到了,历时久远,也难以为时人所承认。关于一般人对该字词的共同看法,是不存在的。与孔子稍后的墨子就讲"一人则一义,二人则二义,十人则十义,其人兹众,其所谓义者亦兹众。是以人是其义,以非人之义,故交相非也"②,认为由此会导致天下大乱。既然这两者都行不通,孔子就想到了周代的制度,即当时尚有一定影响的"礼"。以周代的"礼"为标准来"正名",此即孔子所讲的"宪章文武""克己复礼"。

---

① 唐君毅:《中国哲学思想中理之六义》,载《新亚学报》第一卷第一期。转引自韦政通:《中国哲学辞典》,吉林出版集团 2009 年版,第 302 页。
② 《墨子·尚同上》。

如果说,作为儒家创始人的孔子仅仅只谈到"克己复礼",那他只不过是一位周代封建制度的卫道士,属典型的守旧复古者流,绝对不能获得"至圣""贤于尧舜"之崇高地位。孔子的主要贡献在于提出"仁"之观念,从而赋予周礼以新的内涵。什么是"仁"?仁之含义颇为复杂,下文将详细论及,这里略说梗概,即是人推其自爱之心以爱人。所谓仁者,是先培养内在之仁心,按其能力大小由近及远,推广其仁行,以惠及他人。归纳起来就是《大学》所谓的内圣外王之路:格物致知、正心诚意、修齐治平。① 萧公权对孔子所言"仁"有一准确评价:"就修养言,仁为私人道德。就实践言,仁又为社会伦理与政治实践。孔子言仁,实已冶道德、人伦、政治于一炉,致人、己、家、国于一贯。"②

　　到了孟子,更为"仁"之实现提供了人性论上的根据,那就是他提出并努力加以证明的性善说。正因为人之性善,故培养内在之仁心成为可能,其途径就是"善养吾浩然之气"。反映于外,在普通个人则表现为:"居天下之广居,立天下之正位,行天下之大道。得志,与民由之;不得志,独行其道。富贵不能淫,贫贱不能移,威武不能屈。此之谓大丈夫。"③对于有治国平天下责任之君王们来说,就是要行"仁政",兴王道。

　　在荀子,则专门写了《正名》一篇,认为:"故王者之制名,名定而实辨,道行而志通,则慎率民而一焉……知者为之分别,制名以指实,上以明贵贱,下以辨同异。贵贱明,同异别,如是则志无不喻之患,事无困废之祸,此所为有名也。"明揭"制名指实"是"明贵贱、辨同异"的必要前提。"制名指实"的标准就是礼。荀子不同于孟子,认为人性恶,但具有可塑性,也就是具有学习能力。因此出于"定分止争"的需要由圣人或君子"制礼",然后以礼来对普通人"化性起伪"。如此一来,"制名指实"以至在此基础上达致太平就有了较充足的可能性。不过需要指出的是,较之孔孟从价值规范上言"礼",荀子更多从政治制度和行为规范上言"礼",因而礼更容易与法相通。所以荀子明确提出"治之经,礼与刑"④。乃至于认为:"法者,治之端也。"⑤

---

① 儒家四书之一的《大学》云:"古之欲明明德于天下者,先治其国。欲治其国者,先齐其家。欲齐其家者,先修其身。欲修其身者,先正其心。欲正其心者,先诚其意。欲诚其意者,先致其知。致知在格物。物格而后知至,知至而后意诚,意诚而后心正,心正而后身修,身修而后家齐,家齐而后国治,国治而后天下平。自天子以至于庶人,壹是皆以修身为本。"
② 萧公权:《中国政治思想史》,新星出版社2005年版,第41页。
③ 《孟子·滕文公下》。
④ 《荀子·成相》。
⑤ 《荀子·君道》。

以上乃先秦儒家思想家孔、孟、荀政法思想脉络之大概,下面将分别从礼治、德治和人治三个方面来论述先秦儒家的法律思想。

第二节 "为国以礼"的礼治思想

礼治是先秦儒家法律思想的一致出发点和归宿。

一、礼治思想的渊源

儒家的礼治思想,应追溯到西周初期的周公。西周统治者灭商后,用"以德配天""敬德保民"思想继承和修补了商的神权天命观。"我不可不监于有夏,亦不可不监于有殷。"①西周统治者鉴于夏、商灭亡的教训,认识到民心向背决定着其王朝是否能长治久安,统治者只有"敬德""保民",才能"享天之命"。因而在法律思想方面提出了"明德慎罚",作为"天命""天罚""刑兹无赦"的补充。周公"制礼作乐",将建立在宗法等级制度基础上并维护这一基础的"礼"系统化、制度化,实行以"亲亲""尊尊"为中心的"礼治",而以"礼不下庶人,刑不上大夫"作为立法与司法活动的指导原则。

二、儒家对西周礼治思想的继承和发展

孔子是儒家的创始人,他在"礼崩乐坏"的春秋末期,"祖述尧舜,宪章文武"②,仍然主张"为国以礼"③。他说:"周监于二代,郁郁乎文哉!吾从周。"④表现出对西周礼治的向往。

为了解决周礼与社会现实的矛盾,恢复和维护礼治,孔子在强调继承周礼的同时,认为可以对周礼有所"损益"⑤,提出了"仁"的思想体系,并纳"仁"入礼。

---

① 《尚书·召诰》。
② 《礼记·中庸》。
③ 《论语·先进》。
④ 《论语·八佾》。
⑤ 《论语·为政》。

"仁"在《论语》中出现达百次以上,其含义很复杂,孔子在不同的场合对"仁"做过多种解释①,但最主要的,有以下几条:

樊迟问仁。子曰:"爱人。"②

夫仁者,己欲立而立人,己欲达而达人。能近取譬,可谓仁之方也已。③

子张问仁于孔子。孔子曰:"能行五者于天下为仁矣。""请问之。"曰:"恭,宽,信,敏,惠。恭则不侮,宽则得众,信则人任焉,敏则有功,惠则足以使人。"④

颜渊问仁。子曰:"克己复礼为仁。一日克己复礼,天下归仁焉。为仁由己,而由人乎哉?"颜渊曰:"请问其目。"子曰:"非礼勿视,非礼勿听,非礼勿言,非礼勿动。"⑤

其中,"爱人"是"仁"的基本精神。《说文解字》载:"仁,亲也。从人从二。""爱人"是"仁"的本意,而行"仁"之道,就是"能近取譬"、推己及人的"忠恕"之道,包括"己欲立而立人,己欲达而达人"的推其所欲,和"己所不欲,勿施于人"⑥的推其所不欲。一为积极方面,一为消极方面。曾参说:"夫子之道,忠恕而已矣。"⑦而"恭、宽、信、敏、惠",则是"爱人"的详细解说。实际上,"仁"是孔子关于社会伦理道德规范的综合,忠、恕、恭、宽等诸德,都是"仁"的一个方面,"仁"兼涵诸德,是道德的理想境界。"仁"已经突破了周礼的家族性伦理的内容范围,维护宗法等级制度的家族性伦理,只是"仁"的一个方面了。虽然孔子的弟子有若认为,"孝弟也者,其为仁之本与"⑧,但实际上,"仁"已具有比家族性伦理更为广泛的社会内容和意义。而"克己复礼为仁"一段话,则明确表达了"仁"与礼的关系:"仁"是礼的内容,礼是"仁"的表现;"非礼勿视,非礼勿听,非礼勿言,非礼勿动"就是对"仁"的实践,礼即是"仁"的外在标准。孔子说:"人而不仁,如礼何?人而不仁,如乐何?"⑨"仁"与礼应是内容和形式的统一,"仁"的目的是"复礼"。孔子纳

---

① 根据杨伯峻先生的研究,《论语》一书中共出现"仁"字 109 次,其含义大致有以下三种:(1)孔子的道德标准(105 次);(2)仁人(3 次),如"泛爱众而亲仁""殷有三仁焉"等;(3)同"人"(1 次),即"观过,斯知仁矣"。见杨伯峻译注:《论语译注》,中华书局 2009 年版,第 219 页。
② 《论语·颜渊》。
③ 《论语·雍也》。
④ 《论语·阳货》。
⑤ 《论语·颜渊》。
⑥ 同上。
⑦ 《论语·里仁》。
⑧ 《论语·学而》。
⑨ 《论语·八佾》。

"仁"入礼,"仁"礼结合,为礼治提供了一个新的社会性伦理基础,这是孔子的一大创造;同时,孔子也赋予"仁"的思想以鲜明的社会意义和政治目的。

"仁"的思想把周礼局限于贵族内部的"亲亲"之爱扩展到更广泛的社会范围,提出要"泛爱众"①。但是"仁"的思想有明确的等级意义。孔子强调"君子"与"小人"的区别,认为"未有小人而仁者也"②,"仁"只是"君子"的理想道德。而"仁"者"爱人",必须以维护等级差别的礼为外在标准,作为"爱人"的节制,如有若所说:"知和而和,不以礼节之,亦不可行也。"③所以,"仁"者"爱人"的意图不外是两个方面:防止贵族之间的争斗以及贵族与新兴统治集团之间的矛盾,防止弑君弑父、犯上作乱行为的发生;对普通民众而言,则在于缓和社会矛盾,维护社会秩序。孔子认为,"礼崩乐坏"缘于人们缺乏相爱的思想和恪守等级名分的自觉性,而"仁"的道德力量,能够起补救作用,挽回礼治,实现社会的安定。这就是"仁"的社会政治目的。

孟子继承了孔子的思想,"先圣后圣,其揆一也"④,认为礼治是不变的,主张"法先王"⑤,要"不愆不忘,率由旧章"⑥。

荀子更强调礼治。"国之命在礼"⑦,实行礼治,才能"王天下"⑧。但他的礼治不同于孔孟,他基本上代表了新兴统治集团的利益,反对贵族世袭制。同时,他又很推崇周礼所体现和维护的等级制。新兴统治集团并不反对等级特权制度本身。所以,荀子把周礼改造成为维护官僚等级制的新礼。"礼治"经荀子的这一改造,在根本上与法家的"法治"统一起来了。

三、儒家礼治思想的等级社会观

孔、孟、荀处于不同的社会历史条件下,面对不同的社会政治问题,提出的政治法律思想都以礼治为中心,这是他们的等级社会观所决定的。儒家认为,社会本身就不是整齐平一的,并从中导出了它的等级社会观。

首先,人有德行才智的差别。孔子说:"唯上智与下愚不移。"⑨而孟子的人性

---

① 《论语·学而》。
② 《论语·宪问》。
③ 《论语·学而》。
④ 《孟子·离娄下》。
⑤ 《荀子·非十二子》。
⑥ 《孟子·离娄上》。
⑦ 《荀子·强国》。
⑧ 《荀子·富国》。
⑨ 《论语·阳货》。

善论和荀子的人性恶论,均说明这一差别的必然。

其次,社会必须有分工。不但有生产部门之间的农工商贾分工,而且"劳力"与"劳心"的分工也是必要的,各有其责。"有大人之事,有小人之事……或劳心,或劳力。劳心者治人,劳力者治于人。治于人者食人,治人者食于人。天下之通义也。"①劳力者如农工商贾,从事技艺生产;"劳心者"如士大夫等统治者,以治世为务。而"治于人者食人,治人者食于人",权利与义务是不同的。"少事长,贱事贵,不肖事贤,是天下之通义也。"②社会地位的贵贱上下之分是必须而且必然的。

据此,儒家认为,理想的社会应是人的德行才智与社会分工、社会地位三位一体的等级社会。德行才智的差别和劳力劳心的分工,既是贵贱上下等级的根据,又是等级的表现。等级不同,即意味着德行才智的高低和劳力劳心的不同。贤者居上位,劳心治人;不贤者居人下,劳力食人,从而构成社会的等级名分。为此,孔孟提出"举贤才"③"尊贤使能"④;荀子更详细论述"尚贤使能"⑤,要求统治者据此建立官僚等级制度。经济利益,是政治主张的根本出发点和归宿。在儒家理想的三位一体的等级社会中,物质利益的分配与社会地位的贵贱上下等级是一致而成正比的,地位愈高而物质利益享受愈多,所谓"德必称位,位必称禄,禄必称用"⑥。德才、分工、地位一致,所以禄用的等级差别也就天经地义,"或禄天下而不自以为多,或监门御旅,报关击柝,而不自以为寡"⑦,没有人认为这是不合理的。荀子更从性恶论出发,论述因"欲多而物寡"⑧,而对物质利益进行等级分配的必要性。"分均则不偏,势齐则不壹,众齐则不使"⑨,社会须以不平等才能体现平等。"斩而齐,枉而顺,不同而一"⑩"维齐非齐"⑪,等级制度是社会的基础。

先秦儒家还继承了周礼伦理政治思想,非常重视维护家族宗法等级差异与维护其理想等级社会秩序的关系,不仅"孝弟"是"仁"的一个重要内容,而且"举

---

① 《孟子·滕文公上》。
② 《荀子·仲尼》。
③ 《论语·子路》。
④ 《孟子·公孙丑上》。
⑤ 《荀子·王制》。
⑥ 《荀子·富国》。
⑦ 《荀子·荣辱》。
⑧ 《荀子·富国》。
⑨ 《荀子·王制》。
⑩ 《荀子·荣辱》。
⑪ 《荀子·王制》。

贤才"和"尚贤使能"亦受"亲亲"原则的制约,从而对周礼"亲亲""尊尊"原则加以继承发展。

贵贱上下的社会等级决定着每个人在社会上的地位和行为;尊卑、亲疏、长幼的差异则决定着每个人在家族中的地位和行为。如景丑所说:"内则父子,外则君臣,人之大伦也。父子主恩,君臣主敬。"① 家族的伦常与社会的伦常是一致的,"内""外"结合,"恩""敬"相辅,构成了"人之大伦",即人的社会关系的总和,也是社会秩序的全体。实现和维护这种贵贱、尊卑、长幼、亲疏各有等级分寸的社会秩序,即所谓"君君、臣臣、父父、子子"②,就是先秦儒家政治法律思想的最终目的。

四、礼的作用和礼与法的关系

先秦儒家基于上述思想,选择了礼治作为实现和维护其理想社会的等级秩序的根本手段。礼是维护社会等级差异的差别性行为规范,其因贵贱、尊卑、长幼、亲疏的等级差别而异,通过不同的内容,显示不同人的特殊名位,维护等级秩序。"乐合同,礼别异"③,表现和维护差异,是礼的作用和目的。荀子说:"故人道莫不有辨。辨莫大于分,分莫大于礼,礼莫大于圣王。"④ 又,"故礼者养也。君子既得其养,又好其别,曷谓别?曰:贵贱有等,长幼有差,贫富轻重皆有称者也。"⑤礼的作用和目的说得很明白。

礼强调差异,所以贵贱、尊卑、长幼、亲疏各有其礼。依礼而行,自然能实现"君君、臣臣、父父、子子"的等级社会秩序。如果贱用贵礼,卑用尊礼,则破坏了等级名分,称为"僭越",是对统治秩序的侵害。儒家对非礼的行为是非常痛恨的。鲁国大夫季氏应用四佾之礼而"八佾舞于庭",用了天子之礼,孔子以为不能容忍。⑥ 类似的记载屡现于《论语》。

礼是儒家维护其理想的等级社会秩序的最主要的行为规范。所以,孔子说"立于礼"⑦,又说"不学礼,无以立"⑧,认为"不知礼,无以立也"⑨。人以礼方能在

---

① 《孟子·公孙丑下》。
② 《论语·颜渊》。
③ 《荀子·乐论》。
④ 《荀子·非相》。
⑤ 《荀子·礼论》。
⑥ 《论语·八佾》。
⑦ 《论语·泰伯》。
⑧ 《论语·季氏》。
⑨ 《论语·尧曰》。

社会上立足。"恭而无礼则劳,慎而无礼则葸,勇而无礼则乱,直而无礼则绞。"①"恭""慎""勇""直"诸德没有礼的约束,均有弊害,必须视动以礼,礼是"仁"的标准。而"上好礼,则民易使也"②,礼是统治者统治人民和维系内部关系的关键。总之,"为国以礼",礼是治国为政的根本手段。

孟子很简明地指出礼对于维护统治的作用:"无礼义,则上下乱。"③

荀子"隆礼",对礼褒扬有加。他说:"礼者,人道之极也。"④又:"礼者,人之所履也,失所履,必颠蹶陷溺。所失其微而其为乱大者,礼也。"⑤在治国上:"礼者,治辨之极也,强国之本也,威行之道也,功名之总也。王公由之,所以得天下也;不由,所以陨社稷也。"⑥又:"礼之于正国家者,如权衡之于轻重也,如绳墨之于曲直也。故人无礼不生,事无礼不成,国家无礼不宁。"⑦而"隆礼贵义者其国治,简礼贱义者其国乱"⑧,"礼义之谓治,非礼义之谓乱"⑨,"礼者,政之挽也。为政不以礼,政不行矣……治民不以礼,动斯陷矣。"⑩又:"治民者表道,表不明则乱。礼者,表也。"等等。所以,荀子把礼视作"百王之无变"的统治方法⑪。

孔、孟、荀基于上述认识,主张礼治。而在如何推行和实现礼治的问题上,引申出其"德治"和"人治"的法律思想。礼治是儒家思想的核心,是"德治"和"人治"的出发点和归宿。

先秦儒家的礼治,与先秦法家"不别亲疏,不殊贵贱,一断于法"⑫的"法治"是相对立的。但是儒家从来没有绝对地排斥法律和刑罚,只是反对以"法治"取代"礼治"。而在礼与法、礼与刑关系上,以礼作为核心和主导。

孔子说:"君子怀德,小人怀土;君子怀刑,小人怀惠。"⑬作为"君子"对法律制度是非常关心的,虽然他认为"德""礼"优于"政""刑"⑭,但并未完全否定"政"

---

① 《论语·泰伯》。
② 《论语·宪问》。
③ 《孟子·尽心下》。
④ 《荀子·礼论》。
⑤ 《荀子·大略》。
⑥ 《荀子·议兵》。
⑦ 《荀子·大略》。
⑧ 《荀子·议兵》。
⑨ 《荀子·不苟》。
⑩ 《荀子·大略》。
⑪ 《荀子·天论》。
⑫ 《史记·太史公自序》。
⑬ 《论语·里仁》。
⑭ 《论语·为政》。

"刑"的作用。这反映在他的"德主刑辅""宽猛相济"思想中。而在礼与法关系中,礼指导法,法维护礼,主从分明。从维护"贵贱不愆"的礼治出发,孔子反对公布成文法,认为这是限制贵族特权之举,是对等级秩序的破坏。对于晋国铸刑鼎公布法律,他说:"晋其亡乎!失其度矣。"①对于刑罚,孔子说"礼乐不兴,则刑罚不中"②,刑罚的正确运用,必须依靠礼的指导,而且,孔子主张法律制度必须体现和维护礼治的原则。《论语·子路》载孔子语:"吾党之直者异于是:父为子隐,子为父隐——直在其中矣。"父子之隐,是父慈子孝的表现,是周礼"亲亲"原则的要求,故"直"在"隐"中。

孟子非常重视民心向背,所以他提出"仁政"思想,反对法家崇尚刑罚暴力的"法治"主张。但是,他非常重视制度的作用,明确讲:"徒善不足以为政,徒法不能以自行。"在这里,法律不是可有可无的了,"善人"与"良法"须互相配合,才能实现其各自的功用。又说:"上无道揆也,下无法守也,朝不信道,工不信度,君子犯义,小人犯刑,国之所存者,幸也。"③这实质上要求"下有法守"。但是,礼与法的关系仍然是礼统法。《孟子·尽心上》中记载了孟子与学生的一个问答。学生问:假如舜为天子,皋陶做法官,而舜的父亲瞽瞍杀了人,舜怎么办?孟子说,皋陶(传说他很正直)当然应该把瞽瞍抓起来,舜也不能命令皋陶释放。瞽瞍是很不慈的父亲,经常虐待舜,但舜是孝子,他肯定会放弃天子不做,把他的父亲偷出来,背着跑到王化所不到的偏僻地方,一起快活地过一辈子。孟子的回答某种意义上包含了法律面前人人平等的思想,但其中心,是说明当法律与"亲亲"发生矛盾时,应该维护"亲亲"这一礼治的原则。

荀子处于战国末期,当时封建天下的制度风尚,几乎荡灭无遗,"法治"思想日益发展,表现出不可遏止的完全取代礼治思想的趋势。在这种情况下,荀子从儒家角度出发,调和礼治与法治的对立,其法律思想表现出儒法合流、礼法统一的特点,"治之经,礼与刑"④。他"隆礼"而又"重法",反映着儒家礼法关系认识的变化发展。荀子融儒法两家主张于一炉,主张礼刑分治,共同维护社会秩序。"以善至者,待之以礼;以不善至者,待之以刑。"⑤又:"由士以上则必以礼乐节之,

---

① 《左传·昭公二十九年》。
② 《论语·子路》。
③ 《孟子·离娄上》。
④ 《荀子·成相》。
⑤ 《荀子·王制》。

众庶百姓则必以法数制之。"①他重视法律的作用,认为"法者,治之端也"②,批判吸取了法家的许多观点,法家韩非、李斯俱出自其门,绝非偶然。但荀子毕竟是儒家,终归以礼治为主,教化为先。他说:"礼者,法之大分,类之纲纪也。"③礼是统治者立法和司法的指导思想,法体现和维护礼治的原则。又:"水行者表深,使人无陷;治民者表乱,使人无失。礼者,其表也。先王以礼表天下之乱,今废礼者,是去表也,故民迷惑而陷祸患,此刑罚之所以繁也。"④废礼则刑罚繁,所以存礼是首要的。最后,荀子说:"人君者,隆礼尊贤而王,重法爱民而霸,好利多诈而危,权谋、倾覆、幽险而亡。"⑤比较而言,礼在法上。尽管荀子使儒家的法律思想为之一变,但仍不失其儒家本色。荀子以礼为主、礼法统一的思想,为秦汉以后正统法律思想的形成和传统法制建设打下了思想基础。

第三节　"德主刑辅"的德治学说

先秦儒家在如何推行和维护礼治问题上,基本上继承了周公"明德慎罚"的思想,主张"为政以德"的"德治"⑥,或"以德服人"的"仁政"⑦。

一、"省刑罚,薄税敛","富而后教"

先秦儒家认识到民心向背的重要性,因此,从统治者长远利益出发,要求统治者约束自己的行为,认识到老百姓的重要性,从而主张为政治国要关心百姓,重视民心。

孔子认为,"自古皆有死,民无信不立"。为政最好应做到"足兵""足食""民

---

① 《荀子·富国》。
② 《荀子·君道》。
③ 《荀子·劝学》。
④ 《荀子·大略》。
⑤ 《荀子·强国》。
⑥ 《论语·为政》。
⑦ 《孟子·公孙丑上》。

信之"。但不得已只能取其一时,应"去兵""去食","民信之"才是立国之本。①

孟子极为重视民心向背。他说:"天时不如地利,地利不如人和。"②并指出:"桀纣之失天下者,失其民也;失其民者,失其心也。"得失民心,关系天下存亡。"暴其民甚,则身弑国亡;不甚,则身削国危。"③压迫、剥削人民过度,会带来如此严重的后果。所以,他提出"民为贵,社稷次之,君为轻"的民贵君轻说④和"诛一夫"不为"弑君"的暴君放伐论⑤,以此强调实行其"仁政"主张的必要性。

荀子更指出:"马骇舆,则君子不安舆;庶人骇政,则君子不安位……君者,舟也;庶人者,水也。水则载舟,水则覆舟。"⑥形象地说明了统治者与民心向背的利害关系。据此,孔孟荀三位儒家大师均主张"德治",减轻对人民的剥削压迫。

孔子主张"使民以时"⑦和"博施于民"⑧,反对统治者贪得无厌的聚敛。他的学生冉求帮助季氏聚敛,他非常气愤,断绝了与冉求的师生关系,让弟子"鸣鼓而攻之"⑨。当鲁哀公以"年饥,用不足"为名想增加赋税时,孔子相反地提出要减少赋税,要求鲁哀公以百姓之"足"为"足"。⑩"苛政猛于虎也"⑪之说也表达了孔子反对暴政,主张"德治"的思想。

孟子则说:"得天下有道,得其民,斯得天下矣;得其民有道,得其心,斯得民矣;得其心有道,所欲与之聚之,所恶勿施尔也。"⑫要求统治者实行他提出的"省刑罚,薄税敛"的"仁政"。⑬

荀子更指出:"聚敛者,召寇、肥敌、亡国、危身之道也,故明君不蹈也。"⑭要求"轻田野之税,平关市之征,省商贾之数,罕兴力役,无夺农时,如是则国富矣。夫是谓之以政裕民。"他总结道:统治者对百姓"不利而利之,不如利而后利之之利也。不爱而用之,不如爱之而后用之之功也。利而后利之,不如利而不利者之利

---

① 《论语·颜渊》。
② 《孟子·公孙丑下》。
③ 《孟子·离娄上》。
④ 《孟子·尽心下》。
⑤ 《孟子·梁惠王下》。
⑥ 《荀子·王制》。
⑦ 《论语·学而》。
⑧ 《论语·雍也》。
⑨ 《论语·先进》。
⑩ 《论语·颜渊》。
⑪ 《礼记·檀弓》。
⑫ 《孟子·离娄上》。
⑬ 《孟子·梁惠王上》。
⑭ 《荀子·王制》。

也。爱而后用之,不如爱而不用者之功也。利而不利也,爱而不用也者,取天下矣。利而后利之,爱而后用之者,保社稷也。不利而利之,不爱而用之者,危国家也"①。虽然"利而不利"、"爱而不用"对统治者来说要求太高,难以做到,但它真切地反映了荀子希望统治者务必推行"德治"的主张。

从法律思想的角度出发,孔孟荀提倡"德治",反对过重的剥削压迫,是基于他们对犯罪经济原因的认识。

孔子说:"贫而无怨难,富而无骄易。"②人民疾苦而不怨恨是很困难的,统治者"放于利而行,多怨"。③ 如果只根据其个人利益行事,加强剥削,会招致人民的怨恨。如果剥削压迫超过了一定的限度,人民无法生活下去,就会产生犯罪。

孟子说:"若民,则无恒产,因无恒心。苟无恒心,放僻邪侈,无不为已。及陷于罪,然后从而刑之,是罔民也。"④没有恒产,是导致犯罪的一个原因。

荀子更从人性角度指出,"人生而有欲,欲而不得,则不能无求,求而无度量分界,则不能不争。"⑤又说:"欲多而物寡,寡则必争矣。"⑥礼的目的之一,就是"养人之欲,给人之求"⑦,如果人民连最低的物质生活都不能保持时,就是礼义也无法禁止得了"争乱"。

所以,孔孟荀不仅要求统治者轻徭薄赋,更提出了"富民"和"裕民"的主张,主张在消除了犯罪经济原因基础上施行教化,达到减少犯罪,维护统治的目的。

《论语·子路》载:"子适卫,冉有仆。子曰:'庶矣哉!'冉有曰:'既庶矣,又何加焉?'曰:'富之。'曰:'既富矣,又何加焉?'曰:'教之。'"孔子在此提出"富而后教"的主张。

孟子则提出:"是故明君制民之产,必使仰足以事父母,俯足以畜妻子,乐岁终身饱,凶年免于死亡;然后驱而之善,故民之从之也轻。"⑧又:"易其田畴,薄其税敛,民可使富也……菽粟如水火,而民焉有不仁者乎?"⑨认为人民富足,粮食多得像水火一样,人民哪有不仁的呢? 自然也不会因无法生活铤而走险了。

---

① 《荀子·富国》。
② 《论语·宪问》。
③ 《论语·里仁》。
④ 《孟子·梁惠王上》。
⑤ 《荀子·礼论》。
⑥ 《荀子·富国》。
⑦ 《荀子·礼论》。
⑧ 《孟子·梁惠王上》。
⑨ 《孟子·尽心上》。

荀子也明确提出:"不富无以养民情,不教无以理民性。"①这完全继承了"富而后教"的思想。

先秦儒家重视犯罪的经济原因,并与此相系而提出"省刑罚,薄税敛"和"富而后教"思想,是因为这些思想家对民生疾苦有了深刻认知,从而劝说统治者考虑其长远利益来如此施政。这些主张,有利于天下苍生,也有助于统治者的长治久安,对后世产生了积极影响。

二、"以德去刑"

重教化,反对"不教而诛"作为推行和维护礼治的重要手段,是先秦儒家法律思想的重要内容。

孔子说:"为政以德,譬如北辰,居其所而众星共之。"又说:"道之以政,齐之以刑,民免而无耻;道之以德,齐之以礼,有耻且格。"②在比较"政刑"和"德礼"二种"为政"手段上,孔子虽然没有排斥和否定"政刑"的作用,但其倾向无疑是"德礼"优越。在孔子看来,"政刑"只能消极地禁人为非,是依靠法律的威吓力量使人不敢为恶犯罪,而没有积极引导人向善的作用。一旦法律的威吓力量不再或不够,则犯罪仍然会发生,不能杜绝犯罪,即只能使"民免而无耻"。而"德礼"教化,犹如春风时雨,能深入人的内心,使人心良善而知耻,从而根本不会去犯罪,即"有耻且格"。孔子说:"听讼,吾犹人也,必也使无讼乎!"③可见"使无讼"是他的最终目的,而实现这一目的,只能依靠道德教化。人心良善而知耻,自然没有犯罪的动机,从而犯罪行为也无从发生,法律制裁也就没有存在的必要了。道德教化能从根本上积极地预防和杜绝犯罪,而"政刑"只是犯罪事后的补救而已,不能实现"无讼"的目的,所以,二者的价值和作用显然不同。"善人为邦百年,亦可以胜残去杀矣。"④重教化而"以德去刑"虽然需要相当长的时间,但是一劳永逸,使社会长治久安。孔子弟子有若说:"其为人也孝弟,而好犯上者,鲜矣;不好犯上,而好作乱者,未之有也。君子务本,本立而道生。孝弟也者,其为仁之本与!"⑤这是对道德教化作用和目的的一个很好说明。

孟子和荀子虽然在人性善恶上持相反的观点,但在重视道德教化问题这一

---

① 《荀子·大略》。
② 《论语·为政》。
③ 《论语·颜渊》。
④ 《论语·子路》。
⑤ 《论语·学而》。

点上却是一致的。

孟子认为人性善。恻隐、羞恶、恭敬、是非之心,人皆有之,[1]犯罪是由于人丧失了本性的结果,而通过道德教化的诱导,才能使人回复善性。所以他主张"教以人伦——父子有亲,君臣有义,夫妇有别,朋友有信"[2],以道德教化维护统治。

荀子认为人性虽恶,但具有可塑性,"人之性恶,其善者伪也"[3]。顺人之恶性,任其自然发展,必然导致争乱犯罪。"善"是通过后天之"伪"(即人为)而实现的。所以,一方面他强调了个人必须努力学习,积"伪"而至"善"(《荀子》一书,开篇即为《劝学》);另一方面,他主张统治者通过"礼义""师法"来教化百姓,杜绝争乱,维持社会秩序。化性起伪,正是礼法起源之因。[4] 荀子同孔子一样,认为教化能够免除法律刑罚的需要,他说:"故上好礼义,尚贤使能,无贪利之心,则下亦将綦辞让,致忠信,而谨于臣子矣。如是,则虽在小民,不待合符节、别契券而信,不待探筹、投钩而公,不待衡石、称县而平,不待斗斛敦概而啧。故赏不用而民劝,罚不用而民服,有司不劳而事治,政令不烦而俗美;百姓莫敢不顺上之法,象上之志,而劝上之事,而安乐之矣。"[5]可见教化作用的广大精微。

道德教化与刑罚相比,有上述种种优越,所以先秦儒家一致推崇"德治"教化。而且,其主张突破了西周礼治"礼不下庶人"的局限,这是先秦儒家对礼治思想的一个发展。教化不仅仅是贵族内部的自我教育,而且包括对百姓庶人的教化。

先秦儒家重教化,还表现在对待已经发生的犯罪,并不主张一律予以法律制裁,更强烈反对"不教而杀"。

孔子反对"不教而杀"。他说:"不教而杀谓之虐;不戒视成谓之暴;慢令致期谓之贼;犹之与人也,出纳之吝,谓之有司。"[6]又:"子为政,焉用杀?"不同意"杀无道以就有道"。[7] 他认为教化未施,即民有过错和犯罪,其责任不在民而在施行教化的统治者。教化不施,而用刑杀制罪,并不能达到惩恶劝善、国治民安的目的,更非合理和公平。教化不施,不可妄诛无辜。《荀子·宥坐》载:"孔子为鲁司寇,有父子讼者,孔子拘之,三月不别,其父请止,孔子舍之。季孙闻之,不说,曰:'是

---

[1] 《孟子·告子上》。
[2] 《孟子·滕文公上》。
[3] 《荀子·性恶》。
[4] 同上。
[5] 《荀子·君道》。
[6] 《论语·尧曰》。
[7] 《论语·颜渊》。

老也欺予,语予曰:为国家必以孝。今杀一人以戮不孝,又舍之。'冉子以告。孔子慨然叹曰:'呜呼!上失之,下杀之,其可乎!不教其民而听其狱,杀不辜也。三军大败,不可斩也;狱犴不治,不可刑也。罪不在民故也。嫚令谨诛,贼也;今生也有时,敛也无时,暴也;不教而责成功,虐也。已此三者,然后刑可即也。《书》曰:"义刑义杀,勿庸以即……"言先教也。'"虽然孔子并不排斥"义刑义杀",但是,他坚决反对"不教而杀",要求统治者慎用刑罚。

孟子和荀子不同程度地继承了孔子的上述观点。孟子说"不教民而用之,谓之殃民"①,那么"不教而杀"当然更是恶政。荀子说"不教而诛,则刑繁而邪不胜"②,指出"不教而诛"的不良后果。在反对"不教而杀"的问题上,孔、孟、荀是一致的。

三、"宽猛相济""德主刑辅"

先秦儒家主张礼治,但从未完全排除法律的作用,而是以法律服务于礼治,只是二者相比较而言,更强调礼、德罢了。"德"与"刑"互相结合,相辅为用,才是其"德治"的全体内涵。

孔子反对"不教而杀",但不反对"义刑义杀"。上述《荀子·宥坐》所载的那段话说得很明白,统治者尽了自己"先教"的责任之后,对教而不化者,完全可以"刑即",这就是所谓"义刑义杀"。又据《荀子·儒效》载:"仲尼将为司寇,沈犹氏不敢朝饮其羊,公慎氏出其妻,慎溃氏踰境而徙,鲁之粥牛马者不豫贾,必蚤正以待之也。居于阙党,阙党之子弟,罔不分,有亲者取多。孝弟以化之也。"孔子要作司寇,饮羊上市欺诈买主的沈犹氏归于本分,公慎氏休其淫妻,胡作非为的慎溃氏畏惧而迁走,买卖牛马不虚定高价,可谓政绩斐然。荀子认为这是"孝弟以化之"所能达到的境界。司寇手中的执法行刑之权,才真正起着关键作用。而且,作为鲁国最高的司法官,不履行执掌刑政的职责,教而不杀,是难以置信的。事实上,"孔子为鲁摄相,朝七日而诛少正卯",门人以为不可,孔子说:"此小人之桀雄也,不可不诛也",并引历史上的事例来论证其诛杀的正当性。③"义刑义杀"是必要的,是另一种教化。"政宽则民慢,慢则纠之以猛。猛则民残,残则施之以宽。宽以济猛,猛以济宽,政是以和。"④"宽猛相济",因时地民情之宜而妥当使用

---

① 《孟子·告子下》。
② 《荀子·富国》。
③ 《荀子·宥坐》。
④ 《左传·昭公二十年》。

"德"与"刑",是其"德治"主张的神髓。

孟子非常强调"德治","仁政"是其思想核心,据此他提出慎刑少杀的主张:"如有不嗜杀人者,则天下之民皆引领望之矣!诚如是也,民归之,由水之就下,沛然谁能御之?"①又:"杀一无罪非仁也。"②"行一不义,杀一不辜,而得天下,皆不为也。"③反之:"无罪而杀士,则大夫可以去;无罪而戮民,则士可以徙。"④所以,"国人皆曰可杀,然后察之,见可杀焉,然后杀之"⑤,要慎刑杀。并由此而主张只能由司法官吏执法:"今有杀人者……'孰可以杀之?'则将应之曰,'为士师,则可以杀之。'"⑥但另一方面,孟子不但没有排斥刑杀,而且认为,"徒善不足以为政,徒法不能以自行"⑦,强调法律和人对治国而言,皆不可或缺。对于那些杀人越货、闵不畏死、集怨于民的凶恶之徒,教而不化;尤其是施行虐政,憔悴其民者,他们本就有教化别人之责却不自我教化,以身作则,反而施暴于百姓,当然可诛杀,故孟子愤激于其行,称之为"不待教而诛者"。⑧ 可见,提倡"王道""仁政"的孟子,仍是主张"德"与"刑"相辅为用。

荀子作为儒法合流的先行者,"隆礼"而又"重法",在强调"德化"的同时,非常强调法律和刑罚的作用。他明确提出:"明礼义以化之,起法正以治之,重刑罚以禁之。"⑨荀子不仅反对"不教而诛",而且明确提出反对"教而不诛"。荀子指出礼义教化不是万能的,"天下之英"的尧舜是"至天下之善教化者",但是朱、象这些"嵬""琐"之徒"独不化",礼义教化不起作用⑩,对这种人不能"教而不诛"。他说:"不教而诛,则刑繁而邪不胜;教而不诛,则奸民不惩;诛而不赏,则勤励之民不劝;诛赏而不类,则下疑俗俭而百姓不一。"⑪"不教而诛"固然有弊,"教而不诛"又何尝无害?"教"与"诛"是不能偏废的。又:"杀人者不死,而伤人者不刑,是谓惠暴而宽贼也,非恶恶也。"⑫"教而不诛""惠暴而宽贼",当然是不合理的。而且,

---

① 《孟子·梁惠王上》。
② 《孟子·尽心下》。
③ 《孟子·公孙丑上》。
④ 《孟子·离娄下》。
⑤ 《孟子·梁惠王下》。
⑥ 《孟子·公孙丑下》。
⑦ 《孟子·离娄上》。
⑧ 《孟子·万章下》,参见朱熹:《四书章句集注》,中华书局1983年版,第319页。
⑨ 《荀子·性恶》。
⑩ 《荀子·正论》。
⑪ 《荀子·富国》。
⑫ 《荀子·正论》。

荀子认为存在着抗拒教化，敢于反抗，须"不待教而诛之"的"元恶"①和"奸人之雄"②。如果对此类人"教而不诛"，反而走向教化目的之反面。刑杀是绝对必要的，所谓"夫征暴诛悍，治之盛也。杀人者死，伤人者刑，是百王之所同也。"③

荀子不但主张充分发挥刑赏的作用，做到"无功不赏，无罪不罚"，而且提出"赏必当功，刑必称罪"的思想。他说："故刑当罪则威，不当罪则侮；爵当贤则贵，不当贤则贱。古者刑不过罪，赏不逾德……分然各以其诚通。是以为善者劝，为不善者沮；刑罚綦省而威行如流，政令致明而化易如神。"④刑不当罪，赏不当功，是无法实现刑赏作用的。他对此给予一种解释："凡爵列、官职、庆赏、刑罚，皆报也。以类相从也。"赏与功，罚与罪是一种对等报偿关系，不能失衡，"赏不当功，罚不当罪，不祥莫大焉"。⑤ 因为："赏不欲僭，刑不欲滥。赏僭则利及小人，刑滥则害及君子。若不幸而过，宁僭勿滥；与其害善，不若利淫。"⑥"赏僭"与"刑滥"均走向赏与刑各自目的的反面，"不僭不滥"，乃事理之当然。但是，在"不幸而过"的两种情况下，荀子主张"宁僭勿滥"，认为这比"刑滥"要好一些。这是荀子儒家本色的一个体现。"刑"的作用毕竟是次要于"德"的。而从上述赏必当功、刑必称罪原则出发，荀子反对"以世举贤"和"以族论罪"，否则："虽欲无乱，得乎哉？"⑦反对"以世举贤"，反映了新兴统治集团的政治要求，而反对"以族论罪"则是反对"不教而杀"和对"罪人不孥"思想的逻辑推衍。与主张"族诛"的法家相比较，更反映出荀子提出这一思想的难能可贵和价值。

荀子批驳"治古无肉刑，而有象刑"的观点，指出"罪至重而刑至轻，庸人不知恶矣，乱莫大焉"，刑罚不但必要，而且轻重需随时制宜："治则刑重，乱则刑轻。"⑧他并不反对重刑。这虽然与法家重刑轻罪、"以刑去刑"⑨的观点不同，仍受他提出的"刑称罪"原则的制约，但与孔孟的重德轻刑的主张就很不一样了。

总之，儒家都主张"德"与"刑"两手并用。但是，在一般情况下，儒家总是主张以"德"为主，以"刑"为辅。"刑者，德之辅"⑩是西汉董仲舒对先秦儒家法律思

---

① 《荀子·王制》。
② 《荀子·非相》。
③ 《荀子·正论》。
④ 《荀子·君子》。
⑤ 《荀子·正论》。
⑥ 《荀子·致士》。
⑦ 《荀子·君子》。
⑧ 《荀子·正论》。
⑨ 《商君书·靳令》。
⑩ 《春秋繁露·天辨在人》。

想的概括总结,道出了儒家法律思想的重要特征。

第四节　儒家的"人治"学说

"人治"和"法治"的对立,是指在治理国家问题上,起决定作用的是人还是法这两种观念的对立,儒家从礼治和德治思想出发,重"人治"而轻"法治"。

儒家认为,政治的好坏取决于统治者之良否,统治的方法主要靠统治者的道德感化作用,而不是依靠法律的强制作用。所以,"为政在人","其人存则其政举,其人亡则其政息",①主张"惟仁者宜在高位"的贤人政治。②

孔子说:"君子之德风,小人之德草,草上之风,必偃。"③又:"上好礼,则民莫敢不敬;上好义,则民莫敢不服;上好信,则民莫敢不用情。"④统治者的个人道德有极大的感召力,上行下效是必然的。所以,统治者个人道德的好坏,是国家治乱的关键。《论语·颜渊》载:"季康子问政于孔子,孔子对曰:'政者,正也。子帅以正,孰敢不正?'"又:"季康子患盗,问于孔子。孔子对曰:'苟子之不欲,虽赏之不窃。'"统治者其身正,方能使人正,所以,"子曰:'其身正,不令而行。其身不正,虽令不从。'"又:"苟正其身矣,于从政乎何有? 不能正其身,如正人何?"⑤要求统治者先正其身,而"举贤才"的主张,也是服务于"人治"观点的。"举直错诸枉,能使枉者直。"⑥"举直错诸枉,则民服,举枉错诸直,则民不服。"⑦

孟子继承了孔子的"人治"思想。他说:"上有好者,下必有甚焉者矣。"⑧治国关键就是统治者正其身,因为,"枉己者,未能有直人者也"⑨,而"君仁,莫不仁;君义,莫不义;君正,莫不正。一正君而国定矣",只要有一个"正君",就足以使"国

---

① 《礼记·中庸》。
② 《孟子·离娄上》。
③ 《论语·颜渊》。
④ 《论语·子路》。
⑤ 同上。
⑥ 《论语·颜渊》。
⑦ 《论语·为政》。
⑧ 《孟子·滕文公上》。
⑨ 《孟子·滕文公下》。

定"了,统治者"其身正而天下归之",这样"惟仁者宜在高位"是自然而然的了。即便如此,孟子仍比较强调制度和人二者不能偏废,"徒善不足以为政,徒法不足以自行",推崇包括井田制在内的先王之道、先王之法。①

不同于孔孟,荀子主张儒法合流,礼法统一。他很重视法律的作用。他说:"法者,治之端也。"法律为治国所必需。但是,他又说"君子者,治之原也",认为起决定作用的,是"君子"而不是"法"。他说:"君者仪也……仪正而影正。君者槃也……槃圆而水圆。君者盂也,盂方而水方。"又:"君者,民之原也,原清则流清,原浊则流浊。"所以,他明确提出:"有治人,无治法。"并从法理的角度论证"人治"的观点。他说:"君子者,法之原也。"法律源于"君子"制定,所以,"君子"的好坏决定法的好坏。进一步说,即使有了良法,也要靠人才能贯彻执行:"羿之法非亡也,而羿不世中;禹之法犹存,而夏不世王。故法不能独立,类不能自行;得其人则存,失其人则亡。"②而且,国家的情况非常复杂而又经常变化,法律"有所不至",不能概括无遗,它本身又无法随机应变,只有"君子"可以"有法者以法行,无法者以类举"③,运用推类的方法来解决问题。所以:"故有君子,则法虽省,足以徧矣;无君子,则法虽具,失先后之施,不能应事之变,足以乱矣。"④总之:"有良法而乱者,有之矣;有君子而乱者,自古及今,未尝闻也。《传》曰:'治生乎君子,乱生乎小人。'此之谓也。"⑤值得注意的是,荀子的"人治"不是不要法律,而是指法律不能离开人而存在和执行。因此,人是起决定作用的。

第五节　先秦儒家法律思想的命运和历史地位

以礼治、德治和人治为基本特征的先秦儒家法律思想,在春秋战国这一社会

---

① 《孟子·离娄上》。
② 《荀子·君道》。
③ 《荀子·王制》。
④ 《荀子·君道》。
⑤ 《荀子·王制》。

大变革时期,整体上与时代格格不入,而不能大用于当时。

儒家的礼治思想,虽经孔、孟、荀的改造和发展,已不同于西周的礼治,但毕竟带有"托古改制"的意味,对于急于夺取政治权力的新兴统治集团来说,强调恪守等级名分的礼治,不啻是阻碍他们野心实现的樊篱,新兴统治集团需要打破世袭的等级特权,建立官僚等级特权,以维护其利益。他们并不根本地反对特权,而是要自己享有特权。但是当他们与旧的特权阶级进行政治争夺时,礼治思想就与他们的利益背道而驰了。这一矛盾也就是先秦儒家礼治思想与时代的矛盾。

新兴统治集团希望凭其经济上的力量来实现其政治要求,贪婪、残暴是他们的本质特征。而儒家鉴于历史和现实的教训,深感天下苍生和黎民百姓之苦难,从社会长治久安角度,提出省刑薄赋,反对聚敛等德治主张,这与新兴统治集团残暴贪婪的本性是矛盾的。鲁国的阳虎就明确地说:"为仁不富矣,为富不仁矣。"①这反映了"仁"与"富"的尖锐对立。在春秋战国时代,贪欲和权力欲成为推动社会变革的巨大力量,而儒家所倡导的仁义礼治,要求统治者顾及民众疾苦,约束一己之欲望,当然不会为时君世主所待见,这决定了儒家学说不行于时,孔、孟、荀落寞寡合于世。

《论语》载:"子曰:'我未见好仁者,恶不仁者。……有能一日用其力于仁矣乎?我未见力不足者。盖有之矣。我未之见也。'"②"为仁由己",并不困难,"未见力不足者",但是,却没有"能一日用其力于仁"者,"仁"与时代的格格不入由此可见。所以,孔子叹道:"已矣乎!吾未见好德者如好色者也。"③而"事君以礼,人以为谄也"④。显然,孔子非常希望得到统治者的任用,以实现他的政治理想,"孔子三月无君,则皇皇如也"⑤。他自称"我待贾者也"⑥,并许愿说:"苟有用我者,期月而已可也,三年有成。"⑦而孔子一生中虽曾担任过鲁国的重要官职,但由于其主张与时代的矛盾,根本未能实现其政治理想,反而很快去职。后曾率学生周游列国宣传其政治主张,但均未得采用,时人讥讽孔子是"知其不可而为之者"⑧,

---

① 《孟子·滕文公上》。
② 《论语·里仁》。
③ 《论语·卫灵公》。
④ 《论语·八佾》。
⑤ 《孟子·滕文公下》。
⑥ 《论语·子罕》。
⑦ 《论语·子路》。
⑧ 《论语·宪问》。

连子路也承认:"道之不行,已知之矣。"①孔子之道虽不能行于当时,但他求仁得仁,身体力行,"有教无类",以教育来传播其思想,垂范于天下后世。

孟子非常希望当政者能行其王道、仁政,天下归一,解救生民之苦痛。他曾游说梁惠王、齐宣王,并认为:"如欲平治天下,当今之世,舍我其谁也!""王如用予,则岂徒齐民安,天下之民举安。王庶几改之!予日望之!"②但是在"尚力不尚德"的战国,他的"仁政"未免显得"迂远而阔于事情"③,终不为统治者采用。《孟子·梁惠王下》载孟子与梁惠王谈"王政":"王曰:'善哉言乎!'曰:'王如善之,则何为之不行?'王曰:'寡人有疾,寡人好货。'……'寡人有疾,寡人好色。'"这生动地描绘出"王政"与统治者利益的矛盾。虽然孟子游于齐梁诸国,均被奉为上宾,但是统治者对他的主张,只是抱着一种"姑妄听之"的态度,一旦涉及切身利益,就不免"顾左右而言他"了。尽管孟子终身未得志,但他在战国这个"君专政暴"之时,主张以"徒善不足以为政,徒法不足以自行"为核心内容的"仁政",是"针对虐政之永久抗议"。④尽管后世暴君不喜其言,但其伟岸人格和高超见识为后世读书人所瞻仰,其"亚圣"地位并不因之而改变。

至于荀子,他思想丰富,学识渊博,被后世视为先秦学术思想的集大成者。他曾在当时的思想学术中心——齐国的稷下学宫讲学,"最为老师""三为祭酒"⑤,是稷下的学术思想领袖。但他的政治主张,始终未得实践。其门人驳斥"孙卿不及孔子"时说:"孙卿迫于乱世,鳍于严刑,上无贤主,下遇暴秦,礼义不行,教化不成,仁者绌约,天下冥冥,行全刺之,诸侯大倾。当是时也,知者不得虑,能者不得治,贤者不得使。故君上蔽而无覩,贤人距而不受。然则孙卿怀将圣之心,蒙佯狂之色,视天下以愚。《诗》曰:'既明且哲,以保其身。'此之谓也。是其所以名声不白,徒与不众,光辉不博也。今之学者,得孙卿之遗言余教,足以为天下法式表仪。所存者神,所过者化。观其善行,孔子弗过,世不详察,云非圣人,奈何! 天下不治,孙卿不遇时也。"⑥这充分表明了荀子的政治主张悖于时而其人不得志的情况。具有讽刺意味的是,学出其门的韩非和李斯,背离儒门而主"法治",其说大行于时,其人得志,与荀子反成对照。

总之,儒家法律思想与当时社会转型期这个特定时代的矛盾,是其说不行于

---

① 《论语·微子》。
② 《孟子·公孙丑下》。
③ 《史记·孟子荀卿列传》。
④ 参考萧公权:《中国政治思想史》,新星出版社2005年版,第62页。
⑤ 《史记·孟子荀卿列传》。
⑥ 《荀子·尧问》。

时、其人不得志的根本原因。但儒家法律思想却是与传统农业社会相契合的,它的各种主要法律论点,经过改造,基本上为后世统治者所继承,成为正统法律思想的核心。

参考阅读材料

《荀子》节选

天下晓然皆知夫盗窃之人不可以为富也,皆知夫贼害之人不可以为寿也,皆知夫犯上之禁不可以为安也。由其道,则人得其所好焉;不由其道,则必遇其所恶焉。是故刑罚綦省而威行如流。世晓然皆知夫为奸则虽隐窜逃亡之由不足以免也,故莫不服罪而请。《书》曰:"凡人自得罪。"此之谓也。故刑当罪则威,不当罪则侮;爵当贤则贵,不当贤则贱。古者刑不过罪,爵不逾德,故杀其父而臣其子,杀其兄而臣其弟。刑罚不怒罪,爵赏不逾德,分然各以其诚通。是以为善者劝,为不善者沮,刑罚綦省而威行如流,政令致明而化易如神。《传》曰:"一人有庆,兆民赖之。"此之谓也。乱世则不然:刑罚怒罪,爵赏逾德,以族论罪,以世举贤。故一人有罪而三族皆夷,德虽如舜,不免刑均,是以族论罪也。先祖当贤,后子孙必显,行虽如桀、纣,列从必尊,此以世举贤也。以族论罪,以世举贤,虽欲无乱,得乎哉!(《荀子·君子》)

世俗之为说者曰:"治古无肉刑而有象刑……"是不然。以为治邪?则人固莫触罪,非独不用肉刑,亦不用象刑矣。以为人或触罪矣,而直轻其刑,然则是杀人者不死,伤人者不刑也。罪至重而刑至轻,庸人不知恶矣,乱莫大焉。凡刑人之本,禁暴恶恶,且惩其未也。杀人者不死而伤人者不刑,是谓惠暴而宽贼也,非恶恶也。故象刑殆非生于治古,并起于乱今也……罚不当罪,不祥莫大焉……杀人者死,伤人者刑,是百王之所同也,未有知其所由来者也。刑称罪则治,不称罪则乱。故治则刑重,乱则刑轻,犯治之罪固重,犯乱之罪固轻。《书》曰:"刑罚世轻世重。"此之谓也。(《荀子·正论》)

【讨论思考题】

1. 儒家是如何继承和发展周代的礼治思想的?
2. "父为子隐,子为父隐,直在其中矣"的"直"应该在哪个层面上来理解?
3. 试评价自孔子以来的儒家"无讼观"。
4. 试分析荀子理论中的人治与法治之间的关系。

第四章　墨家的法律思想

第一节　儒、墨两家的对立与互融
第二节　墨家以"兼爱"为核心的法律思想

墨家是和儒家相并称,同时也是最早起来反对儒家的先秦另一显学。其创始人为墨翟(约前490—前403),鲁国人(一说宋国人),出身小手工业者,时有"贱人"之谓。① 其一生行事,史籍缺乏记载,后世所知甚少。但他后来并未直接从事生产,也没有做过什么大官,所以他说"翟上无君上之事,下无耕农之劳"②,而成为古代一个学问渊博的大学者,得以厕身于士的行列。

墨家兴起之时已降及战国,诸侯争夺更为激烈,天下疲敝,无以更张。先于墨家兴起的儒家,其创始人孔子一生周游列国,希望传承周礼,以仁为内在精神来重新整顿社会秩序,但其思想难为大众所接受,未能救世于当时。孔子身后,弟子们忙于诠释他的言行,对他所重视的礼乐制度,进行精微的研究,不免流于繁琐,而有不切实际之嫌。墨翟第一个起来反对儒家学说,另辟蹊径,寻求解决社会问题的新道路。

关于墨翟的思想来源,大约渊源于仪礼之学,"墨家者流,盖出于清庙之守"③。《吕氏春秋·当染》记载:"鲁惠公使宰让请郊庙之礼于天子,桓王使史角往,惠公止之。其后在于鲁,墨子学焉。"墨子处于保留周文化最为丰富的邹鲁之地,且时代晚于孔子,当然可能受到儒学的浸润和熏染。据说他早年曾"学儒者之业,受孔子之术,以为其礼烦扰而不说,厚葬靡财而贫民,久服伤生而害事,故背周道而用夏政"④。所以,从学术渊源上来看,儒墨两家有着相当的一致性,分享了共同的古代文化遗产。但墨家对西周的礼乐制度采取了不同于儒家的态度,抨击了贵族奢靡的生活方式,希望恢复上古的朴质之道。在墨子看来:"昔者禹之湮洪水,决江河而通四夷九州也……禹大圣也,而形劳天下也如此。"并认为:"不能如此,非禹之道也,不足谓墨。"⑤但墨子之学熔铸古今,提出了一套针砭时弊的理论,创立了与儒家相对立的学派,成一家之言,自非前人的学问可以范围。墨家学派的兴起,反映了平民阶层的觉醒,足以证明贵族社会的进一步崩坏。

墨家学派同时又是一个有严密组织和严格纪律的团体,其成员叫"墨者"。

---

① 吴毓江:《墨子校注》,中华书局1993年版,第1064—1066页。
② 《墨子·贵义》。
③ 《汉书·艺文志》。
④ 《淮南子·要略》。
⑤ 《庄子·天下》。

他们大多数出身于小生产者、特别是小手工业者，过着极端刻苦的生活，节俭自励；一般都有助人为乐、见义勇为的自我牺牲精神，所谓"摩顶放踵以利天下，为之"①。道家的庄子则说墨翟"其生也勤，其死也薄"②。墨家的领袖自墨翟死后称为"巨子"，所有"墨者"都要服从"巨子"的指挥。《淮南子·泰族训》记载，为"墨子服役者百八十人，皆可使赴火蹈刃，死不还踵"。墨家的纪律叫作"墨者之法"，以"兼爱""非攻"为基本精神，以"杀人者死，伤人者刑"为主要原则。"墨者之法"还规定：墨家弟子到各诸侯国做官，有义务将其所得俸禄的一部分贡献给墨家团体；弟子在外必须宣传墨家学说，遵守墨家纪律，如果背弃墨家基本精神，"巨子"有权随时把他召回。以此为方向，墨家渐次发展成了宗教化组织，逐渐消解了对理论探讨的兴趣。

由于学术传承的断裂，故在相当长的时间内，墨家学说以及著作都湮没无闻、销声匿迹了。现存著作《墨子》五十三篇，按《汉书·艺文志》记载原有七十一篇，但宋代以后就是目前这个样子。它是一部以阐释墨翟思想为主的墨家丛书。其中《亲士》《修身》等篇儒家色彩很浓，与墨家宗旨不甚相符，可能是混入《墨子》中的儒家作品；有些篇虽属墨家，但时代较晚，直至秦汉。从时间发展上看，墨家可分成前后两期，梁启超考证认为含有名辩学说的六篇是后期墨家思想，③学术界对此仍存在分歧。我们这里主要论述以墨翟为主的整个墨家的法律思想，故不分前后期。

第一节 儒、墨两家的对立与互融

儒、墨两家虽分享了共同的思想资源，即三代文化，尤其是周代的礼乐文化，但正是周代的礼乐文化在当时出现了大问题，导致政治、社会秩序混乱不已，"弑

---

① 《孟子·尽心上》。
② 《庄子·天下》。
③ 参见梁启超：《子墨子学说》，载《饮冰室文集点校》，第一集，吴松等点校，云南教育出版社 2001 年版，第 296—338 页。

君三十六,亡国五十二"①。所以,抨击和改良周代分封制度中贵族的生活方式,成了儒、墨思想的共同出发点。但在究竟应如何改革的问题上,儒、墨两家的主张产生了巨大分歧:"故孔子之正名复礼,本贵族之见地而言之也。墨子之天志、兼爱,本平民之见地而言之也。其抨击当时贵族之生活者同,而所以为抨击者则异。惟墨学之兴,尤足为平民阶级觉醒之特证也。"②由于社会地位迥别,儒、墨对社会生活的态度亦因之而异:一则以贵族社会生活为理想,强调君子、小人之别,注重精神生活;一则以平民社会为理想,主张"节葬""节用""非乐"等,注重物质生活。除此以外,墨家将实现秩序的力量,更多地寄托在宗教上,而儒家则进一步远离鬼神,将秩序实现归于人文社会中。职是之故,同为救世而兴起的学派,形成了相当对立的观点。儒、墨两家思想的对立,有目共睹,并为世人所重视。本节主要阐述二者在思想上的对立。

一、"敬鬼神而远之"与"事鬼神"

儒家一反商周故态,试图将社会安置在人文的基础之上;而墨家则承续神权思想,认为天的力量消退使社会丧失了秩序,因而强调天和鬼神仍应是形成社会秩序的根本力量。尽管儒家力图承载和倡扬商周文化来拯救已坏的社会,但对古代学问并未采取亦步亦趋的态度。原来蕴涵着浓厚神秘色彩的天命、天道思想,开始趋于淡化,社会秩序的基础逐步摆脱固有的神祇秩序,沿着周公的道路,进一步由神意回到人文世界。孔子倡导"敬鬼神而远之"③,强调注重现世的精神,所谓:"未能事人,焉能事鬼";"未知生,焉知死"。④

墨家则指责儒家的这种态度,认为"儒以天为不明,以鬼为不神,天鬼不说,此足以丧天下",指出"执无鬼而学祭礼,是犹无客而学客礼也,是犹无鱼而为鱼罟也"⑤,批评儒家不信鬼神的作用,破坏了社会秩序得以建立的基础。他们认为,"鬼神之明智于圣人也,犹聪耳明目之于聋瞽也"⑥,而且天能够笼罩一切,并有善恶意志,人在世间无可逃匿于天,它以生与死、富与贫、治与乱等来行赏施罚,所以要求人们尤其天子应该"顺天意",而所谓"顺天意"就是"兼相爱,交相

---

① 《史记·太史公自序》。
② 钱穆:《国学概论》,商务印书馆1997年版,第46页。
③ 《论语·雍也》。
④ 《论语·先进》。
⑤ 《墨子·公孟》。
⑥ 《墨子·耕柱》。

利",逆天意就是"别相恶,交相贼"①。顺天意就会得到天的佑助,逆天意就会受到天的降灾,这是毫厘不爽的。墨家认为,当今天下混乱,就是因为不再相信天和鬼神作为人间的制约力量,"皆以疑惑鬼神之有与物之别,不明乎鬼神之能赏贤而罚暴也"②,因而失去了神的监临,导致人间政治和家庭秩序混乱不堪。天下大乱的症结,在于人间社会缺少了外在的权威,人们尤其是贵族为了满足私欲,骄奢淫靡,无所顾忌。因而墨家提出根本改造贵族社会,使天下安定、秩序井然,其方法不应当是儒者的"敬鬼神而远之",而是要"上尊天,中事鬼神,下爱人"③。

二、"爱有差等"与"兼相爱"

墨家特别强调"兼爱"中的"兼"字。墨家的"兼",一方面含有普遍的意味,孔子的"爱人"主要是限于君子内部,而墨家则强调"天下之人皆相爱"④,要求打破贵贱贫富的界限;另一方面含有平等的意思,要求"爱人若爱自身",不分远近亲疏,一视同仁地爱,即所谓的"爱无差等",以此反对周礼的"亲亲"和儒家的"爱有差等"。"爱有差等"和"爱无差等"是儒墨两家对立的重要问题之一。

儒家从亲子血缘和心理原则出发,强调"爱有差等",由近及远,由亲及疏。儒家的"爱",虽发源于血缘亲情,但就其立意来说,实是想将父子兄弟间的天伦之爱,推己及人,所谓"老吾老以及人之老,幼吾幼以及人之幼",扩充到全天下。

墨子把自己所主张的"爱无差等"称为"兼",而把儒家所主张的"爱有差等"称为"别"。墨子,特别是后期的墨家认为不兼爱就不能算是真正的"爱人",因此也就不能说是"仁",只有"兼爱"才是真正的"爱人"。从最终目的上讲,两家都是要造就一个人人相爱的理想社会,是相通的,其不同之处主要是达到这一最终目的之方法。"兼爱",从字面上看如佛教爱众生一般。但实际上如何才能做得到呢?根据经验,"兼爱"不是一般人做得到的,爱需要发自内心,而且在经验层面上是基于了解。只要家庭还存在,一个人最了解的必然是其父母,因此也就最爱其父母。怎么可能把别人的父母当成自己的父母一般去爱呢?怎么能忍心把对自己的父母的爱降至爱别的父母的水平呢?墨家的解决方案之一是"天志"。墨子说,你的父母和我的父母,在你我看固然不同,但在天看来全是一样。人本于天,所以应该兼爱。此其一。其二,墨家的爱根据的是外在标准,是有条件的,是

---

① 《墨子·天志上》。
② 《墨子·明鬼下》。
③ 《墨子·天志上》。
④ 《墨子·兼爱中》。

以现实的物质功利为根基的;不是出自内在心理的"仁",而是来自外在互利的"利"。所以有学者评论,认为"墨家仅见人类平等的一面,而忘却其实有差等的一面,为事实上所不能抹杀也"①。

三、"小人喻于利"与"交相利"

墨家的"兼相爱"以"交相利"为基础,而儒家则反对言"利"。孔子说"君子喻于义,小人喻于利"②;孟子也曾对梁惠王讲"王何必曰利"③。墨家则大谈其"利"。在墨子那里,"爱人"就是"利人","兼相爱"就是"交相利"。在他看来,天下人所以不相爱的根源,就在于他们"亏人自利"。要改变这种状况,其解决之道就是"交相利"。如何才能做到"交相利"呢?他认为:"视人之室若其室,谁窃?视人身若其身,谁贼?……视人家若其家,谁乱?视人国若其国,谁攻?"④从而推导出结论:真正要获得利益,必须爱他人如己身,要求不分亲疏、贵贱,"凡天下之人皆相爱"。并且从己身出发奉行不渝,试图以此来达到"有力者疾以助人,有财者勉以分人,有道者劝以教人"⑤的平等相爱社会。

在墨子和墨家的整个社会思想中,基于非儒这一主攻方向,可以概括为十大命题:尚贤,尚同,节用,节葬,非乐,非命,天志,明鬼,非攻,兼爱。贯穿其整个思想的核心就是"兼爱"或"兼相爱、交相利"。这不但是墨子用来构筑其理想社会的基石,也是其法律思想的指导原则。

第二节 墨家以"兼爱"为核心的法律思想

一、"天下之人皆相爱"的理想社会

"兼爱"是墨家理论和实践的起点与归宿,他们认为当时的社会是一个强执

---

① 梁启超:《先秦政治思想史》,天津古籍出版社 2004 年版,第 148 页。
② 《论语·里仁》。
③ 《孟子·梁惠王上》。
④ 《墨子·兼爱上》。
⑤ 《墨子·尚贤下》。

弱、众劫寡、富侮贫、贵傲贱的大乱之世，人民过着苦不堪言的生活，原因在于"天下之人皆不相爱"。于是墨家怀着悲悯之心，渴望代之以一个"天下之人皆相爱"的理想社会。因此，他们提倡人与人之间互爱互利的"兼相爱，交相利"，反对人与人之间互相争夺、互相损害的"别相恶，交相贼"。他们指出真正的爱己在利人，希望大家都能不分亲疏、厚薄、贫富、贵贱，一视同仁地爱所有的人，而不亏人自利，认为这样就会出现一个强不执弱、众不劫寡、富不侮贫、贵不傲贱、诈不欺愚的理想社会。①

从此出发，他们认为当时连绵不断的兼并战争是最大的亏人自利，要求终止这种战争，因而又提出了"非攻"的主张。他们指出攻人之国或被攻之国，双方人民都身罹其害，只有利于"荆吴之王，齐晋之君"而已。这种战争无异于强盗窃人之室，乐于这种战争的王公大人的行为，就是贼天下之万民。墨家的"非攻"思想并不是反对一切战争，他们将战争分为两类："攻"和"诛"。伐无罪之国是"攻"，伐有罪之君是"诛"。"诛"是正义的，"攻"是非正义的。墨家反对"攻"，如"止楚攻宋"的故事便反映了这种精神；不反对"诛"，而且积极参加。历史上的"汤放桀""武王伐纣"是诛不是攻，所以他们加以赞扬。② 制止非正义的战争是墨家理想社会得以实现的前提。

二、"法天"的法律观

面对着日益颓败的世界，墨家一方面着重改变人的心态，祛除一些不良的想法和习惯，故要"节葬""节用""非乐"等；另一方面加强社会的组织，试图重建一套共同的价值观和是非准则，以此来贯彻"兼相爱，交相利"的原则，造就一个"天下之人皆相爱"的理想社会。因此，他们很重视"法""法仪"或"法度"的作用。认为无论从事任何工作，都必须有"法"。这就如百工的"为方以矩，为圆以规"一样，否则将一事无成。所以《墨子·经上》说："法，所若而然也。""若"可释为"顺"，意即一切都得顺法而行。

（一）以天为法

治理天下、国家必须有法。到底应该是什么样的法呢？换句话说，人类社会行为规范的准则应该来自哪里？"然则奚以为治法而可？当皆法其父母奚若？天下之为父母者众，而仁者寡，若皆法其父母，此法不仁也。法不仁，不可以为

---

① 《墨子·兼爱中》。
② 《墨子·非攻下》。

法。当皆法其学奚若？天下之为学者众，而仁者寡，若皆法其学，此法不仁也。法不仁，不可以为法。当皆法其君奚若？天下之为君者众，而仁者寡，若皆法其君，此法不仁也。法不仁，不可以为法。故父母、学、君三者，莫可以为治法。"既然父母、师长、君上皆不足以法，那就必须"以天为法"或"莫若法天"。天是最公正、最仁慈的，"天之行广而无私，其施厚而不德，其明久而不衰"，天对一切都"兼而有之，兼而食之"。因而，"天必欲人之相爱相利，而不欲人之相恶相贼也"。所以，"以天为法"就是以天的欲、恶来确定人们行为的准则。实质上，"以天为法"就是以"兼相爱，交相利"为法。但墨家的天，不是自然之天，而是可以赏善罚恶的神和凌驾于天子之上的最高主宰。墨家认为"爱人利人者，天必福之；恶人贼人者，天必祸之"①；"天子为善，天能赏之；天子为暴，天能罚之"②。因此，一切的权威都转化为宗教化的天，"天志"成了权力和正义的来源。显然，这是对商周神权法承袭和发挥。

(二)"壹同天下之义"的法律起源说

为了贯彻"兼相爱，交相利"的原则，墨家提出了"壹同天下之义"的法律起源理论。他们认为："古者民始生，未有刑政之时，盖其语人异义。是以一人则一义，二人则二义，十人则十义，其人兹众，其所谓义者亦兹众。是以人是其义，以非人之义，故交相非也。是以内者父子兄弟作怨恶，离散不能相和合，天下之百姓，皆以水火毒药相亏害。至有余力不能以相劳，腐朽余财不以相分，隐匿良道不以相教。天下之乱，至若禽兽然。"③这样混乱的形势，正是因为没有社会公权力出现，没有正长来壹同天下之义造成的。为了人们都能过上一种相利相爱、和睦共处的生活，"是故选择天下贤良圣智辩慧之人，立以为天子，使从事乎壹同天下之义"。天子已立，然后发宪布令于天下之众，自上而下地壹同天下之义。

墨家提出这种"壹同天下之义"的法律起源论，目的在于使"兼相爱，交相利"能够上升为法律，以便用国家强制力加以贯彻。他们要求上下尚同一义，就是要求全社会的是非、善恶标准都能一同于"兼相爱，交相利"。他们认为这是完全可行的，"古者上帝鬼神之建设国都立正长也……将以为万民兴利除害、富贫众寡、安危治乱也"④，所以正长与人民的利益完全一致。但与此同时，他们指出，在当时的现实社会中并不是这样，贵族王室根本不为人民着想。因此，虽有正长却与

---

① 《墨子·法仪》。
② 《墨子·天志中》。
③ 《墨子·尚同上》。
④ 《墨子·尚同中》。

"民始生未有正长之时"同。可见,墨家的法律起源说并非意在肯定现实,而是主张针对贵族社会加以改造。在墨家的理论中,"天子"成了一个特别重要的角色。但是,他们对天子也并不是一律崇信,而是支持爱民的"兼君",反对害民的"别君"。并且,他们进一步限制了君主立法权,要求立法时必须考察其在实践中能否兴天下之利,否则不得为法。

总之,在墨家的法律起源说中,理想社会需要秩序,秩序来源于根据贤能确立的等级,因此要尚同,也就是下同之于上。刑政就是为了保证此种尚同而生的。用墨子的话来说:"古者圣王为五刑,请以治其民。譬若丝缕之有纪,罔罟之有纲,所以连收天下之百姓不尚同其上者也。"①

（三）法为天所立的"天志""天意"说

一般认为自古天意高难问,但墨家认为天是有意志的,天的意志是什么呢?在墨家看来,天的意志广博深远,但最核心的就是"兼相爱,交相利"。墨家是怎么证明这一点的呢?他们从经验层面上的事实反推出天意之所在。"然则何以知天之欲义而恶不义?曰:天下有义则生,无义则死;有义则富,无义则贫;有义则治,无义则乱。然则天欲其生而恶其死,欲其富而恶其贫,欲其治而恶其乱。此我所以知天欲义而恶不义也。"他还进一步论证了天是爱天下百姓的:因为天对百姓能全部明察。怎么知道他对百姓全都明察呢?因为他能全部抚养。怎么知道他全部抚养呢?因为他全都供给食物。怎么知道他全都供给食物呢?因为四海之内,凡是吃谷物的人,无不喂牛羊,养猪狗,洁净地做好粢盛酒醴,用来祭天。天拥有下民,怎么会不喜爱他们呢?而且谁杀了一无辜之人,必遭到一桩灾祸。杀无辜的是谁呢?是人。给这人灾祸的是谁呢?是天。如果认为天不爱天下的百姓,那么为什么天要降灾祸给杀人者呢?这是我所以知道天爱护天下百姓的缘故。②

这种论证显然是不充分的,我们很容易从现实生活中找到相反的例子:某人杀人无数,却富贵荣华终身,到死也未受到报应,那岂不是说天鼓励人相杀而非相爱。为此,墨子转入了神道设教:"天子有善,天能赏之;天子有过,天能罚之。天子赏罚不当,听狱不中,天下疾病祸福,霜露不时,天子必且……祷祠祈福于天……是故义者,不自愚且贱者出,必自贵且知者出。曰:谁为贵?谁为知?曰:

---

① 《墨子·尚同上》。
② 《墨子·天志上》。

天为贵,天为知。"①"夫爱人利人,顺天之意,得天之赏者……夫憎人贼人,反天之意,得天之罚者……"②这样,天就成了赏善罚恶的人格神,是凌驾于天子之上的最高主宰。

光有天尚不足以令人完全信服,墨子又请来了鬼神,一起来证明作为人格神的天之存在和权威。《墨子》一书中有《明鬼》上中下三篇,集中举例论证了鬼神的无所不在、无所不知、非人力所能抗拒。鬼神协助上天惩恶赏善,那些逆天而行、残害民众的人,即便是贵为天子的桀纣,鬼神也会严厉惩罚他们;对于那些积德行善的人,尽管人微言轻,但鬼神也不会因此而忽略,定会赏赐他们。所以鬼神之存在,及其能助天赏善罚恶,乃是无可怀疑之事。

既然天的意志是要人"兼相爱、交相利",因此就可以用这个原则来判定统治者之行为。"顺天之意,谓之善刑政;反天之意,谓之不善刑政。故置此以为法,立此以为仪,将以量度天下之王公大人卿大夫之仁与不仁……天之意不可不顺也。顺天之意者,义之法也。"③由此,符合"天志"的"义"法(包括法律、道德在内的一切行为规范)得以确立。

三、"尚贤"

除了"尚同"以外,墨家为了保证"兼相爱,交相利"原则的贯彻,还要求各级正长必须由忠于这一原则的贤者来担任,因而提出了"尚贤"的主张。他们认为,当时诸侯国之所以治理不好,关键在于不能尚贤使能为政,不知贤能才是为政之根本。在墨家看来,"今王公大人其所富、其所贵,皆王公大人骨肉之亲,无故富贵面目美好者也"。这些人并不都贤,如果让他们治理国家,"则其国家之乱可得而知也"④。而且这些人的身份又非他人可学而能的,这就会使人民感到沮丧,而不肯努力为善。所以,他们认为这种制度,无异于蔽贤路于当道,置庸才于官家,首先是君主对自己不负责任的做法。他们指出:王公大人只有明白以尚贤使能为政,才能实现一个饥而得食、寒而得衣、劳而得息、乱而得治的社会。实质上,墨家所反对的是贵族世袭制,抨击这种不平等的制度,认为人的贤与不贤,不取决于他的先天身份,而在于后天的学习和修养。这反映了墨家要求平等的思想,要求人人在后天都应有足够的发展空间,天子、君主不应加以阻挡,反而应给予

---

① 《墨子·天志下》。
② 《墨子·天志中》。
③ 同上。
④ 《墨子·尚贤下》。

鼓励和支持。

　　根据这种观点,治理国家所需要的有智慧的人不必是贵族出身。墨家主张:"不党父兄,不偏富贵,不嬖颜色。贤者,举而上之,富而贵之,以为官长;不肖者,抑而废之,贫而贱之,以为徒役……可使治国者,使治国;可使长官者,使长官;可使治邑者,使治邑。"①只要是贤者,"虽在农与工肆之人,有能则举之,高予之爵,重予之禄,任之以事,断予之令"。如果不贤,即使是贵族也必须抑而废之。其结论就是"官无常贵而民无终贱"②。他们强烈反对宗法礼治强调的身份观念,主张打破等级差别的思想,改变以往只凭个人的出身背景来赋官予爵的制度;要求以个人的能力来决定他的富贵穷通,试图通过平民阶层的崛起,给僵化的社会注入一点新鲜的血液,形成一个更趋于公平的社会。这一思想的提出,充分反映了平民阶层要求平等权利的心声,在某种程度上,构成了"王侯将相,宁有种乎"的先声。

　　虽然儒墨两家都"尚贤",但他们的"贤"标准不同。儒家的"贤"更多地是强调德行,墨家的"贤"更多地是强调技艺。尽管有这些差别,但他们的"尚贤"主张,正是后来法家要求变世卿世禄制为非世袭的官僚制的前奏。不过,墨家的尚贤又不同于法家。墨家的"为贤之道"是"有力者疾以助人,有财者勉以分人,有道者劝以教人"③;而法家则从是否有功于耕战出发。一个强调社会性,一个强调政治性。可见,在打破贵族社会方面,儒家、墨家与法家都有其独到贡献。

　　由于尚贤,墨家在法律上也相应主张"赏当贤,罚当暴"。如果"赏不当贤,罚不当暴",赏就起不到劝善的作用,罚也起不到止暴的作用。为了使赏罚充分发挥威力,墨家还指出,法律与道德舆论必须一致,"上之所赏则众之所非"或"上之所罚则众之所誉",也同赏罚不当一样,不可能劝善阻暴。④他们从而注意到了法律理论中的一个根本问题:法律必须与社会风俗、道德相适应,否则将无法形成统一的价值观和良好的社会秩序。与此同时,要使赏罚发挥作用,还必须做到"赏贤罚暴,勿有亲戚弟兄之所阿"⑤,也就是反对徇私。这是墨家主张"兼爱""尚贤"的必然逻辑。不但如此,墨家还提出了另一主张,即"若见爱利天下以告者,亦犹爱利天下者也,上得则赏之,众闻则誉之;若见恶贼天下不以告者,亦犹恶贼

---

① 《墨子·尚贤中》。
② 《墨子·尚贤上》。
③ 《墨子·尚贤下》。
④ 《墨子·尚同中》。
⑤ 《墨子·兼爱下》。

天下者也,上得且罚之"①。既奖励荐贤又打击匿奸,这样就可使赏罚迅速见效,并有利于充分了解下情,确实做到"赏当贤,罚当暴,不杀不辜,不失有罪"②。显然,在这里,墨家为了保持上下通情,不惜违背兼爱的原则,主张采取告密的方式,体现了墨家功利主义的态度。这种告密的做法亦为法家所继承,并以连坐的方式将其推向极致,导致民不堪命,最终让法家作法自毙。

四、墨家的一些重要刑罚命题

《墨子·经上》说:"罪,犯禁也。"《墨子·经说上》又说:"罪不在禁,惟害无罪殆姑。"意即只要不犯禁令(刑法),即使有害,也不构成犯罪。基于对犯罪的这种认识,墨家提出了为人所熟知的两个命题——"杀人者死,伤人者刑"和"杀盗人非杀人"。

出于"兼爱",墨家总是反对无故杀人。所谓"杀人者死",正是反对滥杀无辜的表现,他们尤其反对贵族仗势欺压百姓,滥杀无辜。在《墨子·小取》中,墨家又提出了"杀盗人非杀人"的命题,即并不反对杀盗。他们认为,盗窃行为之所以构成犯罪,即因其"不与其劳,获其实,已非其有所取之故"③,因此应当受到惩罚,甚至可以刑杀。为了把杀盗与杀无辜区别开来,他们特别强调"杀盗人非杀人"。意即杀人之为盗者,不是杀一般的人。他们主张"赖其力者生,不赖其力者不生"④,认为亏人自利或不劳而获的人不是人,尤其是那些不顾人民死活,一味骄奢淫逸,暴敛钱财的贵族。所以,他们认为这种伤害行为不应作为杀人行为进行处罚。这正是他们"罪不在禁,惟害无罪"观念的反映。实际上,墨家主要针对的是贵族,认为这些"厚作敛于百姓,暴夺民衣食之财"的"当今之主",造成了"富贵者奢侈,孤寡者冻馁,虽欲无乱,不可得也"⑤的局面。因而,人民饥寒并至,故为奸邪,不过求得活命而已。这正是墨家在经济层面对犯罪原因进行最深刻的分析基础上所得出的刑罚命题。

墨家直到韩非的时候还是天下显学。秦汉以来,墨家作为思想体系和学派逐渐消失无闻,且此后再也没有出现过类似的独立学说、思潮和派别。但其某些观念、行为乃至组织形态,在下层秘密会社中始终不断地表现出来,如讲义气、重

---

① 《墨子·尚同下》。
② 《墨子·尚同中》。
③ 《墨子·天志下》。
④ 《墨子·非乐上》。
⑤ 《墨子·辞过》。

然诺、行兼爱,赴汤蹈火。在《水浒传》中的梁山好汉们因遭压迫而共患难、称兄道弟,但又要排座次、讲身份、论官职;太平天国也是如此,既要宣传平等的兄弟姐妹关系,又格外等级森严。到晚清民国,墨子被重新发现和认识。《民报》第1期撇开孔孟老庄,把墨子树为"平等博爱"的宗师,刊登了臆想的墨子画像。梁启超在《新民丛报》上也呼喊:"杨学遂亡中国!今欲救亡,厥惟墨学。"直到今天,学界给了墨子及其学说较多的关注和较高的评价。

墨家那种悲天悯人的情怀、摩顶放踵以利天下的牺牲精神,实在是令后人景仰不已。他们提出的思想和见诸己身的行动,无疑是我国古代思想宝库中的一块瑰宝。他们面对乱世传承并改造古代文化,试图创造一个人人赖其力而生,"老而无妻子者,有所侍养以终其寿;幼弱孤童之无父母者,有所放依以长其身"①的大同社会。

不过,从另一方面看:因为他们关心民生的疾苦,所以处处从物质利益出发,否弃了人人所应享有的精神生活,这些尽管对抨击贵族的奢靡有一定的作用,却不免遭到"蔽于用而不知文"②的批评。因为他们向贵族要求平等的权利,所以他们倡导平等之爱,忽视了爱心不能平等付出的社会现实,所以遭到"有见于齐,无见于畸"③的非难。因为他们过分注重人格化的天对人间的制约,主张尚同,原本爱人的本意,却为专制君权助纣为虐。

▶▶▶ 参考阅读材料

《墨子·法仪》

子墨子曰:天下从事者,不可以无法仪。无法仪而其事能成者,无有。虽至士之为将相者,皆有法;虽至百工从事者,亦皆有法。百工为方以矩,为圆以规,直以绳,衡以水,正以县。无巧工不巧工,皆以此五者为法。巧者能中之,不巧者虽不能中,放依以从事,犹逾己。故百工从事,皆有法所度。今大者治天下,其次治大国,而无法所度,此不若百工辩也。

然则奚以为治法而可?当皆法其父母奚若?天下之为父母者众,而仁者寡,若皆法其父母,此法不仁也。法不仁,不可以为法。当皆法其学奚若?天下之为学者众,而仁者寡,若皆法其学,此法不仁也。法不仁,不可以为法。当皆法其君

---

① 《墨子·兼爱下》。
② 《荀子·解蔽》。
③ 《荀子·天论》。

奚若？天下之为君者众，而仁者寡。若皆法其君，此法不仁也。法不仁，不可以为法。故父母、学、君三者，莫可以为治法。

然则奚以为治法而可？故曰：莫若法天。天之行广而无私，其施厚而不德，其明久而不衰，故圣王法之。既以天为法，动作有为，必度于天。天之所欲则为之，天所不欲则止。然而天何欲何恶者也？天必欲人之相爱相利，而不欲人之相恶相贼也。奚以知天之欲人之相爱相利，而不欲人之相恶相贼也？以其兼而爱之，兼而利之也。奚以知天兼而爱之，兼而利之也？以其兼而有之，兼而食之也。今天下无小大国，皆天之邑也；人无幼长贵贱，皆天之臣也。此以莫不刍牛羊，豢犬猪，洁为酒醴粢盛，以敬事天。此不为兼而有之，兼而食之邪？天苟兼而有食之，夫奚说以不欲人之相爱相利也。故曰："爱人利人者，天必福之；恶人贼人者，天必祸之。"曰："杀不辜者，得不祥焉。"夫奚说人为其相杀而天与祸乎？是以天欲人相爱相利，而不欲人相恶相贼也。

昔之圣王禹汤文武，兼爱天下之百姓，率以尊天事鬼。其利人多，故天福之，使立为天子，天下诸侯皆宾事之。暴王桀纣幽厉，兼恶天下之百姓，率以诟天侮鬼，其贼人多，故天祸之，使遂失其国家，身死为僇于天下，后世子孙毁之，至今不息。故为不善以得祸者，桀纣幽厉是也。爱人利人以得福者，禹汤文武是也。爱人利人以得福者，有矣！恶人贼人以得祸者亦有矣！

【讨论思考题】

1. 墨子的理想社会是什么样的？怎么样才能实现那样的理想社会？
2. 墨家的法律观主要是什么？
3. 墨子认为最高的社会权威是什么？是怎么证明的？

第五章 道家的法律思想

第一节 老子的法律思想
第二节 庄子的法律虚无主义

第五章 道家的法律思想

道家创始于春秋战国时期,对中国思想史产生了极其深刻的影响。① 谈及中国传统文化,总是儒释道并提。汉初,黄老思想备受推崇,成为政治的指导思想;至魏晋时期,演变为玄学,走上了思辨的道路;隋唐以降,儒、释、道三足鼎立,构成了中国传统思想的主要内容。所以,道家的发展与中国历史相伴,与儒家共同构成了或明或暗的思想主线。对于中国人来说,南怀瑾先生有个形象的比喻,说儒家是粮食店,不可须臾或缺;佛家是百货店,有钱可以买些东西回来,无钱也可随时进去逛逛;道家是药店,社会不发生问题,可以一辈子不去管它,如果一旦生病,就非找它不可。② 这种说法尽管不是特别准确,但道出了道家思想在传统中国人心目中的重要地位。

道家面对着春秋以降的社会情形,认为时处乱世,这一点是诸子百家的共同看法。但社会为什么会乱,如何应对这个乱世使其重归于治,百家所见各异,解决方案亦因之不同。在道家看来,造成当时乱世的原因是人们不法自然,因此也就不见大道。顺理成章,解决问题的根本办法是让人们认识到道的重要性,从而在思想和行动上"法自然之道"。那他们所说的"法自然"是什么意思呢?所谓"法"者,效法、遵循也;所谓"自然",是自然而然,是"自己如此"的一种自然状态,因此是一种不加任何强制力量而顺应本初的状态。在他们看来,社会本身不是完善的人类所必需,毋宁说是对人的发展之桎梏;儒家所极力推崇的礼乐制度成了无以支撑生命本身的外在的东西,是反自由的、虚伪的。他们希望从社会之外,人的生活样态这方面来解决社会问题;他们力图追寻生命的永恒意义和价值,在最本源处营造真正的人类生活。这就是道家之"道",在此基础上建立了一套思想体系——道家。

道家学者之间不同于儒墨两家,无严格的师承关系,只是一些学术观点相近

---

① 关于道家的产生时代和特点,胡适先生的观点产生了很大的影响。在他看来,"道家"一词有广狭两义:广义上的道家指的是秦以后的思想,凡折衷调和于古代各派思想的,因包罗一切道术,故称为"道家",如司马迁父子所称的道家,实际上是"兼儒墨,合名法"的杂家;虽然道家兼收并蓄,但毕竟有个中心思想,那就是老子一脉下来所主张的无为而无不为的天道自然变化的观念,因此老庄一系的思想便也叫作"道家"了,这是其狭义之含义。综合此广义、狭义之说,韦政通先生对道家作了一个简洁的概括:"先秦本无道家之名,在秦汉之际兴起的道家,是以前思想的大混合,无异是个杂家。这个大混合的思想,有个中心的概念,就是老庄的'道',所以后来也就称老庄为道家,一直到现在都是这样。"(韦政通:《中国哲学辞典》,吉林出版集团2009年版,第583页)关于老庄原典的注释本著作,以陈鼓应先生的"今注今译"本(商务印书馆2007年版)为佳。

② 南怀瑾:《论语别裁》(上册),复旦大学出版社1996年版,第6页。

的人形成的一个学术流派。之所以他们学术观点接近,是因为他们分享了共同的文化资源。《汉书·艺文志》记载:"道家者流,盖出于史官,历记成败存亡祸福古今之道,然后知禀要执本。清虚以自守,卑弱以自持。"也就是说,道家思想之产生,是基于历史兴衰成败、经验教训总结和反思的结果。除此之外,道家思想之产生,还与他们渊源所自的楚文化①有关,从而在文化环境上与儒、墨等中原文化系统区分开来。正是在楚文化氛围之中反思历史之得失成败,产生了以老庄为代表的道家思想。

还需略微说明的是,尽管道教受到了道家思想的影响,但道家不同于道教。道教,是中国土生土长的宗教,正式形成于东汉,它是在中国古代宗教信仰的基础上,综合了方仙道、黄老道某些宗教观念和修持方法而逐渐形成的,以"道"为最高信仰,以《道德经》和《南华经》为主要经典,以老子为教主的宗教。元朝以后,道教演变成两大宗派,即全真道和正一道。

第一节 老子的法律思想

老子究竟是谁?是史学界长期以来的一个难题。司马迁作《史记·老子韩非列传》时,已不能确指其人,只得含糊其辞,并列举出了三人,即与孔子同时而稍早的老聃、与孔子同时的老莱子和后孔子一百二十九年的周太史儋,从而将这疑难的皮球踢给了后人。传统观点一般认为,老子即是老聃,近来出土的考古资料越来越印证了这一观点,但《老子》一书可能并非出自老子一人之手,将其看做道家思想的汇集,可能更接近事实。

根据通说,老子姓李名耳,楚国苦县厉乡曲仁里人②,周守藏室之史,后成为隐士。据说孔子适周,曾问礼于他,他答复道:"子所言者,其人与骨皆已朽矣,独其言在耳。且君子得其时则驾,不得其时则蓬累而行。吾闻之,良贾深藏若虚,

---

① 巫以楚为盛,加以屈原等的天才文学创作,楚文化特具想象力,具有浓厚的浪漫主义气息,成为道家文化滋生、繁衍的温床。读者可以参考罗运环《楚文化在中华文化发展过程中的地位和影响》(载《光明日报·历史周刊》2000年6月2日)一文。
② 苦县,春秋时称为相,本来属于陈国,陈为楚所灭,故此时隶属于楚。

君子盛德,容貌若愚。去子之骄气与多欲,态色与淫志,是皆无益于子之身。吾所以告子,若是而已。"孔子退而告诸弟子:"鸟,吾知其能飞;鱼,吾知其能游;兽,吾知其能走。走者可以为罔,游者可以为纶,飞者可以为矰。至于龙,吾不能知,其乘风云而上天。吾今日见老子,其犹龙邪!"①可见孔子对老子深加佩服。

作为道家经典的《老子》一书,对后世影响很大。秦汉以后,因其"言道德之意五千余言",并以《道经》为上篇、《德经》为下篇,所以称为《道德经》。1973年,考古工作者在湖南长沙马王堆三号汉墓发现大批西汉帛书,其中有两种《老子》写本(世称甲、乙本),编排顺序与通行的传世本《老子》不同,不是《道经》在前而是《德经》在前,与先秦《韩非子》中《解老》《喻老》两篇所引《老子》的篇章一致。因此,先秦时代的《老子》究竟是《道德经》还是《德道经》,抑或二者并存,尚待进一步研究。这里仍以传世本《老子》为据。《老子》一书中具体的法律观点不多,主要集中于法律哲学层面的探讨,是其以"道"为核心的整个哲学体系的重要组成部分。

一、"法自然"之"道"

"道"是道家一切学说的原始起点。"道可道,非常道;名可名,非常名。无名天地之始,有名万物之母。"②可见,"道"是天下万物的总源头。"有物混成,先天地生,寂兮廖兮,独立不改,周行而不殆,可以为天下母。吾不知其名,字之曰道,强为之名曰大。大曰逝,逝曰远,远曰反。"③因此天地万物都应遵循道的原则。

道的一个特征是"常",这来自人们对经验世界的观察。"故飘风不终朝,骤雨不终日。孰为此者?天地。天地尚不能久,而况于人乎?"④所以,"天地不仁,以万物为刍狗;圣人不仁,以百姓为刍狗。"⑤这个具有"常"的道不同于经验世界万物,而是经验世界的万有总体,自身是一种独立存在。

虽然道是独立存在的,但它在万物中皆有体现。这种体现也就是常说的道之内容,"反者,道之动"⑥,即事物发展都会走向反面。"天下皆知美之为美,斯恶已;皆知善之为善,斯不善已。故有无相生,难易相成,长短相较,高下相倾,声音

---

① 《史记·老子韩非列传》。
② 《道德经》第1章。
③ 《道德经》第25章。
④ 《道德经》第23章。
⑤ 《道德经》第5章。
⑥ 《道德经》第40章。

相和,前后相随。"①"祸兮,福之所倚;福兮,祸之所伏。"②"金玉满堂,莫之能守;富贵而骄,自遗其咎。"③"合抱之木,生于毫末;九层之台,起于累土;千里之行,始于足下。"④既然万物都在变易流逝之中,每一事物都没有真实性或者说确定性可言,故人对事物不能有所固执,即不能执着于物。因此就只有按照事物的本来面目,任其自然。如此,人才能不为物所役。

二、对仁义礼法的批评

道家同儒墨两家一样,将太古之世视为人类发展的黄金时代,彼时大道流行。在他们看来,社会不是进化而是退化,当前的社会动乱就是因为社会演进中违背大道的恶果。"大道废,有仁义;智慧出,有大伪;六亲不和,有孝慈;国家昏乱,有忠臣。"⑤"故失道而后德,失德而后仁,失仁而后义,失义而后礼。夫礼者,忠信之薄,而乱之首。"⑥所以在老子看来,要解决当时的社会问题,无论儒墨均不得要领,都没有从更深远的角度探求人类苦难的根源。儒家认为是周礼被破坏而导致社会的变乱,批评贵族的贪欲和越礼;墨家则将阶层分化看做问题的关键,欲求一种弥合来改变现状。在道家看来,儒墨两家都是隔雾看花,无法弄清问题的根本;他们解决社会问题的思路,都是在人类已有的规则里翻滚,不能从根本上解决问题。老子认为,社会问题的根本在于人类背离了正常的生活轨道,不能循道而行,却自以为是,任意胡为,不知常而妄作,故根本的解决办法是循道而行,是无为。

无为本是不陷于物、不为物所役之意。但要让人信服,老子就需要论证无为的经验效果。因此也就要从无为中衍生出一些具体观念,以用之于人类社会。具体表现在个人自处要"守柔",与人相处、与世相处则要"不争",社会政治形态就是"小国寡民"。

所谓"守柔",是因为万物运行,皆时时走向其反面。故人自守于柔弱,静观他者之盛衰,自身永无所谓损害。故"守柔曰强"⑦。"故坚强者死之徒,柔弱者生

---

① 《道德经》第 2 章。
② 《道德经》第 58 章。
③ 《道德经》第 9 章。
④ 《道德经》第 64 章。
⑤ 《道德经》第 18 章。
⑥ 《道德经》第 38 章。
⑦ 《道德经》第 52 章。

之徒,是以兵强则不胜,木强则共。"①总之,"弱者,道之用"②。

所谓"不争","不争"则"无尤"③,就是说争则树敌,有敌则难免不败,不争则无敌,自立于不败之地;不争则能容人,人即有可能为我所用。"是以圣人抱一为天下式,不自见故明,不自恃故彰,不自伐故有功,不自矜故长。夫唯不争,故天下莫能与之争。"④故:"上善若水,水善利万物而不争……夫唯不争,故无尤。"⑤

守柔、不争,很容易被人解读为在教导权术。试看:"江海所以能为百谷王者,以其善下之,故能为百谷王。是以欲上民,必以言下之;欲先民,必以身后之。是以圣人处上而民不重,处前而民不害。是以天下乐推而不厌。"⑥这种侧重"权术"层面的解读可能性,为之后道法思想的合流提供了一个渠道。

"小国寡民"是老子的理想国:"小国寡民,使有什伯之器而不用,使民重死而不远徙。虽有舟舆,无所乘之;虽有甲兵,无所陈之;使人复结绳而用之。甘其食,美其服,安其居,乐其俗。邻国相望,鸡犬之声相闻,民至老死不相往来。"⑦这是老子思想中以柔自处、与人无争的个人行为推演到国家和社会层面的必然结果。

要整个社会循道而行,老百姓相对比较容易做到,难做到的是统治者。为了说服统治者,老子从两个方面入手:一是从解释社会问题产生的根源入手。百姓所以饥饿,是由于在上者吞食税赋太多;百姓之所以难治,是由于在上者强作妄为;百姓之所以轻死,是由于在上者奉养奢厚。天下的禁忌越多,老百姓越陷于贫困;人间的利器越多,国家越陷于昏乱;人们的技巧越多,邪恶的事情就连连发生;法令越多越森严,盗贼反而不断增加。从一般人性上来说,缤纷的色彩使人眼花缭乱,纷杂的音调使人听觉不敏,太多的精致饮食使人食不知味,纵情狩猎使人心放荡,稀有财货使人行为不轨。⑧ 上有所好,下必甚焉。正是在上位者无知妄作,社会才如此混乱不堪。二是阐述无为而治所能达到的效果。"不尚贤,

---

① 《道德经》第 76 章。
② 《道德经》第 40 章。
③ 《道德经》第 8 章。
④ 《道德经》第 22 章。
⑤ 《道德经》第 8 章。
⑥ 《道德经》第 66 章。
⑦ 《道德经》第 80 章。
⑧ 《道德经》原文为:"民之饥,以其上食税之多,是以饥。民之难治,以其上之有为,是以难治。民之轻死,以其求生之厚,是以轻死。夫唯无以生为者,是贤于贵生。"(《道德经》第 75 章)"天下多忌讳,而民弥贫;民多利器,国家滋昏;人多伎巧,奇物滋起;法令滋彰,盗贼多有。"(《道德经》第 57 章)"五色令人目盲;五音令人耳聋;五味令人口爽;驰骋畋猎,令人心发狂;难得之货,令人行妨。是以圣人为腹不为目,故去彼取此。"(《道德经》第 12 章)译文参考了陈鼓应《老子注译及评介》(中华书局 1984 年版)一书。

使民不争；不贵难得之货，使民不为盗；不见可欲，使民心不乱。是以圣人之治，虚其心，实其腹，弱其志，强其骨，常使民无知无欲，使夫智者不敢为也。"① 如果百姓皆能"绝圣弃智""绝仁弃义""绝巧弃利"，社会便能达到"民复孝慈""盗贼无有"的状况②，这不正是统治者所追求的么？对统治者来说，则是不劳而治，所谓"治大国如烹小鲜"③，以无为达到无不为的效果。所以，从老子的思维逻辑来看，他不能不对整个政治、法律持否定态度。

据此，老子提出了一系列具体的主张。他认为，即便在上位者做不到无为而治，也至少应该在下述几个方面努力，以减轻社会的混乱和动荡：(1) 反对厚敛，主张薄税。他认为繁多的赋税造成了百姓的饥贫，批评那些极尽奢靡生活的贵族，抨击他们享用丰食美衣、轻车肥马与强盗无异。(2) 反对暴政苛刑和战争，主张减少刑罚。他认为百姓并不怕死，用死来恐吓是没有作用的："民不畏死，奈何以死惧之？"④ 用严厉的行政管制或者刑罚镇压手段，并不能有效地制止犯罪。因战争造成土地荒芜，民众死亡，则无异于一场灾难。用道辅助君主的人，不靠兵力逞强于天下；即便是善于用兵的，也只求达到救济危难之目的，而不是用兵来逞强。⑤

老子既然崇尚"无为"，鼓吹"无为而治"，故鄙薄"有为"的人定法，抨击儒家所维护的"礼治"和法家所提倡的"法治"，认为他们都未能把握自然无为的本性，是舍本逐末，其解决社会问题的办法势必不能合于天道，徒然造作，戕害社会，非但无助于改善人类境况，而且会加重危局。因为无论"礼治""法治"，都缺乏根据，就像对一个病人，施以不正确的治疗方法，即使有一时的效用，终究无法治愈永久的病根。所以，他认为儒、墨、法的救世方法，无异于给病态社会开出错药。

他指出，儒家所倡导的仁、义、忠、孝等"礼治"原则，是失去了道的社会家族不和、尔虞我诈、秩序混乱等病态的反映。因为，正是在大道废弃之后，才有了仁义；智慧出现，从而有了诈伪；正因为父子、兄弟、夫妇之间陷于纠纷，才有所谓孝慈；国家混乱，君主昏庸，才有所谓忠臣。儒家只在礼上寻找出路，实在是蒸沙千载，成饭无期。墨家将天下大乱归之于人与人不相爱，是找错了乱世的根源——统治者过分搜刮民财和过分的奢靡仅仅是一种表象，其实质则是人完全受制于

---

① 《道德经》第 3 章。
② 《道德经》第 19 章。
③ 《道德经》第 60 章。
④ 《道德经》第 74 章。
⑤ "以道佐人主者，不以兵强天下。其事好还。师之所处，荆棘生焉。大军之后，必有凶年。善有果而已，不敢以取强。"（《道德经》第 30 章）

外物的缚累,妄自造作。对于墨家提出的救治办法,他也不以为然。墨家强调"兼爱"出于"天志",他则认为"天地不仁",天没有意志,更不会有"兼爱"之心。墨家强调"尚贤使能",他则主张"不尚贤,使民不争"。法家强调公布成文法,要求官民一体严格遵守,务求以严刑峻法,期法治之必成,这仍然是有违自然之道的人为之道,是欲治反乱的倒行逆施。法治非但不能因顺自然,整顿秩序,反而可能成为宰制人民、导致天下愈加纷乱的工具。儒、墨、法诸家之主张既不可行,也就更证明了循"道"的无为而治才是应对当时乱世的对症良药。

第二节 庄子的法律虚无主义

庄子是道家继老子之后的一个重要代表人物。将老庄并称,始于司马迁,流行于魏晋。庄子(约前369—前286),名周,宋国蒙(今河南商丘东北)人,约与孟子同时而稍后,曾为家乡漆园吏,与魏相惠施有所交游。庄子生活在一个多灾多难的国度和一个极其混乱的时代。宋国(位于今河南省东部)在战国时期是有名的"四战之地"。东有齐、鲁,北有晋,西有郑,这些国家都与周王朝有密切关系,而宋又是殷遗民,亡国加战乱,其愤懑可想而知!《史记·老子韩非列传》记载:"楚威王闻庄周贤,使使厚币迎之,许以为相。"庄周笑着对楚使者说:千金、卿相这样的重利、尊位,就像人们对待用于祭祀的牛一样,尽管加恩养育,却不免被宰杀的命运。所以,千金卿相不过是一种束缚。我宁愿自由自在,不愿为统治者所拘束,终生不为官,以求得快乐。明代焦竑在《庄子翼》的序言中说:"夫老之有庄,犹孔之有孟也。"按照《史记·老子韩非列传》的说法:"其学无所不窥,然其要本归于老子之言。故其著书十余万言,大抵率寓言也。"①

《庄子》又名《南华经》,全书并非出自庄子一人之手,各篇的观点也不尽一致,但显然有着共同的倾向和统一的体系。大体三十三篇中,内篇七,一般认为是庄子手著;外篇十五、杂篇十一,可能出于后学。庄子用辛辣的讽刺、浪漫的笔

---

① 言里面寓着一个东西,即把想说的东西放在一个形象的表达里面,就是寓言。比如说人们想解释勤奋、懒惰、骄傲等概念时,说不清楚,就用龟兔赛跑来说明,让一切尽在其中。寓言往往会有较好的效果,《庄子·寓言》就说得很明白:"亲父不为其子媒,亲父誉之,不若非其父者也。"

触,批判扭曲的病态社会,高扬个体的生命自由。透过《庄子》来看当时的时代,似乎充满了深沉的绝望感和郁闷的窒息感。正是对现实的绝望,才使得庄子极力开拓心灵世界和追求精神的自由。在法律思想方面,《庄子》发展了《老子》中否定礼、法等思想,主张取消包括道德、法律在内的一切人类文明。

庄子是中国哲学史上的一大天才,他在思想和文学上的才华使他成为先秦诸子中的不朽人物。《庄子》一书,由于其对心灵世界的开拓和对生命问题的深切体悟,不需要庙堂的提倡和奖励,也为绝大多数读书人所喜好,因此其思想普遍地融化到传统文人的生命之中,庄子本人也从而成为对中国文化影响最为深远的人物之一。

一、庄子思想概述

庄子观察人生和社会,所见皆是痛苦,"人之生也,与忧俱生"①。人从降生之日起便陷入欺诈、争夺和杀戮的漩涡之中,面临着三大悲哀:一是"与物相刃相靡",即为了追求物质利益而无穷无尽地拼命、操劳;二是"终身役役而不见其成功",筋疲力尽而不知其归宿;三是形体消尽,精神毁灭,如烟消云散,一无所获。②他说:"人生天地之间,若白驹之过郤,忽然而已。注然勃然,莫不出焉;油然漻然,莫不入焉。已化而生,又化而死,生物哀之,人类悲之。"③尤其是当今之世,处于君臣昏乱的时代,"无耻者富,多信者显"④,使本来就很悲哀的人生更为艰难。因此,他发出了强烈的呼声,希望能够摆脱悲哀的命运,自由自在地游于天地之间。

庄子从"破生死"入手,认为物理意义上的肉体与万物一样,不关乎"真我"。人之所以认肉体为真我,即执着于各种感觉。但这种感觉只是一组经验事实,即肉体和万物在同一个层面上流动。既然万物非我,则肉体亦非我。⑤ 看到这一点,即能静观生死,做到"安时而处顺,哀乐不能入"⑥。

如此一来,肉体对真我成为一种限制,一种负担。肉体消灭,即意味着自我

---

① 《庄子·至乐》。
② 《庄子·齐物论》。
③ 《庄子·知北游》。
④ 《庄子·盗跖》。"多信",犹多言。按照陈鼓应的意见,"多"乃"易"字之讹,形近而误。陈鼓应注译:《庄子今注今译》,下册,商务印书馆 2007 年版,第 909 页。
⑤ 可参考劳思光:《新编中国哲学史》,生活·读书·新知三联书店 2015 年版,第 191—196 页。
⑥ 《庄子·养生主》。

解除限制和负担,这就是庄子说的"县解"(自然地解除倒悬)①。躯体虽灭,但真我永存,就像烛薪的燃烧虽有时穷尽,但火却传了下去,没有穷尽之时。② 不仅如此,在庄周梦蝶③的寓言中,觉与梦都是相对的,蝶与庄周也是相对的,都属于"物化"(万物之流转),因此,就不必固守人我之间的界限。人不执着且能超越于肉体和真我之别、人我(包括物我)之别,以道养心,就能达到逍遥之境。

同样,任何理论也是同万物一样,处于旋生旋灭的流变过程中。从内容上看,任何理论学说只能为有限的知识,人执着于这有限的知识,妨碍了他对"道"的认识。因此,"道隐于小成,言隐于荣华"④,儒墨诸家皆是其所非,非其所是,不见大道。

二、主张绝对无为,否定仁义礼法

《庄子》在继承《老子》"道"论,肯定道的权威性、普遍性和主宰地位的基础上,突出了道的神秘性、自主性及其与人的亲和性:一方面,道自本自根,以自己作为根据,毫不依赖于其他;其外观无为无形,其行迹无所不在;⑤生天生地,化育万物,是一个充满了神秘感的超然存在。另一方面,在庄子那里,道并非是像老子所说的那样,以万物、百姓为刍狗,而是有仁心仁德在其内的,因此人是可以接近、体悟道的:"夫道,有情有信,无为无形;可传而不可受,可得而不可见……畜万物而不为义,泽及万世而不为仁,长于上古而不为老,覆载天地刻雕众形而不为巧。"⑥因此他肯定道是包括人生与社会在内的天地万物所应共同遵守的法则:"且道者,万物之所由也。庶物失之者死,得之者生;为事逆之则败,顺之则成。

---

① 《庄子·大宗师》。
② "指穷于为薪,火传也,不知其尽也。"(《庄子·养生主》)
③ "昔者庄周梦为胡蝶,栩栩然胡蝶也,自喻适志与!不知周也。俄然觉,则蘧蘧然周也。不知周之梦为蝴蝶与,蝴蝶之梦为周与?周与胡蝶,则必有分矣。此之谓物化。"(《庄子·齐物论》)
④ 《庄子·齐物论》。小成,片面的成就,局部认识所取得的成果。按照庄子的意思,立论是一"小成",而如此之"小成",正足使心灵局限于此,而不能观最后之真或全体之真。所谓"言隐于荣华",即言论为浮华之词所蔽。这反映在庄子那个时代,名墨之徒善以诡辩炫其智,引起了庄子的注意。从庄子最好的朋友乃名家学派的惠施这一点亦可见此。据《庄子·徐无鬼》载,庄子送葬,过惠子之墓,顾谓从者曰:"郢人垩漫其鼻端,若蝇翼,使匠石斫之,匠石运斤成风,听而斫之,尽垩而鼻不伤,郢人立不失容。宋元君闻之,召匠石曰:'尝试为寡人为之。'匠石曰:'臣则尝能斫之。虽然,臣之质死久矣。'自夫子之死也,吾无以为质矣,吾无与言之矣。"
⑤ "夫道……自本自根,未有天地,自古以固存;神鬼神帝,生天生地;在太极之上而不为高,在六极之下而不为深,先天地生而不为久,长于上古而不为老。"(《庄子·大宗师》)"视之无形,听之无声,于人之论者,谓之冥冥,所以论道,而非道也。""道不可闻,闻而非也;道不可见,见而非也;道不可言,言而非也。知形形之不形乎!道不当名。"(《庄子·知北游》)
⑥ 《庄子·大宗师》。

故道之所在,圣人尊之。"①

庄子还把老子的无为之道推向绝对无为。他说,天无为却自然清虚,地无为却自然宁静,天地无为而相合,万物乃变化生长。恍恍惚惚,不知道从哪里生出来,找不出一点迹象来!万物繁多,都从无为的状态中产生。看来,天地无心作为但万事万物都是从它们生出来的。因此,人也应该效法天地之道的这种无为精神。② 故理想的状态是完全放任,万不得已需要治,也应是无为而治:"故君子不得已而临莅天下,莫若无为。"③为此,他坚决反对任何干扰和破坏自然之道的行为,激烈抨击各家的有为政治,认为这些有为政治是导致虚伪、欺诈、残杀和大乱的根源。从这一角度,庄子激烈批判了儒、墨、法三家的主张。

于儒家礼治,他认为儒家所谈的礼戕害人的自然本性,其实人的基本需求就是吃饱喝足,没有那么复杂。因此,要摆脱礼治羁绊,张扬人的个性。"道德不废,安取仁义?性情不离,安用礼乐?……夫残朴以为器,工匠之罪也;毁道德以为仁义,圣人之过也。"④儒家礼治的危害还不止于此,礼乐仁义不仅会给个人造成悲剧,而且会造成社会动乱。"比干剖心,子胥抉眼,忠之祸也;直躬证父,尾生溺死,信之患也……"⑤"爱利出乎仁义,捐仁义者寡,利仁义者众"⑥,仁义行为,只有造成虚伪,仁义本身还会成为贪求的工具。因为高喊仁义的人往往欺世盗名。更有甚者,仁义礼乐成了大盗窃国的工具:"为之斗斛以量之,则并与斗斛而窃之;为之权衡以称之,则并与权衡而窃之;为之符玺以信之,则并与符玺而窃之;为之仁义以矫之,则并与仁义而窃之。何以知其然耶?彼窃钩者诛,窃国者为诸侯。诸侯之门而仁义存焉,则是非窃仁义圣知邪?"⑦

庄子认为法家的法治也是致乱之源。他反对法家通过以法为治、君主独制来实现大治的主张。庄子认为"治,乱之率也"⑧,治国的结果,是乱人之性,造成人与人的仇恨和残杀;治人的结果是乱天之经,破坏了天地的和谐;运用刑罚的结果是天下大乱。他指出法家执着于赏罚,不切实际。"举天下以赏其善者不足,举天下以罚其恶者不给。故天下之大,不足以赏罚。自三代以下者,匈匈焉

---

① 《庄子·渔父》。
② "天无为以之清,地无为以之宁。故两无为相合,万物皆化生。芒乎芴乎,而无从出乎!芴乎芒乎,而无有象乎!万物职职,皆从无为殖。故曰天地无为也而无不为也,人也孰能得无为哉。"(《庄子·至乐》)
③ 《庄子·在宥》。
④ 《庄子·马蹄》。"朴",纯朴也,全木;"不残",不雕刻。"残朴以为器",破坏全木来做器具。
⑤ 《庄子·盗跖》。
⑥ 《庄子·徐无鬼》。
⑦ 《庄子·胠箧》。
⑧ 《庄子·天地》。

终以赏罚为事,彼何暇安其性命之情哉!"①

对墨家,庄子也没有放过。他认为:"夫兼爱不亦迂乎?无私焉,乃私也。"②结果使天下人失去养育之道,是让人迷失本性的一种表现。故兼爱永远只能是一种幻想,不可能实现。墨家认为"杀盗非杀人",这是自以为独尊而奴役天下的人,导致天下惊骇。③尚贤使民有争心,"举贤则民相轧,任知则民相盗",举贤任智这些方法,使得人民远离淳厚,导致老百姓贪利心切,弄得子杀父,臣弑君,白日抢劫,正午挖墙。大乱之根源就在于此,照这样治下去,千载之后,必出现"人与人相食"之恶果。④

所以,儒、墨、法三家求治,都是治而不得其法,这些不得其法的"治",最终都会破坏人性,造成罪恶。其实,天地虽大,演化却是均匀的;万物虽多,条理却一致;民众虽多,但需要君主主政。君主如何主政?是依"德"而成全于自然。远古君主治理天下,都遵循这个原则,出于无为,顺应自然。所以只有循无为而治之"畜"天下(养育百姓)才是治天下之正道:"古之畜天下者,无欲而天下足,无为而万物化,渊静而百姓定。"如此,贯通于道而万事可成,无心获取而鬼神敬服。⑤

道家相对于儒、墨、法各家的思想,有相当不同的性格。对于整顿社会秩序,他们直接追溯到天地的根源,试图以天道——自然之道作为恢复秩序、完善人生的总根据。根据自然无为的思想观念,他们抨击了当时的造作之制,尽管有过激和过于理想化的倾向,但无疑给当时的社会和思想界提供了独特的视角、开辟出更加广阔的视野。根据梁启超先生的观点,一方面,道家将人类的缺点,无情地尽数揭破,使人得反省以别求新生命。道家的言论对流弊丛生的人类文明,恰似当头棒喝,可起到猛然惊醒的作用。另一方面,道家撇却卑下的物质文化,去追寻高尚的精神文化;教人离开外生活以完成内生活。强调不以生活为达到任何目的之手段,生活便是目的,进而将生活艺术化,倡导一切皆"无所为而为"的生活态度。⑥ 庄子尤其凸显了个人在社会宇宙中的位置,为中国思想开辟了新空间,为中国人保留了一分心灵自由的家园。

具体到道家在法律思想方面的影响,主要体现在下述两方面:一是它因为对自然的强调,遂认为法律乃一种破坏人性之社会产物,对之持否定、批判的态度。

---

① 《庄子·在宥》。
② 《庄子·天道》。
③ 《庄子·天运》。
④ 《庄子·庚桑楚》。
⑤ 《庄子·天地》,参考了陈鼓应注译《庄子今注今译》(上册,商务印书馆 2007 年版,第 349 页)之译文。
⑥ 参考梁启超:《先秦政治思想史》,天津古籍出版社 2004 年版,第 128—131 页。

这对于传统中国知识分子形成对法律的轻视乃至虚无的态度是有影响的。二是它对法律本身的批判也使得传统中国人意识到法律本身的局限性。尤其是它对法家所倡导的以赏罚两手来立法以实现君主独制的治法所进行的激烈批评，对后世有着深远影响。

参考阅读材料

《庄子·在宥》节录

闻在宥天下，不闻治天下也。在之也者，恐天下之淫其性也；宥之也者，恐天下之迁其德也。天下不淫其性，不迁其德，有治天下者哉！昔尧之治天下也，使天下欣欣焉人乐其性，是不恬也；桀之治天下也，使天下瘁瘁焉人苦其性，是不愉也。夫不恬不愉，非德也；非德也而可长久者，天下无之。人大喜邪，毗于阳；大怒邪，毗于阴。阴阳并毗，四时不至，寒暑之和不成，其反伤人之形乎！使人喜怒失位，居处无常，思虑不自得，中道不成章。于是乎天下始乔诘卓鸷，而后有盗跖、曾、史之行。故举天下以赏其善者不足，举天下以罚其恶者不给。故天下之大，不足以赏罚。自三代以下者，匈匈焉终以赏罚为事，彼何暇安其性命之情哉……故君子不得已而临莅天下，莫若无为。无为也而后安其性命之情。故曰："贵以身为天下，则可以托天下；爱以身为天下，则可以寄天下。"故君子苟能无解其五藏，无擢其聪明，尸居而龙见，渊默而雷声，神动而天随，从容无为而万物炊累焉。吾又何暇治天下哉！

参考译文

只听说天下安然自在，没有听说要管治天下。人人自在，惟恐天下扰乱了他的本性；人人安舒，惟恐天下改变了他的常德。天下人不扰乱本性，不改变常德，哪里还用管治天下呢？从前尧管治天下，使天下人熙熙攘攘，乐了本性，这是不安静啊！桀管治天下，使天下人身劳神疲，苦了本性，这是不欢愉啊！要是弄得不安静、不欢愉，便是违反常德。违背常德而可以长久，是天下绝没有的事。人过于欢乐，就会伤害阳气；过于愤怒，就会伤害阴气。阴阳的气互相侵害，四时失序，寒暑失调，岂不反而伤害到人本体么？使人喜怒失常，胡为妄动，思念漂浮不自主，行事中途欠缺条理，于是天下才矫伪乖戾，而后产生盗跖、曾参、史鱼的行为。因此用尽天下的力量不足以奖赏善举，用尽天下的力量也不足以惩罚恶行，所以天下之大，不足以处理奖赏惩罚的事。自从三代以后，喧嚣着以奖赏惩罚为能事，他们哪得空闲来安定性命之情呢？……因而君子如果不得已而君临天下，最好是顺任自然。顺任自然才能使大家安定性命的真情。因此说:"以尊重生命的态度去为天下,才可以把天下寄付给他;以珍爱生命的态度去为天下,才可以把天下托交给他。"所以君子如能不放纵情欲,不显耀聪明;安居不动而神采奕奕,沉静缄默而感人深切,精神活动都合于自然,从容无为而万物的蕃殖就像炊气积累而升。我又何必需要治理天下呢?①

【讨论思考题】

1. 道家的"道"与儒家的"道"有何不同?
2. 老子所理解的"圣人"的含义是什么?
3. 试评述庄子对儒、墨、法诸家的批评。

---

① 参考了陈鼓应注译《庄子今注今译》(上册,商务印书馆2007年版,第319—322页)之译文。

第六章　法家的法律思想

第一节　法家法治思想产生的社会背景
第二节　法家的法律观
第三节　法家推行"法治"的理论
第四节　法家主要代表人物简介

法家是战国时期主张"以法治国"的一个学派。在先秦诸家中,法家对法律、法学最有研究。他们对法律的起源、本质、作用以及法律同社会经济、时代要求、国家政权、伦理道德、风俗习惯、自然环境,乃至人口、人性等一系列基本法律理论问题,都有自己的独到见解,并提出了一套比较系统的"法治"理论和实行法治的方法,为建立统一的专制主义中央集权制国家提供了理论根据。同时,他们对促进我国古代法学的发展也做出了重要的贡献。在法律思想史或法理学史上,法家的思想与同时期的世界各国相比,都不可多得。

法家的代表人物很多,而且大多数是当时著名政治家、思想家和军事家。春秋时期的管仲,一般被看作是法家的先驱。法家,可分为前期法家和后期法家。前期法家有战国初期的李悝、吴起。李悝一般被认为是法家的开山祖。战国中期有商鞅、慎到、申不害等,代表法家中的三派,商鞅重法、慎到重势、申不害重术。后期法家的重要代表人物有二人,一是韩非,一是李斯。

法家这些主要代表人物都有著作,有的由本人所写,有的是其后学所作,但大多数都失传了。现在保存下来且比较完整的有《商君书》《韩非子》。这是研究法家思想最基本的著作。除了这两本书以外,还有经过后人编辑起来的《慎子》十篇、《申子》二篇等残篇、佚文。另外,战国中期还有一本重要的书叫《管子》,这是战国中后期齐国一些学者托名管仲而写的。《管子》这本书的内容涉及范围很广泛,经济、政治、哲学什么都有,其中代表法家思想的部分,通过近人考证,乃齐国法家作品,也是研究法家思想的重要著作。法家的法律思想既是先秦也是整个中国法律思想的重点。

第一节 法家法治思想产生的社会背景

东周以降,礼崩乐坏所造成的社会剧变,直接影响到整个社会政治、经济结构的变化。在政治方面,封建、贵族制度逐渐有向郡县、官僚制度演化的趋势;经济上,井田制出现全面崩溃的颓势,公元前594年,鲁国初行"税亩"之法,正式废除井田之法,土地由名义上的国有、王有而实质上由各级贵族领有的制度,逐渐变为土地私有。

随着整个社会政治经济结构的变化,出现了新的社会阶层。享有知识的贵族下落于民间,游士往来于各国之间,传播文化,横论时事,逐渐成为社会风尚。自孔子以降,私家讲学亦逐日增浓,从而造就了一个真正的社会知识阶层——"士",他们依靠知识可以进身,而国君则有人才可资任用,同时有利于摆脱贵族的牵绊,得以突出自己的地位和权力。国君和"士"阶层的结合,形成了新的统治集团。

法家是新统治集团在思想领域的代表,为了反对自西周以来的"礼治"传统,他们提出了反映新兴统治集团意志的"法治",并在各诸侯国内先后掀起了变法革新运动,要求变传统的"礼治"为新兴的"法治"。在这一运动中,当时各诸侯国的国君为了打击其他贵族的分裂割据,强化君权,实现富国强兵,取得兼并战争的胜利,积极支持变法,从而使变法运动能自上而下比较顺利地进行。这种变法运动在整个战国时期几乎从未间断过。其中比较著名的有:魏国魏文侯时期李悝的变法,楚国楚悼王时期的吴起变法,秦国秦孝王时期的商鞅变法等。先秦法家的法律思想就是适应这种变革的需要而产生的。法家的"法治"主张在当时能付诸实践,与当时的这种形势密切相关。原因在于:诸侯兼并,要取得战争的胜利,就必须富国强兵;而要富国强兵,只有法家的主张才能迅速见效,其他儒、墨、道等,都没有这个立竿见影的实用性。

第二节 法家的法律观

法家以主张"以法治国"的"法治"而著称,并提出了一整套推行"法治"的理论和方法,对促进我国古代法学的发展做出了重要贡献。但同时,他们的理论以人性论为依据,过分夸大了法律特别是刑法的作用,错误地认为只要加重了轻罪的刑罚就可"以刑去刑",轻视甚至完全否定道德感化的作用。

法家的法律观主要指他们对法律的本质、起源和作用等基本问题的看法。

一、关于法律的本质

法家对法律本质的认识大体可分为两类。一类把法律比作度量衡,像量长短的尺寸、正曲直的绳墨、秤轻重的衡石等一样公平、正直,是衡量人们行为的客观准则。这种公平性、正直性,和"礼"形成鲜明的对照。法家把法律比作度量衡的地方很多,例如,《管子·七法》说:"尺寸也,绳墨也,规矩也,斗斛也,角量也,谓之法。"《商君书·修权》则说:"故法者,国之权衡也。"绳墨、规矩、斗斛、角量等都是度量衡,法家用他们来比拟"法",其目的在于强调"法"具有客观性和平等性,是人人必须遵守的行为规范、行为准则。法家这种客观性、平等性、公平性是以普遍性的形式提出来的,或者说他们是以社会全体成员代表的身份提出这种观点的。正因为这样,所以这种"法"也就不同于贵族的"别亲疏、殊贵贱"的"礼"。西汉司马谈对法家思想有个概括,即"不别亲疏,不殊贵贱,一断于法"。"不别亲疏",是针对周礼中"亲亲"原则提出来的;"不殊贵贱",是针对周礼中的"尊尊"原则提出来的。按照法家的观点,贵也好,贱也好,都要根据同一个法律来判断。这样一来就和"别亲疏、殊贵贱"的"礼"形成鲜明的对照。法家为什么要这样主张?在法家看来,贵族垄断经济(土地)、政权是不公平的。在经济上,新兴阶层要求土地可以私有,也就是说,贵族可以占有土地,新兴阶层也可以占有土地;政权上,要求按照功劳和才能的大小来授予官爵。废除世袭,这才是公平的。因此,他们认为应该按照新兴阶层的意志来立法,只有这种法才算是"法",按照贵族意志来立法,那不是"法",而是"礼"。他们认为,"礼"是不公平的,不客观的。从这里可以看出,法家所讲的"法",不是一般的法律,而是体现新兴阶层意志和利益的法律,这也是"法"字本来的含义。这也意味着,法家只反对贵族世袭特权,并不根本反对等级、特权。法家中的另一类则把"法"与刑结合起来,这种结合是把"法"作为定罪量刑的依据,把刑以及与刑相对应的赏作为实施"法"的手段。如《韩非子·定法》说:"法者,宪令著于官府,刑罚必于民心。赏存乎慎法,而罚加乎奸令者也。"意思是说:法,是在官府中明白地写着的法律,使奖赏和刑罚在人民心中都有准确的认识;所以受赏,其原因在于能谨慎地守法;而惩罚则加于扰乱法令者。这种"法"刑结合有两个特点:一是区别于贵族的"礼"。因为在贵族的"礼治"中,"礼"和刑是分开的,"礼不下庶人,刑不上大夫","礼"用来调整贵族内部的关系,刑则主要用以镇压奴隶和平民。法家要求"法"、刑结合,意味着刑上大夫。二是"法"既然以刑为保证,"法"就成了人民必须遵守的行为规范,具有以国家暴力为后盾的强制性,违反法令就要受到刑罚的制裁。

法家既然把法律看成是公平的、正直的,进而也认为法律应该为整个国家的利益服务,它高于社会所有个别成员包括最高统治者在内的利益。慎到即说:"故立天子以为天下,非立天下以为天子也;立君以为国,非立国以为君也。"①就是说:立天下是为了整个天下的人,立国君是为了整个国家,不是反过来,立天下、国家为天子、君王一个人。他们把统治集团中的个人利益(包括天子君主)称之为"私",把统治集团的整体利益称为"公"。"法"体现了"公",因而是"公法"。商鞅也说:"法令者,民之命也,为治之本也。"②"公"高于"私","法"当然也高于"私",因此,"私"必须服从"法"。《韩非子·诡使》中言:"夫立法令者,以废私也。法令行而私道废矣。私者,所以乱法也。"从维护统治集团的整体利益出发,他们坚决反对"君臣释法任私"③,把法律丢在一边,自己搞自己的一套。

二、关于法律的起源

法家的法律起源论完全排除了西周以来的天命神权思想。他们认为,法律和国家都是历史发展到一定阶段的产物,并不是人类社会一开始就有的。人类社会在"民知其母不知其父"的原始时代,并没有法律和国家。社会发展到一定阶段以后,人与人、族与族之间,经常发生争夺。为了制止争夺,为了"定分""止争",需要"立禁""立官""立君",这样才产生了国家和法律。"定分",有的时候又被法家称为"明分"。"定分""明分"就是明确规定人们的权利义务。"分"即"作为土地、财货、男女之分"④,即划分土地、财务、男女的分界。所谓"立禁",就是要制定法律、禁令来保护人们的这种分界,用国家的暴力来制止争夺,维护社会秩序。法家的这种法律起源论,没有君权神授的思想("天降下民,作之君,作之师"⑤),他们把国家和法律的起源与"定分止争"⑥联系起来,和财产关系联系起来。因此,也就初步接触到这样一个命题:法律和国家是适应保护所有制的需要而产生的。同时,也隐隐约约地看出了国家和法律是在突破氏族组织血缘关系

---

① 《慎子·威德》。
② 《商君书·定分》。
③ 《商君书·修权》。
④ 《商君书·开塞》。
⑤ 《孟子·梁惠王下》引《书》。
⑥ 《管子·七臣七主》。

的情况下产生的。他们否定了"亲亲而爱私"的血缘关系。① 在法家的这种起源论中,法律的产生既然在于"立禁""止争",这样的法律本身也就具有强制性,非遵守不可。他们自己也毫不掩饰国家和法律的这种暴力性。他们说,国家和法律是干什么的,就是"内行刀锯,外用甲兵"②,即对内实行镇压,对外从事战争的工具。

三、关于法律的作用

《管子·七臣七主》曾将法律的作用概括说:"夫法者,所以兴功惧暴也;律者,所以定分止争也;令者,所以令人知事也。法律政令者,吏民规矩绳墨也。"

从这段话中,我们可以看出,法家认为法律主要有三个方面的作用:

第一个作用是"兴功惧暴"。"兴功"主要指富国强兵,这是法家进行兼并战争,统一全中国的要求。从他们的先驱者管仲起,就提出这种主张。到了战国时期,为了取得兼并战争的胜利和实现全中国的统一,法家对富国强兵的要求更加迫切。奖励耕战(农战)的政策,例如"行军功,分田宅",就是"兴功"的具体内容。所谓"惧暴",即用法律镇压民众的反抗,从而迫使民众服从统治。

第二个作用是"定分止争",这是法律最重要的一个作用。法家主要代表人物如商鞅、慎到、韩非等都强调"定分止争"的重要性。他们曾多次举同一个形象的例子:"今一兔走,百人逐之",为什么那么多人追逐这只野兔呢？因为这只野兔是无主物,"分"未定,所以,大家都去追,谁抓到了,就属于谁所有。相反,"积兔满市",市场上摆满了兔子,但"行者不顾",是不是人们都不想要兔子了呢？不是的。因为"分已定矣",所属已经确定,只能通过买和卖使所属转让,而不能争。"分已定,人虽鄙,不争"。③ 商鞅在这个基础上还进一步指出:如果"名分"未定,就是尧舜这样的圣人,也会像快马那样去追兔子;而如果"名分"已定就是小偷也不敢随便去取。④ 法家这种维护私有制的观点,是战国时期以土地私有制为基础的财产私有观念进一步发展的反映。

第三个作用是"令人知事",就是说,法律可以统一全民的行动,使他们作为

---

① 《商君书·开塞》。
② 《商君书·画策》。
③ 《吕氏春秋·审分览·慎势》引"慎子曰"。
④ 《商君书·定分》。

或不作为。它是君主"一民使下"①，即统一老百姓、役使臣下的重要手段和工具。

总之，法律是"吏民规矩绳墨"，即准绳，它的作用如此之大，所以法家认为治国不可无法，坚决主张"以法治国"的"法治"观念。

第三节　法家推行"法治"的理论

一、"法治"与"礼治""德治"和"人治"的对立

法家法律思想的核心是"以法治国"的"法治"。"法治"与"礼治""德治""人治"的对立，是法家与儒家争论的焦点。"以法治国"不但高度概括了当时法家在政治、法律思考上的全部主张，而且涉及法理学上的很多问题。法家是战国时期继墨家之后反对儒家的最有力的学派，法家所主张的"法治"，正是他们在政治、法律思想上站在儒家的对立面而提出来的。这种对立主要表现在三个方面：

1. "法治"与"礼治"的对立

法家认为，只有代表新兴统治集团利益的法才是公平的、正直的，代表贵族利益的礼则是不公平、不正直的。因此，礼法对立，实质上是两种不同性质的法律与制度的对立。"礼治"维护世袭贵族特权。"法治"则要求"不别亲疏，不殊贵贱，一断于法"；反对贵族世袭各级官吏的世官制、宗法等级制度，反对贵族垄断土地占有的土地国（王）有制；主张土地私有，允许自由买卖土地和根据功劳的大小与才能的高下选拔官吏。

2. "法治"与"德治"的对立②

这方面主要是统治方法的对立。"德治"（或"仁政"）主张"以德服人"，强调道德与教化的作用，相对地轻视法律及其强制作用（但不是不要法律）；"法治"主张"以力服人"，"不务德而务法"③，强调法律的暴力作用，把法律的强制手段看成是最有效的，甚至是唯一有效的统治方法，轻视甚至否定道德教化的作用。

---

① 《管子·任法》。
② 有的学者认为，用"刑治""德治"这样的概念更好，亦即表述为"刑治"与"德治"的对立。
③ 《韩非子·显学》。

3. "法治"与"人治"的对立

这是指在治理国家上"法"和"人"谁起决定作用。儒家强调"人治",强调"为政在人","其人存则其政举,其人亡则其政息"①,治理国家起决定作用的是"人"而不是"法"。"法治"则与此相反。法家认为"以法治国,举措而已"②,也就是说,只要根据新兴统治集团的意志来立法,并坚决加以贯彻执行,就能轻而易举地治理好国家。他们强调治国的关键是"法"而不是"人"。他们抨击"人治",并把"人治"说成是统治者随心所欲的"心治"或"身治"。在这个问题上,慎到首先指出,"君人者,舍法而以身治,则诛赏予夺从君心出矣。然则受赏者虽当,望多无穷;受罚者虽当,望轻无已。君舍法而以心裁轻重,则同功殊赏,同罪殊罚矣,怨之所由生也。"③就是说,赏罚予夺,如果不以法律为依据,而由君主个人的主观意志来决定,势必造成同功不同赏,同罪不同罚,这就是产生怨望的根源。也就是说,没有法律就没有准绳,没有标准。在这里,法家首先批评儒家的"人治"为长官意志。

集法家思想之大成的韩非,后来进一步发挥慎到的思想说:"释法术而任心治尧不能正一国。"④他的意思是说,尧这样的圣人也应该按照法律办事,不依法律,他连一个诸侯国也治理不好,更不要说治理天下了。为了强调法治优于人治,慎到甚至指出:"法虽不善,犹愈于无法。"⑤法律虽然不完善,也比没有法律好,因为它能统一人心。

法家强调"法治"有其合理性,但把儒家主张的"人治"说成是"身治""心治"是错误的,曲解了儒家的意思。儒家的人治是贤人政治。其"仁政"自有可取之处,虽然法家批评长官意志有对的成分在内,但其同时也主张绝对君权,儒家则不那么绝对,孟子就非常强调"民贵君轻"。

二、法家推行"法治"的理论前提

法家推行"法治"的理论是基于他们对人性和历史演进的看法,试分述如下:
1. "好利恶害"的人性论

"好利恶害"⑥或趋利避害是法家对人性的认识。他们"法治"思想的理论基

---

① 《礼记·中庸》。
② 《韩非子·有度》。《管子·明法》及《管子·明法解》也有类似表述。
③ 《慎子·君人》。
④ 《韩非子·用人》。
⑤ 《慎子·威德》。
⑥ 见《荀子·荣辱》及《韩非子·难二》。

础就建立在这种人性论上。这种本性，人一生下来就有，看见对自己有利的东西就喜欢，见到对自己不利的、有害的东西就避开。他们曾经举出不少例子来说明人的见利则趋、见害则避的本性。如商人做生意，他们不避风霜，不远千里，昼夜兼程，一天走两天的路，备尝艰辛，把货物从这里运到那里，是为什么呢？那是因为有利可图，"利在前也"。又如打鱼的人，他们出没江河湖海，踏惊涛、履恶浪，甘冒风险，是因为水中有利可图，"利在水也"。因此他们认为人只要有利可图，"虽千仞之山，无所不上；深渊之下，无所不入焉"①，山高海深，在所不惧。人的这种好恶，被法家看成为能对人民实行法治的根据。商鞅指出：人性有好恶，故民可治。② 法家认为人不好利，赏不能使之动，罚不能使之惧，这种人违反人的本性，最难治，对这种人最好的办法是统统杀掉。由于"人情好爵禄而恶刑罚"③，所以赏罚的法律手段就成了治理国家的最好方法。这样就无须采用儒家的那一套"仁义""恩爱"来进行统治。

  韩非在这个问题上走得更远，他把"好利恶害"的人性论发展成人人都有自私自利的"自为心"④。在他看来，人与人之间的关系统统都是赤裸裸的利害关系，都受"自为心"的支配。他举了很多例子："舆人成舆，则欲人富贵；匠人成棺，则欲人之夭死也。非舆人仁而匠人贼，人不贵则舆不售，人不死则棺不买。情非憎人也，利在人死也。"⑤造车的人愿意人富贵，做棺材的人愿意人死亡，都不是他们的心仁慈不仁慈，而是由他们的切身利益决定的。不但买卖之间的关系如此，父母和子女的关系也是如此。他以杀婴（女婴）为例说：父母为了长远利益，生下男孩就互相庆贺，生下女孩就把她杀死，这种行为本身就说明父母对待子女都要受自私自利的"自为心"的支配。父母与子女之间尚且如此，其他如君臣、君民之间，就更不能例外。君主对老百姓，"有难则用其死，安平则用其力"⑥；君臣之间，"臣尽死力以与君市，君垂爵禄以与臣市"⑦，君主所以给臣下以高官厚禄是因为这样做臣下就能为他效死力；臣下所以愿意为君主卖力气是因为这样可以得到

---

① 《管子·禁藏》。
② 《商君书·错法》。一般的《商君书》版本，原文为"人君而有好恶，故民可治也"，但研究者根据上下文，多以为"君"字有误，一说当为"生"字（而"生"字可通"性"），一说当为"情"字。参见周立昇等编著：《商子汇校汇注》，凤凰出版社 2017 年版，第 354 页。
③ 《商君书·错法》。
④ 《韩非子·外储说左上》。
⑤ 《韩非子·备内》。
⑥ 《韩非子·六反》。
⑦ 《韩非子·难一》。

高官厚禄。不仅如此,韩非还把君臣关系描绘成"上下一日百战"①的关系,非常紧张。他写《备内》,就是要君主特别警惕皇后、妃子,防止他们内外勾结、篡权、夺位。总之,在他看来,要使臣民服从只能靠"威势",靠"刑赏"。

韩非这种"自为心"的人性论,一方面来源于前期法家,另一方面是受他的老师荀况"性恶论"的影响。但荀、韩有所不同,主要有两点:(1)荀况认为人的"好利恶害"的本性通过后天的学习教育是可以改变的,这叫作"化性起伪";就是说可以改恶从善。韩非却认为人的本性不能改变,所以,他根本就不承认有什么道德高尚的人。他说:儒家所吹捧的尧舜这样的圣人,他们同样受"自为心"的支配。"好利恶害"、自私自利,他们实行禅让是因为当时帝王生活很苦,让天下是为了解除自身的劳苦。因此不能认为这是道德高尚的表现。(2)荀况认为人性是"恶"的,韩非认为,人性无所谓善也无所谓恶,都是一样的"好利恶害"。既然人都是自私自利的,受"自为心"的支配,所以要使人民服从就不能靠仁义道德,不能讲恩爱,只能靠威慑,靠刑赏。刑赏就是法律。因此,他得出结论,只有威势可以禁暴,而德厚是不足以治乱的,只能讲"法治",不能讲德治。这是韩非从这种人性论出发所得出的必然结论。法家正是利用这种人性论来否定温情脉脉的宗法关系,否定儒家所讲的礼治、德治、"人治";同时又为实行"法治"提供理论依据。

2. "法与时转"的历史观

在历史观上,法家反对复古守旧,认为历史是向前发展的,不是今不如昔,而是今胜于昔,一切法律和制度都必须适应历史的发展而变化,故步自封不能治理好国家,复古倒退更不能治理好国家。他们在变法中批驳守旧的复古派,提出"不法古,不修(循)今"②的口号。在他们看来,历史发展了,治理国家的方法就要跟着变化。如果不变,国家就一定会大乱。"法与时转则治,治与世宜则有功"③,这就是他们观察人类社会历史所得出的结论。但他们的历史观有一定的限度,到一定的限度就不能变了。法家变到"法治",荀况变到"等级制",就不能再往前变,韩非、李斯都受这种影响。

依据这种历史观,针对战国时期"强国事兼并,弱国务力守"④的特点,法家认

---

① 《韩非子·扬权》。
② 《群书治要》卷三十六引《商君子·六法》有"不法古,不循今"之语;今本《商君书·开塞》及《商君书·壹言》均有"不法古,不修今"的表述,研究者多认为"修"当解作"循",或为"循"的讹字。
③ 《韩非子·心度》。
④ 《商君书·开塞》。

为"礼治""德治"已经不合时宜,富国强兵,迅速发展农业生产和加强军事力量才是唯一的出路。韩非说:"力多则人朝,力寡则朝于人。"①我的力量大,人家就来朝拜我;我的力量小,就要朝拜人家,向人称臣。因此几乎所有法家都对"力"备加赞颂。从这种思想出发,法家非常重视耕战,怎样才能发展农业生产和加强军事力量呢?他们从"好利恶害"的人性论出发,认为唯一有效的办法就是颁布法令,奖励一切有利于农战(又称耕战)的人,惩罚一切不利于农战的人,以此保证人人都"喜农而乐战"②。这样一来,"法治"在他们的心目中就成了时代发展的必然。这是整个法家的基本观点。在历史观上,韩非比商鞅等前期法家更激进。他不但反对复古,反对保守,而且"美当今"。他把那些言必称尧舜的儒家骂为不识时务的蠢货,把那些讲复古、讲保守的人比作"守株待兔"的蠢人。他的历史观还有一个特点,就是把历史的发展以及国家法律的产生同人口问题联系起来。他认为人类社会最初人口少,货财多,所以人性虽然好利恶害,但也用不着争夺。因此不需要国家、法律,后来人口增加,财富的增长赶不上人口的增长,"人民众而货财寡,事力劳而供养薄,故民争"。他举例说:"今人有五子不为多,子又有五子,大父未死而有二十五孙。"③财富赶不上人口增长的速度,分配不均,所以要互相争夺。所以为了适应社会发展、人口增长的情况变化就必须有国家和法律来禁暴止乱。这样一来,人口论也成了他实行"法治"的理论根据。

三、法家推行法治的方法

法家推行法治的方法,概括起来,主要有四点:

1. 必须"以法为本"

有法而且"以法为本"④,是法家推行法治的先决条件。但是法家没有把这个问题绝对化,他们认为要使法令能够贯彻执行,立法者绝对不能随意立法。他们对统治者的立法有三个原则要求:(1) 适应时代发展的要求,制定奖励耕战、富国强兵的法令,即所谓的"当时而立法"⑤。(2) 立法必须体现"好利恶害"的人性,这就是他们所说的"因人之情"⑥(情:好利恶害),"令顺民心"⑦(民心:好利恶

---

① 《商君书·显学》。
② 《商君书·壹言》。
③ 《韩非子·五蠹》。
④ 《韩非子·饰邪》。
⑤ 《商君书·更法》。
⑥ 《慎子·因循》。
⑦ 《管子·牧民》。

害,自为心)。(3)必须考虑民众是不是力所能及。"毋强不能"①,即立法时要考虑所立之法,民众是否能够遵行。否则,超越民众所能遵守的限度,即使用刑罚强迫,法律也会毫无作用。这三点主要是前期法家的思想,后期法家迷信暴力,主要用严刑峻法。此外,气候、地理、环境、风俗习惯也是法家提出的立法条件。

2. 法令必须成为判断人们言行和行赏施罚的唯一标准

对此法家也有三个要求:(1)法令制定以后,为了使人们能切实遵守就必须以成文法的形式"布之于百姓"②,即向老百姓公布。同时还要力求做到家喻户晓。他们提出公布成文法的目的有二:一是使"万民皆知所避就",按照法律作为和不作为;二是"吏不敢以非法遇民,民不敢犯法以干法官"。③ 这样既有利于防止官吏罪刑擅断,又可防止罪犯法外求情,或者刁难法官。这个主张是对传统的"刑不可知、威不可测"④的秘密法的否定,打击了当时贵族和各级官吏的个人专横。(2)法令必须统一并保持相对的稳定性,即所谓的"法莫如一而固"⑤。法家反对政出多门,要求由君主统一立法权,同时保持君主法令的相对稳定性,不要朝令夕改,使百姓无所适从。如果朝令夕改,那么"赏"与"罚"就不能起到应起的作用。他们特别反对不同性质的法令并存,认为这会使国内法令互为矛盾。这个问题实际是废旧立新的问题。他们认为前面君主颁布的旧法令一定要被废除,如果不被废除而同新的法令有矛盾,那就会使民众无所适从,就会有利于贵族而不利于新兴统治集团。(3)必须使法令具有绝对权威。这一条包含两个方面的内容:一是要使法令高于一切。这一点对老百姓和官吏都不难,难的是对君主本人。因为君主是最高掌权者和立法者,有立法权也有废法权。为此法家提出"不为君欲变其令,令尊于君"⑥的命题,要求法令不但高于一般臣民,而且高于君主本人,具有绝对权威。这种思想在当时是很可贵的,但无法实行。法家否定圣人,君主当然不是圣人了,不是圣人就要受"好利恶害"人性论的支配,亦即君主也好利恶害。法家对一般人可以用法来适应这种人性,对君主怎么办呢?也就是说,既然法令要具有绝对权威,君主不守法怎么办?这是法家"法治"的致命伤。晚清沈家本曾说"自来势要寡识之人,大抵不知法学为何事,欲其守法,或反

---

① 《管子·形势》,并参考《管子·形势解》。
② 《韩非子·难三》。
③ 《商君书·定分》。
④ 《春秋左传正义·昭公六年》。
⑤ 《韩非子·五蠹》。
⑥ 《管子·法法》。

破坏之,此法之所以难行"①,即道出了法家思想在这个方面的困境。二是法令一出,无论任何人都必须遵守。他们不但要求各级官吏守法,而且要求君主本人也"慎法制",做到"言不中法者,不听也;行不中法者,不高也;事不中法者,不为也"②。对那些敢于坏法的贵族和大臣,他们主张给予坚决打击。商鞅提出"壹刑""刑无等级",除君主之外,"自卿相将军以至大夫庶人,有不从王令、犯国禁、乱上制者,罪死不赦"③。韩非则提出"法不阿贵","刑过不避大夫,赏善不遗匹夫"④,禁止贵族、官吏破坏法令。对一般老百姓,法家要求他们"服法死制"⑤,不许违犯也不许议论,"作议者尽诛"⑥,必须无条件地服从法令。在禁止人们议论法令的同时,法家还主张从人们思想的根本上去解决问题,要求"禁奸于未萌"⑦。在他们看来,禁止犯罪的最好办法是在犯罪心理尚未萌发的时候就加以禁止:"是故禁奸之法,太上禁其心,其次禁其言,其次禁其事。"⑧后来又从用法令来统一人们的思想发展成为"以法为教""以吏为师"⑨,实行文化专政,禁止一切不合法令的仁义道德、诗书礼乐。结果由商鞅的"燔诗书而明法令"⑩,导致出秦始皇、李斯的焚书坑儒,实行肉体消灭。

3. 必须善于运用赏罚

在运用赏罚上,法家也有三个重要主张。(1)"信赏必罚"⑪与厚赏重罚。前者指按照法令规定,该赏的一定要赏,该罚的一定要罚,以取信于民,既不迁就权贵也不放过近亲,"罚不讳强大,赏不私亲近"⑫,赏罚都不能徇私。同时也不能赦罪和减免刑罚。厚赏重罚是商鞅提出的,韩非也很推崇,认为赏要多,罚也要重。这样统治者希望得到的就能很快地得到,希望禁止的也会很快禁止。厚赏重罚的目的主要不在于赏罚对象本身,而在于扩大影响。在他们看来,重罚可以杀一儆百,"重一奸之罪而止境内之邪";厚赏则可以"报一人之功而劝境内之众"。⑬

---

① 沈家本:《法学盛衰说》,载《寄簃文存》,商务印书馆2015年版,第117页。
② 《商君书·君臣》。
③ 《商君书·赏刑》。
④ 《韩非子·有度》。
⑤ 《管子·法法》。
⑥ 同上。
⑦ 《韩非子·心度》。
⑧ 《韩非子·说疑》。
⑨ 《韩非子·五蠹》。
⑩ 《韩非子·和氏》。
⑪ 《韩非子·外储说右上》,并参见《汉书·艺文志》。
⑫ 《战国策·秦策一》。
⑬ 《韩非子·六反》。

(2)"赏誉同轨,非诛俱行。"①"非"即"诽",就是说社会舆论的毁誉与法律的罚赏必须相一致。法律所赏者必为舆论所称誉,法律所罚者必为舆论所谴责,否则就会"赏者有诽焉不足以劝,罚者有誉焉不足以禁"②。通过赏罚要使受罚者有恶名,受赏者有善誉。只有这样才能禁止人们犯罪。(3)刑多赏少和轻罪重罚。商鞅一派的法家以主张重刑著称。"故禁奸止过,莫若重刑。"③他们的重刑有两个方面的含义:一是与赏相对应,在数量上王者要"刑多而赏少"④,反对滥赏,要求只赏有功于耕战和告奸的人,后来甚至发展成为只罚不赏。他们认为"赏善"等于"赏不盗",意即奖赏那些做了好事的人就跟奖赏那些不偷东西的人一样。如果凡是不偷东西的人都给予奖赏那就会不胜其赏,所以要取消这种"赏"。商鞅认为善于治理国家的人应该是"刑不善而不赏善,故不刑而民善"。⑤ 二是加重轻罪的刑罚,并据此提出"以刑去刑"的理论。先秦诸家对刑罚的主张不一。道家主张轻刑,儒家孔孟主张轻刑。荀况主张重刑,但他的重刑与法家不一样,他主张普遍的重刑,还有一点主张"刑称罪"⑥的味道。墨家主张刑罪相称。在法家看来,只要加重轻罪的刑罚,使老百姓害怕得连轻罪都不敢犯,重罪也就不会发生了。这样一来就可以达到"以刑去刑,刑去事成"⑦的目的。所以从这种理论出发,他们既反对重罪轻判,也反对罪刑相称的"重重而轻轻",即重罪重刑、轻罪轻刑的罪刑相称。他们认为"重重而轻轻"是就事论事的办法,达不到"以刑去刑"的目的。⑧ 这种观点的提出遭到儒家的猛烈攻击,儒家主张以德去刑,认为重刑伤民,轻刑就可制止犯罪。针对儒家提出"重刑伤民,轻刑可以止奸"的观点时,韩非反驳道:"夫以重止者,未必以轻止也;以轻止者,必以重止矣。"就是说用重刑制止的犯罪用轻刑不一定制止得住,用轻刑可以制止的罪用重刑肯定能制止。并且他还提出两点:一是轻刑不能止奸。他认为人是好利恶害的,人之所以犯罪是因为犯罪有利可图。犯罪后,如果刑罚轻,刑罚带给他的损害比他犯罪所得的利小,就不能制止犯罪。如果加重轻罪的刑罚,使刑罚所加的损害大于他犯罪所得的利,权衡利弊,他就不敢犯罪。二是轻刑伤民而不是重刑伤民。因为刑罚

---

① 《韩非子·八经》。
② 同上。
③ 《商君书·赏刑》。
④ 《商君书·开塞》。
⑤ 《商君书·画策》。
⑥ 《荀子·正论》。
⑦ 《商君书·靳令》。
⑧ 《商君书·说民》。

轻,不能制止犯罪就会使大家都去犯罪。犯了罪不惩罚,国家就要乱,惩罚吧,又惩人太多。因此轻刑实际上是引诱老百姓去犯罪,伤害老百姓。所以他认为轻刑伤民,重刑是爱民,主张重刑,①赞成并维护"以刑去刑"的理论。

4. "法""势""术"相结合

在前期法家中,商鞅、慎到、申不害分别以重法、重势、重术而各成一派。三派都主张"法治",只是侧重点不同而已。韩非总结了三派的思想,提出了"以法为本",法、势、术三者紧密结合以实现"法治"的观点。这一思想的要点有二:

(1)"抱法处势则治。""势"指权势,慎到重势。他认为贤人为什么要被不肖的人统治,原因是不肖的人有"势",而贤人权轻位卑。他举例说:尧只是平民时,无法有什么作为;而桀作为天子,则可以扰乱天下。韩非总结他的思想,他认为权势对君主来说是十分重要的。君主如果无"势",就不能发号施令,也不能行赏施罚。这样一来"法治"也就成了一句空话。反之有势无法,那就不是"法治"而是"人治"。因此他主张法、势结合,法不能离开势,势也不能离开法。"抱法处势"才是最好的办法。② 此外他还强调"势"必须由君主"独擅"③,用今天的话说就是专制。否则,臣下"擅势"④,君主就会大权旁落,反而被臣下所制。尤其是赏罚之权势"在君则制臣,在臣则胜君"。⑤ 他打了一个比喻:权势就像虎豹的爪牙,君主有势就是有爪牙的虎豹;如果君主失势,势在臣下,那么君主就会像失去爪牙的虎豹,为他人所制,乃至"身死国亡"。⑥

(2)法、术皆帝王不可一无之具。"术"指君主掌握政权,贯彻法令的策略和手段,它的作用在于维护君主专制,使君主易于觉察和防止贵族、大臣篡权夺位和阳奉阴违不遵号令。如前文所述,韩非从人人"皆挟自为心"的人性论出发,把君臣之间的关系看成是"上下一日百战"的关系。为了解决君臣之间的这一矛盾、巩固君权,所以他重视"术",要求君王用"术"来贯彻法令,加强吏治。但他反对"徒术而无法",始终坚持"以法为本",认为"法"与"术"都是君主手中"不可一无"的"帝王之具",两者应该紧密结合。韩非讲术讲了很多,大体可分三类:一类是阳术,叫"因任而授官,循名而责实"。⑦ 前者是选拔官吏的方法,后者是考核官

---

① 《韩非子·六反》。
② 《韩非子·难势》。
③ 《韩非子·主道》。
④ 《韩非子·人主》。
⑤ 《韩非子·喻老》。
⑥ 《韩非子·人主》。
⑦ 《韩非子·定法》。

吏的方法，要求按才能授官、按职务的规定来考核臣下的实际工作。法家考核官吏的方法很严厉也很机械。各级官吏都要不折不扣地履行职责。该做的未做或做少了，要罚；做多了、做过了头，也要罚。韩非举例韩昭侯用典衣、典冠事：罚典衣是因其失职，罚典冠是因为他越权。韩非认为这种做法很对。① 另一类是控制臣下的阴谋权术，叫"潜御群臣"②。他讲了很多不可告人的阴谋，如"倒言反事"，即试探臣下，用反语问臣下；"挟知而问"，知道的事装作不知道而问臣下。③ 用这些阴谋权术考察臣下是否忠于自己，使臣下感到畏惧，唯君主之令是从，不敢有非分之想。还有一类是介于上面两类之间，可以被叫作"君道无为，臣道有为"④。"君道无为"是从道家来的，属于其"君人南面之术"⑤，就是君主除抱法处势用术之外，不做任何具体工作，也不暴露个人的好恶，这样可以防止臣下投其所好，猜测君主的意图。具体工作交给臣下去做，做好了是君主的功劳，是君主贤明；做错了与君主无关，罪在臣下，臣下领罪时还要喊："皇上圣明，臣下当诛。"韩非把这总结成一句话叫作"有功则君有其贤，有过则臣服其罪"⑥。传统社会几乎所有的统治者都学这一套，一切功劳归自己，一切错误归别人。

　　韩非的"以法为本"，法、势、术相结合的思想是先秦法家思想的总结和归宿。上述学说旨在为新兴统治集团建立统一的专制主义中央集权制政权提供理论资源。

　　上面对法家的法令思想作了总的提要，下面对几个主要法家代表人物的法律思想分别做一些简单的提示。

---

①　《韩非子·二柄》。
②　《韩非子·难三》。
③　《韩非子·内储说上》。
④　此种思想在《慎子·民杂》《韩非子·外储说右上》等法家文献中多有反映，而作为一种表述则见于后人对先秦典籍的注解，如《鬼谷子·决篇》注（题陶弘景）谓："君道无为，故以平素为主；臣道有为，故以枢机为用。"《庄子·天地》成玄英疏称："夫君道无为，而臣道有事，尊卑劳逸，理固不同。"
⑤　《汉书·艺文志》。
⑥　《韩非子·主道》。

第四节　法家主要代表人物简介

一、被法家奉为先驱的管仲

管仲，名夷吾，字仲，又称敬仲。春秋前期著名的政治家、思想家。生年不详，死于公元前 645 年。公元前 685 年，由于鲍叔牙的推荐，他被齐桓公任命为卿（一说为"相"），在齐国实行改革。他认为"仓廪实则知礼节，衣食足则知荣辱"①，把经济发展视为人们遵守礼义法度和使社会秩序稳定的物质基础，并为此采取了一系列的措施。他在齐国"修旧法"②，使法"与俗同好恶"，"俗之所欲，因而予之；俗之所否，因而去之"，从而做到"令顺民心"。③ 他重视礼义廉耻，比之为"国有四维"④。同时他也重视赏罚的作用，认为富国强兵、保证法令贯彻的最有效的办法是"劝之以赏赐，纠之以刑罚"⑤。主张以法治国，加重刑罚，使人"畏威如疾"⑥。他打破周礼"任人唯亲"的"亲亲"原则，破格选拔人才，"匹夫有善，可得而举"，甚至可为"上卿之赞"。同时还打破"刑不上大夫"的传统，惩治"不用上令""寡功"和"政不治"的官吏。⑦ 他在齐国实行新的军事和户籍编制，五家为轨，十轨为里，四里为连，十连为方，以为军令。"寄内政于军令"⑧，加强对民众的控制。管仲的法律思想初步带有适应新兴势力要求的倾向，被战国时期的法家奉为先驱。

---

① 《管子·牧民》。
② 《国语·齐语》。
③ 《史记·管晏列传》。
④ 《管子·牧民》。
⑤ 《国语·齐语》。
⑥ 《国语·晋语四》。
⑦ 《国语·齐语》。
⑧ 陈登原：《荀子哲学》第五章《荀子之政治学说》，《中国田赋史》本论第一章《上古田赋概要》，载《陈登原全集》，浙江古籍出版社 2014 年版，第 1 册第 37 页、第 11 册第 22 页。

二、法家的开创者李悝

李悝,一说即李克,生卒年代约在公元前 455—前 395 年。战国初期政治家,魏国人。从公元前 406 年起,任魏文侯相,主持变法,从经济、政治、法律诸方面进行改革。其改革方针是"为国之道,食有劳而禄有功,使有能而赏必行,罚必当"①,目的在于打击贵族的宗法世袭制,建立新的官僚制。一般认为,他的突出贡献是在整理春秋以来各诸侯国所制定的成文法的基础上,编撰了我国第一部比较系统的成文法典——《法经》;《法经》对传统立法产生了很大的影响,但该法典本身已失传。

三、法家思想的奠基人商鞅

商鞅,又名卫鞅、公孙鞅,出身于卫国公族。商鞅年轻时便喜"刑名之学",曾为魏相公叔痤的家臣,熟悉李悝、吴起等人的变法理论和实践。秦孝公即位后,他入秦(一说携带李悝《法经》),两次主持秦国的变法,奠定了秦国富强的基础。因封地在商(今陕西商洛市丹凤县商镇),故史称商君、商鞅。秦孝公死后,他为秦国贵族所杀。现存《商君书》一书,是研究商鞅一派法家思想的重要材料。

在先秦法家中,商鞅以"重法"著称。他认为,远古时代本无国家和法律,后来由于社会出现"以强胜弱""以众暴寡"的混乱局面,为了定分止争而产生了国家和法律。②

商鞅主张"法治",坚决反对"礼治"。他认为"人情好爵禄而恶刑罚",因此治理国家就应当"审好恶"③,即按照人民的好恶,用赏罚两手来驱使人民"喜农乐战"。他提出"壹赏""壹刑""壹教"的口号。"壹赏"即只赏有功于耕战、告奸(揭发犯罪)的人,无功者即使是贵族也不赏;"壹刑"即"刑无等级",不论卿相将军大夫庶人,凡触犯国法的一律处罚;"壹教"即取缔一切不符合国家法律、不利于农战的思想言论,实行文化专制,④后来发展到"燔诗书而明法令"⑤。

在推行法治的方法上,商鞅强调法、信、权三个因素。法,指制定和公布符合

---

① 《说苑·政理》载李克事。
② 《商君书·画策》。
③ 《商君书·错法》。
④ 《商君书·赏刑》。
⑤ 《韩非子·和氏》。

当时新兴统治集团意志的成文法,使人"知所避就"①;信,即"民信其赏""信其刑"②,其前提是该赏的一定赏,该罚的一定罚;权,即权势,由君主独掌立法、司法权,"君尊则令行"③,保证法律畅行无阻。

在刑罚方面,商鞅提出"重罚轻罪"的理论:"行罚重其轻者,轻者不至,重者不来。"④意思是说,轻罪重罚,轻罪都无人敢犯,重罪就更无人敢犯了。这样一来就可达到"以刑去刑"的目的。这种"重刑"理论对后来法家和秦王朝统治者的影响很大。

四、以重"势"著称的慎到

慎到(约前395年—前315),赵国人。早年曾"学黄老道德之术"⑤,是从道家中分化出来的法家人物。他在先秦法家中以重"势"著称。

慎到重"势",其目的在于"尚法"⑥。在他看来,"法"是客观的、公正的,认为"法制礼籍,所以立公义也"。在这里,"公义"的"公"是指新兴统治集团的整体利益。与此相对,他把包括君主和各级官吏在内的个别人或少数成员的利益以及照顾这种利益的行为说成是"私"。慎到是第一个比较系统地以普遍性的形式提出统治集团的这种"公""私"观的思想家并要求"立公"以"弃私"。⑦ 他认为,"法之功,莫大使私不行";"有法而行私,谓之不法"。⑧ 坚决反对新兴统治集团中的个别人(包括君主)以"私"乱"公",以"私"乱"法"。

基于这种对"法"的性质和作用的认识,慎到坚决主张"法治"。在他看来,"治国无其法则乱",要实行"法治"就必须尊君和尚法,"民一于君,事断于法",这是"国之大道"。在尊君上,他既反对贵族同国君分庭抗礼,也反对儒、墨两家的尊贤、尚贤,而是要求臣民都必须服从君主的统治。在法律上只有君主才有立法权和变法权。各级官吏只能"以死守法",严格遵守和执行君主的法令。至于一般的老百姓则只能"以力役法",即必须服服帖帖地接受法令的役使。但是他反对国君随意立法变法,要求国君像道法自然那样,"以道变法",⑨即必须顺应人们

---

① 《商君书·定分》。
② 《商君书·修权》。
③ 《商君书·君臣》。
④ 《商君书·靳令》。
⑤ 《史记·孟子荀卿列传》。
⑥ 《荀子·非十二子》。
⑦ 《慎子·威德》。
⑧ 《艺文类聚·刑法部》引《慎子》。
⑨ 同上。

要求私有的自为心来立法,而不能只为国君个人利益立法。只要国君"因人之情"①立法,立法后又能凡事一断于法,国家就一定能治理好。

由于慎到要求君主立法"为公",反对立法"为私",因此他特别强调君主和各级官吏要严格遵守法制。"为人君者不多听,据法倚数,以观得失。无法之言,不听于耳;无法之劳,不图于功;无劳之亲,不任于官。官不私亲,法不遗爱,上下无事,唯法所在。"②就是说,不论亲疏贵贱,一切以法为断。另一方面,他坚决反对"人治"。他认为,"君人者舍法而以身治,则诛赏予夺从君心出矣","人治"就是"身治""心治",其结果是"受赏者虽当,望多无穷;受罚者虽当,望轻无已",不用法就会失去赏罚的标准,被赏者和被罚者都不满意。因此:"君舍法而以心裁轻重,则同功殊赏,同罪而殊罚矣。怨之所由生也。"相反,如果"事断于法",依法赏罚,使"法之所加,各以其分",其结果就会"怨不生而上下和"。③ 所以"法治"无论如何也要比"人治"好。即使"法"还不完善,也比"无法"的"人治"强,因为它能"一人心"。④

慎到"尚法",同时又"重势"。在他看来,君主如果没有掌握能使法令得以贯彻执行和使臣民不得不服从的权势,"法治"就只能是一句空话。君主有了权势,即使像夏桀那样昏庸,也能"令则行,禁则止"。反之,没有权势,君主即使像尧那样的贤智,老百姓也不会听从他的指挥。用韩非的引述就是"尧为匹夫,不能治三人,而桀为天子,能乱天下"。因此,"势位"足恃,而"贤智""不足慕",⑤从而把法律与权位联系起来。但是,他"重势",要求国君权重位尊,却又不是君权至上论者。在君与法的关系上,他始终坚持君主必须"事断于法",君主只能为国、为"公",而不能越法"行私"。因此他反对国君"自任"⑥,要求国君"任法",即"大君任法而弗躬为,则事断于法矣"⑦。

总之,慎到"尚法""重势",都以其"公""私"观立论。他的法律思想不仅为当时推行新兴统治集团的"法治"提供了理论根据,而且也对中国法理学的发展起了重要作用。

---

① 《慎子·威德》。
② 《慎子·君臣》。
③ 《慎子·君人》。
④ 《慎子·威德》及滕辅注。
⑤ 《韩非子·难势》引"慎子曰",并参考《慎子·威德》。
⑥ 《慎子·民杂》。
⑦ 《慎子·君人》。

五、重"术"的申不害

申不害(约前385—前337),郑国京(今河南荥阳东南)人。他"本于黄老而主刑名"①,也是从道家中分化出来的法家。韩国灭郑以后,韩昭侯任他为相进行改革。

同先秦其他法家一样,申不害同样主张"法治",要求君主"明法正义","任法而不任智"。他认为:"君之所以尊者令,令不行,是无君也,故明君慎令。"②但是在先秦法家中,他更以"重术"著称,自成一派。

为了解决随着君主专制制度的建立而突出起来的君臣矛盾,申不害吸收、改造了道家的"君人南面之术",以维护法家所主张的中央集权君主专制制度。他认为要实行"法治",君主就必须集权于一身,群臣只能围着君主转,一切听从君主的号令。"明君如身,臣如手;君若号,臣如响;君设其本,臣操其末;君治其要,臣行其详;君操其柄,臣事其常。"③就是说,君主要把关系国家安危的立法定制、任免官吏、行赏施罚等大权牢牢地掌握在自己的手中,防止臣下"蔽君之明,塞君之听,夺君之政而专其令",特别要防止"一臣专君",使君主手中的大权旁落,从而导致"乱臣""破国"和"弑君而取国"的后果。④ 他的"术",即为解决君臣之间的这一矛盾。"术"的具体内容主要有如下两个方面:

(1)"为人君者,操契以责其名。"⑤这种"术"是指公开的,君主用以选拔、监督和考核臣下的方法。韩非后来所说的"因任而授官,循名而责实,操杀生之柄,课群臣之能者也",即为这种"术"。意思是说,君主按照臣下的才能公开授予官职,然后考察臣下所做的工作(实),看是否符合他的职守(名),以"名""实"相符与否来决定赏与罚。在"名""实"是否相符上,他对臣下的要求极为严格,既不许失职,也不许越权,甚至主张"治不踰官,虽知弗言",即凡不属于自己职权范围内的事,臣下即使知道也不许言讲。韩非认为,用这种"术"去治理国家,必然会使君主闭目塞听,陷于十分孤立的处境。⑥

(2)"藏于无事","示天下无为"。⑦ 这是一种驾驭臣下的阴谋权术,或者说

---

① 《史记·老子韩非列传》。
② 《艺文类聚·刑法部》引《申子》。
③ 《群书治要》卷三十六引《申子·大体》。
④ 同上。
⑤ 《长短经·适变》引"申子曰";《群书治要》卷三十六引《申子·大体》"君"作"臣",不确。
⑥ 《韩非子·定法》。
⑦ 《群书治要》卷三十六引《申子·大体》。

是"暗术"。这种"术"就是后来韩非所说的"藏之于胸中,以偶众端,而潜御群臣者也"①。意为君主在臣下面前不露任何形迹,对什么事情都装作没有听见、没有看见,毫无所知。这样自己不暴露,臣下就会感到高深莫测,觉察不出君主的真实意图和虚实。臣下无从投其所好,也就无法隐藏自己的过错。最后君主就能像明镜一样,看清臣下的一切,真正识别忠奸。

由于申不害过分强调"术",忽视君主统一宪令等根本问题,这就离开了法家的"法治"精神,而变成君主一人的"独治"。因此韩非批评他"徒术而无法",同时认为他也"未尽于术"。②

六、集法家思想之大成的韩非

韩非(约前 280 年—前 233),战国末期人,出身韩国贵族,先秦法家思想的集大成者,与李斯同为荀况的学生。他"喜刑名法术之学",见韩国衰弱,曾建议韩王变法,未被采纳,便发愤著书。秦始皇看了他的书非常欣赏,感慨地说,他如能见到作者,并和他交游,"死不恨矣"。后韩非来到秦国,由于李斯、姚贾的陷害,被迫服毒自杀。③ 他的著作收集在《韩非子》一书中。

韩非的法律思想和先秦其他法家的代表人物一样,以"法治"为核心。但是他的"法治"理论比其他法家代表人物的理论更系统、更深入;推行"法治"的方法比其他法家代表人物更完备、更具体。他总结前期法家法、势、术三派的理论,建立了一个"以法为本",法、势、术三者结合的完整体系,为专制主义中央集权制国家的建立奠定了理论基础。

"法与时转则治"的历史观、"人民众而货财寡"的人口论和人人"皆挟自为心"的人性论是韩非"法治"理论的基石。他把人类社会的发展分为四个时期,即构木为巢、钻木取火时代的"上古",鲧禹治水时代的"中古",汤武征伐时代的"近古"和战国时代的"当今之世"。"中古"胜于"上古","近古"又胜于"中古","当今之世"胜于"近古",社会在不断进化,不断发展。因此历史条件不同,治国的方法也要相应地变化,不能当保守、复古的蠢人。④"法与时转则治,治与世宜则有功"⑤,法必须随着时代的变化而变化,以适应新的时代的要求。

---

① 《韩非子·难三》。
② 《韩非子·定法》。今本文字作"申子未尽于法也",据清代学者顾广圻的看法应订正为"申子未尽于术,商君未尽于法也"。
③ 《史记·老子韩非列传》。
④ 《韩非子·五蠹》。
⑤ 《韩非子·心度》。

韩非从根本上否认儒家所宣扬的仁义道德和儒家所推崇的道德高尚的"圣人"。在他看来,随着社会的发展,"人民少而财有余,故民不争"的时代早就一去不复返了。"当今之世""人民众而货财寡,事力劳而供养薄",人口增加,财富不足,是生存竞争时代。① 而人又"皆挟自为心",在"自为心"的支配下,人人都不惜千方百计地损人利己。人与人之间,甚至父母与子女之间都是一种赤裸裸的尔虞我诈、你争我夺的利害关系。② 在这种互相争夺的混乱局面下,必须也只有用刑才能"禁暴""止乱",维持社会秩序。因此,国家不能"务德",只能"务法"。"夫严家无悍虏,而慈母有败子",只有"威势"才能"禁暴","德厚"不足以"止乱"。③

在先秦法家中,商鞅"重法",慎到"重势",申不害"重术"。韩非总结三者的理论,提出"以法为本","法""势""术"三者结合的思想。在他看来,法律是统治者维护其统治和实现富国强兵的根本。因此他坚决主张"明法"④,树立法令的绝对权威。"言无二贵,法不两适","言行不轨于法令者必禁"⑤,"法"是判断人们言行是非和进行赏罚的唯一标准。他反对在法令之外讲仁义道德,"行义示则主威分,慈仁听则法制毁"⑥;反对释法行私,"治强生于法,弱乱生于阿"⑦;甚至要求实行文化专制,禁止一切与法令不合的言论,以统一思想,使"境内之民,其言谈者必轨于法"⑧。为此他强调国家要制定成文法并予公布,使人民的思想言行有所遵循,使"官不敢枉法,吏不敢为私"⑨。强调君主要用"赏罚"二柄,以保证"法"的贯彻执行。⑩ 要求"法不阿贵""刑过不避大夫,赏善不遗匹夫"⑪。突出"赏誉同轨,非诛俱行"⑫。主张使用重刑,"重一奸之罪而止境内之邪"⑬,收到杀一儆百的效果。韩非重"法",把"法"提到前所未有的高度。但是,他又认为只有"法"还不行,"法"之外君主还必须有"势"。"法"离不开"势","尧为匹夫不能治三人,

---

① 《韩非子·五蠹》。
② 《韩非子·外储说左上》。
③ 《韩非子·显学》。
④ 《韩非子·南面》。
⑤ 《韩非子·问辩》。
⑥ 《韩非子·八经·主威》。
⑦ 《韩非子·外储说右下》。
⑧ 《韩非子·五蠹》。
⑨ 《韩非子·八说》。
⑩ 《韩非子·二柄》所说"二柄"为"刑"与"德",而"杀戮之谓刑,庆赏之谓罚",实即该篇下文所谈的"赏罚"。
⑪ 《韩非子·有度》。
⑫ 《韩非子·八经》。
⑬ 《韩非子·六反》。

而桀为天子能乱天下","权重位尊"的君主才能做到"令则行,禁则止"。"势"是法的后盾。然而"势"又不能离开"法",有"势"无法就不是"法治"而是"人治"。"抱法处势则治,背法去势则乱"①,"人治"是乱国之道。基于这种思想,他主张君主在"抱法"的同时,要避免"左右擅势"②,集权于一身。他主张绝对尊君,把君主专制推向极端。

"抱法处势"还必须有"术"。韩非认为"术"是使君主牢牢掌握政权、防止臣下阴谋篡权、阳奉阴违,真正贯彻法令,从而实现"法治"的方法、策略和重要手段。在他看来,君臣之间根本不存在儒家所说的"亲亲"关系,而是"上下一日百战"③的利害冲突。因此君主没有一套驾驭臣下的"术",就会大权旁落,失去"生杀之柄"④,从而不能"潜御群臣",也就不能使官吏奉"公"守法、实现"法治"了。所以他不但为专制君主玩弄阴谋诡计公开制造理论根据,而且为他们出了不少点子。

在先秦思想家中,法家的法律思想比其他各家都丰富系统。而在法家中,韩非又居其首。他的"法治"思想在当时的历史条件下基本上符合了时代要求。但是由于他把法家思想推向极端,用严刑峻法对待老百姓,所以按照他的理论实行统治的秦王朝很快激化了社会矛盾,从而二世而亡,法家思想据此落了个"严而少恩"⑤乃至"残害至亲""伤恩薄厚"⑥的恶名声。

参考阅读材料

《韩非子·定法》

问者曰:"申不害、公孙鞅,此二家之言孰急于国?"应之曰:"是不可程也。人不食,十日则死;大寒之隆,不衣亦死。谓之衣食孰急于人,则是不可一无也,皆养生之具也。今申不害言术而公孙鞅为法。术者,因任而授官,循名而责实,操杀生之柄,课群臣之能者也,此人主之所执也。法者,宪令著于官府,刑罚必于民心,赏存乎慎法,而罚加乎奸令者也,此臣之所师也。君无术则弊于上,臣无法则乱于下,此不可一无,皆帝主之具也。"

---

① 《韩非子·难势》。
② 《韩非子·人主》。
③ 《韩非子·扬权》。
④ 《韩非子·诡使》,并可参看《韩非子·外储说右下》及《韩非子·定法》所述"杀生之柄"。
⑤ 《史记·太史公自序》。
⑥ 《汉书·艺文志》。

问者曰:"徒术而无法,徒法而无术,其不可何哉?"对曰:"申不害,韩昭侯之佐也。韩者,晋之别国也。晋之故法未息,而韩之新法又生;先君之令未收,而后君之令又下。申不害不擅其法,不一其宪令,则奸多。故利在故法前令则道之,利在新法后令则道之,利在故新相反,前后相悖,则申不害虽十使昭侯用术,而奸臣犹有所谲其辞矣。故托万乘之劲韩,七十年而不至于霸王者,虽用术于上,法不勤饰于官之患也。公孙鞅之治秦也,设告相坐而责其实,连什伍而同其罪,赏厚而信,刑重而必。是以其民用力劳而不休,逐敌危而不却,故其国富而兵强;然而无术以知奸,则以其富强也资人臣而已矣。及孝公、商君死,惠王即位,秦法未败也,而张仪以秦殉韩、魏。惠王死,武王即位,甘茂以秦殉周。武王死,昭襄王即位,穰侯越韩、魏而东攻齐,五年而秦不益一尺之地,乃成其陶邑之封。应侯攻韩八年,成其汝南之封。自是以来,诸用秦者,皆应、穰之类也。故战胜则大臣尊,益地则私封立,主无术以知奸也。商君虽十饰其法,人臣反用其资。故乘强秦之资,数十年而不至于帝王者,法不勤饰于官,主无术于上之患也。"

问者曰:"主用申子之术,而官行商君之法,可乎?"对曰:"申子未尽于法也。①申子言:'治不逾官,虽知弗言'。'治不逾官',谓之守职也可;'知而弗言',是谓过也。人主以一国目视,故视莫明焉;以一国耳听,故听莫聪焉。今知而弗言,则人主尚安假借矣!商君之法曰:'斩一首者爵一级,欲为官者为五十石之官;斩二首者爵二级,欲为官者为百石之官。'官爵之迁与斩首之功相称也。今有法曰:'斩首者令为医匠。'则屋不成而病不已。夫匠者手巧也,而医者齐药也;而以斩首之功为之,则不当其能。今治官者,智能也;今斩首者,勇力之所加也。以勇力之所加而治智能之官,是以斩首之功为医匠也。故曰:'二子之于法术,皆未尽善也。'"

【讨论思考题】

1. 试分析法家"法治"与现代法治的异同。
2. 在商鞅的学说中,为什么要施行重刑?
3. 为什么说韩非是法家思想的集大成者?
4. 试分析儒家礼治、德治、"人治"同法家"法治"之间的关系。

---

① 参见本书第107页注②所引顾广圻的观点。

第七章　秦以后的正统法律思想

第一节　秦汉之际正统法律思想的形成
第二节　正统法律思想的演变
第三节　正统法律思想的特点

秦汉时期逐渐定型的正统法律思想,在整个中国法律思想史上占有极其重要的地位。它不但长期支配着传统中国的立法、司法活动,而且对近代中国的法律生活也有很大影响,这种影响直到今天在一定程度上仍然存在。

第一节　秦汉之际正统法律思想的形成

中国正统法律思想的形成经历了从秦皇到西汉中期上百年的时间,其间政治局势之变动、思想流派之消长,都有很大的变化。本节将大致梳理在这个时间段内正统法律思想是如何定型的。

一、法家思想在秦汉之际命运由盛而衰的大转折

秦始皇晚年,博士淳于越建议实行周代的分封制。他批评秦帝国实行的郡县制:"今陛下有海内,而子弟为匹夫,卒有田常、六卿之臣,无辅拂,何以相救哉?事不师古而能长久者,非所闻也。"秦始皇下令在群臣之间就分封制和郡县制之利弊进行讨论。丞相李斯进行了反驳,主张应坚持郡县制,但因此事乃博士提出,遂建议实行文化专制:"古者天下散乱,莫之能一,是以诸侯并作,语皆道古以害今,饰虚言以乱实,人善其所私学,以非上之所建立。今皇帝并有天下,别黑白而定一尊。私学而相与非法教,人闻令下,则各以其学议之,入则心非,出则巷议,夸主以为名,异取以为高,率群下以造谤。如此弗禁,则主势降乎上,党与成乎下。禁之便。臣请史官非秦记皆烧之。非博士官所职,天下敢有藏《诗》、《书》、百家语者,悉诣守、尉杂烧之。有敢偶语《诗》《书》者弃市。以古非今者族。吏见知不举者与同罪。令下三十日不烧,黥为城旦。所不去者,医药卜筮种树之书。若欲有学法令,以吏为师。"李斯的建议得到秦始皇认可。[①] 除了这次大规模

---

① 《史记·秦始皇本纪》。

以运动形式推行的焚书之外，秦律还规定，"敢有挟书者族"①。既然有焚书和禁止挟书的法令，因此民众欲学者，只能到官府学习法家之学，然后出而为吏，这就是配合大一统专制帝国的思想专制的"以吏为师"。

秦始皇统一中国后，鉴于原诸侯各国政令律令不统一的局面，为一统政令和思想起见，在秦国原有法律的基础上，经过补充、修改，制定了统一的法律，在全国范围内颁布实施，开创了法令一统的新局面。但另一方面，秦帝国严格推行自商鞅以来的以刑为教、以吏为师的重刑政策和文化专制制度，法家学说遂与苛刻、暴虐、严酷、寡恩的负面评价连在一起而不可分。秦二世而亡，使得法家学说作为国家意识形态声名狼藉。尽管法令作为治理国家的手段不可或缺，但正如《吕氏春秋·功名》所说："强令之笑不乐，强令之哭不悲。强令之为道也，可以成小，而不可以成大也。"徐复观指出，西汉像样点的儒生，无不反秦反法，一方面是站在民众要求生存的立场，另一方面也是就统治者政治上的利害立论。"唯刑主义"，使君、臣、民的关系，还原为简单的压迫与被压迫的关系。臣民因完全处于被动地位而被剥夺其人格，因而泪没了他们的仁义之心，惟有凭原始求生欲望以趋利避害，没有真正的人伦关系，仅凭刑的一条线把臣民穿贯起来，以悬于大一统专制皇权之手，此线一断政权即土崩瓦解。②

其实，社会由风俗而见，所以风俗即是社会。政治和法律必植基于社会风俗之上，有安定巩固的社会，才有安定巩固的政治和法律。而安定巩固的社会，乃由人与人之间的合理关系而来。像秦代的刑法之治，告讦之风，把人与人之间互信互助的社会关系变为互相欺诈互不信任。政权的基础，建立在这种混乱而没有团结力、同时也就是没有向心力的社会关系上，不亡待何？③

二、黄老思想在汉初的得势与衰落

汉王朝建立之初，吸取秦二世而亡的教训，特殊的政治局势和社会情形。决定了统治者不可能选取法家作为治国的意识形态，而是以黄老思想作为指导思想。

黄老学派是先秦道家学派的一个分支，假托黄帝和老子之言为指导思想而形成于战国时期。它是儒、道、法诸家学说对立和斗争促使学术分化重组的产物，最初盛行于齐国的稷下学宫。其经典著作，除《道德经》外，还有一些假托黄帝的经书。1973年长沙马王堆三号汉墓出土了《老子》乙本卷前的《经法》《十六经》《称》

---

① 《汉书·惠帝纪》张晏注。
② 徐复观著：《两汉思想史》（第二卷），华东师范大学出版社2001年版，第62页。
③ 同上书，第91页。

《道原》四篇古佚书,并被初步考证为战国中期以后流传的所谓《黄帝四经》之后,才使人们窥见所谓"黄帝之言"的大略。四篇古佚书,特别是其中《经法》一篇,内容主要讲的是法。从中我们可以看到,战国中后期的黄老学派,虽然讲求"执道",崇尚"无为",而其主旨却在强调刑名和"法治"。故虽言"道德",但其核心还是讲"刑名法术",是道法结合、以法为主的一种学说,即以道家的理论形式灌注了法家法治学说的内容。① 到汉初,统治者一方面要继续利用刑法来维持秩序,另一方面也要自律以清静无为来与民休养生息,故选择了黄老学说作为其治国理论。

　　黄老一派的所谓道家曾经过一个相当长的发展阶段,大约是从战国晚期到西汉初年。黄老思潮在政治上得势是在汉初六七十年之间。传统学者对于黄老的认识大体上仅限于它的"清静无为"的一面,但是司马迁却在《史记》中把道家的老、庄和法家的申、韩合成一传。他并明言"申子之学本于黄老而主刑名",又说韩非"喜刑名法术之学,而其归本于黄老"。② 此外从战国到秦汉,兼治黄老与刑名之学的人还很多。初步考察马王堆汉墓出土的古佚书,便可知黄老学派之所以能流行于大一统时代的汉初,绝不是单纯地因为它提出了"清静无为"的抽象原则,而是其与法家汇流之后使得它在"君人南面之术"的方面发展出了一套具体的办法,因而才受到了帝王的青睐。

　　即使是拥有绝对权力的统治者也终不能不需要一套政治思想来作他的精神武器,黄老学派于是便提出了他们所谓的"道"。这个"道"极简单,所以称"一",当然"一"也有唯一真理的意思。但这个"一"只是一个最高原则,并非一成不变的。它可以"长",即可以引申而运用于任何一种情况,具有无穷的妙用。掌握了这个唯一真理的人便只能是"圣人"了,到黄老这里则称"正人"。所谓"正人",即"政人",兼有正确和政治的意思(这可能与秦代讳"政"字有关)。

　　儒家的"道"是超越性的,所谓"不为尧存,不为桀亡"③,绝非帝王所得而私之。黄老的帝王则至少在理论上是"道"的垄断者,他的一言一动都是合乎"道"的,因而也是永远正确的,"圣王是法,法则明分"④。他自己便是一切言行的最高标准,谁还能对他有所谏诤或批评呢?儒家分"道统"和"政统"为二,而且肯定道统高于政统,因此根据道统的最高标准,臣下可以批评代表政统的帝王。这是

---

① 参见陈鼓应注译:《黄帝四经今注今译——马王堆汉墓出土帛书》,商务印书馆2007年版。
② 《史记·老子韩非列传》。
③ 《荀子·天论》。
④ 《马王堆汉墓帛书·老子甲本卷后古佚书·九主》,参见湖南省博物馆、复旦大学出土文献与古文字研究中心编纂,裘锡圭主编:《长沙马王堆汉墓简帛集成》,第肆册,中华书局2014年版,第97页。

"二道"而非黄老的"一道"。

在黄老学说作为治国主导思想所形成的宽松政治环境之下,原先被压制的各种学说重新得到了发展,尤其是儒学得以复兴并产生了很大影响。加以西汉中期形势的变化,使得重点在无为而治的黄老学说不适应大一统帝国的要求,黄老作为治国的指导思想的地位岌岌可危。政治家和思想家因此又不得不从先秦诸子思想宝库中去寻求一种适合大一统帝国且有助于长治久安的学说以替代黄老思想,儒家学说慢慢进入了其视野。

三、儒学在汉初的发展

1. 儒学与天道

早期儒家学说的宇宙论根据并不发达,像孔子就只有"天何言哉"①之类的感叹。在远古时代,人们因为知识贫乏而未知的事物太多,只能将这些未知的事物归于那玄之又玄的"天"。"天"在人的生活中占据了非常重要的位置。任何社会秩序建立所依靠的制度设计都需要在"天"那里找到其合理性根据。虽然从周代以来价值观念的中心趋向于人的自觉,儒家孔孟一系更强调人的内在道德自觉,但这种发达的思想对于普通民众的观念来说太过超前。

被汉代人视为正统儒家经典的《易经》在这方面有所发展。它蕴含了丰富的天人一贯、天人相通思想。例如:"乾知大始,坤作成物。"②"天地盈虚,与时消息,而况于人乎?"③"女正位乎内,男正位乎外,男女正,天地之大义也。"④早在秦始皇统一中国之前由吕不韦主持编纂的《吕氏春秋》一书,是吕不韦为即将统一的秦帝国预为拟定的"建国方略",由于是集体智慧的结晶,吕不韦对之非常自负,才有自信在书成之后,"布咸阳市门,悬千金其上,延诸侯游士宾客有能增损一字者予千金"⑤。该书在《十二纪·纪首》中推崇《易经》的说法:"天地以顺动,故日月不过,而四时不忒。圣王以顺动,故刑罚清而民服。"⑥即统治者应顺天道而行事。从汉初开始,读书人更有意识地论证"天"作为人间秩序终极合法性的标准,提出了天人交感的思想。如陆贾在《新语》开篇即讲:"天生万物,以地养之,圣人

---

① 《论语·阳货》。
② 《周易·系辞上》。
③ 《周易·丰》象传。
④ 《周易·家人》象传。
⑤ 《史记·吕不韦列传》。
⑥ 《周易·豫》象传。

成之,功德参合,而道术生焉。"①这恰好满足了绝大多数民众的心理需求。

2. 儒学和阴阳五行学说

诸多与民众日常生活息息相关的实用知识,如医方、占卜等,无法在原始儒家学说里面找到存在的根据。战国末期,尤其孟子之后,阴阳五行学说兴起,渐与卜筮合流。至秦焚书,不去卜筮之书。在此时期,阴阳五行学说因为诸子散佚而大盛,阴阳家言成为士人共同的思想观念。到汉文景之时立经学为专门之学的时候,说经者已具有了阴阳五行的色彩。这一定程度上满足了人们对神秘性的向往,其所作预言也更容易为统治者所信服。

这里需要解释一下何为"阴阳""五行"。提到作为百家之一的阴阳家,不能不提到邹衍。据《史记》记载,邹衍先以天地未分和天地已分之际的天文地理为据,以奇怪之说耸动人心,从而游说君王以仁义节俭为事。"是以驺子重于齐。适梁,惠王郊迎,执宾主之礼。适赵,平原君侧行撇席。如燕,昭王拥彗先驱,请列弟子之座而受业,筑碣石宫,身亲往师之……其游诸侯见尊礼如此,岂与仲尼菜色陈蔡、孟轲困于齐梁同乎哉!"②阴阳者,源于中国上古思想,认为万物都有阴阳两个对立面。例如,天是阳,地是阴;日是阳,月是阴。凡是旺盛、萌动、强壮、外向、功能性的,均属阳;相反,凡是宁静、寒冷、抑制、内在、物质性的,均属阴。古人以此来解释自然界的各种现象,认为阴阳的对立和统一,是万物发展的根源。五行说认为,世界是由木、火、土、金、水五种基本元素所组成,事物的发展变化,都是这五种基本元素不断运动和变化的结果。邹衍较早地将阴阳学说和五行学说结合起来,解释社会政治现象,提出了五德始终说。他认为"新君"的兴起是缘于"旧君"德运衰微,"新君"因据有克胜"旧君"的德运而获取政权。真正将邹衍的一家之言引入政治生活的是秦始皇。"始皇推终始五德之传,以为周得火德,秦代周德,从所不胜。方今水德之始,改年始,朝贺皆自十月朔。衣服旄旌节旗皆上黑……更名河曰德水,以为水德之始。刚毅戾深,事皆决于法,刻削毋仁恩和义,然后合五德之数。于是急法,久者不赦。"③秦始皇用五德终始说论证了秦的合法性,证明了秦的建立和一统乃天意使然。汉代秦兴,当然就是土德了。由此足见阴阳五行学说的影响。儒家受时代思潮的影响,也开始吸收阴阳五行学说的内容,作为其立说的根据。如《淮南子·精神训》一篇,虽立于道家思想,亦推崇儒家,却以天人相类学说为论证之要点,认为万物乃天地所生,背阴而抱阳;天之特征表现为四时、五

---

① 《新语·道基》引"《传》曰"。
② 《史记·孟子荀卿列传》。
③ 《史记·秦始皇本纪》。

行、九解,相应地人也有四肢、五脏、九窍、三百六十节,①可见阴阳五行学说对儒学之影响。儒家学说成为主流之前,曾经历了对阴阳五行学说的吸收过程。

3. 儒者的现实主义立场

早在秦汉交替之际,就开始有儒者以汉代秦兴为例来论证儒家作为意识形态的合理性。在这个过程中,汉儒抛弃了孟子的"君轻"论、荀子的"从道不从君"②论,而代之以法家的"尊君卑臣"③论。

如《史记》所记载的刘邦与陆贾的对话。陆贾常在汉高祖刘邦面前引述《诗经》《尚书》等古代儒家典籍,刘邦便呵斥他说:"乃公居马上而得之,安事《诗》《书》?"陆贾对答道:"居马上得之,宁可以马上治之乎?"并以汤武长久、秦朝速亡等为例,刘邦马上省悟,让他总结秦亡汉兴的经验教训和历史上的治乱得失,陆贾遂作《新语》十二篇,讨论"行仁义、法先圣"的道理。④ 还有汉初儒生叔孙通⑤,为汉高祖制定朝廷礼仪,使朝廷上下尊卑秩序重新得到整理,让汉高祖体会到皇帝的尊严。与此相反,那些在实际政治生活中坚持其理想和立场的人多付出了惨重的代价。如辕固生⑥固执地对老子表示轻蔑,而被好黄老之术的窦太后迫害而差点命丧野猪之

---

① 张双棣撰:《淮南子校释》,上册,北京大学出版社1997年版,第722页。
② 《荀子·臣道》引"《传》曰",并见《荀子·子道》。
③ 刘向《别录》评申不害,见《汉书·万石卫直周张传》颜师古注。
④ 《史记·郦生陆贾列传》。
⑤ 关于叔孙通,《朱子语类》卷一三五言:"叔孙通为绵蕞之仪,其效至于群臣震恐,无敢喧哗失礼者。比之三代燕享,群臣气象,便大不同。盖只是秦人尊君卑臣之法。"另叔孙通在秦二世时,为待诏博士,陈胜起兵,二世问计,儒生皆言镇压,二世不悦,叔孙通即察言观色,曰:"诸生言皆非也。夫天下合为一家,毁郡县城,铄其兵,示天下不复用。且明主在其上,法令具于下,使人人奉职,四方辐辏,安敢有反者!此特群盗鼠窃狗盗耳,何足置之齿牙间。郡守尉今捕论,何足忧。"遂获赐帛二十匹,衣一袭,进为博士。转瞬辗转投奔项王、汉王等,其人之无所守可知。叔孙通儒服,汉王憎之;乃变其服,服短衣,楚制,汉王喜。叔孙通之降汉,从儒生弟子百余人,然通无所言进,专言诸故群盗壮士进之。弟子窃骂曰:"事先生数岁,幸得从降汉,今不能进臣等,专言大猾,何也?"叔孙通闻之,乃谓曰:"汉王方蒙矢石争天下,诸生宁能斗乎?故先言斩将搴旗之士。诸生且待我,我不忘矣。"汉王拜叔孙通为博士,号稷嗣君。叔孙通为了给刘邦定朝仪,使征鲁诸生三十余人。鲁有两生不肯行,曰:"公所事者且十主,皆面谀以得亲贵。今天下初定,死者未葬,伤者未起,又欲起礼乐。礼乐所由起,积德百年而后可兴也。吾不忍为公所为。公所为不合古,吾不行。公往矣,无污我!"汉惠帝继位,在未央宫和长乐宫之间造一条复道,已经动工了,叔孙通指出该路设计不妥,会影响到高祖的庙,惠帝接受意见,准备改,叔孙通曰:"人主无过举。今已作,百姓皆知之,今坏此,则示有过举。愿陛下为原庙渭北,衣冠月出游之,益广多宗庙,大孝之本也。"据此,司马迁的评价是:"叔孙通希世度务制礼,进退与时变化,卒为汉家儒宗。'大直若诎,道固委蛇',盖谓是乎?"(《史记·刘敬叔孙通列传》)
⑥ 辕固生,汉初齐地人,治《诗》,景帝时为博士,曾与黄生争于景帝前。时窦太后好老子书,辕固生说这只不过是百家之一而已。太后大怒,经景帝救援才免于死。与黄生争论景帝前。黄生曰:"汤武非受命,乃弑也。"辕固生曰:"不然。夫桀纣虐乱,天下之心皆归汤武,汤武与天下之心而诛桀纣,桀纣之民不为之使而归汤武,汤武不得已而立,非受命为何?"黄生曰:"冠虽敝,必加于首;履虽新,必关于足。何者?上下之分也。今桀纣虽失道,然君上也;汤武虽圣,臣下也。夫主有失行,臣下不能正言匡过以尊天子,反因过而诛之,代立践南面,非弑而何也?"辕固生曰:"必若所云,是高帝代秦即天子之位,非邪?"于是景帝曰:"食肉不食马肝,不为不知味;言学者无言汤武受命,不为愚。"遂罢。是后学者莫敢明受命放杀者。(《史记·儒林列传》)

口。可以看出,儒者只有通过凸显儒家学说中的实用理性这一面,才可能诱导当权者采纳儒家学说作为治国之具。这就如《新语》所言:"故制事者因其则,服药者因其良,书不必起于仲尼之门,药不必出于扁鹊之方,合之者善,可以为法,因世而权行。"①世事在变,大多数儒者在那个纷乱变动的年代,在经历了秦王朝强力压制之后,认识到需要在一定程度上放弃理性主义的固执与往昔作为王者师的尊严,为了学说的生存和理想的实现,需要对学说进行倾向于实用方向的改造。

如此一来,儒家学说因具有了包容性和温和性,进入了当权者的视野。早在秦始皇时期,其长子扶苏曾以"诸生皆诵法孔子"为理由,劝秦始皇不要坑儒。秦始皇的刻石中,虽然主要强调的是"作制明法""端平法度"的重要性,但如何才能将"明法"制定出来,"法度"如何能端平?那就要强调"以明人事,合同父子。圣智仁义,显白道理"等内容。② 这当然是儒家的强项。众所周知,刘邦以小吏而投身行伍,早年轻视儒生及其背后的知识,这就是他自己在给太子的敕教中讲到的:"吾遭乱世,当秦禁学,自喜谓读书无益。洎践祚以来,时方省书,乃使人知作者之意。追思昔所行,多不是。"③晚年更以太牢祭祀孔子,启帝王祭祀孔子的先河。贾谊则从统治者教育的角度剖析了秦亡的部分原因:"其俗固非贵辞让也,所上者告讦也;固非贵礼义也,所上者刑罚也。使赵高傅胡亥而教之狱,所习者非斩劓人,则夷人之三族也。故胡亥今日即位而明日射人,忠谏者谓之诽谤,深计者谓之妖言,其视杀人若艾草菅然。岂惟胡亥之性恶哉?彼其所以道之者非其理故也。"他在实质上是主张以儒家思想教育太子的。④ 在儒术被独尊之前,当权者已渐渐知晓儒家学说的价值,有逐步向之靠拢的趋势。儒学成为治国的指导思想只缺乏一个契机了。

四、董仲舒与儒学独尊

董仲舒(约前179—前104),广川(今河北枣强)人,是西汉时期的重要思想家,春秋公羊学的代表人物。他治《春秋》之学,曾连续三年闭门用功,不到庭园中去。汉景帝时为博士,生徒众多,极受尊礼。武帝即位后,诏举贤良方正、直言极谏之士,董仲舒应诏,奏上著名的"天人三策",提出奉天法古、兴教化、抑豪强、

---

① 《新语·术事》。
② 《史记·秦始皇本纪》。
③ 《汉高祖手敕太子》,载章樵注:《古文苑》卷十。
④ 见《汉书·贾谊传》所录"治安之策"(《治安策》或《陈政事疏》),并参见《新书·保傅》。

贵德贱刑、官不与民争利、养士办学、独尊儒术等主张,得到武帝重视。但他的仕途并不顺达,曾任江都相、胶西相等官,先后受主父偃、公孙弘等人嫉害排挤,恐获罪,辞病归家,专事治学著书。由于他的声望卓著,朝廷每次举行有关重大事务的讨论时,会派使者甚至廷尉到他家里去听取意见;其应对都能明确周到。他的著述现存的主要有《汉书·董仲舒传》中收录的策对、经后人整理编辑的《春秋繁露》。① 下面将论述其学说及他所倡导的春秋决狱思想。

1. 天人交感说

天与人之间的关系由天生人演绎而来。在董仲舒看来,天生万物,人的本原在天,人就是天的投影。"人之形体,化天数而成;人之血气,化天志而仁;人之德行,化天理而义。"② 人的身躯,也是如此与天紧密相连:头如天圆,耳目如日月,鼻口如风气,骨节合天数,五脏对五行,四肢如四季,眨眼如昼夜,等等。③ 如此,天人之间即有感应关系存在。

天人感应关系体现在政治上,首先是系统的君权神授论。他认为,人间受命统治之君主,他的权力是天意所给予的,因此君主顺天意而处事,掌握着生杀予夺的大权,与天一起主导世上变化的大势。他进一步说,古人发明文字,"王"字的写法就说明了君主的作用,即从一竖画将三横连接起来;"三画者,天、地与人也"④,将他们联系起来,就是使其互相沟通。王,即君主,正是沟通天人的代表。君主既然有这样高贵的、与天合一的权威⑤,当然就应该受到尊崇。

董仲舒毕竟是一个儒者,自先秦儒家开始,一直有这么一个传统,用"德治""礼治"等思想将"王道"和以法家等所倡导的"霸道"区别开来,以便对君主的恣意性进行制约。在将君主神圣化后,又如何能对君主进行制约,这是董仲舒不能回避的问题,由此他提出著名的"灾异说"。

其实将灾异与政治行为联系在一起的思想很早就有。较早的如《尚书·金縢》记载,武王死,成王即位,成王怀疑周公。周公居东不归。于是在秋天,百谷已熟但还没有收获之际,发生自然灾害,雷电与大风让庄稼倒伏,大树被拔起,国人恐慌非常。成王和大夫们戴上礼帽,打开金縢,看到了周公的祝辞,知道周公

---

① 参见苏舆撰:《春秋繁露义证》,中华书局 1992 年版;关于董仲舒的其他著述,读者可以参见袁长江主编:《董仲舒集》,学苑出版社 2003 年版。
② 《春秋繁露·为人者天》。
③ 《春秋繁露·人副天数》。
④ 《春秋繁露·王道通三》。
⑤ 董仲舒引经据典,将天子及其权力神化:"传曰:唯天子受命于天,天下受命于天子,一国则受命于君。君命顺,则民有顺命;君命逆,则民有逆命。故曰:'一人有庆,兆民赖之。'"(《春秋繁露·为人者天》)

被冤枉。成王认为这是上天动怒来表彰周公的功德,遂决定亲自迎回周公。当成王走到郊外,天开始下雨,风向反转,倒伏的庄稼又全部立起来,迎来个丰收年。①

那在当时,普通的人是如何看待灾异的呢?人类的意识有这么一个规律:对现实生活中的某些问题认为不合理,遇着灾异,就将两者加以附会。虽然从客观上来讲,不合理的现实和灾异发生之间并无必然关联,但相信某种学说或观念达于极端,便会不知不觉运用该学说或观念来解释一切问题,尤其是解释那些在心里存留了很久、而自以为严重的问题。这就是"灾异说"能为君主和民众普遍接受的心理基础。下面来看董仲舒的论证:

由于天人之间是相互沟通的,所以如果人间有过失罪恶,天就会有异常反应。这种反应称为灾异:天地之间万物的不正常变化,大的叫做异,小的叫做灾。灾常常先发生而异随之出现。灾实际上就是上天的谴告,异则表示天的威势。"凡灾异之本,尽生于国家之失。"②国家政治的过失刚刚开始萌芽的时候,天就会有所感应,出现灾来谴告;谴告之后如果仍不知改,就降下种种怪异之事;要是还不知畏惧,一意孤行,大的灾祸就随之而来了。董仲舒的"灾异说"是要强调在君主背后还有天,君主利益之上还有天所代表的正义和公道,在力量面前还有良心和道义。君主因为上天通过灾异进行的警示而使其行为有所收敛。董仲舒希望儒家知识分子能够通过代天立言而保有一些与君主抗衡和对君主进行制约的愿望:"天"通过灾异来警示当道。③

自汉初以来的几十年间,黄老学说尽管否定了法家的严刑峻法,但依然强调法的重要地位,再加上专制政治发展的惯性,使得董仲舒意识到,儒道两家靠由人格修养来限制大一统帝国专制者之权力的愿望,是难以实现的。但汉初尚刑之下由人民血肉堆积而成的专制政治之残酷,又必须改变,以拯救苍生,因此他希望能以"天"的名义来制约"王",纳政治于正轨。虽然其初衷很好,董仲舒的人格也很高尚,但专制政治自身,只能为专制而专制,必彻底否定由天的哲学所表现的理想,使他成为第一个受了专制政治的大欺骗,而自身在客观上也当了助成专制政治的历史罪人。董仲舒在《春秋繁露·玉杯》中有"屈民而伸君,屈君而伸

---

① 《尚书·金縢》。
② 《春秋繁露·必仁且智》。
③ 《汉书·董仲舒传》载:"臣谨案《春秋》之中,视前世已行之事,以观天人相与之际,甚可畏也。国家将有失道之败,而天乃先出灾害以谴告之,不知自省,又出怪异以警惧之,尚不知变,而伤败乃至。以此见天心之仁爱人君而欲止其乱也。"

天,《春秋》之大义也"一语,传统解释以此证明董仲舒的绝对尊君思想,在徐复观看来则不然。他指出,这只是董仲舒的策略,即要使其"屈君"。因此,董仲舒的真意在"屈君而伸天","屈民而伸君"是陪衬,是虚语,是策略。不过,不幸的是后来的统治者和陋儒,恰恰将之倒转过来,造成无穷的弊害。①

天人感应说既承认人是天的投影,如果按照此一思路发展下去,人的生命则具有如天那般至高无上的价值和尊严,那么其性情和欲望也应受到最大的尊重。然则儒家学说在大一统国家中又应该置于什么位置呢?又怎么能够让专制者满意而成为国家的意识形态呢?在这方面,董仲舒的创造性就体现在他的"性三品"说上。

2. 性三品说与德主刑辅

董仲舒在天与人之间加了一个"性"。在董仲舒看来,天有阴阳,人有善恶仁贪,这才是天人吻合。但人与人之间为何有如此区别,这是"性"在其间起作用。董仲舒把人性分为上、中、下三品。他认为,人性有"圣人之性""斗筲之性"和"中民之性"三种。② 其中圣人之性是上品,是道德表率;斗筲之性是下品,天生性恶。这两种都属于特殊的情况,而大多数普通人都属于中民之性。董仲舒为阐明其"性",做了一个比喻:性好比禾苗,善好比米,米从禾苗中生出来,但并非所有的禾苗都能够生出米来。到这里,人之生就不再是最重要的事情了,最重要的是对人性进行教育,使之向善。如何教育,那就要用儒家的观念,如忠孝仁悌等,其中最核心的就是他归纳的三纲五常。

在把握人性的基础上,董仲舒结合天人相类、天人感应理论,提出了德主刑辅说。之所以治国要德主刑辅,其主要理由有二:一是王者必效法天道,而天道虽不离阴阳,但它是以阳成岁,以阴辅阳。阳以生养为特征,对应于德;阴以肃杀寒冷为特征,对应于刑。因此,王者之治,是以德治为主,以刑辅德。③ 二是总结

---

① 参见徐复观:《先秦儒家思想的转折及天的哲学的完成——董仲舒〈春秋繁露〉的研究》,载氏著:《两汉思想史》(第二卷),华东师范大学出版社2001年版,第182—269页。
② 《春秋繁露·实性》。"斗筲"中的"筲"指的是五升的容器,与"斗"的容量都很小,比喻人之才识短浅,心胸狭窄。如《论语·子路》:"斗筲之人,何足算也?"参见杨伯峻译注:《论语译注》,中华书局2009年版,第138—139页。
③ 董仲舒原文是这样说的:"上承天之所为,而下以正其所为,正王道之端云尔。然则王者欲有所为,宜求其端于天。天道之大者在阴阳。阳为德,阴为刑;刑主杀而德主生。是故阳常居大夏,而以生育养长为事;阴常居大冬,而积于空虚不用之处。以此见天之任德不任刑也。天使阳出布施于上而主岁功,使阴入伏于下而时出佐阳;阳不得阴之助,亦不能独成岁。终阳以成岁为名,此天意也。王者承天意以从事,故任德教而不任刑。刑者不可任以治世,犹阴之不可任以成岁也。为政而任刑,不顺于天,故先王莫之肯为也。"董仲舒:《天人三策》,载《汉书·董仲舒传》。

历史经验教训,即秦放弃礼义,灭先圣之道,推行"自恣苟简"之刑治,是"以乱济乱,大败天下之民"。到汉初,没能及时改制更化,结果"法出而奸生,令下而诈起,如以汤止沸,抱薪救火",因此当及时更化,更化之道就在于改自秦以降的"刑治"为德主刑辅。①

汉武帝欲致太平,与五帝三王比肩,于元光年间亲自策试人才,董仲舒所上的"天人三策"为武帝所激赏,被定为第一。"天人三策"最重要的主旨就是建议朝廷应以思想大一统配合政治大一统。"《春秋》大一统者,天地之常经,古今之通谊也。今师异道,人异论,百家殊方,指意不同,是以上亡以持一统;法制数变,下不知所守。臣愚以为诸不在六艺之科孔子之术者,皆绝其道,勿使并进。邪辟之说灭息,然后统纪可一而法度可明,民知所从矣。"②武帝朝在中央政府设置五经博士,还从公孙弘所请为博士设立弟子员,通一经即可任命为官吏,通经入仕成为官吏之正途。虽不明令罢黜百家,但通过官府的提倡,百家自无所为,这样就以较为巧妙与柔和的手段渐渐实现了独尊儒术的目的。由此,儒家学说形塑了影响中国几千年的正统法律思想。

第二节 正统法律思想的演变

一、两汉之际的经义决狱

(一)经义决狱出现的背景

"经义决狱",顾名思义,是以儒家经义作为司法审判的依据,直接运用于司法,判决罪之有无和轻重。为什么汉代会出现"经义决狱"这种现象呢?因为在汉武帝之时,虽然其意识形态已经确定了儒家一尊的原则,但汉代的成文法早在汉王朝建立之初已经制定。汉律是以萧何所拟定的《九章律》为核心发展起来的,而《九章律》又是沿袭秦朝的法律,其指导思想源于先秦之法家。尽管其成文

---

① 《汉书·董仲舒传》。
② 同上。

法与武帝所确立的意识形态不相吻合,但出于对祖宗成法的尊重,很难将之推倒重新制定。此其一。其二,即便能够重新立法,刚成为意识形态的儒家思想也未必能够在短时期内全面反映到法律中去。而司法则不同,以儒家"经义决狱",儒家思想可以直接而迅速地影响法律实践活动,而不必再处处受法家思想指导下的成文法的拘束。通过"经义决狱",既尊重祖宗成法,又可以迅速以意识形态规避成法并达到实际改造成法的目的,故"经义决狱"在汉代得以出现并流行并非完全偶然。

汉代决狱所直接运用的儒家经义主要是指《春秋》一书。当时的儒家学者认为,孔子作《春秋》,之所以能够达到"乱臣贼子惧"的效果,其原因在于《春秋》一书有微言大义存在于其中。这种微言大义,就是维护了君臣、父子、夫妇等伦常观念,可以有效地防止自春秋以降的"礼崩乐坏"。[①] 根据《春秋》的精神来解释现行法律甚至修正现行法律以指导定罪量刑,始自大儒董仲舒。在儒家被确立为国家的意识形态之后,《春秋》作为儒家的重要经典,其所蕴含的纲常伦理对于维护君权和保持等级社会的稳定是非常有利的。所以,董仲舒的这种做法得到了皇帝的赞成和提倡,《春秋》逐渐成为事实上的审判根据,"经义决狱"之风甚嚣尘上。

(二)"经义决狱"举例

董仲舒的《春秋决狱》一书虽已失传,但近代法制史学者程树德在《九朝律考》中辑录了董氏"春秋决狱"的六个例子,可以粗略地看出经义决狱所确定的司法原则。如"甲父乙与丙争言相斗,丙以佩刀刺乙,甲即以杖击丙,误伤乙,甲当何论?或曰殴父也,当枭首。论曰:臣愚以父子至亲也,闻其斗,莫不有怵怅之心,扶杖而救之,非所以欲诟父也。《春秋》之义,许止父病,进药于其父而卒,君子原心,赦而不诛。甲非律所谓殴父,不当坐。"这个案件按照《春秋》记载所蕴含的"原情定过,赦事诛意"[②]之经义而确立了"论心定罪"的司法原则,在决狱时采用的是"志善而违于法者,免;志恶而合于法者,诛"[③]的主观动机论,而与当时成文法相左。此其一例。另:"时有疑狱曰:甲无子,拾道旁弃儿乙养之,以为子。及乙长,有罪杀人,以状语甲,甲藏匿乙,甲当何论?仲舒断曰:甲无子,振活养乙,虽非所生,谁与易之。《诗》云:螟蛉有子,蜾蠃负之。《春秋》之义,父为子隐,

---

① 司马迁即认为《春秋》一书,孔子"是非二百四十二年之中,以为天下仪表,贬天子、退诸侯、讨大夫,以达王事而已矣"。(《史记·太史公自序》)
② 《后汉书·杨李翟应霍爰徐列传》。
③ 《盐铁论·刑德》。

甲宜匿乙而不当坐。"①根据儒家"礼"所倡导的"亲亲、尊尊"的原则，允许亲属容隐，只要非谋反、大逆一律不为罪。

董仲舒的《春秋决狱》中只是一些拟制的案件，实际上，"经义决狱"在汉武帝之后成为风气，在很多案件中，司法官即从儒家经典里面抽象出较为具体的原则作为裁判依据。程树德在《九朝律考》一书中辑录了直接以"经义决狱"的重大案件二十多个，以《春秋》论事的例子更多达三十多个。下面试举一例：

哀帝初年，博士申咸说薛宣于家庭伦理有缺，前因不忠孝而免职，不宜复列封侯，立于朝堂之上。薛宣的儿子薛况为右曹侍郎，几次听申咸说过类似的话，就以钱财买通了一个叫杨明的人，让他给申咸毁容，让申咸不能居于朝堂之上说他父亲的坏话。正好在当时司隶一职出缺，薛况害怕申咸当上，就不便报复了。因此令杨明在咸宫门外给申咸毁了容，刺伤身上八处。关于此案，御史中丞等大臣的意见是：申咸所言薛宣之事都是事实，"众人所共见，公家所宜闻"，薛况是害怕申咸当了司隶后举发薛宣，因此公然令杨明等在宫阙要道上，于大庭广众之中刺伤天子近臣申咸，和普通百姓因愤怒争斗不同，按照《春秋》尊君之义，因近臣接近于君，故应礼敬。且《春秋》断狱，注重主观动机，"上浸之源，不可长也"，因此薛况主使，杨明下手，都应以大不敬处以弃市严刑。廷尉等的意见则与此不同，认为：此事件与凡民私斗无异，而非对君主"大不敬"。杀人者死，伤人者刑，是古今通理，三代不变。根据孔子"名不正，则至于刑罚不中；刑罚不中，而民无所错手足"的观点，如果把薛况和杨明以大不敬处以弃市，则在定罪量刑上没有体现公私之别。根据《春秋》原心定罪之原则，薛况是因其父被诽谤而发怒报复，并无其他大过恶；只有小过错即处死，那是"违明诏，恐非法意，不可施行"。而申咸对薛宣的指责亦别有私心，"不可谓直"。综上，廷尉主张"以贼伤人不直"判罚杨明，对薛况则处以"城旦"的劳作刑。最终，皇帝权衡诸位大臣的意见，判薛况减罪一等，徙居敦煌，薛宣被免为庶人。②

（三）对"经义决狱"之评价

"经义决狱"之风，随着法律儒家化在唐代的完成才最终从制度中退出历史舞台。也就是说，它在完成了法律儒家化的使命后而寿终正寝。

自近代以降，很多学者都注意到"经义决狱"问题，且对之展开了研究和思

---

① 程树德：《九朝律考·汉律考七》，中华书局2003年版，第161页。螟蛉，一种细腰蜂，有雄无雌无法生殖，所以就捕获"螟蛉"的幼虫，将它哺育长大，以此传宗接代。因此"螟蛉"在古代汉语里成为养子的代称。

② 《汉书·薛宣朱博传》，又见程树德：《九朝律考·汉律考七》，中华书局2003年版，第164—165页。

考。其主要观点大致分两种：一是持肯定的评价，以沈家本为代表，他在考证《春秋决狱》时指出："今观《决狱》之论断极为平恕，迥非张汤、赵禹之残酷可比，使武帝时，治狱者皆能若此，《酷吏传》何必作哉。"①另一种是完全否定的评价，以章太炎、刘师培师徒为代表："独董仲舒为春秋折狱，引经附法，异夫道家儒人所为，则佞之徒也。"②其主要理由是董仲舒乃始作俑者，后世佞臣、酷吏得以舞文弄法，进退其间，因缘为市，媚于人主。③ 这里的争点实际上有两个，一是"经义决狱"是否导致或者加剧了舞文弄法之现象；一是董仲舒应不应该为同时及以后酷吏借"经义决狱"所为负责，若要负责又应该负多大的责任。

黄源盛教授在深入考证汉代"经义决狱"事例的基础上，对于上述两个争点做出了较有说服力的解答，因此其对"经义决狱"的评价更中肯，现节略转述如下：

> 其一，从近代罪刑法定原则及法解释学的角度来看，董仲舒的春秋决狱是否完全破坏"罪刑法定"，是否将法治精神破坏殆尽？要回答这个问题，当然要先了解西汉一代是否在体制上有此规定或精神。否则，这种提问本身就是荒谬的。答案是，只要皇帝的钦定立法权存在，就不可能有司法的独立性。司法无独立性，就不可能有近代严格意义的罪刑法定。我们也就不可以苛责儒生引经断狱，因为君主专制下是没有真实的法治可言，即使对君主负责的司法者想守法，但却无法制止君主的不法。尤其，在传统法律观念里成长的人民，对过于严格的法律解释和对于程序法的重要性，他们是无法理解。其二，"经义决狱"是否导致或者加剧了舞文弄法之现象呢？传统司

---

① 沈家本：《历代刑法考》，第三册，邓经元、骈宇骞点校，中华书局1985年版，第1776页。
② 章太炎：《检论·原法》，载《章太炎全集》（三），上海人民出版社1984年版，第436页。
③ 持此种观点的学者较多，这里简单列几位。刘师培在《儒学法学分歧论》一文中对春秋折狱进行了这样的评价："夫儒生者，嫉法吏为深刻者也，及其进用，则断狱刻深，转甚于法吏，其故何哉？盖法吏者，习于今律者也，有故例之可循，不得以己意为出入，故奉职循理，可以为治。儒生者，高言经术者也，掇类似之词，曲相附合，高下在心，便于舞文，吏民益巧，法律以歧，故酷吏由之，易于诛张人罪，以自济其私。"（刘师培：《刘师培全集》，第三册，中共中央党校出版社1997年影印版，第321页；影印底本"己意"作"已意"）其实，只要有一个起主导作用的东西高高在上，下面以美好的理想所设计的一些好东西都免不了变味而趋于反面。庄子在《胠箧》篇中早就道出此理："世俗之所谓知者，有不为大盗积者乎？所谓圣者，有不为大盗守者乎？"余英时认为："两千年来，中国知识分子所遭到的无数'文字狱'，不正是根据'诛心''腹诽'之类的内在罪状罗织而成的吗？追源溯始，这个'以理杀人'的独特传统是和汉儒的'春秋断狱'分不开的。换句话说，它是儒学法家化的一种必然的结果。"（余英时：《反智论与中国政治传统》，载氏著：《文史传统与文化重建》，生活·读书·新知三联书店2004年版，第186页）陶希圣所讲的很有见地，即《春秋》并不是法典，乃是一部史书。所用以断狱的，是史实记录的解释，所以牵强附会，无所不至，但接着说"春秋断狱是毁法律的"，"秦代以来的法治论从此破毁了"等，可能是过分夸大了。（陶希圣：《中国政治思想史》，第二册，中华印刷出版公司1948年版，第153、156页）

法利用比附类推，除了弥补律条的不足之外，的确能解决实际的难题，至少给人民感觉到衙门里没有不能解决的问题。事实上，在君主政体下，皇帝虽可不顾法律，甚至变更法律，但作为臣下的司法官，仍须受法律的约束，在律无明文时，纵使引用经义以当比，仍须识大体，衡量情与理，并使一般人接受，最低限度也要自圆其说，否则为故出故入人罪，也要负法律上绝对责任。董仲舒的春秋决狱，在律有明文时，引春秋经义以解释律文，并无法扮演破律的角色；在律无明文时，却担起"创造性补充"的漏洞填补功能。应该考虑到，汉律条文每罪所科之刑，除另有加减例外，皆系绝对一刑，并无"相对之法定刑"可言。在此情况下，罪刑法定实有困难。何况，依当今罪刑法定原理，刑法固不能类推适用，比附援引入被告于罪，但比附援引的结果，苟对被告有利，并不在禁止之列。董仲舒坚持德主刑辅的法律理想，在儒家伦理纲常原则未能正式入律之前，他实质上是企图采用经义决狱的形式以儒家的仁德来舒缓法家立法的峻罚。

董仲舒希望《春秋》这部经典有一天能成为汉代的法典，这样他自己的"春秋学"自然能发挥带圣贤立言的效果。他一方面承认专制政体的合理性，另一方面又想给予此政体一个新的理想和内容，这两种企图都要经由《春秋公羊传》来加以完成，春秋折狱不过是其表现方式之一。至于酷吏借"经义决狱"之名来取媚人主的问题，则不能直接归咎于董仲舒，而是汉武帝推行酷吏政治的结果："盖溯自汉武帝……以来，所谓国家之败由官邪，冤狱之成由有司，刀笔奸吏引《公羊春秋》以深文周内，其本身已不知《春秋》之义何属，真可以说是《春秋》的罪人了，又怎可归咎于《春秋》经义？因此，可以说，这批酷吏才是真正的'经之蚍蜉，法之秕稗'。"①

二、魏晋时期"法律儒家化"进程的逐步展开

历经四百多年的汉帝国因为外戚、宦官专权乱政而覆亡，社会陷入动荡。除了西晋短期统一外，中国长期处于分裂战乱之中。直到隋代重新混一宇内，建立隋唐帝国。在长达四百多年分裂期间内，北方游牧民族进入中原，虽有民族融合之功，但战乱不断，民生多艰。随着汉帝国的覆亡，以法家思想为主导的汉律成为历史。之后，历朝为证明其合法性所颁布的成文法发生了变化，前代的法律儒家化成果逐渐进入法典，后代又继续将法律儒家化推向深入。故整个魏晋时期

---

① 参见黄源盛：《汉唐法制与儒家传统》，元照出版有限公司2009年版，第116—123页。

都是法律儒家化逐渐深入的阶段。在这个过程中,以引经注律为特征的儒学得到了快速发展,涌现出了一些法律思想家。

(一) 两汉魏晋时期以"引经注律"为特征的律学

律学原本是经学的一个分支,两汉又特别崇尚经学。早自西汉,与"经义决狱"并行,儒者聚徒讲解法律,出现了"汉来治律有家,子孙并世其业,聚徒讲授,至数百人"①的局面。律学成为经学中的专门之学,地位自然尊崇。此种传统,到东汉,更成风气,马融、郑玄等儒学大师曾注汉律。诸儒章句,十有余家,家数十万言。积累到曹魏明帝时,凡断罪能用到的章句,据《晋书·刑法志》记载,共26272条,达到773万多字,极端繁琐,不适于用。汉儒根据儒家经义来研究、解释法律,即"以经注律",形成律学,故大儒不仅获得了成文法的法律解释权,而且影响到后世立法。这是儒家思想进入法制领域的重要阶段。

曹魏初期,继续承用汉律,在继承汉代律学传统的基础上,因当政者的提倡,律学持续发展,出现了陈群、钟繇、刘邵等一批对法律研究有素的律学专家。鉴于东汉诸儒章句之繁琐,于是魏明帝下诏,各级法司断案时,只准用郑玄的章句,不得杂用余家。卫觊上书,鉴于"刑法者,国家之所贵重,而私议之所轻贱;狱吏者,百姓之所悬命,而选用者之所卑下",造成政事缺失,请求朝廷设立律博士,教授狱吏律学知识。该建议为朝廷所接受。律博士之设置,更有助于律学的发达。也是在明帝朝,陈群、刘邵等律学家受命,"删约旧科、傍采汉律",制定了曹魏新律十八篇。② 从这一时期开始,以法家思想为指导的汉律已然成为历史,当政者可以根据现实需要,利用两汉时期"经义决狱"所积累的经验,将儒家经义或者是某些规范吸收入律,即重点在立法领域开展法律儒家化。

晋代是中国古代律学发展的一个高峰。早在曹魏时期,司马昭即认为魏律虽然在汉律的基础上有所改革,但"本注繁杂",于是以贾充、杜预、羊祜等多人组成的修律班子,开始修律。到晋武帝泰始三年(267)律成,史称《泰始律》。《泰始律》在中国法律史上地位非常重要,是法律儒家化的重要里程碑。因参与修律的人不仅为当朝重臣,且多为博学鸿儒,故《泰始律》是以儒家学说为指导思想的法典。《泰始律》颁行后,晋武帝亲自临讲,杜预③、张斐等为之作注。张、杜注《泰始

---

① 《南齐书·崔祖思传》。
② 《晋书·刑法志》。
③ 杜预(222—285),字元凯,京兆杜陵(今陕西西安)人。出身儒学世家,晋武帝时守河南尹,与车骑将军贾充等共同制定律令。后任镇南大将军,统帅荆州诸军。著作保存至今的有《春秋左氏经传集解》。他曾著《律本》二十一卷(见《隋书·经籍志》),是对晋《泰始律》的注释,惜已不传。

律》,"兼采汉世律家诸说之长"①,是对汉魏以来法律修订和注解的系统总结。张斐的《律注》和杜预的《律本》等经晋武帝的批准颁行天下,与《泰始律》一样,具有法律效力,后人称之为"张杜律"。这表明律学已成为依据经义原则研究具体法律问题的独立知识门类,大大推进了包括法典体例、律文原则、刑名诠释等古代法律理论的发展。代表此一时期律学发达水平的张斐、杜预的律学著作,为集汉唐律学大成的《永徽律疏》之问世打下了基础,在中国律学史上具有承前启后的重要作用。

(二) 张斐的法律思想

张斐,生卒年月不详,晋武帝时任明法掾,曾为《泰始律》作注。《晋书·刑法志》收入其注《泰始律》所上之表(即《注律表》),对于研究晋代刑法的基本概念、原则和术语颇有参考价值。此外,他还著有《汉晋律序注》《律解》等律学著作,但均已失传。张斐法律思想的特色主要在于以礼率律,对律进行整体性、系统性的研究和考察,在此基础上将法律儒家化和律学研究推向深入。

张斐认为,法律的根本精神是礼。他在《注律表》中指出,《泰始律》二十篇,始于《刑名》,终于《诸侯》,体例结构完整、严密而有系统:"王政布于上,诸侯奉于下,礼乐抚于中,故有三才之义焉,其相须而成,若一体焉。""礼乐抚于中",即是明确指出"礼乐"是贯穿整部《泰始律》的根本精神,每个条文都必须折衷于它。这是张斐以礼率律的法思想的主要内容。

在这个有体系的律中,被置于首篇的《刑名》具有特别重要的地位。《刑名》类似于现代刑法典的总则。将该篇置于律首,始于曹魏新律之《名例》。在此之前,律典都是沿袭李悝《法经》的编排顺序,将之称为"具律"并置于律尾。《泰始律》继承了曹魏新律将《名例》置于首篇的编排方法,而又将之拆为《刑名》与《法例》,以《刑名》居前,张斐对之予以理论说明。他明确指出《刑名》的作用是"经略罪法之轻重,正加减之等差,明发众篇之多义,补其章条之不足,较举上下纲领"。

《泰始律》各篇都有其特定功能,共同构成了一个具有活力的整体,张斐以人的身体部位为比喻,指出:"告讯为之心舌,捕系为之手足,断狱为之定罪,名例齐其制。自始及终,往而不穷,变动无常,周流四极,上下无方,不离于法律之中也。"律作为整体之所以有活力,在于它有作为灵魂的"理"。

张斐以礼率律的法思想具体表现在他所提出的"理直刑正"的主张上。整部律是有体系的,具体法律条文之间相互联系,有的可互相发明,有的可相互补充。

---

① 程树德:《九朝律考·晋律考序》,中华书局 2003 年版,第 219 页。

这种内在关系是贯穿其中的礼乐精神,也就是"理"。所以人欲明律文,必先懂"理"。"夫理者,精玄之妙,不可以一方行也。"理精玄微妙而富于变化,不拘泥某一固定的形式,它内在于律,使律在形态上灵活变通,不可拘执固守。

"理"是"法"的灵魂,立法者和司法者只有准确把握住这个"理",做到"理直"(律文明确体现纲常伦理),方能"刑正"(适用法律宽严适中,罪刑相符)。这样就可将礼法紧密结合,所谓"礼乐崇于上,故降其刑;刑法闲于下,故全其法"。用今人语言来说:当政者在上面尊崇礼乐,需要制定刑法来维护它;刑法在社会上要起到防闲的作用,必须被周全地制定。礼与法能紧密联系,互相配合,才有可能实现"尊卑叙,仁义明,九族亲,王道平"的理想。

立法者和司法者如何才能准确把握这个幽微玄奥的"理"呢?

第一,张斐对律中最基本的名词做了解释,下了定义,为司法者探求律文背后的"理"提供了重要的前提条件。在《注律表》中,张斐列举了二十个刑律名词并赋予其较准确的含义:

> 其知而犯之谓之故,意以为然谓之失,违忠欺上谓之谩,背信藏巧谓之诈,亏礼废节谓之不敬,两讼相趣谓之斗,两和相害谓之戏,无变斩击谓之贼,不意误犯谓之过失,逆节绝理谓之不道,陵上僭贵谓之恶逆,将害未发谓之戕,唱首先言谓之造意,二人对议谓之谋,制众建计谓之率,不和谓之强,攻恶谓之略,三人谓之群,取非其物谓之盗,货财之利谓之赃。

通观张斐对这二十个名词的解释,大致可分为两类:一是突出名词背后的纲常伦理,如谩、诈、不敬、不道、恶逆等犯罪行为分别违犯了忠、信、礼、节、上下尊卑等伦理准则;另一类是扼要点出犯罪之构成要件,如故、失、斗、戏、贼、戕、谋、盗、赃等。张斐对这些重要名词的释义,将传统律学推进到一个新的高度,有助于司法官寻求"律"后之"理",从而能更准确理解和适用律文。

第二,张斐提出了司法官应灵活变通地进行司法。"律者,幽理之奥,不可以一体守也。"法律必须体现"理"。为了遵循"理",司法官不能机械株守一成不变的律条。他告诫司法官,在断狱时要全面、深入、周到地体察案情:"论罪者务本其心,审其情,精其事,近取诸身,远取诸物,然后乃可以正刑。"在张斐看来,每一个案件都是具体的,各有其不同的情况,法律则是一般性规定。在大多数情况下,可以"化略以循常",不必考虑案件的细节差异,使之与法律的一般性规定相适应;在少数情况下,个别案件的特殊性使之难于纳入法律的一般性规定之中,所以就需要以"随事以尽情""趣舍以从时""引轻而就下"等方式来具体考量。总之,理想的司法官在尚未定罪的初期审理阶段,"采其根牙之微,致之于机格之上,称轻重于豪铢,考辈类于参伍",才可望达致"理直刑正"的目标。

张斐极重视礼法结合、探求法后之理、灵活司法,以追求"理直刑正"这一高远目标。除此之外,张斐一个很重大的贡献是力图提升律学研究的地位。自汉兴以来,法家学说名声扫地,两汉的"引经注律"虽在短时期内提升了律学的地位,但时间一长,律学渐渐失去了独立性而成为经学的附庸,为舆论所轻贱。与张斐同为《晋律》做注的杜预就讲:"法者,盖绳墨之断例,非穷理尽性之书也。"①法学不是什么高深的学问,难与"穷理尽性"的至言妙道等量齐观,没有跻身于学术之林的资格。要从根本上改变这种观念,就要证明律学是一门真正的学问。张斐于是指出法律的深奥在于内有精妙之理,在论立法时,他说:"非天下之贤圣,孰能与于斯!"在论司法时,他讲:"自非至精不能极其理也!"在《注律表》结语中,张斐总论"法律之义",讲:"夫形而上者谓之道,形而下者谓之器,化而财之谓之格。"在张斐看来,法学上体大道,下裁万物,是沟通道、器之间的媒介,非常重要。据此,法律文献本身就是"穷理尽性之书",有深入独立探究之必要。在中国传统法律思想演变历程中,包括律学在内的整个法学在传统学术中处于边缘,故张斐关于律学的定位特别难得。②

(三)刘颂的法律思想

刘颂,字子雅,广陵人,世家大族出身。"少能辨物理,为时人所称",曾被司马昭征辟为相府掾,"奉使于蜀"。司马氏代魏之后,刘颂在晋代做官凡三十余年,几乎与西晋王朝的命运相始终,历任尚书三公郎、中书侍郎、守廷尉、淮南相、三公尚书等,长期主持西晋王朝的司法工作,以直言敢谏、执法严明著称后世。③与张斐相比,刘颂不是纯以理论见长,而是更多关注法律实践。道并行而不悖,刘颂凭借其丰富的法律实践经验,也总结出很多对后世产生了重要影响的法律理论。其最著者是关于君、大臣和各级官吏在司法层面上的职责差别的理论,他的法律思想即由此而展开。

刘颂严格区分立法和司法工作。在刘颂看来,尽管西晋王朝初建并一统中国,但此时并非盛世,"实是叔世",因自东汉末年以来的积弊相沿,未能得到有效地纠正。因此,新建的西晋王朝当务之急是"早创大制",奠定长治久安的基础。

---

① 《晋书·杜预传》。
② 本小节引文未注明出处的见《晋书·刑法志》,并参考刘笃才:《论张斐的法律思想——兼及魏晋律学与玄学的关系》,载《法学研究》1996年第6期。
③ 参见《晋书·刘颂传》,载房玄龄等:《晋书》,第五册,中华书局1974年版,第1293—1309页。

刘颂所谈的"大制",最主要的是封建制。刘颂认为因时地之宜学习周代封邦建国的封建制,可让晋王朝长治久安。"故善为天下者,任势而不任人。任势者,诸侯是也;任人者,郡县是也。郡县之察,小政理而大势危;诸侯为邦,近多违而远虑固。"具体到当时,刘颂主张要给予各诸侯王更大的权力,比如庆赏刑断等,这样让诸侯有更大的安全感,一旦朝廷有事,他们就能更好地拱卫朝廷;由此,就能很大程度上避免朝廷权臣擅权行私。事实上,后来不久爆发的八王之乱即证明刘颂的具体设想行不通,但刘颂"早创大制"的主张仍不失为远见卓识。比如他讲的朝廷施政,须注意"振领总纲"三条:"凡政欲静,静在息役,息役在无为。仓廪欲实,实在利农,利农在平籴。为政欲著信,著信在简贤,简贤在官久……此三者既举,虽未足以厚化,然可以为安有余矣。"①

刘颂认为,法是"人君所与天下共者"②,而非其一人所私。因此立法之时要汲取历代的经验教训,很重要的一条就是纲举网疏,即抓大放小,"故善为政者纲举而网疏,纲举则所罗者广,网疏则小必漏。所罗者广则为政不苛,此为政之要也。"③

刘颂关注的重点在司法。他提出了帝制中国司法应有的三个层次,即"主者守文""大臣释滞"和"人主权断"。他讲:"又君臣之分,各有所司。法欲必奉,故令主者守文;理有穷塞,故使大臣释滞;事有时宜,故人主权断。"下面对这三层逐一予以阐释:

"主者守文",指的是关于具体案件的审断,各级司法官吏必须严格依照成文律令办事,"死生以之,不敢错思于成制之外以差轻重"。只有如此,才能维护法令的权威,避免各级官吏坏法行私。因此,他极力反对当时颇为流行的"看人设教""随时之宜"的主张。他认为,这些主张都是立法原则,而非司法原则。"看人设教,制法之谓也;又曰'随时之宜',当务之谓也。然则看人随时,在大量也,而制其法。法轨既定,则行之。行之信如四时,执之坚如金石,群吏岂得在成制之内,复称随时之宜,傍引看人设教,以乱政典哉?"这即是说,"看人""随时"指的是在立法时,要充分度量民情与时势。所以,法在"始制之初固已看人而随时矣"。如果在法已经制定出来以后,发现它"未尽当",那应该修改法律;如果法没什么问题,各级官员就必须严格执行法律。"看人""随时"绝对不能成为各级官吏执法时规避法律的借口。各级官吏"皆以律令从事,然后法信于下,人听不惑,吏不

---

① 《晋书·刘颂传》。
② 《晋书·刑法志》。
③ 《晋书·刘颂传》。

容奸,可以言政。人主轨斯格以责群下,大臣、小吏各守其局,则法一矣"。也就是说,"主者守文"是法制统一的必要前提。

"大臣释滞"指的是在审理成文律令没有明确规定的案件中,即"事无正据,名例不及",严格适用成文法的各级官吏就无从裁断了,这时应当由"大臣论当,以释不滞,则事无阂"。这就是说,法律没有明文规定之时的法律解释权应由朝廷的"大臣"来行使,不应由各级执法官员所得擅专。

"人主权断"指的是有些特殊情况,要进行超越法律的"非常之断,出法赏罚",则非各级官吏乃至大臣的权限,"唯人主专之,非奉职之臣所得拟议"。在刘颂看来,将此种"权断"的专属权仅限于"人主",则法外徇私的问题就有望得到大面积的遏制,有助于发挥法律整齐划一的职能,"然后情求旁请之迹绝,似是而非之奏塞,此盖齐法之大准也"。但凡事利之所在,弊亦随之,刘颂更意识到人主也可能据此经常超越法律行事,从而破坏法制的统一性,使得各级官吏和大臣不知其职守所在。有鉴于此,刘颂强调法的公共性,即"夫人君所与天下共者,法也",以此来论证即便贵如人主,其权断的范围是有限的。他直言不讳地批评晋惠帝"陛下为政,每尽善,故事求曲当,则例不得直;尽善,故法不得全"。为什么呢?因为皇帝想"尽善""曲当",下面的执法官员就会在引用和解释法律时投其所好,导致"法多门,令不一",结果"吏不知所守,下不知所避。奸伪者因法之多门,以售其情,所欲浅深,苟断不一,则居上者难以检下,于是事同议异,狱犴不平,有伤于法"。故"人主权断"不可成为"终年施用"的"经制",虽然它在个别问题上,较之援引律令成文更合于人心,有暂时快意之处,但总体效果来看并不理想,"恒得一而失十"。"故小有所得者,必大有所失;近有所漏者,必远有所苞。"作为"谙事识体""善权轻重"的人主,"不以小害大,不以近妨远",遇到想"权断"的事情,"不牵于凡听之所安,必守征文以正例……恒御此心以决断"。

综合"主者守文""大臣释滞"和"人主权断",刘颂概括出传统中国类似于西方罪刑法定主义的一个原则:"又律法断罪,皆当以法律令正文,若无正文,依附名例断之,其正文名例所不及,皆勿论。"①

总之,刘颂的法律思想,特别是他那具有创造性的司法思想,是礼法已然在立法领域有较充分结合之后,在司法领域提出的一个高度总结。之后,帝制中国的诸多司法制度规定,都受到了其思想的影响。

---

① 《晋书·刑法志》所引刘颂上疏,译注可参考周东平主编:《〈晋书·刑法志〉译注》,人民出版社2017年版,第375—412页。

三、正统法律思想的典范:《唐律疏议》的立法思想

东汉灭亡后,儒家知识分子即直接参与法律的制定工作,因此也就更有机会将体现儒家理想的礼糅合到法律条文中去,从而使法律产生了重大的变化,加快了法律儒家化的进程。到《唐律》的制定,"一准乎礼"①,以礼入法,标志着传统法律的儒家化过程基本完成。

现存《唐律疏议》制定于唐高宗永徽年间,以长孙无忌领衔,包括《律》和《疏》两大部分,继承了历代法制和律学的成果,完整体现了正统法律思想对法律制度的影响,并且泽及后世。在《名例》篇律疏中,唐人明确标示了其立法指导思想:把德礼当作是政治教化的根本,刑罚只是推行政治教化的手段;治理国家必须兼用德礼和刑罚,二者不可或缺,如白天与黑夜一起才构成一天,春季与秋季一起才有完整年岁。这种思想,一般称为"礼教立法""礼刑合一"或"礼本刑用"。

其特征大致可归纳为两点:第一,礼和刑虽然都是治理国家所必需的社会规范,但二者的地位并不是平等的,礼是刑的精神真谛,刑的功能是辅助德礼之不足。第二,刑以礼为指导原则,刑律的内容是从德礼中获得价值的。礼不仅高据于刑律之上,且深入于刑律之中,使得礼的规范法律化,形成"出礼入刑"的法律内涵。综合这两点,礼与刑的关系就是"相须而成"地有机结合,即礼的精神已经充分内化于律文之中,礼之所许,律所不禁;礼之所禁,律亦不容。这种礼法结合的法律观即成为正统法律思想的核心内容,集中体现在伦理纲常的法律化和维护社会等级特权这两个方面。

(一)纲常伦理的法律化

纲常伦理就是常说的三纲五常,"三纲"是根据上下、尊卑之序,严格加以界定的三种伦理关系,即君为臣纲、父为子纲和夫为妻纲。这种观念应该说是起源于《韩非子·忠孝》:"臣事君,子事父,妻事夫,三者顺则天下治,三者逆则天下乱。"总结出三纲说的应该是董仲舒,他在《春秋繁露·基义》中云:"天为君而覆露之,地为臣而持载之;阳为夫而生之,阴为妇而助之;春为父而生之,夏为子而养之,秋为死而棺之,冬为痛而丧之。王道之三纲,可求于天。"三纲说定型于东汉章帝时代的《白虎通义·三纲六纪》:"三纲者,何谓也?谓君臣、父子、夫妇也……'君为臣纲,父为子纲,夫为妻纲。'"这种观念,是传统伦理的最重要内容。

---

① 四库全书研究所整理:《钦定四库全书总目(整理本)》,上册,中华书局1997年版,第1101页。

"五常"指的是仁、义、礼、智、信五种德行。《白虎通义·性情》将之称为"五性","五性者何？谓仁、义、礼、智、信也。仁者，不忍也，施生爱人也；义者，宜也，断决得中也；礼者，履也，履道成文也；智者，知也，独见前闻，不惑于事，见微知著也；信者，诚也，专一不移也。"在整个唐律中，体现得最为明显的是三纲，下面分别予以介绍。

君为臣纲乃三纲之首，强调的是忠。为了确保皇帝的权威，《唐律》严格规定：凡是违反"君为臣纲"的，均属罪大恶极，处以最严厉的刑罚。这些犯罪，集中体现在《名例》所载"十恶"中的谋反、谋大逆、谋叛和大不敬等，它们是直接危害皇帝人身、尊严和权力的行为，严重有悖君臣大义。谋反，"谓谋危社稷……为子为臣，惟忠惟孝。乃敢包藏凶慝，将起逆心，规反天常，悖逆人理，故曰谋反"。社稷在古代是君主和朝廷的代称。《唐律疏议·贼盗》根据谋反的不同情节分为三种情况予以严惩：谋反未行，即同真反；谋反已行，而无后果；口陈欲反之言，而无谋反之意，亦无任何行动。谋大逆，"谓谋毁宗庙、山陵及宫阙……此条之人，干纪犯顺，违道悖德，逆莫大焉，故曰大逆"。这是图谋毁坏君主宗庙、先帝陵寝和宫殿的犯罪，将之归入十恶之中，是因为宗庙、山陵和宫阙乃君主权威之神圣象征。谋叛，"谓谋背国从伪……谋背本朝，将投蕃国，或欲翻城从伪，或欲以地外奔"。在传统中国，国是君主之国，谋叛当然直接严重损害到君主的安全。大不敬，"谓盗大祀神御之物、乘舆服御物；盗及伪造御宝；合和御药，误不如本方及封题误；若造御膳，误犯食禁；御幸舟船，误不牢固……责其所犯既大，皆无肃敬之心，故曰大不敬"。

父为子纲是三纲的基础，强调的是孝。自汉以后的中国历代王朝，都标榜要以孝治天下。儒家强调忠孝一体，认为凡忠臣必出于孝子之门。因此，孝的伦理贯穿于君臣、父子、夫妇关系之内，包括皇帝在内的所有人都必须履行孝道。就整部《唐律》观察，父为子纲表现得最为全面和具体。"十恶"中的不孝罪最为典型："谓告言、诅詈祖父母、父母，及祖父母、父母在，别籍、异财，若供养有阙；居父母丧，身自嫁娶，若作乐，释服从吉；闻祖父母、父母丧，匿不举哀；诈称祖父母、父母死……善事父母曰孝。既有违犯，是名不孝。"凡属不孝，唐律都依据情节和危害之轻重，分别予以处罚。

夫为妻纲也是唐律的基本原则。在家庭里，夫妻关系是根本。根据礼的规定，男尊女卑，天经地义；具体在夫妻关系上即是夫为妻纲。唐律中有很多条款即是夫为妻纲的具体化，如夫妻相殴、闻夫丧匿不举哀、居夫丧而嫁、离婚中的七出等。

唐代以后的历代法典,以三纲五常为核心内容的伦理都是最重要的立法根据,上述伦理观念也构成了正统法律思想的核心内容。

(二)维护社会等级特权

传统中国是一个等级社会,这种等级为礼制所认可,并被认为是社会成立的基础。《礼记·乐记》有云:"礼义立,则贵贱等矣。"按照礼学家郑玄的注释:"等,阶级也。"就是说,由礼义即生出社会等级。唐律即按照礼的原则和精神,将臣民划分为许多等级,进而规定各个等级的不同法律地位,赋予其各异的义务。其最著者是贵族、官僚的特权以及良贱之间的差异。

贵族、官僚的特权表现在诸多方面。简言之,他们都可根据其品级分别享有免纳或减轻赋税、徭役、刑罚以及世袭官爵、荫及亲属等特权。这些特权,林林总总,当这些人触犯国法时,唐律规定了议、请、减、赎、官当等减轻或者免除刑罚处罚的规定。议即"八议",指的是包括下列八种人犯了死罪,负责官员不能直接处理,只能开具犯罪事实、所触犯的刑律以及该罪犯的八议具体身份,上奏皇帝,由皇帝交给有关大臣集体议决,议完之后由皇帝最后裁决。一般而言,八议者犯死罪,经"议"之后,都能得到减轻;犯流罪及其以下,确定减一等。但如八议者犯十恶重罪,则不再适用该条予以议减。这八种人是亲(皇帝的亲戚)、故(皇帝的故旧)、贤(有大德行的人)、能(有大才艺的人)、功(有大功勋的人)、贵(职事官三品以上、散官二品以上及爵一品者)、勤(有大勤劳的人)、宾(承先朝之后为国宾者)。"请"指的是皇太子妃大功以上的亲属、应"议"者期以上的亲属及孙以及官爵在五品以上者,犯了死罪须上请皇帝裁定,犯流罪以下可以减一等;但犯十恶,反逆缘坐,杀人,监守内奸、盗、略人,受财枉法等罪的,不适用此律。"减"适用于七品以上官和应"请"者的亲属,犯流罪以下可减一等。"赎"则适用于应"议""请""减"范围内的人和九品以上官,以及七品以上官的祖父母、父母、妻、子孙犯流罪以下的,允许赎罪。"官当"适用于一般官吏犯罪,其规定甚为详细,大致是可用官品抵罪。大致而言,《唐律》规定了一套完整的关于特定身份人犯罪免除或减轻处罚的规定,地位越高,免除刑罚的可能性越大,荫及的亲属范围越广。

除了上述贵族、官僚所享有的特权外,《唐律》还有良贱异法方面的法律规定。良是平民,贱是贱民。平民占社会的绝大多数,贱民包括杂户、官户、部曲、奴婢等。《唐律》明确规定贱民在政治、诉讼和社会生活方方面面的地位都较平民为低。贱民不能应考做官,奴婢没有授田资格,官户和杂户虽可授田,但有严格限制。贱民中又以奴婢地位最低,被视为牛马,"奴婢贱人,律比畜产"(《名例》),"奴婢有价"(《诈伪》)。奴婢没有户籍,在很大程度上可由主人自由处置,"奴婢既同资财,即合由主处分"(《户婚》)。良贱之间禁止通婚,如贱民娶良人女为妻,贱民要被处以杖刑或徒刑;以奴婢冒充良民为夫妻者,加重处罚。在刑罚方面,《唐律》明确规定了良贱之间相犯同罪异罚。良民侵犯贱民,处罚较常人为轻;反之,贱民侵犯良民,处罚则较常人为重。如杀伤罪,主人谋杀奴婢,至多处徒刑一年;而奴婢谋杀主人,不论为首还是为从,一律处斩刑。主人过失杀奴婢,不论罪;而奴婢过失杀主人,则处绞刑。在诉讼方面,唐律依照主从尊卑原则,将部曲和奴婢视为家内卑幼,赋予其容隐义务,不准其告发主人,否则处以绞刑;主人告发奴婢、部曲,即便为诬告,"即同诬告子孙之例,其主不在坐限"(《斗讼》)。

　　总之,作为中华法系的代表性法典的《唐律疏议》,吸收、继承了前代立法、司法等各方面的经验和成果,将正统法律思想的内容基本纳入了法律制度之中。这有利于将正统思想的各个组成部分更好地组合为一个有机的系统,贯彻于司法实践。《唐律疏议》成功完成了正统法律思想的制度化,作为历代正统法律思想的结晶和法制之代表,为后来历代所宗奉。①

四、理学思潮与正统法律思想的强化

(一)宋明理学概述

　　在唐以前盛极一时的律学,说到底不过是儒家经学的一个分支,但是作为儒家经学理论基础的"天人感应""天人合一"等思想毕竟较粗糙,并未随着儒家经义的法典化而同步发展,反而受到佛教、道教和魏晋玄学的冲击和侵袭,长时间出现了衰微之象。按照钱穆先生的说法,"盖儒术衰歇,自晚汉而已然"。②儒家的正统地位出现了危机。到宋代,经前后几代天才理学家的努力,把儒家吸取各家之长并在此基础上创造综合的优点完全发挥出来,产生了更加思辨和哲理化的新儒学——程朱理学和陆王心学,从而不仅保持住且巩固了儒家的正统地位。

　　理学又称道学、宋学、新儒学等,就是在以尽心诚意体认天理的基础上,来探

---

① 关于《唐律疏议》的注释本,现今学界常用的,同时也具有代表性的有华东政法学院古籍整理研究所的七名先生所作的集体译注,即曹漫之主编:《唐律疏议译注》,吉林人民出版社1989年版;刘俊文:《唐律疏议笺解》,上下册,中华书局1996年版;钱大群:《唐律疏义新注》,南京师范大学出版社2007年版。另外戴炎辉教授的《唐律通论》(元照出版公司2010年版)和《唐律各论》(上下册,成文出版社有限公司1988年版)则是以现代刑法学观点对唐律进行解析的代表性著作。

② 钱穆:《国学概论》,商务印书馆1997年版,第193页。

究人、物之理,进而修身、齐家、治国平天下,最终达到赞天地之化育境界的学问。① 所以,理学的主要目的不是使人成为"知识人",而是使人成为"德性人"或者"智慧人"。为什么人理、物理与天理相通? 是因为"理一分殊"。它来源于张载的《西铭》:"故天地之塞,吾其体。天地之帅,吾其性。民吾同胞,物吾与也。"② 后来二程兄弟和朱熹对它进行了集中阐释:理是宇宙万物的基本原理,它是"一";自然现象和人事现象是分殊,是"多"。多由一而生,一因多而成,故曰"理一而分殊"③。朱熹曾借用了禅宗"月映万川"来说明这个道理:月在中天,只是一个;但散落于天下江河湖海之中,则成为"多";且每个江河湖海等见皆是一完整的月,而非月的一部分,即所谓"千江有水千江月"。④

宋明理学大致可分为理学和心学两大派。理学的代表人物有周敦颐、程颐、张载、邵雍,到朱熹集其大成,自元代以降,成为官方学术正宗;心学的代表人物是陆九渊,其思想受到了程颢的影响,到明代王阳明创立致良知之说,表彰陆氏,心学一时风靡天下。

朱熹(1130—1200),字元晦,号晦庵,别称紫阳。宋徽州婺源(今江西婺源县)人。出生于南剑州尤溪(今属福建)。绍兴十八年(1148)举进士,历任泉州同安县主簿、知南康军、提举浙东茶盐公事、充焕章阁待制兼侍讲等。晚年因进谏直言被贬。他一生讲学著述,主要著作收入《晦庵先生朱文公文集》,另编著有《伊洛渊源录》《近思录》《四书章句集注》《诗集传》和《通鉴纲目》等,此外还有黎靖德根据其弟子所记录的言论所编的《朱子语类》。朱熹是理学的集大成者。他对北宋以来的理学发展作了系统研究和整理,以二程学说为中心,吸收了周敦颐、张载和邵雍等北宋理学巨子的思想,是理学之集大成者。由于他生于福建,故他的学派被后人称为"闽学"。他所著的《四书章句集注》在明、清被指定为科举考试的必读教科书,他的注解被作为标准解释。由于官方的努力和理学的传播、承续,他的学说对此后中国传统社会有深刻的影响,并传至东亚其他国家。

自宋代已降,君主专制体制日渐强化,到明太祖废相,更将君主专制推向极

---

① 台湾学者黄彰健先生对理学下的定义虽深奥但更准确:"理学是教人致诚以尽其具于心之仁义礼智之天理,以研究人之理、物之理,使人的行为合于仁义礼智,合于理,使人意诚心正身修,能齐家治国平天下,能赞天地之化育,以与天地参的一种学问。"(黄彰健:《理学的定义、范围及其理论结构》,载《大陆杂志》第50卷第1期;转引自韦政通:《中国哲学辞典》,吉林出版集团2009年版,第527页)
② 《张载集》,章锡琛点校,中华书局1978年版,第62页。
③ 语见程颐:《答杨时论西铭书》,载《二程集》,王孝鱼点校,中华书局1981年版,第609页。
④ 朱熹借用"一月普现一切水,一切水月一月摄"及"月映万川"进行的阐说,可参见黎靖德编:《朱子语类》卷一八、卷九四。禅宗偈语"千江有水千江月"见赜藏主编集:《古尊宿语录》,萧䔥父、吕有祥点校,中华书局1994年版,第722、786页。

端;且其父子皆以惨刻之风治国理政,威胁臣民,肆其淫虐之毒。继体诸君,多相沿不改。故有明一代,苛政弊政为历代统一王朝所不及。官方推崇的程朱理学日渐教条化,加以八股取士,束缚了读书人的思想;诏狱廷杖,摧折士大夫之人格。在这一大背景下,自宋代发端,以程颢、陆九渊为代表的心学,到了明代中期王阳明的手里,更为发扬光大。王阳明因对庙堂的深深失望甚至绝望,于万死千难中,悟出了知行合一、致良知为核心理念的心学体系。经其后学,尤其是泰州学派的传播而风行天下,影响明清之际的思想界甚大。王阳明以每个人内在的良知作为判断是非的标准,促进了个体的自觉和思想的解放。他曾明确讲:"夫学贵得之心,求之于心而非也,虽其言之出于孔子,不敢以为是也,而况其未及孔子者乎!求之于心而是也,虽其言之出于庸常,不敢以为非也,而况其出于孔子者乎……夫道,天下之公道也;学,天下之公学也,非朱子可得而私也,非孔子可得而私也。"①影响所及,在一定程度上缓解了纲常名教的僵化教条及其严酷性,同时也极大地冲击了对包括法制在内的外在规范。王学末流中的一些人放荡不羁,以处于礼法之外而自得。另外,王阳明因对庙堂行道的失望,而将注意力转向民间,以宗族、乡党等社会关系为基础,以族田、义田等为物质载体,通过发展民间宗教崇拜、撰修族谱、制定家法族规和乡规民约等手段,贯彻其"觉民行道"之使命。通过王学中人的努力,促进了家法族规等民间"自治"规约的发达。

理学、心学纳释、道入儒的做法使儒家思想巩固了统治地位,并从佛教和道教那里争取了大批信徒,而且能够深入社会底层,在更广泛的范围内支配着人们的思想。所以"五四"运动提出"打倒孔家店"的口号,以冲破其思想束缚。

(二)宋明理学对正统法律思想的影响

宋明理学作为帝制中国后期长达六七百年的主导思想,对正统法律思想当然也产生了重要影响,主要表现在:第一,完成了正统法律思想的哲理化论证;第二,对儒家人性理论有所发展,更充分地论证了德教和刑罚之间的关系。

理学思想一个很重要的特征是其精微彻底:"一事之是非,必穷至无可复穷之处,而始可谓定。"②他们所肯认的"理",是贯通天地人乃至幽冥世界的主宰。有人问伊川先生(程颐):"人有言:'尽人道谓之仁,尽天道谓之圣。'此语如何?"伊川先生是这样回答的:"此语固无病,然措意未是。安有知人道而不知天道者乎?道一也,岂人道自是人道,天道自是天道?……岂有通天地而不通人者

---

① 王阳明:《答罗整庵少宰书》,载《传习录》卷中。
② 吕思勉:《理学纲要》,商务印书馆2015年版,第180页。

哉？……天地人只一道也。才通其一，则余皆通。如后人解《易》，言乾天道也，坤地道也，便是乱道。语其体，则天尊地卑；如论其道，岂有异哉？"①明道先生（程颢）说得更简洁有力："天人本无二，不必言合。"②这对之前儒家所强调的"天人合一"是一种超越。既然宇宙之中，"理"只是这一个"理"，"道"只是这一个"道"，那作为传统法律思想基础的伦常观念自然统摄于这个"理"或"道"。这就把它上升到了本体论的高度，因此更具正当性和权威性。按照张载《西铭》的说法，每个人都是天地之子女，所有的百姓都是我的同胞，万物皆是我的朋友，君主是天地之嫡长子，大臣则是帮助嫡长子的管家，忠孝也就成了天经地义的"理"。推而广之，君臣有君臣之理，那就是君仁臣敬；父子有父子之理，那就是父慈子孝。经过如此论证之后，纲常伦理就有了空前坚实的理论基础。

理学家还发展了作为正统法律思想之基础的人性论。我们知道，孔子认为人是"性相近，习相远也"③；孟子言性善；荀子道性恶；董仲舒讲性三品。但一则强调直觉体认，一则强调经验层面的归纳，谁也不能说服谁。到了理学家这里，则大大发展了儒家的人性论，认为性既有理的体现，但同时也包含了两个不能分开的部分：天命之性和气质之性。其中，只有天命之性才是天理之体现；气质之性是因人而异，兼具善恶。这不仅把前此儒家关于人性矛盾冲突的说法重新统一了起来，而且因为变化气质之故，更突出了教化和刑罚的必要性。

既然儒家伦理纲常是天理的集中体现，人又有不同于天理之气质之性的存在，导致人有违犯伦理纲常的恶行，因此需要变化气质。变化气质虽主要靠内在的自省、慎独等为学的功夫来实现，但光凭此种自觉修养有时是不够的，还要外在的砥砺，那就是为政者主导的教化和刑罚。在这里，尽管从儒家的整体思路上讲，教化和刑罚有先后主次之别，但在理学家的论证层面上，则进一步模糊了这种先后主次之间的关系。反映在法律思想上，就是从"德主刑辅"到"明刑弼教"的微妙变化，这在朱熹等人的法律思想中有所体现。"明刑弼教"一词，来源于《尚书·大禹谟》"明于五刑，以弼五教"，经后人概括为"明刑弼教"④。今本《大禹谟》属于《伪古文尚书》，为魏晋人所作。这表明，在魏晋时期，就已经出现了较为成熟的"明刑弼教"思想。从字面上看，"明刑弼教"与"德主刑辅"没有什么实质

---

① 《二程集》，王孝鱼点校，中华书局1981年版，第182—183页。
② 同上书，第81页。
③ 《论语·阳货》。
④ 例如唐代张说《起义堂颂》谓"天辅皋繇，明刑弼教"，载《唐文粹》卷一九上。朱熹是"明刑弼教"论的重要阐发者。

性差别,但具体分析可知:"德主刑辅"的重点是德主,是要强调教化,一般与轻刑之主张联系在一起;"明刑弼教"的重点是明刑,强调的是刑罚对于教化的必要性和前提条件,往往和重刑政策联系在一起。到明初,朱元璋即以"明刑弼教"作为他推行严刑峻法的指导思想。

总之,理学对宋明法律思想产生了较大影响,一方面为儒家纲常伦理进行了本体论上的证明,增加了其正当性和权威;另一方面是在发展儒家固有人性论的基础上为局部调整德教和刑罚之间的关系提供了理论依据。

第三节　正统法律思想的特点

在中国法律思想史上,正统法律思想长期占据着统治地位,但它的思想渊源可以上溯到商周时期的天命神权和"礼治"思想,接着在政治和法制实践中融合了先秦各家思想。其中,儒、法两家的思想最为重要。先秦儒家中孔子强调以德治国,非常推崇道德的感化力;孟子以仁政为其思想的核心,认为只有仁者才适合处于高位。这些思想都为解决德刑关系问题提供了主要的依据。儒学诸家都强调贤人政治,认为人的作用极为重要。荀子着重比较了人与法的作用,提出"有治人,无治法"①。这种根深蒂固的人治观念对正统法律思想产生了深刻的影响。儒家又普遍重视礼。礼的核心精神是亲亲、尊尊的"有别"。这种家族伦理和社会等级的观念,对后代的法律思想有根本性的指导意义。

正统法律思想中对法家的继承主要表现在对专制君权的绝对化和特殊保护。在先秦儒家中,孔子提倡君臣关系的相对性,"君使臣以礼,臣事君以忠"②;孟子则进一步发展了这一相对性。先秦儒家尽管也强调立法的权力属于中央,要求礼乐征伐自天子出,但在君臣关系上与法家不同,尤其是孟子思想中,君主并没有绝对专制的地位。而法家中韩非子的所有政治主张,则都是以君主专制的中央集权为根本出发点和归宿的。他宣扬君主利用法、势、术等各种手段控

---

① 《荀子·君道》。
② 《论语·八佾》。

制、驾驭臣下,君主的地位、尊严和利益至高无上。君主要掌握赏罚的大权,不可以假手于臣下。韩非特别反对将相大臣把君主的事放在后而专务增强私家的势力。在君臣关系上,他认为:"所谓贤臣者,能明法辟、治官职以戴其君者也。"①这样的下属,只不过是些唯君主之命是从的统治工具。此外,法家所宣扬的官僚等级制度,所主张的父子、夫妻关系,与儒家提倡的礼的等差性,共同影响了正统法律思想中法有差等的特色。

除先秦的儒、法思想家以外,正统法律思想中还有来自其他学派的成分。在其形成时期,阴阳五行家的思想体系为之提供了理论的框架和包装。这一学派中的时令观成为后世司法时令说的重要渊源之一。

从正统法律思想的流变来说,自近代以来,虽因西方法律和法学的输入与引进,使儒家法律思想一统天下的局面被打破,但正统法律思想在整个近代社会仍然起了很大作用,并渗透到近代法思想的各个领域。从近代各派法律思想中我们都能找到正统法律思想的影子。所以正统法律思想的特点也可以说是除马克思主义法学外,整个中国法律思想的特点。

从上述正统法律思想的渊源和流变可以看出,正统法律思想自其确立时始,一直支配着中国传统社会的立法、司法活动,而且对自近代以来的第二次社会大转型期中的法律思想产生了或将要继续产生重大的影响。正是因为正统法律思想的支配和影响,帝制时期的法律思想家对法律、特别是对法理的探讨和分析,多不能超越纲常名教的束缚,所以造成春秋战国这个社会转型期得到重大发展的法学理论探讨得不到继续,以致逐渐僵化而一蹶不振。这种支配和影响同时也就是正统法律思想的特点,主要表现在以下两个方面:

一、通过法制来治官治吏以维护君主的权威

自秦统一六国,确立专制主义中央集权的政治体制起,这一机制就成为中国此后两千多年政治生活的基础,并在历代以不同的形式加以强化。与这种政治体制相适应,维护专制君主的权威,也就成为正统法律思想的重要宗旨。在君主与臣下的关系上,君为臣纲成为指导性的根本原则。

虽然从西汉中期开始,随着正统思想的形成,神权法思想有所复兴,但神权的主要目的是为了神化皇权。中国古代在君主专制统治下,不可能像西方中世纪那样产生与王权对立乃至凌驾于王权之上的神权。而且儒家正统思想中既已

---

① 《韩非子·忠孝》。

包含神权,也就无须在儒家之外另有与皇权直接结合的宗教。与此同时,影响中国传统法律思想甚深的宗法思想也是维护皇权的"家天下",因而皇帝所钦定的各种法令,从其渊源来说,也就是"一家之法"①。

由于皇权至上,古代法律对于皇权进行了无微不至的保护。如自古以来就有关于"君亲无将,将而诛焉"②一类腹诽罪的规定。后来《唐律》所列"十恶"大罪中,直接触犯皇权的就有"谋反""谋大逆"和"大不敬"等三项。甚至历代还有不少因犯"觖望""腹诽""非所宜言"等莫须有罪而被处死、夷族,遭遇文字狱者。这种皇权至上思想,长期支配着立法和司法活动。

自秦始皇统一天下建立了皇帝专制制度、推行郡县制代替了封建制以后,中国即进入帝制时期。这段时间长达两千多年之久,直到辛亥革命推翻帝制才告一段落。在帝制中国,君主把权力集中到自己手上,但是地域辽阔、郡县众多的天下,君主一个人是治理不过来的。接受君主的委任而去管理天下的郡守、县令等官僚集团,终于取代血缘贵族,挑起治民的重任。因此,法家为君主管理国家而设计的法治,所谓"明主治吏不治民"③,切合了帝制中国皇帝集权的需要。

但是,官并不好治,因为他们是有能有才的人,可能还是野心家,时刻在窥视皇帝的宝座。法家提出了治吏的理论,也有一些制度设计,但是还来不及进行完整的制度设计。帝制中国历代君臣经斟酌损益,反复试验改进,建立了一套完整的依法治吏的制度体系。该体系主要包括三个方面的内容:一是官员的选任,二是官员的任职,三是官员的监督。

在官员的选任上,从战国开始到清朝为止,大体是按照这样一条线索进行的:军功、养士→察举(荐举)→九品中正制→科举制。官员选任是在官员任职之前,将贤能之人选拔到相应的官位上,尽可能达到朝无幸位、野无遗贤的理想,并防患于未然。

将贤能选拔为官吏,这些贤能居官之后,固可凭借其贤能更好地理政,却也可凭借其贤能枉法营私,乃至谋反、谋逆,取君主而代之。臣下谋朝篡位,是君主们最关注的问题,而这类事件在中国古代亦可谓史不绝书。如何让这些贤能之官吏既能发挥其治国平天下之长才,又不至于威胁皇权?传统中国法制主要在任职和监督这两个方面想办法。

官员通过考试等方式从吏部等主管机构获得正式资格后,一般即开始入仕。

---

① 《明夷待访录·原法》,参见本书第八章第一节。
② 《公羊传·昭公三十二年》。
③ 《韩非子·外储说右下》。

官员之任职法规是对官员在任期间的正面约束,最为重要,在历代法制中条目最多。法家一再强调,"守法者,臣也"①。为了将这一重要思想制度化,从秦汉起,法律就有官员必须守法的严格规定。西晋刘颂强调"宜立格为限,使主者守文,死生以之,不敢错思于成制之外,以差轻重,则法恒全"。要求各级官吏"律法断罪,皆当以法律令正文,若无正文,依附名例断之,其正文名例所不及,皆勿论。法吏以上,所执不同,得为异议,如律之文,守法之官,唯当奉用律令。"②《唐律疏议》是中国历史上完整保存下来的第一部法典,也是中华法系传世法典中的代表作。它总共502条,其中直接规范官吏的条文占条文总数的54.6%。其他的条文,除了一些纯技术或程式方面的条文外,其他的规范对象多是"民",或者是包括官吏在内的所有民众——即便是这些重在规范"民"的条文,也需要官吏的行为才有实现的可能。因此,如何"治吏"是《唐律疏议》的首要关切所在。在唐代,律只是整个庞大法律体系的一部分,尽管它是最重要的一部分。《新唐书·刑法志》"序"云:"唐之刑书有四,曰:律、令、格、式。令者,尊卑贵贱之等数,国家之制度也。格者,百官有司之所常行之事也。式者,其所常守之法也。"从这段引文得知,律之外的"格"和"式",全是针对官吏所立之法;作为国家制度的"令",也与官吏直接相关。通观整个唐代庞大的法律体系,其中最重要的是对官吏的规范和管理,也就是如何"治吏"。自唐以降直到清朝的各朝,虽然典制迭有兴革,但基本精神和制度仍是一以贯之,直到清朝。

帝制中国有极其完密的官制设置,明清时期的刑律里有"滥设官吏"罪,明确规定"凡内外各衙门,官有额定员数",如果因人或其他原因"而多余添设者",主管官吏须负法律责任,根据其严重程度分别被处以杖刑或徒刑。③ 对于每个官职的权责以及没能适当履行这些权责所应受的处罚,明清代律例也都有具体的规定。到清代,经历朝斟酌损益,相关规定最为完备,卷帙浩繁的《钦定六部处分则例》为其著者。以光绪十三年重修版本为例,全书50卷,涉及公式、降罚、升选、举劾、考绩、赴任、离任、本章、印信、旷职、营私等官员任职和吏户礼兵刑工各项要政,故时人有这样的认识:"官守确有定章,功令无能稍贷,所以严文职考成者,莫如《吏部处分则例》一书。出治者不读是书,而无所遵循;佐其出治者不读是书,而无所引用。"《吏部处分则例》一书,专言文职考成,其间权衡轻重,斟酌宽严。同一事也,而有承、督之分;同一罪也,而有公、私之别。头绪虽繁,其理一

---

① 《管子·任法》。
② 《晋书·刑法志》。
③ 《中华传世法典:大明律》,怀效锋点校,法律出版社1999年版,第31页。

贯。使非深思熟习，出而从政，以求勉于无过，难矣。出而佐治，以求钱谷兵刑，事事不离乎绳墨而无愧于心，不更难乎？"①

总之，帝制中国的各朝各代都力图制定详密的规则，强化对各级官吏任职之管理，力图保证各级官吏能按照朝廷指令忠实执法，合格牧民，最终达到稳固皇权统治之目标。治吏的成文规范越来越严密细化、处罚越来越重，恰与君主专制逐渐登峰造极的走向相吻合，其内在的原因就在于此。

对官员的监督是"治吏"之法的重要组成部分。中国自秦朝开始，即逐渐形成了较为完备的监察制度，主要有三部分：御史纠察，言官谏诤，地方监察。其中，言官谏诤主要是面对皇帝之举措，根据君道提出劝谏。从理论上说，御史纠察和地方监察有其职能上的分工，前者主要监察中央官员，后者侧重地方官员。历朝历代在制度设计上，有时二者职能分化比较明确，有时则比较含混，但无论如何，这两种职能都存在。官员监察侧重在惩办于事后。

监察制度的精髓正是"治吏"。第一，当朝廷中有权臣出现时，这类权臣非常讨厌监察队伍中的人从君臣关系角度来提醒君主防微杜渐，总想办法要削弱监察的力量，或者将监察机构和人员控制在自己手里，或者改变监察制度，将其权力架空。监察制度就是作为君主整饬吏治、端正官方的重要工具，而为权奸所忌。第二，不管具体制度设计如何，监察制度本质上是官官相察：如果君主信任朝官，就用他们来监察外官；如果信任亲近小官，就让他们来监察疏远大官。君主与臣下的信任又非一成不变，如何能保证君主现在信任的官员在将来还值得信任呢？那还要在制度上想办法。如此一来，皇帝对监察官员的控制和任用的问题就更显得重要了。历朝历代都想了些办法，设计了一些制度来保证监察官员的忠诚。总之，监察制度与君主专制政体相始终的历史事实，充分证明了它既因君主要治吏而生，实际上也起到了代君主耳目以治吏的效果。

法家之"法治"重在使民朴，使吏驯，这为历代皇帝所必需，一直能受到帝王们的青睐。历代皆力图统一法令，一个很重要的考虑就是防止官吏胡作非为以凌民。否则"法启二门，则吏多威福"②。统一法令则有助于"吏民安其职业"③，从而也就减轻了专制君主的顾虑。《淮南子·主术训》道出了个中真谛："其立君

---

① 文孚纂修：《钦定六部处分则例》，光绪十三年奉吏部重修颁行，光绪十八年上海图书集成印书局本，见沈云龙主编：《近代中国史料丛刊》第三十四辑，文海出版社1969年影印版，第3—5页。
② 《魏书·出帝纪》。
③ 《魏书·刑罚志》。陈寅恪引此句"民"下有"各"字，见氏著：《隋唐制度渊源略论稿·唐代政治史述论稿》，生活·读书·新知三联书店2001年版，第119页。

也,所以剬有司,使无专行也。"研究传统官僚政治的王亚南也看到这一点,他讲:在秦汉以后的帝制社会,皇帝的"所谓寝食不安,所谓宵衣旰食,在天下已定或大定之后,主要还不是为了对付人民,而是为了对付臣属哩"!① 综上所述,帝制中国时期立法创制背后一个很重要的思想依据就是从皇帝需要的角度出发,如何更好地规范官员们的言行,即"治官治吏",以达到维护皇权专制之目的。

二、儒家思想法律化

宗法体现家族内部的等级秩序,官僚特权体现社会生活中的等级秩序,二者是传统礼制中亲亲、尊尊思想的进一步发展。儒家不仅推崇宗法制度,而且更为家国一体结构进行论证,这就是其修身、齐家、治国、平天下的内圣外王之道。

即便在先秦为反对贵族世袭制而对宗法思想有所冲击的法家,也没有一般地否定宗法。甚至最蔑视宗法伦理道德的韩非还是认为:"臣事君、子事父、妻事父,三者顺则天下治,三者逆则天下乱。此天下之常道也。"② 在刑法上,法家虽然反对亲属容隐,但又主张族诛连坐,同样是以家属负连带责任为前提的。与此同时,法家还主张赋予家长以管辖、支配和惩罚家属的权力。

到汉武帝实行"罢黜百家、独尊儒术"之后,儒家的"亲亲"思想被归纳为家族内部的父为子纲、夫为妻纲原则。这些原则经过历代政权的提倡,具有了天经地义的正当性,它通过儒家思想法律化的途径,将家族中的每个成员都纳入与其身份密切相关的法律框架内,从而赋予其不同的法律地位。如法律规定,发生于亲属之间的犯罪,对于人身犯罪,以尊犯卑的,关系越亲则刑罚越轻;以卑犯尊的,关系越亲则处刑越重;而相互侵犯财产的,关系越亲则刑罚越轻。

秦汉以后,虽然各级官吏基本上已由皇帝直接任免,不再按宗法关系进行世袭,但统治者一方面仍把国家看成是家族的扩大,另一方面又把维护家长、族长的宗法统治看成是巩固君主专制国家政权的基础。先秦儒家的格言"国之本在家"③成为历代统治者所恪守的治道。在"三纲"中,父权和夫权是直接受宗法的影响,而且皇权以及神化皇权的神权也是以人间、天上最高家长的身份来统治臣民的。西汉末年的鲍宣就曾对汉哀帝说:"天下乃皇天之天下也,陛下上为皇天子,下为黎庶父母。"④《唐律疏议·名例疏》也指出:"王者居宸极之至尊,奉上天

---

① 王亚南:《中国官僚政治研究》,中国社会科学出版社1981年版,第63页。
② 《韩非子·忠孝》。
③ 《孟子·离娄上》。
④ 《汉书·王贡两龚鲍传》。

之宝命","作兆庶之父母"。上行下效,所以各级理民官直至县令、县长均被称为父母官。

宗法思想的核心是维护家长制下的"孝"。在三代就开始把"不孝不友"视为罪大恶极的"元恶大憝",要"刑兹无赦"。① 后来的儒家专门写有《孝经》,其《五刑》章便说:"五刑之属三千,而罪莫大于不孝。"历代皇帝无不宣称要以孝道治天下,不孝则是十恶不赦的大罪。不但如此,在"十恶"中属于维护宗法方面的条款竟占一半左右。宋代以降还广泛流行各种家法族规,以补国法之不足。

孝道作为历代法律思想家一致公认的基本原则,更与对皇帝的"忠"连在一起,是所谓"求忠臣必出于孝子之门"②。统治者一方面赋予家族尊长较大的权力,使其对维护家族和睦负起相当的责任,并且承担教化子弟的义务;另一方面,对重大犯罪采取家族连带责任原则,如对一些政治性犯罪的连坐规定,使家族在某些情况下成为承担刑事责任的完整单位。宗法主义是以家族为本位的中华法系的一个基本特征。

官僚的等级特权是君权的派生物。官僚因为其特殊的政治身份而享有被优待的特权,不适用普通的司法手段和方式。从先秦时代的不亲自参加诉讼活动,到后来《周礼》中的"八辟"③之制,再到《礼记》和贾谊倡导的刑不上大夫(主要指肉刑以及普通的行刑方式),直至将议、请、减、赎、当等对官员的特殊待遇列于典章。官僚的特权还表现在,官员与官员之间、官员与普通人之间相互侵犯,基于其身份不同,相应产生的法律后果也不相同。这种不平等的特权法,源远流长,根深蒂固。

儒家思想法律化的过程非常漫长,从秦始皇统一天下建立帝制即缓慢开始,到汉武帝尊儒术之后加速发展。历经两汉魏晋南北朝到唐代,才基本完成。《唐律疏议》就是法家治官治吏和儒家纲常伦理思想妥当结合的产物。

儒家思想对法律条文的影响更多的表现在皇帝及其官吏如何临民这个问题上,当然也有部分体现在儒家思想对官吏的各种约束之中。但无论如何,历代帝王最关注的如何"治吏"这个问题之解决,在制度上所确立的非常细密的法规则,主要还是法家思想影响之产物。在中国传统法制里面,儒家之影响仅是其中的一部分,法家以"治吏"为核心的"法治"传统更是治官传统法制的核心理念。

---

① 《尚书·康诰》。
② 文天祥:《瑞山康氏族谱序》,载曾枣庄、刘琳主编:《全宋文》,第三百五十九册,上海辞书出版社、安徽教育出版社 2006 年版,第 101 页。
③ 《周礼·小司寇》。

在这个意义上,传统中国法律思想的主干可说是"外儒内法"或者"儒法结合"的。

综上所述,自西汉中期以来一直延续至19世纪末20世纪初的正统法律思想,是在儒家不断自我革新的基础上,吸收了不同时期的其他学说(主要是法家,也包括道家、阴阳家和后来的佛道二教)合理因素的产物,具有维护君权、父权和等级特权,主张德主刑辅或明刑弼教,提倡礼治、德治、人治和刑治,讲究经权结合,遵循重义轻利原则等主要特点。它对传统中国的法律和司法制度产生了很深刻的影响,且并未随着传统法制的解体而完全退出历史舞台。直到今天,它的各个组成部分仍然在不同程度上影响着我们的法律思维和观念。

参考阅读材料

《春秋繁露·实性》

董仲舒

孔子曰:"名不正,则言不顺。"今谓性已善,不几于无教而如其自然,又不顺于为政之道矣;且名者性之实,实者性之质,质无教之时,何遽能善?善如米,性如禾,禾虽出米,而禾未可谓米也;性虽出善,而性未可谓善也。米与善,人之继天而成于外也,非在天所为之内也;天所为,有所至而止,止之内谓之天,止之外谓之王教。王教在性外,而性不得不遂,故曰:性有善质,而未能为善也。岂敢美辞,其实然也。天之所为,止于茧麻与禾,以麻为布,以茧为丝,以米为饭,以性为善,此皆圣人所继天而进也,非情性质朴之能至也,故不可谓性。正朝夕者视北辰,正嫌疑者视圣人。圣人之所名,天下以为正。今按圣人言中,本无性善名,而有"善人,吾不得见之矣"。使万民之性皆已能善,善人者何为不见也?观孔子言此之意,以为善甚难当。而孟子以为万民性皆能当之,过矣。圣人之性,不可以名性;斗筲之性,又不可以名性;名性者,中民之性。中民之性,如茧如卵,卵待覆二十日,而后能为雏;茧待缫以涫汤,而后能为丝;性待渐于教训,而后能为善。善,教训之所然也,非质朴之所能至也,故不谓性。性者,宜知名矣,无所待而起,生而所自有也。善所自有,则教训已非性也。是以米出于粟,而粟不可谓米;玉出于璞,而璞不可谓玉;善出于性,而性不可谓善……性者,天质之朴也,善者,王教之化也;无其质,则王教不能化,无其王教,则质朴不能善。质而不以善性,其名不正,故不受也。

【讨论思考题】

1. 儒家法律学说为什么会成为中国正统法律思想的主要部分？这一结果是必然还是偶然？
2. 如何评价春秋决狱？它对中国正统法律思想的形成起了什么样的作用？
3. 试分析中国正统法律思想与君权的关系。
4. 宋明理学对正统法律思想有哪些重要影响？

第八章　明清之际思想家的法律思想

第一节　黄宗羲的法律思想
第二节　王夫之的法律思想

明代中后期,政治、经济、思想各领域都在其长期积聚的基础上或酝酿或进行着新的变化。政治上,君主专制政体显示出它自身无法克服的弊端,终于引发明末农民起义,以至清兵入关,明王朝的统治被彻底地摧毁。这些历史背景和社会剧变令那些对故国怀有深厚感情的思想家们痛切骨髓,由此引发他们对政治、国家和法律的思考。这些思想家们有着相似的人生经历:都身遭国变,投入复国的抵抗运动中,及至复国失败,则对明亡的历史进行了系统深入的总结。他们在关乎国计民生的政治、法律等重大问题上有一致看法,但是对具体问题又往往各抒己见,其结论各有特色。

在明清之际那个天崩地裂的时代,思想家们对明亡的历史经验教训进行了总结。此种总结,明显不同于司马光等人在《资治通鉴》中所做的那般,单纯寻求历代治乱得失,而是对几千年来的君主政体和法律制度进行了思考,提出了自己的看法,在几千年传统思想的笼罩之下为中国思想界露出了一丝亮色。

第一节 黄宗羲的法律思想

黄宗羲(1610—1695),字太冲,号南雷,浙江余姚人,世称梨洲先生。在明末清初的思想家中,其思想鲜明而锐利、地位较突出。他一生经历了明清改朝换代,这对其思想产生了重要影响。他的父亲黄遵素是"东林"名士,后因弹劾魏忠贤而被下狱致死。黄宗羲谨遵庭训,自小就养成勇于抗争的精神,19岁时袖藏长锥入都讼冤,为父报仇。后师从刘宗周,又曾参加"复社",中年时正值清兵南下,他召募义兵进行抵抗。明亡后拒绝清廷征召,隐居著述,终其一生。著有《宋元学案》《明儒学案》《明夷待访录》《南雷文案》《南雷文定》《南雷文约》等。①

《明夷待访录》是集中体现其法律思想的著作。所谓"明夷",是《易经》第三

---

① 黄宗羲先生法律思想最集中的著作为《明夷待访录》(中华书局1981年版),欲进一步了解黄宗羲先生的思想可参见《黄梨洲文集》(中华书局1959年版)。

十六卦的卦名。朱熹的《周易本义》中的《分宫卦象次序》歌又称之为"地火明夷"。该卦离下坤上,卦辞称之"利艰贞",象传以为"内难而正其志"。象传则说:"明入地中。明夷,君子以莅众,用晦而明。""明"即是太阳(离),"夷"是损伤之意。从卦象上看,太阳处"坤"即大地之下,是光明消失,黑暗来临的情况。这暗含作者对当时黑暗社会的愤懑和批判,更是对太阳再度升起照临天下的希盼。简言之,作者自己期许该书为拨乱反治必读书。该书始作于1662年,时黄宗羲53岁。是年,永历帝被吴三桂抓获殉国,黄宗羲闻此噩耗,知兴复无望,故著此书,于中国传统政治法律制度的弊害痛切言之,留待后之复国者所用,至次年完成。全书分13个题目,始于《原君》,终于《奄宦》,共21篇。其中有些篇目,如论兵制、田制等内容,主要系针对晚明弊端而发,由于古今时势巨变,其在史学上的参考文献价值居多。但《原君》《原臣》《原法》诸篇,尤其是《原法》篇,具有很高的政治法律思想价值。顾炎武在通信中对此书推崇备至,说"读之再三,于是知天下之未尝无人,百王之敝可以复起,而三代之盛可以徐还也"[①]。梁启超称此书"实为刺激青年最有力之兴奋剂"[②]。该书长期被清统治者列入禁毁一类;到晚清,梁启超等人予以大量翻印、传播,使之成为推进中国近代化的重要文献。

一、抨击君主专制和限制君权

中国是一个有深厚君主专制传统的国家,传统法制对谋反、谋大逆、谋叛一类罪行的严惩就是其直接反映。本来在古代文献中,虽有不少反对君主专制的言论,但鼓吹君主专制的论断更多。随着君主专制政体的建立,"尊君卑臣",日甚一日,君主遂在臣民的心目中占有神圣的、根本的地位。《诗经·北山》中就有"溥天之下,莫非王土,率土之滨,莫非王臣"之句,《春秋公羊传·隐公元年》中有"王者无外"之说。从春秋战国到秦汉,儒、法两家虽然有大量根本不同的政治观点,但是在如何确立君主统治的问题上却走到了一起,他们都主张维护最高统治者的地位和尊严,君主专制的正式形成也与儒法合流有着直接的关系。汉代以后,作为统治理论核心内容的"三纲五常",经过董仲舒等人的理论化而被逐渐确立起来,其中"君为臣纲"是最关键的。随着君权神化,君主成了代天总理、代天立言、代天惩罚的半人半神的真龙天子。君主专制统治越发强化,明代更非前朝所及。这是黄宗羲批判君主专制制度的时代背景。

---

① 顾炎武:《顾宁人书》,附载于黄宗羲:《明夷待访录》,中华书局1981年版,第3页。
② 梁启超:《中国近三百年学术史》,东方出版社1996年版,第53页。

(一) 对君主专制的批判和反思

中国传统社会法律自创建初始,其主导价值是服务于君权,以后为历朝所沿袭并予以强化。黄宗羲在《明夷待访录》之《原君》篇中,深刻揭露了"三代"以后传统法律所维护的君主专权对天下的危害:"后之为人君者不然,以为天下利害之权皆出于我。以天下之利尽归于己,以天下之害尽归于人。"皇帝运用手中的权力,任意地宰割人民,"屠毒天下之肝脑,离散天下之子女","敲剥天下之骨髓,离散天下之子女,以奉我一人之淫乐,视为当然"。他在描述历史上君主专权的危害之后,总结出"为天下之大害者,君而已矣"。维护君主的绝对权力正是传统法律的最主要的价值所在,对君主暴行的揭露和批判,触及传统法律的核心价值。

君主大权独揽严重损害了君臣和君民关系。韩非子"明主治吏不治民"的主张被历朝统治者所认可并采纳,因而君臣关系是君主统治赖以顺利推行的最主要方面。君主要利用官吏来管理国家,不得不给予官吏一定的管理权;同时还要牢固地掌握权力,以防止臣下的擅权。结果走到极端:臣下唯君命是从,不能对君主有任何的冒犯,最终导致了官吏活动的僵化。所以黄宗羲讲:"三代以下,天下之是非,一出于朝廷,天子荣之则群趋以为是,天子辱之则群摘以为非。"①大胆地批判了以君主个人的主观好恶为是非曲直的判断标准。由于法律制度对社会具有引导作用,导致在明朝现实社会中,许多"俗儒"一旦出仕,便成为迎合皇帝好恶而没有正义感和不讲道义的小儒。即使君主有错误之处,臣下也不敢指出,"故有明奏疏,吾见其是非甚明也,而不敢明言其是非,或举其小过而遗大恶,或勉以近事而阙于古则,以为事君之道当然"②。结果是,那些"学而优则仕"的儒生,不能治理国家、担当国家大任,使得现实社会中形成奴颜婢膝的风气,可以说这也是导致明朝灭亡的一个原因。本来的君臣关系是怎样的呢?他在《原臣》中也做了一个比喻:君臣之间就好比是共同拉木头之人,"前者唱邪,后者唱许",相互配合才能完成任务。总而言之一句话,"臣之与君,名异而实同"。

君主专权也严重损害了君民关系。君民之间的和谐是国家得以治理的重要保障。在三代以前,人民对君主爱戴有加:"古者天下之人爱戴其君,比之如父,拟之如天,诚不为过也。"③而现今因君主为一家之私利而野蛮专制,导致人民对

---

① 《明夷待访录·学校》。
② 《明夷待访录·奄宦》。
③ 《明夷待访录·原君》。

君主充满怨毒之情。

本来君臣、君民关系应如此,但现有的君臣、君民关系又如彼,那么需要改变自不待言。如何改变呢?就是要限制君权。

(二)限制君权

在猛烈地批判君主专制后,黄宗羲提出的解决方法是限制君权。他限制君权的主张大致有三点:

1. 重相

宰相制度长期以来一直是中国古代政权组织中的重要一环。从秦汉的三公到唐代的三省,再到宋代的二府,宰相起着内议政事、外察百官的重要作用,是君主的臂膀。明太祖朱元璋废宰相,以皇帝直接统辖中央六部,极大强化了君主专制。黄宗羲认为,明代之所以没有出色的政治,正是发端于朱元璋废相,所以他力主恢复设置宰相的制度。他认为,在宰相尚未被废除前,天子传子,宰相传贤,传贤能弥补皇帝世袭带来的天子不贤之缺陷;而废相后这个弥补措施也就不存在了,所谓"宰相既罢,天子之子一不贤,更无与为贤者矣"。秦汉以后,虽然没有了君臣互拜之礼,但君主对宰相还有特殊礼遇,废相后则连对君主的这点束缚也没有了,君主对臣下的态度是"能事我者我贤之,不能事我者我否之",真正是一切尽出己意,结果导致了有明一代的宦官专权。

黄宗羲要恢复的宰相制度并不是旧有的原版。他在《置相》中提出,宰相要能与天子"同议可否",这种主张与同篇所述"是官者,分身之君也"以及前述《原臣》主张的"臣之与君,名异而实同"是一致的。君主与官吏同属天下之"客",是为了兴利除害而存在的。具体说来,即每日宰相、六卿、谏官与天子同殿议政,由一般士人执行具体事务。有奏章进呈时,先由六科给事中禀明宰相,宰相再禀明天子,然后共同商议处置办法。天子和宰相都有批阅奏章的权力,天子不能尽者宰相所批可以直接交付六部执行,不必再进呈天子做最后决断。宰相的办事机构称政事堂,下设各房,对国家的各项事务进行统一管理,力求做到无事不察。①

在中国古代,皇权虽然时常凌驾于法律之上,但是任何朝代的统治都没有放弃法律。恰如沈家本引述纪昀等《四库全书》"政书类法令之属"案语所讲的:"刑

---

① 《明夷待访录·置相》。

为盛世所不能废,而亦盛世所不尚。"①虽然由于当时社会的环境和个人认识的局限,黄宗羲不可能设想通过法律制度来确立权力的相互制约和平衡,但他从现实出发,总结历史经验,以相权制约君权,在当时的君主专制笼罩一切的情况下,已非常可贵。

2. 学校议政

黄宗羲重视学校的作用,认为学校不仅是培养人才的地方,还应该成为反映民意、评议是非的议政机关。汉代就有太学生评议朝政、纠弹谀臣的传统;宋、明以后,某些书院在读书识文之外还关心国家大事和民生疾苦,成为书生议政的重要场所,明代东林书院就是一典型代表。黄宗羲深受东林风气的影响,继承了历史上的"清议"传统。他的根本主张是"公其非是于学校"。君主以为是的未必正确,君主以为非的未必错误,学校有评判是非的最高权力,并且是表达天下百姓的舆论和代表民意参政的机构。

学校可以参与法律和政策的制定,可以监督君主、官吏的执行情况。不但中央的太学拥有议政权,地方郡县的各级学校同样拥有该权力。在中央,天子、公卿每月一次到太学听太学祭酒(即校长)讲学,天子、公卿在祭酒面前就弟子之列,祭酒可以对国家大政的缺失直言无讳。在地方,郡县长官、乡绅也要每月两次集会于学校,听学官讲学,学官对地方政事的缺失,小事直接改正之,大事以公议为准。此外,黄宗羲还对学校的组成、运作进行了周密的考虑,主张以公议的形式推举郡县的"名儒"担任各级学官,推举当世的大儒担任太学的祭酒,学校培养出的人才在合适的国家机关效力等。② 虽然他的学校议政主要是扩大绅权,远非议会政治,但是已经是突破君主专制后向前迈进的重要一步。

3. 地方分治

自秦以后,郡县制代替分封制成为中国地方制度的主流,其本意在于地方服从中央,如身之使臂,但地方权力的过度萎缩也对整个国家和社会产生了负面影响。黄宗羲主张地方要有独立的财权、行政权和军权。

黄宗羲更从是否设立"方镇"的角度探讨了如何看待地方权力的问题。从唐代方镇之乱以后,统治者对方镇基本上持否定的态度,认为"方镇"的存在是对中

---

① 参见沈家本:《法学盛衰说》,载《寄簃文存》,商务印书馆2015年版,第116页。此为纪昀等在《四库全书总目》"政书类法令之属"案语之原文,而四库馆臣在子部法家类的案语中也有一段评价,原文为:"刑名之学,起于周季,其术为圣世所不取。然流览遗篇,兼资法戒……于虞廷钦恤,亦属有裨。"《四库全书》研究所整理:《钦定四库全书总目(整理本)》,上册,中华书局1997年版,第1103、1313页。
② 《明夷待访录·学校》。

央的极大威胁,宋太祖的杯酒释兵权就是一例。黄宗羲认为,唐代虽然有方镇之乱,但是平定叛乱也正是凭借了方镇之力,唐朝的灭亡不是由于方镇势力的强大,而是由于唐末方镇衰微,以至于无法平定后来的黄巢、朱温之乱。①

方镇是中国历史上地方势力的代名词,黄宗羲对它的肯定与他强调地方权力的根本立场不可分,他赞同地方应该有独立于中央的实际权力。这里应该看到,在以皇权为统治权的核心、以中央集权制度为基本统治方式的传统社会,黄宗羲的主张充分反映了他力图改变君主集权制的愿望。

二、以"天下之法"取代"一家之法"

黄宗羲详细比较了"一家之法"和"天下之法",主张以后者取代前者,建立体现天下民众利益、维护天下民众权利的新法律。这对整个正统法制的否定,在一定程度上开启了近代法律理论的先河。

（一）肯定"无法之法",否定"非法之法"

黄宗羲明确指出,维护君主专制的法律是"一家之法",而非"天下之法"。所谓"一家"是指君主一姓,"天下"是指天下民众。"一家之法"是维护君主私人利益的旧法律,"天下之法"是与正统法律相对立并体现民众利益的新法律。他通过对比三代以上的法律和三代以下的法律来阐释应以"天下之法"取代"一家之法"的道理。他提出的观点是"三代以上有法,三代以下无法"。三代以上的法律是为维护天下人民利益而设立的"天下之法",法律虽粗疏却能收到良好的统治效果,可以称之为"无法之法"。三代以下的法律是为保护君主独享天下而存在的"一家之法",法令虽详却并非为天下民众而设,只能称之为"非法之法"。而从公天下的角度看,"非法之法"不配称为国家法律。黄宗羲之所以推崇三代之法,并不是持历史退化观而主张复古,而是为了建立民主色彩的"法治"而对正统法制进行彻底的批判。

为了证明以上观点,黄宗羲从法律的产生和法律的社会效果两方面立论。其一,三代以前的帝王为了天下黎民的利益而建立各种制度,授田地,兴学校,制礼仪,建军队,如此种种"固未尝为一己而立也",都是兴公利的好事。而后世君主得到天下后,"唯恐其祚命之不长,子孙之不能保有也",为防患于未然才制定

---

① 《明夷待访录·方镇》。

出后来的法律。这种完全为君主及其家族的利益而制定出的法律，只能是"一家之法"。黄宗羲还举出秦朝废封建为郡县，汉朝封宗室为王，宋朝夺方镇之兵为例，认为三代以下这种没有"一毫为天下之心"的法律，根本不配称为法。其二，三代之法因为是"藏天下于天下"，帝王对"山泽之利""刑赏之权"并不是窃为己有，所以与其子民之间并无贵贱悬殊差别。法律虽然粗疏，人民却能自觉地遵守它，结果是"法愈疏而乱愈不作"，正是"无法之法"。三代以后的法律为了保护君主尽吞天下财富的私欲，"藏天下于筐箧"，尽归于君主一人，为了防备他人侵夺，用人行事处处设防，结果是法律越来越繁杂，"法愈密而天下之乱即生于法之中"，所以称之为"非法之法"。

（二）以"天下之法"取代"一家之法"

黄宗羲的"天下之法"包含民主主义思想，是体现和维护民众利益的法律。为了确立"天下之法"，黄宗羲对"一家之法"的弊端进行了分析，并对维护"一家之法"的旧观念进行了批判。

他指出，"一家之法"的弊端有以下几点：一是法令繁杂，君主为图私利，疑人设防，"故其法不得不密"。二是有法不依，君主"不胜其利欲之私"，而随意践踏法律。三是压制贤才，所谓"非法之法桎梏天下之手足"，"非法之法"为维护君主一姓的利益而设立，使得天下能人贤士不得不屈从于其困缚，从而无法发挥他们治国安邦、为天下谋利的真正才智。四是胥吏横行，为害百姓。君主谋取私利，成为胥吏们的榜样。他们操纵着密法酷刑，最终受其残害的牺牲品只是天下百姓。

黄宗羲批判维护"一家之法"的旧观念主要表现在他对"一代有一代之法，子孙以法祖为孝"论调的驳斥。他认为，王朝的开国者创立法度是"不胜其利欲之私"，是为了个人的享用和子孙的保有，后主毁坏法度也是"不胜其利欲之私"，创立者和毁坏者都是为害天下之辈，俗儒们拘泥其间，鼓吹守训法祖完全是错误的。①

黄宗羲认为，应该严禁"为天下之大害"的君主为个人及家族谋取私利的行为，确立维护天下人利益的"天下之法"。"天下之法"的根本原则是"天下为主君为客"，君主是被动的服从者，天下人才是真正权力与财产的支配者。"天下之

---

① 《明夷待访录·原法》。

法"的主要内容是"天下之利"①,即民众的土地、财产、教育等权利。他主张维护人民在政治和法律上的平等。天下之人不论出身、职业,都有政治和法律方面的平等权利,为官者不因爵位而贵,平民百姓不因出身而贱。他说道:"三代之法,藏天下于天下也,山泽之利不必其尽取,刑赏之权不疑其旁落,贵不在朝廷也,贱不在草莽也。"

"有治法而后有治人"是黄宗羲的基本法制原则,是"天下之法"的重要组成部分。如本书第三章和第七章所述,先秦儒家中荀子最明确地提出了"有治人无治法"的观点,在正统法律思想中该观点得到了确认和发扬。黄宗羲主张"有治法而后有治人"是立足于"天下之法"取代"一家之法"的基础上,其"治法"正是"天下之法",而不是用于维护统治者一己之私的专制法律,这就打破了正统儒学的"人治"论,是在民众立场上赋予"法治"以新的含义。此外,黄宗羲认为天下有才智之人困束于"非法之法""一家之法",只能"安于苟简";如果把"先王之法""天下之法"确立起来,就不但可以发挥"能治之人"的才干,还能够限制贪婪残忍之徒,使其不能危害天下,所以他坚持"有治法而后有治人"。②

在考察传统社会的"治人"和"治法"问题上,也曾有人走到了与他相同的出发点上,结果却是同途而殊归。理学家朱熹曾说道:"今日之法,君子欲为其事,以拘于法而不得骋。"③他认为这是"法弊",提出的办法是立法疏略,让统治者根据情况自行处断,这就与黄宗羲的结论相异。可以说,黄宗羲的这一观点具有远见卓识。

黄宗羲的法律思想是明末清初社会矛盾加剧、王朝政权鼎革的产物,富有时代色彩。在一个有着几千年专制传统的大一统帝国,他的理论开启了后来者的思维,为近代中国的改良和革命运动提供了锐利的思想武器。

---

① 《明夷待访录·原君》。
② 《明夷待访录·原法》。
③ 黎靖德编:《朱子语类》,第七册,中华书局1986年版,第2688页。

第二节　王夫之的法律思想

王夫之(1619—1692),字而农,湖南衡阳人,因隐居石船山,世称船山先生。自幼聪慧,与兄王介之一起在崇祯壬午(1642)乡试中举。张献忠攻陷衡州,王夫之藏身南岳,农民军遂抓捕其父亲,逼他出山。王夫之于是自残,"引刀遍刺肢体",让人抬到营中换取父亲归来。主事者见其重创,不堪任使,一起将父子放免。清兵南下,王夫之在衡山附近抗清,不利,又远走桂林,入永历朝廷。时国势阽危,朝中诸大臣因派系、权力之争尚势成水火。对此不堪之政局,王夫之知事不可为,大失所望,终于因母丧辞官归乡,时年33岁。"明亡,益自韬晦。归衡阳之石船山,筑土室曰观生居,晨夕杜门,学者称船山先生。"终日著读,凡四十年。其间,吴三桂僭号称帝于衡州,有人嘱其上劝进表,王夫之说得异常沉痛,云:"亡国遗臣,所欠一死耳,今安用此不祥之人哉!"遂逃入深山以避之。及至吴三桂乱平,朝廷派大吏嘉奖,王夫之以老病拒见。后逝世于隐居处,自铭曰:"抱刘越石之孤忠而命无从致,希张横渠之正学而力不能企。幸全归于兹丘,固衔恤以永世。"①并自题墓碣曰"明遗臣王某之墓"。王氏著作,恰如其凄苦身世,长时期湮没无闻。死后四十年,其子孙上其遗书于当道,得以立传于儒林,惜其著述仍未能广泛流传。直到同治四年(1865),时距王夫之过世已一百七十余年之久,曾国藩、曾国荃兄弟才在江南刻《船山遗书》,王氏著作始得大行于世,天下学子才得以睹此大儒学术之涯略。王氏著述甚富,据《船山全书》所计,凡著作"一百余种,四百余卷"②。他一生致力于学术,在隐居之后更是全身心投入研读著述,后世对他有如此评价:"夫之刻苦似二曲,贞晦过夏峰,多闻博学,志节皎然,不愧黄、顾两君子。"③

王夫之法律思想集中体现于《读通鉴论》《宋论》《读四书大全说》《黄书》《噩

---

① 此铭于1992年出土于船山墓。"刘越石"即西晋将军刘琨,"张横渠"即北宋理学家张载。
② 王夫之著,杨坚总修订:《船山全书》,第一册,《序例》,岳麓书社2011年版,第25页。
③ 以上关于王夫之生平的介绍,参考《清史稿》列传第二百六十七王夫之传记,并参考其他资料校订。"二曲"指的是李颙,"夏峰"指的是孙奇逢,二人皆为与王夫之同时之大儒。

梦》中;《黄书》和《读通鉴论》最为丰富。《黄书》是王夫之关于政治问题的著作,成书于1656年,时王夫之38岁。该书主旨是如何保护华夏种族免除夷狄外患,进而严厉批判君主专制。《读通鉴论》是他的史论巨著,作于晚年。在该书中,王夫之纵观历代政法利弊得失,深入剖析其间之精义,多所阐发。总之,其法律思想与政治观密不可分,并有着深厚的历史、哲学底蕴,故他对法律问题的阐释广大而深厚,取精而用宏。据此,钱穆认为他对历代法制利弊得失之深入考察,"立论精密,多合于人情时势",其见识大概超出同时的黄宗羲、顾炎武、颜元之上,①诚为有见识之评论。

一、以"夷夏大防"为中心的民族主义

华夷之辨是明亡之后王夫之全部著述中注目的中心问题。② 他对前秦王苻坚禁恶富商一事有这样的评论,"天下之大防二:中国、夷狄也,君子、小人也。非本末有别,而先王强为之防也。"③为什么王夫之会如此看重夷夏之大防呢?主要是由于明清之间的朝代鼎革是他一生中发生的最重大事件。在他看来,这不仅仅是一次普通的改朝换代,更是一个兴亡绝续之文化大事件。作为一正统的儒家士大夫,王夫之具有很强的文化使命感,在这一点上,他和近代王国维有相似之处。虽然王夫之面对此变局选择了隐居成为"活死人",王国维选择了自沉于昆明湖而以身殉,但其所献身者同,那就是他们所深深服膺的文化。所以,陈寅恪对王国维的下述评价,在相当程度上也适合于王夫之:"凡一种文化值衰落之时,为此文化所化之人,必感苦痛,其表现此文化之程量愈宏,则其所受之苦痛亦愈甚……盖今日之赤县神州值数千年未有之巨劫奇变,劫尽变穷,则此文化精神所凝聚之人,安得不与之共命而同尽。"④不过,对于他们所服膺的文化之未来命运,王夫之和王国维似乎有不同判断:在王国维生活的时代,海禁已大开,在西方文化的巨大冲击面前,王国维对其所服膺的传统文化之未来已是绝望,故选择了自杀以殉;王夫之面对明清鼎革,认为这只是华夏政法上的失败,导致夷狄坐大,且夷狄本无与华夏相当之文化,华夏文化尚有复兴之可言。职此之故,王夫之选择了隐居著述,潜心阐发传统政法之精义,寄希望于其所服膺之圣人之道在未来

---

① 钱穆:《中国近三百年学术史》,商务印书馆1997年版,第130页。
② 参见张学智:《王夫之〈春秋〉学中的华夷之辨》,载《中国文化研究》2005年夏之卷,第14页。
③ 王夫之:《读通鉴论》,中华书局1975年版,第372页。
④ 陈寅恪:《王观堂先生挽词序》,载《陈寅恪集·诗集》,生活·读书·新知三联书店2001年版,第12—13页。

能再度发扬光大。

王夫之的大量著述背后,或明或暗、或隐或显,皆有夷夏大防之存在。这种夷夏大防,按照近代以降学者的说法,是一种民族主义。王夫之的这种民族主义,其大致思路如下:

种族之存在和自我保护,乃是生物界的普遍规律,人类亦不能例外。所以人们之间所成就的政治组织,其最主要的职责就是保类卫群。既然要保类卫群,所以就要严族类与族类之间的界限,在族类之内部求其发达。推之于人类,区别人与物之间的界限,区别华夏与夷狄之间的界限,促进华夏族之发达,就成为文化中"人极"大义之所在。王夫之在《黄书》开篇即力陈此义,曰:"夫观初始于天地者,岂不大哉……清其族,绝其畛,建其位,各归其屏者,则函舆之功所以为虑至防以切……是故圣人审物之皆然而自畛其类,尸天下而为之君长。区其灵冥,渝其疑似,乘其蛊坏,峻其墉廓,所以绝其祸而使之相救,故曰'圣人与天地合德'者,岂虚获哉!夫人之于物,阴阳均也,食息均也,而不能绝乎物。华夏之于夷狄,骸窍均也,聚析均也,而不能绝乎夷狄。所以然者何也?人不自畛以绝物,则天维裂矣。华夏不自畛以绝夷,则地维裂矣。天地制人以畛,人不能自畛以绝其党,则人维裂矣。"①

既然严华夷之辨是人极之则,故民族大义因之而立。国家乃民族国家,政权当牢牢掌握在本族人手中,在此基础上建立一切教化、政法诸生活,以树立民族政统与道统。"是故智小一身,力举天下,保其类者为之长,卫其群者为之邱。故圣人先号万姓而示之以独贵,保其所贵,匡其终乱,施于孙子,须于后圣,可禅、可继、可革,而不可使夷狄间之。"②以此民族大义衡量中国历史,则有王夫之所概括的"孤秦陋宋"说。在王夫之看来,自黄帝建国以来直到秦之前,虽有禅让到家天下之变化,但从保群卫族的民族大义来看,皆是天下为公。但从秦开始,建立皇权专制帝国,为了保其皇位永固,大起猜忌之心,"恐强有力者旦夕崛起,效己而劫其藏",开始采取各种措施防范同族,而不用心于夷夏大防。故曰"孤秦"。虽然在溃夷夏大防上秦开其端,但二世而亡,两汉代兴,得暂时免于华族沉沦之祸。直到宋代,以藩臣夺取政权,猜忌防范之心大盛,采取各种可想见的措施弱其同种,对异族之契丹、女真、蒙古毫不措意,视苟安于已足,夷夏之防大溃,启"生民以来未有之大祸",故曰"陋宋"。③

---

① 王夫之:《思问录・俟解・黄书・噩梦》,中华书局 2009 年版,第 101 页。
② 同上书,第 103 页。
③ 同上书,第 104—107 页。

由此可见，王夫之的民族主义和中国儒家传统之种族观有相当大的差别。自孔孟以降，皆认为华夏和夷狄的差别主要在于文化之高下。华夏不遵王化则沦为夷狄，夷狄接受华夏先进文化可进而为同类。① 所以华夏对夷狄，则应"修文德以来之"②。到王夫之这里，则是以血缘、地理环境等自然因素作为划分种族之标准，"夷狄之与华夏，所生异地。其地异，其气异矣。气异则习异，习异则所知所行蔑不异焉。"③故夷狄永远是夷狄，绝无成为华夏之可能。如此一来，严夷夏大防有了稳固的基础。因为在孔孟那里，以文化之文野作为判断之根据，固然显示了王者之宽广胸怀，但与此同时，也为文化汉奸提供了辩护之根据。如元、清两朝之初的汉族文人，为了一己之进身，甘当贰臣，即借孔孟学说中以文化、王道化夷狄之论来自我辩护而泯灭廉耻。

在王夫之这里，"道统""治统"乃华夏文明之核心，"天下所极重而不可窃者二：天子之位也，是谓治统；圣人之教也，是谓道统。"④既然夷夏大防如此重要，因此华夏之君臣，对于非我族类之夷狄采取种种措施，以防范其窃我华族疆土、道统、治统之行为，皆为正当。因此，王夫之对历来为正统儒者所诟病的汉武开边给予很高的评价。就是对傅介子诱斩楼兰王，王夫之也予肯定，认为对夷狄完全不必要讲信义等伦理，因为他们不配。"人与人相与，信义而已矣；信义之施，人与人之相于而已矣！未闻以信义施之虎狼……傅介子诱其主而斩之，以夺其魄，而寒匈奴之胆，讵不伟哉！故曰：夷狄者，歼之不为不仁，夺之不为不义，诱之不为不信。何也？信义者，人与人相于之道，非以施之非人者也。"⑤在针对唐代牛李党争的辩论所发评论中，王夫之也表达了类似观念："夫诚信者，中国邦交之守也。夷狄既踰防而为中夏之祸矣，殄之而不为不仁，夺之而不为不义，掩之而不为不信。"⑥

如果王夫之仅仅论述到这里为止，我们可认为他有极端贱视其他族类之观念在，当为今世所不取。但王夫之还有进一步的论述。在他看来，华夏之所以优

---

① 孔子曾言："天子失官，学在四夷，犹信。"（《左传·昭公十七年》）《论语·子罕》："子欲居九夷。或曰：'陋，如之何？'子曰：'君子居之，何陋之有？'"《孟子·离娄下》："舜生于诸冯，迁于负夏，卒于鸣条，东夷之人也；文王生于岐周，卒于毕郢，西夷之人也。地之相去也，千有余里；世之相后也，千有余岁。得志行乎中国，若合符节，先圣后圣，其揆一也。"
② 《论语·季氏》。
③ 王夫之：《读通鉴论》，中华书局1975年版，第372页。
④ 同上书，第352页。
⑤ 同上书，第75页。
⑥ 同上书，第790页。

越于夷狄,根本还在于其文化,在于文化中的义利之辨,在于重义轻利。① 但一个族群之文化也是一历史之产物,有其产生、发展、衰落之轨迹;优秀的文化并非仅与某个特定的族群、地域结缘,也会发生转移。② 因为文化尚未能演进,华夏在上古也是夷狄。及至文化演进之后,华夏已区别于夷狄,但如五胡乱华之际,"中国之文,乍明乍灭",更担心"他日者必且凌蔑之以之于无文,而人之返乎轩辕以前,蔑不夷矣"③。可见,王夫之的民族主义,严夷夏大防,其目的是要警醒华夏民族保有强烈的忧患意识,防止其沉沦,其重点并非在仇视夷狄上。

从夷夏大防这个大原则出发,王夫之推演出华夏族的民族忧患意识,就为在明清断代这个天崩地裂的大变局中探求华夏文化之精义,以成就一代之制找到了坚实的根据,同时也找到了判定"精义"之标准。正是在这个意义上,"船山所接萃者不仅为两千年中最彻底之民族思想,亦为空前未有最积极之民族思想也"④。有了这个根据和标准,王夫之的法律思想就有了立脚点和中心线索。

二、立法以成就"一代之制"

在明代,阳明心学在儒家士大夫群体中有绝大影响。阳明心学之核心在于致人人皆有之良知,尧舜人人可学而至,从而鼓舞普通人皆可致力于圣人之学且能有所成。但利之所在,弊亦从之,此种圣学简易之教,很容易使不学无术之人假圣学名目以自夸,其末流"狂恣滋甚,徒以一二口头禅相尚。其对于自己也,去实践愈远;其对于社会也,去实用愈远"。更兼"以晚明政治之腐败,达于极点,其结局乃至举数千年之禹域,鱼烂以奉诸他族,创巨痛深,自古所未尝有也"⑤。鉴于学术和政治皆有如此之流弊,王夫之遂起而矫正之。提倡博学、实学,成就一代之制就成了王夫之致力的目标。

在王夫之那里,"法"与"制"紧密相连,且在多数情况下意思相通,指的是外在规范和禁令。这些规范和禁令对于族群之治安、兴衰具有特别重要的意义。"立法欲其彻乎贤不肖而俱可守,法不精研,而望人之能舍己从人也,亦不可得之

---

① 王夫之:《读通鉴论》,中华书局1975年版,第373页。
② 王夫之说:"天地之气衰旺,彼此迭相易也。太昊以前,中国之人若麋聚鸟集。非必日照月临之下而皆然也,必有一方焉如唐、虞、三代之中国也。既人力所不通,而方彼之盛,此之衰而不能征之,迨此之盛,则彼又衰而弗能述以授人,故亦蔑从知之矣……地气南徙,在近小间有如此者,推之荒远,此混沌而彼文明,又何怪乎?"(《思问录·俟解·黄书·噩梦》,中华书局2009年版,第73—74页)
③ 王夫之:《思问录·俟解·黄书·噩梦》,中华书局2009年版,第73页。
④ 萧公权:《中国政治思想史》,新星出版社2005年版,第423页。
⑤ 梁启超:《论中国学术思想变迁之大势》,上海古籍出版社2006年版,第89页。

数已。"①比如他在评论裴政为隋代立法时即指出:"今之律,其大略皆隋裴政之所定也。政之泽远矣,千余年间,非无暴君酷吏,而不能逞其淫虐,法定故也……隋一天下,蠲索虏鲜卑之虐,以启唐二百余年承平之运,非苟而已也;盖有人焉,足以与于先王之德政,而惜其不能大用也。"②良好的立法,能成就一代之制,甚且能泽及千年之下。那如何才能立出良好之法呢?立法定制之人应注意些什么呢?王夫之认为,主要是要让主事者把握好法的变与常、简与繁之间的关系。

(一) 法的变与常

法制有其稳定的一面,亦有其变化的一面。从古至今,很少有没有变化的具体法制。面对纷繁变迁的具体法制,如何能够更好地为今后立法,成就一代之制?在王夫之看来,很重要的一点就是要看到并把握具体法制这种变的背后的不变,也就是常。他曾以井田、封建、肉刑三种制度的变迁来说明制度演变之必然及"变"背后的不变精义。他认为,中国几千年的制度演变可分为三个阶段:一是上古洪荒时代,二是夏、商、周三代,三是秦汉以降。上古时代智识未开,制度很简略,到三代才逐渐形成了以封建为核心的体制,即宗法领主制,诸侯各有其国,天子成为共主,与当时封建制相联系的有井田、肉刑等制度。秦汉以后,确立了郡县制,打破了封建制的传统,与郡县制相联系的是限田均田、法密刑酷。三代的制度不能在后世推行,正如同秦汉以后的制度不能推行于三代一样。王夫之分析了其中的具体原因,他认为,在夏、商、周三代,百姓纯朴而且能够听命于世家大族,所以可分封各诸侯领主;由于诸侯们独立地统治其国,取赋税于民,容易造成轻重悬殊,所以可实行井田制;由于当时存在先贤圣王制定的政策、法令,而且君主、官吏都有"仁""恕"之心,所以可施行肉刑制度。但是随着历史的发展,到了春秋战国时代,各国互相征伐,强吞弱,大并小,剩余者越来越少,为了能在新情况下有效地管理国家,统治百姓,只能将国土"分之为郡,分之为县"③,选择能干之人充任长官,使国家得到有效治理。于是封建制演变成了郡县制,而井田制、肉刑制也因国情、民情随天下的离合、治乱产生的变化而不再适合新时期的要求。封建、井田、肉刑三种制度当初能得到确立并取得成效,是顺应了历史趋势,即"趣时而立本"④,而它们被新的制度取代也同样是顺应了历史趋势;因此主张它们可一一恢复的观点是错误的。故"天下有定理而无定法",所谓"定理

---

① 王夫之:《读通鉴论》,中华书局1975年版,第594页。
② 同上书,第541—542页。
③ 同上书,第1页。
④ 同上书,第117页。

者,知人而已矣,安民而已矣,进贤远奸而已矣;无定法者,一兴一废一繁一简之间,因乎时而不可执也"。① 在变化的法制背后有不变的"理"。

"理"和具体的法制之间是一种本末关系,"理"是本,具体的法制是"末"。末可因时而变,本则不可变,是"常"。"夫饬大法、正大经、安上治民、移风易俗,有本焉,有末焉,有质焉,有文焉。立纲修纪,拨乱反正,使人知有上下之辨、吉凶之则者,其本也。缘饰以备其文章,归于允协者,其末也。末者,非一日之积也。文者,非一端之饰也。豫立而不可一日缓者,其本质也。俟时而相因以益者,其末文也。"②这种作为常的"理",从性质上说是大经大法;从功能上说是维持纲纪、移风易俗、拨乱反正;从目标上来说是实现知人、安民之效果。

因此,在定法立制的时候,要特别注意这种"理"、这种"常"和"本",才可能立出利国利民的良善之法。"故立法者,无一成之法,而斟酌以尽理,斯不损于国而无憾于人。"③

注意到这种一定之理,将之运用到立法之上,就不会因为看到古代立法中的某个制度良好就贸然移用于今,以致囫囵吞枣,丧失"法古"之精义。如王安石之变法,就是没有掌握这种"定理"而贸然实行《周礼》中的某些制度,结果导致北宋内外交困。王夫之多次批评了这种贸然"法古"之做法,以此揭示体察定理或法之精意的重要性。"闻古人之效而悦之,不察其精意,不揆其时会,欲姑试之,而不合,则又为之法以制之,于是法乱弊滋,而古道遂终绝于天下。"④"一代之治,各因其时,建一代之规模以相扶而成治,故三王相袭,小有损益,而大略皆同。未有慕古人一事之当,独举一事,杂古于今之中,足以成章者也……举其百,废其一,而百者皆病;废其百,举其一,而一可行乎?浮慕前人之一得,夹糅之于时政之中,而自矜复古,何其窒也!"⑤

所以,在王夫之看来,立法须借鉴往古,是要借鉴超越时空的法之精意,即"定理",而非忽略时势环境的变化来机械模仿具体之法制。"故善法三代者,法所有者,问其所以有,而或可革也;法所无者,问其何以无,而或可兴也。跬遵而步效之,黠民乃骄,朴民乃困,治之者适以乱之。"⑥只有在体悟"定理"的基础上,结合具体时势,才能立好法。简言之,要立好法,必须先处理好法的变与常之间

---

① 王夫之:《读通鉴论》,中华书局1975年版,第142页。
② 同上书,第21—22页。
③ 同上书,第20页。
④ 同上书,第49页。
⑤ 同上书,第624—625页。
⑥ 同上书,第873—874页。

的关系。

(二) 法的简与繁

为什么立好法、成就一代之制是相当困难的呢？在王夫之看来，这是因为把握法之定理或精意之不容易。为什么不容易呢？是因为法律的繁琐。为什么法律如此繁琐呢？法律的繁琐是天经地义、自古如此的吗？如果不是自古如此的，那导致现今法律如此繁琐的原因是什么呢？只有把这种原因探究清楚，然后才有可能在此基础上找到恰当的改革之道。

王夫之认为，在上古法律简而易行，及至秦以降，历代帝王为了一家天下之私，出于猜忌、防范之需要订立了很多法规。但这些帝王们并不以此为满足，因为他们还是对执行法规之人不放心，遂又制定出一些法规来弥补前述法规的漏洞以及管理监视执法之人。如此循环往复，法安得不密，安能不形成法网？

法既密矣、繁矣，但这种繁密之法，是否能达到较好的效果？这种效果可以从君主和百姓两个方面来考量。王夫之对前一个方面论述得较多，其结论是繁密之法导致天子的权力下移至吏胥。因为秦以后改朝换代之频繁，很多帝王不得善终，就是这种繁密之法对维护君权没有较好效果的证明。王夫之举了些例子：亡秦者楚，其领头者就是项梁、项羽叔侄。项梁在栎阳已被抓捕，蕲狱掾曹咎写了一封请托关照的书信给司马欣，于是项梁被释放，后成为反秦之领军。在王莽的新朝，南阳刘秀兄弟杀人，也是因为当地吏胥之宽纵而使他们成为亡新的领袖。这还都是见于史书记载的例子，那些没有记载的请托、货贿的事情就更不知凡几了。不论是在秦朝还是在新朝，法网之严密，都达到了顶点。据此，王夫之得出："法愈密，吏权愈重；死刑愈繁，贿赂愈章；涂饰以免罪罟，而天子之权，倒持于掾史……设大辟于此，设薄刑于彼，细极于牛毛，而东西可以相审。见知故纵，蔓延相逮，而上下相倚以匿奸。闰位之主，窃非分而梦寐不安，藉是以箝天下，而为天下之所箝，固其宜也。"①帝王本想以繁密之法钳制天下，不料却被天下之吏胥所钳制而失去天下，所以对君主来说，繁密之法不足以依靠。对老百姓来说，繁密之法的危害更是显而易见。因为如上所分析，繁密之法使得司法权力从天子之手实际上转到吏胥之手，吏胥得以凭借繁密之法条鱼肉百姓，结果是"民以大困"②。所以，繁密之法对君主、百姓皆有大害，唯一能从中渔利的是吏胥。

繁密之法既有如此之大害，为了减少此种大害，就需立简易之法。在王夫之

---

① 王夫之：《读通鉴论》，中华书局 1975 年版，第 7 页。
② 同上书，第 711 页。

看来,简易之法具有如下优点:第一,可以有效防止吏胥之专权。"受天命,正万邦,德足以威而无疚愧者,勿效尔为也。宽斯严,简斯定。吞舟漏网而不敢再触梁笱,何也?法定于一王,而狱吏无能移也。"①第二,可望实行宽仁之政。"夫曰宽、曰不忍、曰哀矜,皆帝王用法之精意,然疑于纵弛藏奸而不可专用。以要言之,唯简其至矣乎!八口之家不简,则妇子喧争;十姓之间不简,则胥役旁午;君天下,子万民,而与臣民治勃豀之怨,其亦陋矣。简者,宽仁之本也;敬以行简者,居正之原也。"②虽然实行简易之法未必即能有宽仁之政,但没有简易之法却绝对不可能有宽仁之政。第三,简易之法可以增加法的确定性,故有望暂时挽救法在演进过程中趋于繁琐、不定之弊端。"政莫善于简,简则易从。抑唯上不惮其详,而后下可简也。始之立法者,悉取上下相需、大小常变之条绪而详之,乃以定为画一,而示民以简,则允易从矣。若其后法敝而上令无恒,民以大困,乃苟且以救一时之弊,舍其本,而即其末流之弊政,约略而简之,苟且之政,上与民亦暂便之矣。上利其取给之能捷,下利其期会之有定,稍以戢墨吏、猾胥、豪民之假借,民虽殚力以应,而亦幸免于纷扰。"③

王夫之通过对历代治乱得失之考察,认为成就一代之制需要良善的法制。良善的法制首先需要妥当的立法。要进行妥当的立法就需处理好法之变与常、简与繁之间的关系。面对变幻纷纭的具体法制,立法定制者需要找到其背后之"常",也就是"定理",充分注意到法的系统性,然后在此基础上结合时势来立法。与此相联系,良善之法必须符合"简"的原则,以免吏胥从中弊混,增加法的确定性。也就是说,只有把握法之精义,结合时势,创立简易必行之法,才有望所立之法是善法,也才有可能成就一代之制。

三、"任法"不如"任人"

在传统中国法思想中,一直有这么一个争论:于治国而言,起决定作用的到底是人还是法?型构中国正统法思想的儒法两家对此给出了两种不同的回答:在儒家看来,人是起决定性的因素,是先有治人而后有治法;法家认为法是决定性因素,君臣上下一体奉法则国治。王夫之作为一儒者,在这个问题上仍然坚持了传统儒者"任法"不如"任人"之看法,不过他在论证其理由时颇具新意:通过对历代史实的考察更全面深入地阐述了"任法"之弊端。

---

① 王夫之:《读通鉴论》,中华书局 1975 年版,第 7 页。
② 同上书,第 651 页。
③ 同上书,第 711 页。

首先,"任法"不能保证所任之法是善法。事实上,法有善与不善之分。法家认为,"法虽不善,犹愈于无法"①;王夫之对此不同意,认为施行恶法之治,其害处远过于无法。恶法之害:"民心离,士心不附,上有余怨,下有溢怒,国家必随之以倾。"②其实,在"任法"之下,所任之法绝大多数是恶法。为什么呢?在王夫之看来这有多方面的原因:首先,任法之目的在于"人主安",希望的是"乍劳长逸",因此难免不流入申、韩一途,"行督责之术,然后绝谏争之路……谏争绝,桎梏脱,则虽日劳于刑名文籍之中,而耽酒嗜色、佚游骄乐,可晏享而不辍。苟未忘逸豫之情者,恶能不以此为两得之术哉!"故人君之任法,多是一种"人主安而天下困"之恶法。③退一步说,即便其所任之法为善法,那随着时间、环境的变化,原来的善法也会日久弊生,变成恶法;更有人以法弊为据,肆意改作,而不免荼毒天下,"法虽善,久而必有罅漏矣,就其罅漏而弥缝之,仍一备善之法也。即听其罅漏,而失者小,全者大,于国民未伤也。妄言者,指其罅漏以讥成法,则必灭裂成法而大反之,歆之以斯须之小利,亦洋洋乎其可听矣。不知百弊乘之,蠹国殃民而坏风俗,此流毒于天下而失民心之券也。"④此乃"任法"所不可行理由之一。

其次,普遍性的法不足以应对差异性的事,所谓不可"立理以限事"⑤也。王夫之以杀人为例来说明了此问题:虽然从表面上看都是杀人,但其所以杀人的具体情形则千差万别,有长期怀恨在心因势利变而杀人的;有双方相斗而杀人的;有激于一时愤怒本无杀心而杀人的,如此等等。如果不问这些具体情形差别而一律以客观之杀人而定罪,则显失公平;而这类千差万别的具体情形,又不是"法"所能应对的。"法之所立,弊之所生矣。盖其为救时之善术者,去苛虐之政,而未别立一法,故善也。其因陋就简而生弊者,则皆制一法以饰前法,故弊也。法之不足以治天下,不徒在此,而若此者为尤。"⑥至此,王夫之发出感慨,"甚矣,刑之难言也。"⑦

再次,法的相对稳定性不足以应对社会中具体事情之不断变迁,有限的法条永远不可能穷尽人事无穷之变化。"夫法之立也有限,而人之犯也无方。以有限之法,尽无方之慝,是诚有所不能该矣。于是而律外有例,例外有奏准之令,皆求

---

① 《慎子·威德》。
② 王夫之:《读通鉴论》,中华书局1975年版,第504页。
③ 同上书,第5页。
④ 同上书,第503页。
⑤ 王夫之:《船山全书》,第五册,《续春秋左氏传博议》,岳麓书社2011年版,第586页。
⑥ 王夫之:《读通鉴论》,中华书局1975年版,第931页。
⑦ 同上书,第149页。

以尽无方之慝,而胜天下之残。于是律之旁出也日增,而犹患其未备。"①在王夫之看来,如果要强使具有相对稳定性的法来适应变动不居的人事,那必然导致法外生法,律外生例,法律越来越繁杂琐碎。法律一旦繁杂琐碎,那就会被吏胥等操纵,以便从中渔利为奸。

综合上述三点原因,"任法"不足以为治是显然的。既然单纯的"任法"不足以为治,黄老、申韩之说自然不应成为治国之指导思想。"任法"既然不可行,那并不一定意味着"任人"的效果就更好。但其实,在王夫之看来,"任人"的效果和"任法"比较起来好很多,为什么呢?王夫之主要给出了下述理由:

首先,既然所立之法多为恶法,善法随着时势之推移也会变成恶法,那"任人"则可以在一定程度上减轻恶法之危害。"法严而任宽仁之吏,则民重犯法,而多所矜全。法宽而任鸷击之吏,则民轻犯法,而无辜者卒罹而不可活……严之于法而无可移,则民知怀刑;宽之以其人而不相尚以杀,则民无滥死。故先王乐进长者以司刑狱,而使守画一之法,雷电章于上,雨露润于下,斯以合天理而容保天下与!"②其次,"任人"能够克服因"任法"而产生的普遍性与差异性、稳定性与变化性之矛盾所引起的弊端,"任人"得法,能够具体问题具体处理,达到个案之实质公正。比如前述所讲的各式各样的杀人事例,单纯"任法",详细考察各类杀人之原因和动机而加以区别对待,那上有政策下有对策,"猾民伏其巧辩,讼魁曲为证佐,黩吏援以游移,而法大乱"。如能"任人",只需悬一简易不移之法,即杀人者死,那效果就会好很多。为什么呢?因为法简易不移,民有所畏惧,有所钦服,杀人案件自然有所减少;即便发生了杀人案件,民之奸心未起,亦能更易查清案情,司法官酌情处断,民亦能心服。"夫法一而已矣,一故不可干也,以齐天下而使钦畏者也。故杀人者死,断乎不可词费而启奸也;乃若所以钦恤民情而使死无余憾者,则存乎用法之人耳。"③再次,"任人"能在一定程度上弥合法条和人情之间的鸿沟。"任人"必然是法条简易,人情厌恶欺诈,而"任法"所产生的法条繁杂实是致欺之源,"夫人情亦惟其不相欺耳,苟其相欺,无往而不欺;法之密也,尤欺之所藉也。"④王夫之还给我们举了个例子,东汉明帝"任法",致其过于明察,严格依法而无钦恤之心;而希望在上者有钦恤之心又为一般的人情,情与法遂产生了矛盾。"明帝之过于明察也,非法外而加虐刑,如胡亥之为也,尽法而无钦恤之心

---

① 王夫之:《读通鉴论》,中华书局 1975 年版,第 79 页。
② 同上书,第 46 页。
③ 同上书,第 149—150 页。
④ 同上书,第 218 页。

耳。其法是,其情则过;其情过,其法固是也。"① 综合来看,"任人"能克服"任法"所引起的弊端。

"任人"尽管能克服"任法"所引起的弊端,但这似乎并不能证明"任人"优于"任法"。在王夫之看来,这却是一定的。因为"任人"尚能保持简易不移之法,"任法"则导致法律之繁琐且为小人所把持,"法"与"人"二者兼失。"治之敝也,任法而不任人。夫法者,岂天子一人能持之以遍察臣工乎?势且仍委之人而使之操法。于是舍大臣而任小臣,舍旧臣而任新进,舍敦厚宽恕之士而任徼幸乐祸之小人。其言非无征也,其于法不患不相傅致也,于是而国事大乱。"② 故比较来看,"任法"不如"任人"。

单纯比较来看是如此,但王夫之认为,要成就一代之制,单纯的"任人"或是"任法"都是有所不足的。因为"任人"也有其弊端,即"任人而废法,则下以合离为毁誉,上以好恶为取舍,废职业,徇虚名,逞私意"③;"任法"亦有其优长,"天下将治,先有制法之主,虽不善,贤于无法也。"④"法未足以治天下,而天下分崩离析之际,则非法不足以定之。"⑤

既然单纯的"任人"有其弊端,"任法"亦有其优长,故成就一代之制,最好的办法是"任人"配以简易不移之法。"用人与行政,两者相扶以治,举一废一,而害必生焉……是用人行政,交相扶以图治,失其一,则一之仅存者不足以救;古今乱亡之轨,所以相寻而不舍也。以要言之,用人其尤亟乎!人而苟为治人也,则治法因之以建,而苛刻纵弛之患两亡矣。"⑥"法者非必治,治者其人也;然法之不善,虽得其人而无适守,抑末繇以得理,况乎未得其人邪?"⑦

如果不能将"任人"与"任法"、用人与行政二者妥善结合,退而求其次,也应该是以"任人"为上。为什么呢?因为治理天下之实质是"择人而授以法,非立法以课人也"。之所以如此,其道理在于,"以法言之,《周官》之法亦密矣,然皆使服其官者习其事,未尝悬黜陟以拟其后。盖择人而授以法,使之遵焉,非立法以课人,必使与科条相应,非是者罚也。法诚立矣,服其官,任其事,不容废矣。而有过于法之所期者焉,有适如其法之所期者焉,有不及乎法之所期者焉。才之有偏

---

① 王夫之:《读通鉴论》,中华书局 1975 年版,第 167 页。
② 同上书,第 144 页。
③ 同上书,第 281 页。
④ 同上书,第 931 页。
⑤ 同上书,第 705 页。
⑥ 同上书,第 301—302 页。
⑦ 同上书,第 542 页。

胜也,时之有盈诎也,事之有缓急也,九州之风土各有利病也。等天下而理之,均难易而责之,齐险易丰凶而限之,可为也而惮于为,不可为也而强为涂饰以应上之所求,天下之不乱也几何矣！上之所求于公卿百执郡邑之长者,有其纲也。安民也,裕国也,兴贤而远恶也,固本而待变也,此大纲也。大纲弛而民怨于下,事废于官,虚誉虽腾,莫能撑也。苟有法以授之,人不得以玩而政自举矣。"①

以上是王夫之关于"任人"与"任法"关系的大致意见。其观点虽无甚新意,但其论证却是深刻全面的,尤其是他关于"任法"弊端的指陈,确实触及了"法治"的千古难题,值得后人深思。

四、成就"一代之制"的司法举措

既然王夫之认为治国、成就一代之制是"任人"优于"任法",且人有君子小人之别、仁慈刻薄之异；所任之"法"又是简易不移之法,所以保证让君子、仁者来具体实施法律,负责司法工作就是成就一代之制最切要的事情了。那如何才能保证让君子、仁人居于司法官位置呢？王夫之分别对皇帝和司法官提出了下述要求。

(一)"任法"不如"任道"

这一条主要是对皇帝而言的。"任法"之"法"前面已经有所分析和说明,但"任道"之"道"是什么呢？"治天下以道,未闻以法也。道也者,导之也,上导之而下遵以为路也。"②在中国法律思想史中,最难说得清楚明白的就是这个"道"了。先秦儒墨道法等诸子百家各有其"道"。在王夫之这里,"道"之含义属于孔孟正统儒家范畴,是一种"引导",是通过在上位者的表率来发生作用的。那"道"的内容到底是什么呢？在王夫之看来,是君王以仁民爱物之心对下实施教化,然后在此基础上,执简易必行之法以治那些不服教化的奸顽之徒,以达到移风易俗之效果。"夫先王以有限之法治无方之罪者,岂不审于此哉？……先王之将纳民于轨物而弭其无方之奸顽者,尤自有教化以先之,爱养以成之,而不专恃乎此。则虽欲详备之,而有所不用,非其智虑弗及而待后起之增益也。乃后之儒者,恶恶已甚,不审而流于申、韩。"③

"道"之内容乃如此,自然就与"法"区别开来。"法先王者以道,法其法,有拂

---

① 王夫之:《读通鉴论》,中华书局1975年版,第281页。
② 同上书,第108页。
③ 同上书,第79—80页。

道者矣;法其名,并非其法矣。道者因天,法者因人,名者因物。道者生于心,法者生于事,名者生于言。言者,南北殊地,古今殊时,质文殊尚;各以其言言道、言法;道法苟同,言虽殊,其归一也……以道法先王而略其法,未足以治;以法法先王而无其道,适足以乱;以名法先王而并失其法,必足以亡。"①简言之,"道"高于"法":"道"乃一,是具体背后的抽象,是具体以上的精义;"法"乃因乎各类情势、人事而生的具体,是万殊。反映到运用上,就是要法先王之所以如此为法之精义,此即是"任道";法先王具体之法,不顾时势人事之变迁,胶柱鼓瑟,强而法之,是乃"任法"。"任道"而不"任法",虽不是成就一代之制的充分条件,但却是必要条件;"任法"而不"任道",那必流于申韩,非但不足以成制,反适招乱。

故人君治国,当以教化为先,体察先王立法创制之精义,因乎时势和人情,创立简易必行之法,此之谓"任道"。所以,人君"任法"不如"任道"。

(二)严以治吏,宽以养民

人君治国要"任道",但"道"之中仍寓"法"之精意。此种精意,用王夫之自己的话说,就是要"严以治吏,宽以养民"。

为什么要从严治吏呢?因为传统政制的特征是"生法者君也,守法者臣也,法于法者民也"②,各级官吏都是能人,联系于君民之间,所以人君治国,重点必然是治吏。吏治好了,民是不难治的。历朝治吏,有宽严之分,但"驭吏以宽,而民之残也乃甚",所以"严者,治吏之经也"③。从严治吏,在王夫之看来,最重要的是先从严治上官开始,否则"严下吏之贪,而不问上官,法益峻,贪益甚,政益乱,民益死,国乃以亡"④。如果是只拍苍蝇,不打老虎,尽管有严刑峻法以约束官吏,仍然无济于事。

为什么要宽以养民呢?如何看待"刑乱世用重典"这个一般说法呢?王夫之打了一个比方:严刑重典好比治病的药石,宽和好比养人的饭菜。当一个人是身强力壮,偶然染病,吃药是必要的,但病愈之后就要立即停止吃药,开始吃饭菜;如果这时还要继续吃药,非吃出新病来不可。如果一个人衰老羸弱、病入膏肓,这时医生还不准他吃饭菜而只让他吃药,病人非被医死不可。所以,对老百姓不能像对待官吏那样从严,而应宽以养之。⑤

---

① 王夫之:《读通鉴论》,中华书局1975年版,第514页。
② 《管子·任法》。
③ 王夫之:《读通鉴论》,中华书局1975年版,第207页。
④ 同上书,第886页。
⑤ 同上书,第208页。

王夫之是把"严以治吏,宽以养民"作为君王治国之常经,而非一时权宜之计:"严者,治吏之经也;宽者,养民之纬也。并行不悖,而非以时为进退者也……故严以治吏,宽以养民,无择于时而并行焉,庶得之矣。"①

(三) 明慎用刑而不留狱

"任道""严以治吏,宽以养民"都主要是针对君主而言,对各级司法官吏来说,王夫之认为官吏们也要善于体会君主的这些原则,在司法实践中妥当运用。如何才能表示是妥当运用了呢?其中一个重要标志就是在具体司法之时,在"明慎"和"不留狱"之间保持平衡。

"明慎"是先王司法之精义所在,但不能固执胶着,一条路走到黑,要知道有所止。如不知所止,一味"明慎"到底,"则留狱经岁,动天下而其害烈矣"。历史上这样的例子很多。比如:"汉武帝任杜周为廷尉,一章之狱,连逮证佐数百人,小者数十人,远者数千里,奔走会狱,所逮问者几千余万人。呜呼!民之憔悴,亦至此哉!"为什么折狱会导致民生憔悴至斯呢?在王夫之看来,就是拘泥于"明慎"二字之恶果。既然要明慎,要证实首恶之凶残,就要所有的同恶之人来证明;要辩明言辞之是否诬枉,就要所有的见证者到堂当面质证;只有真正找到受冤枉的人,才能够准确说出被冤枉的实情。如此一来,求全求备,案件安有断结之日?结果,当事人、证佐久系狱中,一方面给贪赃之官僚吏胥提供了更多的敲诈勒索之机会,另一方面使得当事人之间的仇怨越积越深。于此,王夫之发出了这样的感慨:"法密而天下受其荼毒,明慎而不知止,不如其不明而不慎也。"②

正是因明慎不知止所造成"留狱"之结果,百姓憔悴至斯,还有一些帝王为其所谓的"明慎"辩护,王夫之对此进行了严厉的批评。如北魏献文帝拓跋弘,"重用大刑,多令覆鞫,以自诧其矜恕,而囚系积年,不为决遣,其言曰:'幽苦则思善,故智者以囹圄为福堂。'"王夫之沉痛指出,就在这"福堂"之中,不知有多少人死在这里,何得谓之福堂?正确的做法是"速断之,而刑者刑,免者免,各得其所,而无所连逮"。就是从效果来看,这种"速断"亦较"留狱"为优,盖因审案之初,情之真伪易见,"夫人之情伪,不可掸于初犯之日,证佐未累,其辞尚直,情穷色见,犹可察也;迨及已久,取案牍而重复理之,移审于他署,而互相同异,犯者之辨,且屡屈屡伸而错舛益甚,目眩心疑,愈以乱矣。不留者,取人之初心而验其诚也;非今岁一官,明岁一吏,颠倒反覆之所能得其情也。徒以饥寒疾疫死之于丛棘之下,

---

① 王夫之:《读通鉴论》,中华书局1975年版,第207页。
② 同上书,第68页。

不亦惨乎!"①

不仅是审断要防止"留狱",在执行判决的时候也应如此。建立在"天人感应"说之上的秋冬行刑之制,在王夫之看来,也是造成"留狱"的因素。他据此提出了相应的改革思路,即死刑可以等到秋后才执行,但其他的刑罚还是及时执行的好。因此,司法者不论是在审断,还是在执行之时,皆要记取"夫子取子路之无宿诺,诺不宿,狱不留矣"之训诫。②

以上所述,仅为王夫之法律思想之大端。王夫之的法律思想紧扣如何成就一代之制这个中心问题,在立法、司法等领域皆有发人深省的论述,尤其是他对"任法"弊端之剖析,更道出了"以法为治"的千古难题和僵局,值得读者思考。③

参考阅读材料

《明夷待访录》节选

原　　君

有生之初,人各自私也,人各自利也;天下有公利而莫或兴之,有公害而莫或除之。有人者出,不以一己之利为利,而使天下受其利;不以一己之害为害,而使天下释其害;此其人之勤劳必千万于天下之人。夫以千万倍之勤劳而己又不享其利,必非天下之人情所欲居也。故古之人君,去之而不欲入者,许由、务光是也;入而又去之者,尧、舜是也;初不欲入而不得去者,禹是也。岂古之人有所异哉?好逸恶劳,亦犹夫人之情也。

后之为人君者不然。以为天下利害之权皆出于我,我以天下之利尽归于己,以天下之害尽归于人,亦无不可;使天下之人不敢自私,不敢自利,以我之大私为天下之大公。始而惭焉,久而安焉。视天下为莫大之产业,传之子孙,受享无穷;汉高帝所谓"某业所就,孰与仲多"者,其逐利之情不觉溢之于辞矣。此无他,古者以天下为主,君为客,凡君之所毕世而经营者,为天下也。今也以君为主,天下为客,凡天下之无地而得安宁者,为君也。是以其未得之也,屠毒天下之肝脑,离散天下之子女,以博我一人之产业,曾不惨然,曰:"我固为子孙创业也。"其既得之也,敲剥天下之骨髓,离散天下之子女,以奉我一人之淫乐,视为当然,曰:"此

---

① 王夫之:《读通鉴论》,中华书局 1975 年版,第 453—454 页。
② 同上书,第 186—187 页。
③ 关于王夫之法律思想与现代法治在问题和思路上的关联,可以参考龚鹏程:《儒学新思》,北京大学出版社 2009 年版,第 125—143 页。

我产业之花息也。"然则为天下之大害者，君而已矣。向使无君，人各得自私也，人各得自利也。呜呼！岂设君之道固如是乎？

古者天下之人爱戴其君，比之如父，拟之如天，诚不为过也。今也天下之人怨恶其君，视之如寇仇，名之为独夫，固其所也。而小儒规规焉以君臣之义无所逃于天地之间，至桀、纣之暴，犹谓汤、武不当诛之，而妄传伯夷、叔齐无稽之事，乃兆人万姓崩溃之血肉，曾不异夫腐鼠。岂天地之大，于兆人万姓之中，独私其一人一姓乎！是故武王圣人也，孟子之言圣人之言也；后世之君，欲以如父如天之空名禁人之窥伺者，皆不便于其言，至废孟子而不立，非导源于小儒乎！

虽然，使后之为君者果能保此产业，传之无穷，亦无怪乎其私之也。既以产业视之，人之欲得产业，谁不如我？摄缄縢，固扃鐍，一人之智力，不能胜天下欲得之者之众，远者数世，近者及身，其血肉之崩溃在其子孙矣。昔人愿世世无生帝王家，而毅宗之语公主，亦曰："若何为生我家！"痛哉斯言！回思创业时，其欲得天下之心，有不废然摧沮者乎！是故明乎为君之职分，则唐、虞之世，人人能让，许由、务光非绝尘也；不明乎为君之职分，则市井之间，人人可欲，许由、务光所以旷后世而不闻也。然君之职分难明，以俄顷淫乐不易无穷之悲，虽愚者亦明之矣。

原　　臣

有人焉，视于无形，听于无声，以事其君，可谓之臣乎？曰：否。杀其身以事其君，可谓之臣乎？曰：否。夫视于无形，听于无声，资于事父也；杀其身者，无私之极则也；而犹不足以当之，则臣道如何而后可？曰：缘夫天下之大，非一人之所能治，而分治之以群工。故我之出而仕也，为天下，非为君也；为万民，非为一姓也。吾以天下万民起见，非其道，即君以形声强我，未之敢从也，况于无形无声乎！非其道，即立身于其朝，未之敢许也，况于杀其身乎！不然，而以君之一身一姓起见，君有无形无声之嗜欲，吾从而视之听之，此宦官宫妾之心也；君为己死而为己亡，吾从而死之亡之，此其私昵者之事也。是乃臣不臣之辨也。

世之为臣者昧于此义，以谓臣为君而设者也。君分吾以天下而后治之，君授吾以人民而后牧之，视天下人民为人君囊中之私物。今以四方之劳扰，民生之憔悴，足以危吾君也，不得不讲治之牧之之术；苟无系于社稷之存亡，则四方之劳扰，民生之憔悴，虽有诚臣，亦以为纤芥之疾也。夫古之为臣者，于此乎，于彼乎？

盖天下之治乱，不在一姓之兴亡，而在万民之忧乐。是故桀、纣之亡，乃所以为治也；秦政、蒙古之兴，乃所以为乱也；晋、宋、齐、梁之兴亡，无与于治乱者也。

为臣者轻视斯民之水火,即能辅君而兴,从君而亡,其于臣道固未尝不背也。夫治天下犹曳大木然,前者唱邪,后者唱许。君与臣,共曳木之人也;若手不执绋,足不履地,曳木者唯娱笑于曳木者之前,从曳木者以为良,而曳木之职荒矣。

嗟乎! 后世骄君自恣,不以天下万民为事,其所求乎草野者,不过欲得奔走服役之人。乃使草野之应于上者,亦不出夫奔走服役;一时免于寒饿,遂感在上之知遇,不复计其礼之备与不备,跻之仆妾之间而以为当然。万历初,神宗之待张居正,其礼稍优,此于古之师傅未能百一;当时论者骇然居正之受无人臣礼。夫居正之罪,正坐不能以师傅自待,听指使于仆妾,而责之反是,何也? 是则耳目浸淫于流俗之所谓臣者以为鹄矣! 又岂知臣之与君,名异而实同耶!

或曰:臣不与子并称乎? 曰:非也。父子一气,子分父之身而为身。故孝子虽异身,而能日近其气,久之无不通矣;不孝之子,分身而后,日远日疏,久之而气不相似矣。君臣之名,从天下而有之者也。吾无天下之责,则吾在君为路人。出而仕于君也,不以天下为事,则君之仆妾也;以天下为事,则君之师友也。夫然,谓之臣,其名累变;夫父子固不可变者也。

原　　法

三代以上有法,三代以下无法。何以言之? 二帝、三王知天下之不可无养也,为之授田以耕之;知天下之不可无衣也,为之授地以桑麻之;知天下之不可无教也,为之学校以兴之;为之婚姻之礼以防其淫;为之卒乘之赋以防其乱。此三代以上之法也,固未尝为一己而立也。后之人主,既得天下,唯恐其祚命之不长也,子孙之不能保有也,思患于未然以为之法。然则其所谓法者,一家之法,而非天下之法也。是故秦变封建而为郡县,以郡县得私于我也;汉建庶孽,以其可以藩屏于我也;宋解方镇之兵,以方镇之不利于我也。此其法何曾有一毫为天下之心哉,而亦可谓之法乎?

三代之法,藏天下于天下者也:山泽之利不必其尽取,刑赏之权不疑其旁落,贵不在朝廷也,贱不在草莽也。在后世方议其法之疏,而天下之人不见上之可欲,不见下之可恶,法愈疏而乱愈不作,所谓无法之法也。后世之法,藏天下于筐箧者也;利不欲其遗于下,福必欲其敛于上;用一人焉则疑其自私,而又用一人以制其私;行一事焉则虑其可欺,而又设一事以防其欺。天下之人共知其筐箧之所在,吾亦鳃鳃然日唯筐箧之是虞,故其法不得不密。法愈密而天下之乱即生于法之中,所谓非法之法也。

论者谓一代有一代之法,子孙以法祖为孝。夫非法之法,前王不胜其利欲之私以刱之,后王或不胜其利欲之私以坏之。坏之者固足以害天下,其刱之者亦未始非害天下者也。乃必欲周旋于此胶彼漆之中,以博宪章之余名,此俗儒之剿说也。即论者谓天下之治乱不系于法之存亡。夫古今之变,至秦而一尽,至元而又一尽,经此二尽之后,古圣王之所恻隐爱人而经营者荡然无具,苟非为之远思深览,一一通变,以复井田、封建、学校、卒乘之旧,虽小小更革,生民之戚戚终无已时也。即论者谓有治人无治法,吾以谓有治法而后有治人。自非法之法桎梏天下人之手足,即有能治之人,终不胜其牵挽嫌疑之顾盼;有所设施,亦就其分之所得,安于苟简,而不能有度外之功名。使先王之法而在,莫不有法外之意存乎其间。其人是也,则可以无不行之意;其人非也,亦不至深刻罗网,反害天下。故曰有治法而后有治人。

【讨论思考题】

1. 为什么明末清初的思想家们多重视宰相在制度上的重要性?
2. 明末清初思想家对君权的限制是基于"分权"还是"分职"?
3. 什么是黄宗羲所说的"一家之法""天下之法""无法之法""非法之法"?
4. 试评述黄宗羲"有治法而后有治人"这一命题。
5. 试评述王夫之"严以治吏宽以养民"这一主张。

第二编
中国近代法律思想

第九章 中国近代法律思想导论

第一节 中国社会从传统到近代的转型
第二节 中国近代法律思想发展之脉络

按照历史学家唐德刚的说法,自鸦片战争以来的近代中国社会直到今天总的说来处在一个大的转型期,为春秋战国以来中国历史的第二次社会大转型①。因此,研究近现代中国的法律思想,相对于中国传统社会,因为与现今社会联系较紧密,从实用一面来看,显得比较重要;同时也更难研究和评论,一方面是资料的浩繁,另一方面是今人分析研究今人思想,尚未盖棺论定,且身处庐山之中,反倒难以认识其面目。故学习中国近代的法律思想,尤其不能掉以轻心。也许,近代有些思想家,因为其所处时代和自身的特殊经历,其思想在我们今天看来难免幼稚,但还是要认真对待。如亚里士多德所说:"我们受益于前人,不但应该感荷那些与我们观点相合的人,对于那些较浮泛的思想家,也不要忘记他们的好处;因为他们的片言剩语确正是人们思绪的先启,这于后世已有所贡献了。"②

第一节 中国社会从传统到近代的转型

传统中国到19世纪进入了一个特殊的时期。这种特殊就体现在"遭遇西方"上面。正是在"遭遇西方"之时,新参照物的出现,使传统中国的弊端得到了充分暴露。受"西洋"的冲击,中国社会渐渐走出了"长久停滞"的怪圈,开始了由传统到近代漫长而又艰辛的转型历程。③

一、近代前夕的中西社会情形

之所以要先谈及近代前夕的中西社会情形,是因为中国传统社会的近代转型是在西方的直接刺激之下才有可能发生的。关于西方对于中国近代转型的重

---

① 参见唐德刚:《晚清七十年》第壹册《中国社会文化转型综论》,远流出版事业股份有限公司1998年版,第8—9页。
② 〔古希腊〕亚里士多德:《形而上学》,吴寿彭译,商务印书馆1959年版,第32页。
③ 中国近代社会性质的通行说法——"半殖民地半封建"——乃是中国学者从苏联的移植:"俄国共产党干部派尝名我们为'半封建'。——大概凡到中国事加一'半'字都颇适当。"梁漱溟:《乡村建设理论》,上海人民出版社2006年版,第262页。

要意义,民国学者蒋廷黻先生的一段话很能说明问题。

> 中华民族到了 19 世纪就到了一个特殊时期。在此以前,华族虽已与外族久已有了关系,但是那些外族都是文化较低的民族。纵使他们入主中原,他们不过利用华族一时的内乱而把政权暂时夺过去。到了 19 世纪,这个局势就大不同了,因为在这个时候到东亚来的英、美、法诸国绝非匈奴、鲜卑、蒙古、倭寇、满清可比。原来人类的发展可分两个世界,一个是东方的亚洲,一个是西方的欧美。两个虽然在 19 世纪以前曾有过关系,但是那种关系是时有时无的。在东方这个世界里,中国是领袖,是老大哥,我们以大哥自居,他国连日本在内,也承认我们的优越地位。到了 19 世纪,来和我们打麻烦的不是我们东方世界里的小弟们,是那个素不相识而且文化根本互异的西方世界。①

其实,早在中西两种文明的大规模接触以前,中西两种文化的歧异就已非常显明。这种歧异本是人类文明多元发展的一个正常现象。在各不相同的文明之间没有起码的接触和冲突之前既无比较的必要,也不会形成系统的关于文明比较的知识。只有在文明的接触变得频繁且极度重要的时候,文明之间的比较才会成为一个能够充分吸引人们视线、引起人们思考的重要问题。

至今,中西文化间的大规模的接触已经进行了 180 年以上的时间,此时当我们回过头去反思这种中西文明间的冲突与影响,很多人已经发现:其实中西两种文明冲突和影响的过程在很大程度上已经由其各自在大规模接触之前的发展所决定了。

在西方,从 14 世纪、15 世纪开始在意大利已经出现了一种新型的资本主义经济活动。所谓资本主义经济活动,是"通过利用交换的机会以获取利润的活动,也即通过和平的获取利润机会的活动"②。由于资本主义经济模式是通过和平方式来获取利润,所以资本家的活动是以计算为基础的,这在某种程度上促进了以数学和物理学为基础的近代自然科学的发展。有了近代自然科学的发展,才会有新大陆的发现和环球航线的开辟,后二者又直接导致了资本主义所需要的市场的扩大,资本主义生产方式得到了进一步的发展。这些自然科学的结论所经受住的检验和资本主义的发展反过来又共同促进了自然科学的研究。自然科学逐渐突破了宗教的限制而发展出了科学精神。所谓科学精神,就是判断真

---

① 蒋廷黻:《中国近代史大纲》,东方出版社 1996 年版,第 1 页。
② 〔德〕马克斯·韦伯:《西方文明的独特性》,载《文明的历史脚步》,上海三联书店 1997 年版,第 5 页。

理的标准不再是先验的,而是可以通过实验来证明,可以用人类共通的理性来进行推理。这种科学精神的适用范围逐渐越出了自然科学,迅速影响到几乎所有的人文社会学科领域,产生了近代意义上的人文社会科学,这种人文社会科学出现和早期发展的过程也就是西方的启蒙运动思潮。

经过资本主义经济活动的洗礼和启蒙思潮激励,在欧美产生了一系列的社会革新实践,比较著名的是英国在17世纪建设近代国家的努力、美国的独立建国以及法国大革命。通过这些实践,主权国家、人民主权、权力分立与制衡等政治制度以及围绕宪政国家之下的民主、自由等价值观念逐步确立起来,民族国家得以巩固。这些民族国家的建立以及相关的政治规则、经济政策和司法制度确保了资本主义经济模式健全且迅速地发展。随着作为其市场和原料产地的殖民地拓展,这一套那时最新、最先进的经济模式、政治制度及其相关的价值观念逐渐在全球范围内传播开来。

相较之下,中国传统文明尽管也曾达到了相当高的水平,为整个世界所称道,但早在中西大规模接触的几个世纪之前已经基本上处于停滞不前的状态且此种状态在内部很难被打破。"百代都行秦政法"[①]、"千年不变"[②]等语汇都道出了传统社会这一"不变"的特征。

中西两种文明大规模接触之前双方的态势大致已如上述。其中一个已步入老年,暮气沉沉,停滞僵化;一个正当壮年,血气方刚,朝气蓬勃。这样的两种文明相遇,既然其冲突不可避免,其结局在双方接触之前已大致确定。

二、近代中国学习西方的逐渐深化——器物、制度和文化

在鸦片战争之前,除了有英国的使臣觐见中国皇帝要求通商等官方交涉之外,还有一批来自民间的西方传教士在东南亚一带传教,为以后的"西学东渐"做了一定的准备。1840—1842年中国在鸦片战争中败给英国,签订了不平等条约,从此中国被迫开放了国门而踏上了近代化之途。伴随着每一次中外战争,中国的开放程度都在加深,民族危机在加重,中西文化间的冲突是愈演愈烈,同时中国人对西方文化的认识亦在不断加深。在这种中西文化愈来愈深入广泛的交流

---

① 毛泽东:《七律·读〈封建论〉呈郭老》,载中共中央文献研究室编:《毛泽东年谱:1949—1976》,第六卷,中央文献出版社2013年版,第490页。

② 参见唐德刚:《告别帝制五千年》,载氏著:《晚清七十年》第壹册《中国社会文化转型综论》,远流出版事业股份有限公司1998年版,第20—21页。

之中，中国开始了以学习西方为重要内容的近代化历程。在这个过程中，西方文明在近代中国的输入内容与中国人对西方文化的认识深度大致吻合。根据梁启超的归纳，西方文明在近代中国的传播，也就是近代中国人对西方文化的认识大致分为由浅入深的三个阶段，即器物——制度——文化。①

  第一次鸦片战争，英国人所派遣的几千远征军在清政府长达几千公里的海疆纵横驰骋，最后还胁迫清政府在南京订立城下之盟。有一部分目光敏锐的士大夫开始感受到了这种时代变化的气息并形成应对之策，如魏源提出了"师夷长技以制夷"的主张，要求学习西方的先进军事科技。经第二次鸦片战争和太平天国运动，在朝廷内部形成了"洋务派"，主张学习西方的先进科技。刚开始限于学习军事技术和军事工业，后来发现军事工业不能离开民用工业而单独发展，就又开始发展与军事有密切关系的民用工业。他们对西方的学习主要集中在西方的物质文明，其学习西方的原则就是张之洞所归纳的"中体西用"。洋务派学习西方物质文明的努力随着甲午一役北洋海军的覆灭而宣告失败。这个阶段就是梁任公所讲的近代中国人学习西方的第一个阶段——器物，即物质文明阶段。

  早在甲午战前，就有一些思想家、政府驻外使节和来华外国人以赞赏的口吻介绍了西方的政治制度，如王韬在《重民》一文中提到了西方的"民主之国"和"君民共主"之国，着重谈及了其议院制度②，郑观应主张中国的出路在君主立宪。③ 这种类似的思想由于当时洋务运动搞得轰轰烈烈，有声有色，没能引起人们的普遍重视。甲午战争后，一些善于思考的中国人开始正视洋务派学习西方的方式方法以及学习范围的问题。那个时期的先进中国人认识到原来"西政"与"西艺"是连在一起的，离开了"西政"的"西艺"根本就不可能是真正的"西艺"，船再坚、炮再利，还要有人才，有相关的制度保证，不然仍旧是无济于事。所以在甲午之后，康、梁的改良维新和孙、黄的暴力革命相继登台。关于改良维新，先是1898年的戊戌变法，希望通过由皇帝主导自上而下的改良

---

  ① 梁启超：《五十年中国进化概论》，载《饮冰室文集点校》，第五集，吴松等点校，云南教育出版社2001年版，第3249—3250页。

  ② "国家有事，下之议院，众以为可行则行，不可则止，统领但总其大成而已，此民主也。朝廷有兵刑礼乐赏罚诸大政，必集众于上下议院，君可而民否，不能行，民可而君否，亦不能行也，必君民意见相同，而后可以颁之于远近。此君民共主也。"王韬：《弢园文录外编》，上海书店出版社2002年版，第18—19页。

  ③ 郑观应：《易言·论议政》，载夏东元编：《郑观应集·救时揭要（外八种）》，中华书局2013年版，第105—106页。

完成整个国家政治制度的近代化,达到求富求强的目的;后是清廷主动进行的晚清新政。在 20 世纪的最初十年,晚清新政居于近代中国这个大舞台的中心位置。晚清新政从制度层面引进了西方一系列和宪政相关的制度设置,如地方自治、司法独立、变法修律等。但因限于"中体西用"这个框架和难以理顺的晚清矛盾之网,包括满汉矛盾、中央集权与地方坐大矛盾、财政问题等,革命运动遂成为不可遏止之事。革命运动突破了"中体西用"的范畴。随着辛亥革命成功,亚洲第一个共和国得以建立,具有宪法性质的《中华民国临时约法》和《中华民国约法》相继颁布,西方近代国家的一系列主要制度框架基本上得到移植,自由平等等价值原则同样写入了宪法条文,自由发展的经济政策、新闻言论的自由等社会文化政策也逐步有了成文法律的保障。这是近代中国学习西方的第二个阶段——制度阶段。

民国成立之后,虽然从文本上学习了西方的制度文明,但国家依然一片黑暗,其黑暗程度和晚清相比,似乎是有过之而无不及。尽管类似袁世凯和宣统的先后复辟这些明目张胆的反动势力旋起旋灭,但专制的阴影依旧笼罩在中国的上空,军阀混战不休,国家依旧贫穷衰弱,人民更是痛苦万分。近代中国学习西方制度文明所孜孜追求的国家富强、人民自由民主等目标在民初乱局中看不到希望。当此之时,先进的中国人又开始反思此前学习西方究竟出现了什么问题。经过求索,发现这一切的根源在于西方的器物、制度原非孤立的,乃西方整个文化系统中的一个部分,不是单独学习其某个部分可以奏效的。因此,不学习西方则已,要学习就要学习西方的整个文化。1919 年陈独秀在《新青年》创刊号上提出了"德先生"和"赛先生"的口号,即科学和民主,倡导科学精神和个人主义,否定传统道德权威。从美国归国的胡适更提出了文学革命的口号,主张以白话文代替文言文,并以其实用主义的哲学主张来"研究问题,输入学理,整理国故,再造文明"[①]。此后,中国人学习西方,不管是主张全盘西化、儒学复兴,还是选择欧美民主宪政之路、用马克思主义改造中国,都不同程度地触及中西文化的深层问题。这是近代中国人学习西方的第三个阶段——文化阶段。

---

① 参考胡适:《新思潮的意义》,载欧阳哲生编:《胡适文集》(2),北京大学出版社 1998 年版,第 551 页。

第二节　中国近代法律思想发展之脉络

一、近代早期西方法的输入

（一）鸦片战争前西方人对中国传统法律和司法的观感

在鸦片战争之前，因清政府奉行闭关自守政策，外国人对中国的了解渠道主要是与东南亚等地华人的间接交流、西方学者在其著作里面对中国的介绍和想象以及在广州的外国商人的观感，故多流于表面和零碎，既非深刻也谈不上系统。如19世纪一位外国人在观察了中国的司法审判过程之后，反认为连传统中国人多加诟病的刑讯都有其合理性："在一个把起誓当作毫无价值的东西的国度里——许多人可以花十美分就能找到为自己做伪证的人，只要你有钱，除了用刑别无他法弄清事实真相。过程无疑残酷异常，但它能保证后果。"此书作者举了一位在印度办案的英国绅士证明在适当场景运用刑讯的作用，"摆在他面前的诸多案件使他确信证人是在撒谎，但却无能为力，无法验证。其实只要稍用拶指，抑或是一顿鞭打，便能真相大白……"[①]

清朝廷处理涉外案件遵循的是"凡化外（来降）人犯罪者，并依律拟断"，即强调司法主权的原则。[②]"细故"案件，按照近代西方部门法分类大致为民事诉讼案件，没有在中外交涉问题上产生麻烦。因为中外经济纠纷的主动权在清朝廷闭关锁国的情况下完全握在十三行手中，案件容易得到解决；且外人之间的商务纠纷，一向不告诉中国官府，而是通过调解方式来解决。命盗重案，即刑事控诉案件，主要以商船上的水手为行为人。海上航行的时间很长，水手们能登岸休假，感觉加倍甜蜜，岸上很多东西都对他们构成极大诱惑，刑事案件较容易发生。对于这些刑事案件，清朝廷持一种什么态度呢？这主要涉及管辖权的问题。

[①]〔英〕约·罗伯茨著：《十九世纪西方人眼中的中国》，蒋重跃、刘林海译，时事出版社1999年版，第47页。

[②] 该条文远袭唐律，直接来自明律。参见吴坛原著，马建石、杨育棠主编：《大清律例通考校注》，中国政法大学出版社1992年版，第295—296页。

资料显示,清朝廷一直牢牢地把管辖权抓在自己手里。在澳门,清朝廷很早就采取各种办法,将刑事案件管辖权保留在自己手中,就是欧洲人之间的凶杀事件,也不允许葡萄牙人行使司法权。在省城广州附近的地方,对于外国人停靠在中国港口的商船,清朝廷当然也要坚持这种管辖权。1754年,在一次英法两国的海员的争斗中,一英国人被法国人杀死。中国官员为此案举行过一次审讯,两广总督根据英国人的申诉,以停止对法贸易相要挟,逼使法国人交出凶手,犯人在次年大赦时被赦免。1773年,澳门有一个中国人丧命,一名叫斯考特的英国人被指控为杀人犯。该犯虽已被葡萄牙法庭审理并宣判无罪,但中国官府要求管辖权,最终中国官府重新审理了该案并将斯考特处死。1780年发生了一起法籍海员杀死葡萄牙人的案件,罪犯逃到法国领事馆躲避,中国官府要求移交犯人,最后由广东巡抚审理判处死刑。据此,曾任职于英国东印度公司的奥贝尔(Peter Auber)称:"这是一个欧洲人在中国杀死另外一个欧洲人而被处死刑的第一个事例,并且也是被认为造成了一个危险的先例。"[1]

道光元年(1821),一名中国妇女在小船上兜卖水果,美船急庇仑号上的一名水手将瓦罐投向她,致使其落水淹死。广州政府命令美方交出凶手。因美方拒绝,清政府遂停止中美贸易。后来,番禺县令到船上主持了审判,据外国人说,该县令听取了原告方面的证据,而不准对于这种证据予以翻译,也不准被告方提供证明或申辩就宣判了罪状。在这样"一种笑话式的审讯和滑稽式的裁判"[2]之后,被告便被船上的官员加以锁铐,但尚未交出。贸易仍旧被停止着,美国商人们大感苦恼。在一个星期后,美国遂被迫交出凶手,押解赴省,由广州府举行第二次审讯。在这次审判中没有一个非中国人在场,判处罪犯死刑,罪犯最终被押赴刑场绞决。两广总督为此要求行商传谕美国大班:"当知天朝法度尊严,该夷人既赴内地贸易,自应安静守法。该大班及船主等,务须时时戒饬船内水艄人等,毋许滋事逞凶。设已酿成事端,该大班即应查明肇衅生事之人,立即指名交出,听候地方官查审究办,切勿袒庇诿延,自取重咎,以副天朝恩溥怀柔之至意。"[3]美国在该案中的立场是:"当我们在你们的领海内,我们理应服从你们的法律;即使它们永远是这样的不公正,我们也不能反对它们。"[4]

是什么使得外国人认为清朝廷的法律不公正呢?难道是清朝廷偏袒本国人

---

[1] 〔美〕马士:《中华帝国对外关系史》,第一卷,张汇文等译,上海书店出版社2000年版,第116—117页。
[2] 同上书,第120—121页。
[3] 《两广总督阮元奏报审办伤毙民妇之美船水手情形折》,载中国第一历史档案馆编:《鸦片战争档案史料》,第一册,上海人民出版社1987年版,第31页。
[4] 〔美〕马士:《中华帝国对外关系史》,第一卷,张汇文等译,上海书店出版社2000年版,第126—127页。

吗？是刑罚的残酷性吗？是刑讯的广泛存在吗？似乎都不尽然。确实，在心理上，清朝廷认为本国人是文明人，不能和夷狄等量齐观。比如说苏东坡在《王者不治夷狄论》中即基于此种思想指出："夷狄不可以中国之治治也，譬若禽兽然，求其大治，必至于大乱。先王知其然，是故以不治治之。治之以不治者，乃所以深治之也。"①这种基于对外国人的优越感，同时也表现为对自己作为文明人的高标准严要求，反映在涉外案件上，诚如外国观察者所言："中国人并不希望在他们本国人犯罪的时候庇护他们……这一种说法，不仅在控诉中国人的案件中证明是真实的，就在中国人控诉外国水手们的时候，也是同样的真实。"②说到刑罚的残酷，在同一时期，按照英国的法律，盗窃价值超过十二便士的，都要判处死刑；同时，杀人未遂或者意图杀害而露出并扳动实弹的枪械，也是一种可以处死的重罪；直到1861年，意图杀人但结果仅使人身体受伤的，才从死罪名单中剔除。故刑罚的残酷也不是外国人认为不公的原因。在英国，刑讯在很长一段时期内被认为是一种旨在保护犯人的结果而存在的。虽然到17世纪后半期英国已经废止了刑讯的实施，但作为一种思想，用刑讯迫使犯人招供的正当性一直存在。直到19世纪上半叶，长期作为一种罪状的"拒不招供"才因为人道主义思想的影响而改为适用无罪推定的原则。

那让外国人感到不公正的原因究竟何在呢？从外国人的直接表示看，那就是要有一个建立在正当程序基础上的公正审判。如控告必须有确定的证据，审判时要听取两造的证据，允许辩护，等等。深层原因是中国和西方在法律价值观念和制度上的差异。

酿成鸦片战争的一个起因是林则徐下令围禁商馆，勒令具结及因林维喜案禁止供给英人柴米食物等。关于这几件事，英国人认为是强暴非法的行为，而林则徐及当时的中国人则认为这完全合理合法。为什么呢？英国人认为法律与命令当有分界，政府随便的一个命令，不能立刻构成新的罪名；法律责任只限于当事者，不能随便加诸当事者以外的人；构成法律责任的事实，当具有充分的证据，不能专凭一面之词就随便剥夺人的人身自由权或危及其生命。他们按照这个观念来判断林则徐的行为，无处不觉其强暴非法。勒令外国人"货尽没官，人即正法"的甘结，是随便可以入人以罪；围禁商馆断绝供应，是不待事实明确，随便将法律责任加诸所有的外国人，无故剥夺外国人的人身自由甚至危及其生命，因此

---

① 苏轼：《王者不治夷狄论》，载《苏轼文集》，第一册，孔凡礼点校，中华书局1986年版，第43页。
② 〔美〕马士：《中华帝国对外关系史》，第一卷，张汇文等译，上海书店出版社2000年版，第126页。

这些行为都不合法。但在清代中国,皇帝谕旨可以构成新法律,可以变更旧法律;官厅的命令行为,有皇帝谕旨的明示许可或默许,也可以成为法律,所以作为钦差大臣的林则徐的命令就是当然的法律。关于法律责任问题,传统中国虽有"一人犯法一人当"的俗语,但在法律习惯上,所谓"连坐"的范围,往往漫无限制,一人犯事连累一家,一家犯事连累一村、一族,找不到犯人责成地保。皇帝的谕旨既然认定贩卖鸦片为犯罪,那么让所有有贩卖鸦片嫌疑的英国人统统具结在这种连带观念下又怎么算违法呢?义律是英国人头目,对贩卖鸦片尤应负责。在传统中国处理外事方面,中国商人如果拖欠外人的债务,曾由中国官府代为偿还,中国当局对于自己商人的行为都负责,你英国人何能例外?所以将义律也围困在商馆,直到全部交出鸦片方准离开,又有什么不合法的呢?① 双方观念上的差异无法通过和平说服达成一致,只有在战场上一决高下了。

鸦片战争以后,与传统中国法观念和制度迥异的西方法文化突破了清廷闭关锁国的禁令而逐渐开始传播。近代中国西方法文化的传播的主体既包括来华的外国人,也包括中国人自身,两者相辅相成,共同推进了西方法在近代中国的传播。

(二) 外国人的"传法"

介绍西方法到中国的来华外国人主要有充当近代中国政府顾问的外国人、来华传教士等。他们把西方的法思想和制度作为一种文明来传播,是一种在使命感影响下的"传法"行动。

来华传教士的活动宗旨主要是把上帝的福音传播到近代中国,这些传教士大多在母国受到了一定的教育,对于母国的政治法律制度具备一定的知识,在传教的过程中,顺带把西方法律制度和思想有意无意当作上帝的福音传播到近代中国。

租界的建立,对于传播西方政治法律制度也产生了较大作用。租界虽然是列强侵略近代中国的产物,是对中国主权的公然侵犯,但在租界内部,却建立了一套完全从其母国移植过来的政治制度,实行立法、行政、司法相对独立的政治体制,进行租界的治理工作。在上海的公共租界,纳税人会议近似于议会,凡居住在租界内,缴纳一定税额的外国人都是其会员,凡租界的预算、决算都由该会议决,还可以监督工部局的行政工作。工部局实行董事制,其董事都由选举产生,且有一定的任期。其司法由会审公堂以及后来的领事法庭负责。上述各机

---

① 参见李剑农:《中国近百年政治史:1840—1926 年》,复旦大学出版社 2002 年版,第 48—50 页。

构都实行会议制,较好地贯彻了少数服从多数的民主原则,这与传统中国的专制制度迥然不同。① 总的来说,租界一系列法律的颁布和会审公廨对案件的管辖和审理,给那些出入租界的中国人以实际经验展现出一个全新的法律制度体系。《申报》还定期报道会审公廨的情况,有助于国人了解西方的司法和法律制度。在中西法律对比方面,会审公廨起到了较大的作用。

来华外国人对西方法律的介绍以及外国司法和法律制度在中国境内租界的实际运作,对于西方法律文明的传播、激发近代中国人的变法意识方面起到了较大的作用。

(三)近代中国人主动认识西方法

在中国,虽然一直有人对传统法律体系进行批评,但近代以前,它们都是一种体制内枝节批评,希望在既有的法——《大清律例》和固有的司法官员之间寻求一更佳结合点,使具体案件的处理尽可能地与天理、人情和国法三者相符合。近代早期的思想家,如魏源、龚自珍等对传统司法的批判就属于此范畴。随着因战争失利而导致的被动开放,西方文明以租界为中心,逐渐影响到沿海地区,中国思想界因新参照物出现而发生了巨大的变化。

近代知识分子首先通过阅读外国人的法学译著来了解西方的法律制度,但这仅仅是抽象的纸上谈兵,尽管对于中国人的影响也很大。更为直观的感性认识,则在19世纪八九十年代,经由清朝使节们的记载传入国内。尽管这些外交使节的思想新旧参差不齐,但耳濡目染西方世界中的形形色色,他们之中的开明者终于得出"今之立国,不能不讲西法"②,西方各国"经理学堂、医院、监狱、街道无不法良意美,绰有三代以前遗风"③等结论。这为随后的近代法律思想的革新、制度层面上的变法提供了第一手材料。以上所举,乃近代早期的中国主动认识西方法的大致情形。④

二、近代转型的中心任务——宪政和法治

自鸦片战争后,中国开始不可避免地正面遭遇西方。西方不同于传统夷狄,

---

① 参见吴士英:《论租界对近代中国社会的复杂影响》,载《文史哲》1998年第5期。
② 薛福成:《出使英、法、义、比四国日记》,见沈云龙主编:《近代中国史料丛刊》第十二辑,文海出版社1967年影印版,第173页。
③ 同上书,第214页。
④ 关于以驻外使节为主的近代先进中国人对包括西法在内的西方世界的认识,可以参考钟叔河:《从东方到西方——走向世界丛书叙论集》,岳麓书社2002年版。

不只是一时的武力优势,其背后有一套足以对中国以儒学为主导的文化传统构成巨大威胁的文化体系。面对此种"危局"和"变局",越来越多的人逐渐意识到学习西方的必要。对西方的不同认识决定了学习的具体内容。如上文所述,近代中国对西方的学习和借鉴,随着对西方认识的加深,大致经历了三个阶段,即从器物到制度,最后深入到整个文化领域。对西方文化的学习和借鉴,使得传统社会必然发生从量到质的变化,从而开始了自春秋战国以后的又一次社会大转型。

这次社会大转型,是中华民族从传统向近现代的转变。这一社会转型过程至今还没有完成,因此尚不能预测转型完成之后社会和国家的具体形态,但它的一些必备特征,征之于中西史乘,则能够推测出来。"所谓近代国家,就是一个民主国家,对内工商业发达,注意科学研究,乃至于军备充实;对外维持其主权独立,领土之完整,且能与各大国相周旋;至于政府机构方面,一定有内阁、议会以及选举制度。这都是现代国家的特色,亦即近代国家应具备的种种特点。"①在所有这些特点当中,近代国家的基础在立宪政治。所以宪政和法治应该是转型期完结之后的国家社会所要遵循的根本原则。要将宪政和法治作为根本原则真正确立起来,整个转型期须为此打下坚实基础。

征诸中国近代史,尽管思想家们将"立宪"作为政纲正式登上政治前台始于19世纪末的戊戌维新前后,但早在近代社会开端之初,即有思想家开始向国人介绍来自于西方的宪政思潮和学说。魏源在《海国图志》中评介了西方的法律制度,直接论述了美国的政制;梁廷枏在《海国四说》中直接介绍了美国的宪政制度。②郑观应在介绍了西方议会制度之后,为当时中国开了君主立宪的良方,认为在君主之国,设立议院,可以"集众思,广众益,用人行政,一秉至公,法诚良意诚美矣",而且可以使君民相通,改变君主制下君民之间的隔阂情形。③到戊戌维新,维新派的变法纲领就是君主立宪。及至庚子之后,因国内外形势所致,立宪为大势所趋,朝野皆以"宪政"相号召。以康有为、梁启超为首的改良派主张君主立宪,以孙中山、章太炎为代表的革命派则以共和宪政相号召,双方各自创办宣传报刊,撰文宣传自己的宪政主张,形成了持续数年之久的论战。清政府受内忧外患的困扰,受日俄战争的刺激,更将宪政作为"新政"的目标,将预备立宪作为国策。在此期间,清政府成立了宪政编查馆,组建了中国最早的国会和地方议会

---

① 张君劢:《宪政之道》,清华大学出版社2006年版,第136页。
② 梁廷枏:《海国四说》,中华书局1993年版,第72—81页。
③ 郑观应:《盛世危言·议院上》,载夏东元编:《郑观应集·盛世危言》,中华书局2013年版,第88页。

的预备机关——资政院和谘议局、颁布了中国最早的宪法性文件——《钦定宪法大纲》和《十九信条》。到辛亥革命之后,君主专制政体宣告终结,建设共和宪政成为时势所趋。自《临时约法》以降,近代中国的宪法和宪法性文件为数众多,如果包括各类宪法草案、地方宪法,其数量更不知凡几。就在设计、制定和研究这些宪法性文本的工作当中,不知耗费了近代思想家们多少脑力和心力,宪法和宪政问题成为近代中国转型过程中的中心问题。尽管近代思想家们将宪政视为转型期的中心问题,为此劳神费力,但宪政道路却十分崎岖,真正的宪政也始终没能实现,个中原因耐人寻味。

何谓"宪政"?宪政及其相关制度是西方的舶来品。在西方历史上,尽管宪政在其实践过程中有诸多变化,学者们的认识也存在分歧,但宪政仍有着亘古不变的核心本质,即它是对政府的法律限制,是专制的对立面;其反面是专断,是恣意统治。简言之,即实现宪政需要厉行法治。

为什么实现宪政需要厉行法治?因为只有在法治之下,才能限制政府的权力。为什么要限制政府的权力?因为人与人生而平等,不管是帝王将相还是贩夫走卒,且所有人都有一些不可抛弃的权利。这些权利被西方启蒙思想家称为"天赋人权",包括人身、言论、信仰、集会结社等方面的自由。设立政府的目的,就是要保护国民的这些权利。如果政府权力无限,加以政府所能调动的巨大社会资源,国民的权利就会时刻处于危险之中。因此,西方启蒙思想家主张进行一系列的制度设计,如权力分立与制衡、司法独立、地方自治等,来防止政府的专权,从而达到保障国民权利之目的。所以在宪法中,在揭示国民的权利之后,一定要把上述制度规定进去,作为政府和国民共同遵守的首要准则。

什么是法治?虽然中国传统语汇中也有法治一词,但近代意义上为实行宪政所必需的法治概念则来自于西方,最典型的表述是"rule of law"。按照亚里士多德所说:"法治应包含两重意义:成立的法律获得普遍的服从,而大家所服从的法律又应该是本身制定得良好的法律。"① 要想获得"良法",就必须有国民的参与,也就是国民要享有基本权利。所以,"法治"是以权利为前提的。

"权利"一词是西方法学、尤其是私法的根本。中国古代虽有"权利"的用法,但其意义与近代西方法学中的"权利"存在着相当大的差异。在中国古代,"权利"有两个含义,一是指"权"和"利",即"权势"和"货财",具有负面意味;另一个意思是权衡利弊或利害。美国传教士丁韪良在 1864 年翻译的《万国公法》中出

---

① 〔古希腊〕亚里士多德:《政治学》,吴寿彭译,商务印书馆 1965 年版,第 199 页。

现了近代意义上的"权利"一词。稍后出版的《公法便览》对"权利"语词进行了较为准确的阐释。但自《公法便览》刊行到 19 世纪结束的近 30 年间,"权利"一词备受冷遇,未能流传开来。到 20 世纪初,"权利"一词从日本经学人广为宣传,得以广为接受,才成为中国近代法学的核心语词。①

"权利"虽然在世纪之初广为流传,但出于种种原因而导致对"权利"的误解很多。比如,孙中山在三民主义演讲中所提到的"革命人权",认为只有参加革命方享有人权,不参加革命的人则不享有人权,便是对"人权"的误解。因为人权是凡称为人皆应享有的同样权利,而不是为某些阶级、阶层所独享的"特权"。② 受过西学系统训练,圣哲如中山先生,此种误解尚不能免,更何况普通民众、乃至那些军阀官僚!作为宪政灵魂、法治基础的"权利"都难免被误解,那国人对宪政和法治的解读水准,更可以想见。

虽然在近代中国,宪政和法治成为国人致力的目标,但在理论上它们更多地被视为与坚船利炮同一层面上的富国强兵之具。虽然从长远来看,宪政和法治的确可以强国,但在深重的民族危机之前,国人多有"俟河之清,人寿几何"③的焦虑,当他们发现有更直截了当的手段可以实现富国强兵,宪政和法治就成了可有可无的东西乃至障碍了。尚不止此,近代中国多数当政者都在"玩宪法"、抓权力。所谓"玩宪法",就是表面上颁布宪法,借施行宪政为口号以争取民心、宣示其政权的合法性,而实际上并不将宪法施行,甚至采取各种措施阻碍宪法得以落实。政治家、政客为个人权力,玩宪法、宪政、炒宪法、宪政,并通过玩、炒宪法、宪政,实现集权之目的。当政者这种以"施行宪政"之名,行"玩弄宪法"之实的做法,对中国近代社会的健康发展产生了极其恶劣的影响:宪政和法治统统成为他们推行专制独裁统治的冠冕堂皇外衣,宪政的精神内核——用法治以保障公民的自由和权利——荡然无存。

尽管近代中国的宪政和法治未能健康发展,但思想家们对近代中国转型的思考基本上都是围绕着这个中心话题在贡献自己的心力和脑力。所以,要理解近代中国的法律思想及其演变历程,一定要建立在对这个中心话题的把握和理解的基础上。只有准确把握和理解了这个中心,才能明了这些政治法律思想家们的思想渊源、内容及其影响,并进而对之作出较为合乎客观实际的评判。

---

① 李贵连:《话说"权利"》,载《北大法律评论》第 1 卷第 1 辑,法律出版社 1998 年版,第 115—129 页。
② 张君劢:《宪政之道》,清华大学出版社 2006 年版,第 155—156 页。
③ 《左传·襄公八年》。

三、中国近代法律思想演变综述

中国传统法律思想的演变过程及其内容特征，本书上编已作阐述。由于传统中国法律思想历史悠久，且能独立自成一系统，"所以在欧、美帝国主义未东来以前，确能支配朝鲜、日本、琉球、安南等东亚各国的司法界"①。但自鸦片战争以来，因为西方列强的到来，传统中国法思想在西方法文化的冲击下，逐渐动摇。近代中国法律思想家在这种大形势之下，积极应对变局，力图融合中西，构思一套能适应于近代中国转型、围绕宪政和法治建设的法思想体系。

早在第一次鸦片战争结束之后不久，一些早期改革派，以龚自珍、魏源、梁廷枏、徐继畲为代表，即开始朦胧地主张学习西方的政治法律制度，并对传统中国法制和法思想进行了批判，对思想界产生了重大影响。如魏源在钻研经世之学的基础上，面对变局，提出了"师夷长技"的变法主张，并以赞赏的语调描述了一些西方的政治法律制度。如在美国的议会民主下，"议事听讼，选官举贤，皆自下始，众可可之，众否否之；众好好之，众恶恶之；三占从二，舍独徇同。即在下预议之人，亦先由公举，可不谓周乎"。在司法方面，"主谳狱"的刑官亦以"推选充补"，"有偏私不公者"，则"群议废之"。②虽然他是以中国传统观念来解读西方政法制度的，但无疑对近代中国开始接触和了解西方政治法律制度起到了引导作用，给沉寂的中国法律思想界吹进了一阵清新空气，在中国政治法律思想史上具有划时代意义。

在面对西方，清王朝内忧外患逐渐加深的情况下，出现了一批以"自强"和"求富"为号召的洋务派。张之洞的法律思想最具代表性，其变法的纲领即是"中体西用"。所谓"中体西用"，简言之即是在新形势下以学习、引进"西艺"和"西政"为手段来为"中体"的纲常名教服务。在这里，西方政治法律思想、制度被当作形而下的"用"，而不具有自身独立的价值，毫无疑问此举会妨碍对其的学习和借鉴。但不可否认，他的主张实际上已为引进西法和西学开了一道门。

随着西方法律思想和制度被介绍到近代中国，民族危机的加深，以康有为、梁启超和严复为代表的改良派，更热衷于向西方学习，以西学中建立在三权分立学说之上的宪政思想为主要武器，吸取黄宗羲等人的启蒙思想，以托古改制的名

---

① 杨鸿烈：《中国法律思想史》，下册，商务印书馆1998年影印版，第300页。
② 魏源：《海国图志》卷五十九《外大西洋墨利坚加州总叙》，卷六十一《弥利坚国记下》，载《魏源全集》，第六册，岳麓书社2004年版，第1585、1655页。

义,主张变法维新,要求设议院、开国会、定宪法,实行君主立宪。严复更向国人进行了西方宪政思想的核心价值自由、民主和法治观念的启蒙,提出了"以自由为体,以民主为用"①的思想命题。

在庚子国变之后,清朝廷迫于严峻的国内外形势,下诏"变法"和"预备立宪",并于1902年以"中外通行"为宗旨,着手修订法律。清廷以对传统法律有深厚造诣的沈家本和对英美法素有研究的伍廷芳为修律大臣,在他们的主持下,修订法律馆制定了《刑事民事诉讼法》《大清新刑律》《大清民律》等一系列新法律或草案。在这个过程中,发生了长达数年之久的礼法之争。这次礼法之争不同于传统社会的法律争议,其实质是建设中国近代法律体系是以中国传统法律及其礼教为主体还是以西法及其背后的宪政与法治为根本的争议。通过这次大规模的争议,长期形成且稳定异常的中国传统法律思想终因西法的输入而在一定程度上被突破。

以孙中山为代表的革命派,则在法国大革命的"自由""平等""博爱"和美国共和宪政思想的影响下,将西方的法治与民主和中国固有的"天下为公"大同思想、"民为邦本"的重民思想结合起来,提出了"三民主义""五权宪法"的建国方略,主张实行"主权在民"的法治学说。革命派的另一代表人物章太炎在接受西方宪政和法治学说的同时,凭借其对中国古典学术的深厚造诣,在结合中西的基础上,提出建立一个"既反专制又反代议制"的独特共和国方案。在这个共和国里,需要"分四权"和"置四法",在三权分立之外,让教育权独立,贯彻"损上益下"确保实质公平的立法原则。他们将西方的宪政和法治学说与中国的固有国情进行结合,力图有所创造,以解决近代中国转型的大问题。这种自觉意识则是近代中国法律思想在西方的刺激之下逐渐走向深邃的重要表现。

综上所述,近代中国的法律思想就是那些先进的中国人为应对西方、西学和西法的全新"变局"而进行法律层面思考的结晶。随着对西方了解的加深,西学和西法传播的广泛和深入,这些思想家们从朦胧意识开始,逐渐主动寻求并紧紧抓住西学和西法中"宪政"和"法治"这两个紧密联系的中心话题,进而围绕上述中心话题来推动制度层面上的变革和法思想体系上的建设。这是近代中国法律思想演进的重要内在逻辑。

---

① 严复:《原强》,载王栻主编:《严复集》,第一册,中华书局1986年版,第11页。

参考阅读材料

《警察国与法治国之矛盾及归宿》

蔡枢衡

　　警察国与法治国乃人类政治之二形态。若谓专制政治、农业经济、身份社会、官尊民卑、有官权而无人权、有强权而无公理……为警察国之特征，则立宪政治、工商经济、人类平等、民主官仆、有治权尤有政权与人权、国家权力成为维护自由保障平等之手段……均属法治国特色之所在。

　　警察国与法治国不仅为人类政治之二形态，抑且为人类政治历史之二阶段。在发展过程上，警察国阶段居先，法治国阶段在后，并且后者与前者相衔接。因之，法治国形态否定警察国形态，而孕育长成于警察国形态内。易词言之，法治国形态乃警察国形态内之反对物所长成。法治国形态始则萌芽长成于警察国形态中，终于突破警察国形态之壳而出，同时否定警察国形态，并取而代之。

　　今日中国之理想为法治国，今日中国之现实尚属警察国类型。历史的动向，显然表示由警察国进为法治国。因之，今日中国业已进入由传统的警察国脱化为法治国之过程中。在脱化之过程中，警察国之特点和法治国之特色间，矛盾错综，尖锐对立，实为应有风光。此种风光即变革过程之特质。此种特质之具体化，表现为各种悲剧。

　　书生气质之大学法科教授与司法实务家间之相冲，实为可能发现之诸般悲剧中最惨之一幕。依理，法科大学教授与司法实务家间，在知识上有同类之情，相生之谊，相辅之道，而无相冲之理。不幸基因中国社会及法律现阶段的性质之特殊，在校接受之法学知识，一经进入法院，踏上实务之途，便有即时变化气质，成为体现专制精神的工具之可能。兼之，今日中国之官吏，非必尽皆服膺民主公仆之意义。旧时独有之官气、官威及官格，并非绝无乘虚而入之可能。而今日之书生，非尽属于昔日士大夫之类型。爱国丹心，虽可贯日；趋避奉迎，可能欠工。其间或至相冲，亦属理所当然。假定社会现实可以发现此种相冲之现象，不能不归责于历史的安排。

　　另一幕悲剧为法官与律师之相刑。一般言之，法官与律师各有不同之任务，合则二全，分则二失，宜无相刑之理。惟是律师之本务，在为当事人谋利益。法令之全体及精神即为当事人利益之总体及限界。根据法令之全体及其精神以为当事人谋利益，即为彻底的法治精神之表现。万一法官故意断章取义以裁判，结果势必与律师之正当目的相冲突。况且律师之于警察国，不独为无用之长物，抑且无存立之余地。过渡期中律师与法官之有时相刑,岂非必然?假定社会有此事实,应于此点求其理论根据。

地方司法行政长官与其所属推检之相克——压迫与反抗,亦属悲剧之一种。在法治前提下,检察一体原则之本旨,非为长官之专制谋便利。审判且有独立之原则。然在专制精神下,长官之下,均为部属,职权独立者,惟长官一人。于是长官之态度,可能倾向于审判行政化;推检之态度,则有倾向法治化之可能。长官与所属态度之背道而驰,势成必然。假定社会现实有此现象,不能不认系过渡期中当然应有的事实。

新进司法实务家与先进司法实务家间之相害——不相融洽,亦一悲剧。新进实务家多属书生之类型,所知为理想,而非事实;所行倾于法治,而与专制相远。而久任实务家之所知,其与理想相距之远近,可能与其在任时间之久暂成正比。于是新进者可能以不知理想菲薄旧任者;久任者尤有以历世甚浅、不懂奥妙鄙视前者之可能。新旧二者对立状态之可能性,已为历史所注定。假定社会可以发见此类事实,吾人实不能不承认其为势所必然。

诉讼当事人与其所委律师之不相融,亦属悲剧之一幕。依理,律师之天职在于依法为当事人谋利益,宜无不能相融之道。律师本身无利害,惟以当事人之利害为利害。然而此乃法治国之理论及事实。警察国之诉讼,并无一定之程序,诉讼当事人亦无显明之当事人资格——尤以刑事被告为然;警察国有讼棍而无律师,并且讼与凶间,具有关联。因之,现阶段中国诉讼当事人心目中之律师,不易超出讼棍之范围,而其固有之法律技术的性质及能力,反完全抹煞。于是自好的方面观察,律师可视为依靠之对象,运动之机关,以及诉讼包胜之能手;自坏的方面言,律师可能成为一切失败及谬误之负责者——至少可以如此推诿,而不以为怪。然而好坏双方之认识,均足以使本来意义之律师,对之啼笑皆非。假定社会事实中可以发现此类矛盾,什九均属警察国与法治国矛盾之一形态。

大学法律学院系之讲义与现实行政间显示互相背反之倾向,亦属脱化中之一现象。讲义之内容,全属书生之天下,专制精神,早被当作批评之对象、法制政治史上之名词;而行政现实之所发现者,可能即为中国社会今日普遍通行的专制精神之一支派。于是,观念与实践——讲义、行政间存在着不调和的矛盾。假定社会有此现实,亦属过渡期中应有之点缀。假定学校毕业后服务法界者,果有迅速抛弃其观念的法治精神之事实,则讲义与行政间之矛盾,应为其一远因。

矛盾乃统一、同一或密切融洽之反面。就此点言,矛盾与隔阂或间隙,可谓异语同义。中国在警察国与法治国之矛盾的错综中,社会之法的组织,随时随地留有其他物介入之余地或可能，无待多言。此介入之物为贿赂，为请托，为官官相护，为恃强凌弱，为以众暴寡，为以智欺愚，或以有知欺无知，甚或为以有知之故而被欺。假定现在中国社会何时何地发现此类事象之一种或数种，介入于法的组织中，须知均是警察国与法治国间矛盾必然之结果的残余。

警察国与法治国间之矛盾将往何处去？矛盾之归宿，固非矛盾现象之与世不朽，亦非警察国之特征重庆中兴，而为法治国之因素定于一尊。易词言之，今日矛盾中之法治国因素，即为异日降服恶魔之霸主；今日细微至于不易发现其存在的法治国诸特征，即为将来法的机构支配者；今日渺小至于不易维持存在之法治国特征诸表现，即为明日法的机构之代表者。法治国特征明日昂扬之必然性，有如警察国风光布满今之日之为无可避免的宿命。

【讨论思考题】

1. 传统中国近代转型与西方到底是什么关系？
2. 近代中国学习西方的历程有没有阶段性？
3. 为什么近代中国的宪政和法治屡屡受挫？与中国法律人的学养有什么关系？

第十章　洋务派的法律思想

第一节　洋务派及其"中体西用"思想
第二节　张之洞的法律思想

第一节 洋务派及其"中体西用"思想

从1861年总理衙门成立到1895年的中日战争这段时间,可算是我国近代化运动的第一阶段。这一阶段的主题是"洋务",其主持人就被称为"洋务派"。①总结两次鸦片战争失败的教训、吸取成功平定以太平天国为主的内乱的经验,一部分士大夫认识到西方文化表现在船坚炮利方面的实用价值,上自恭亲王奕䜣,以及各地湘淮军出身的督抚,竞谈"洋务",以筑路、开矿、办厂、建军、办同文馆、游学为主要内容,力图推进中国的近代化。尽管阻力重重②,但由于洋务派诸人的努力,其"自强"运动进行得有声有色。

在第一次鸦片战争期间,魏源等主张学习西方军事技术的先进人物,提出"师夷之长技以制夷"③的口号。他们可以被称为洋务运动的先驱、洋务思想的酝酿者。但是,魏源等人提出的这一严峻的历史新课题,在以后的近二十年中没有得到社会的认同。直至第二次鸦片战争之后,这一主张才重新被人们所认识,并逐渐演变成为洋务思潮。洋务派的代表人物,在清朝中央有奕䜣、文祥等显赫亲贵,在地方则有曾国藩、李鸿章、左宗棠、刘坤一、张之洞等一批掌握军政实权的总督巡抚。他们以"自强""求富"相号召,在近三十年左右的时间里,兴办新式工

---

① "洋务",又称"时务"。"洋务"一词,较早见于道光十九年六月(1839年7月)清朝江南道监察御史骆秉章的《整饬洋务以绝弊端折》。在这个奏折中,明确出现"洋务"一词。这不是简单的字句变化,而是一种观念更新。在此之前,"洋务"被称为"夷务",在此之后,"洋务""夷务"在官方和民间著述中交互并用,到19世纪七八十年代,"夷务"渐被"洋务"替代。"洋务"是19世纪后半叶中国人对外洋事务的概称。其主旨则为办理对外洋国家的交涉事务,"制洋器","采西学",学习西方军用民用工业技术和声光化电等学问。在西方列强侵入中国以后,办理"洋务"成了清王朝当时的当务之急,因此,有人又称之为"时务"。

② 如倭仁在反对同文馆招收科举正途仕人学习天算之时所说:"窃闻立国之道,尚礼义不尚权谋;根本之图,在人心不在技艺。"山东道监察御史张盛藻在他之前也批评:"朝廷命官必用科甲正途者,为其读孔孟之书,学尧舜之道,明体达用,规模宏远也,何必令其学为机巧,专明制造轮船、洋枪之理乎?"(《中国近代史资料丛刊·洋务运动》(二),上海人民出版社1961年版,第29—30页)据记载当时有这样一幅骂郭嵩焘的对联,"出乎其类,拔乎其萃,不容于尧舜之世;未能事人,焉能事鬼,何必去父母之邦。"(王闿运:《湘绮楼日记》,岳麓书社1997年版,"光绪二年三月三日",第460页)由此可见当时舆论之一斑。

③ 魏源:《海国图志·原叙》,载《魏源全集》,第四册,岳麓书社2004年版,第1页。

业,翻译西方书籍,讲求国际公法。

在甲午战前,洋务派要面对守旧派的攻击。在当时顽固守旧是一种社会普遍现象,作为新政的洋务自然遭到反对。问题在于顽固派打着固守祖宗成宪的金字招牌,且与民族主义、爱国之情联系在一起,成为"清流""公议",洋务运动阻力重重。

既然守旧派认为洋务派之所作所为是"以夷变夏"的"谬论",而坚持将之反对到底,洋务派也要证明自己所作所为的正确性,于是针锋相对,提出了"中体西用"的治国理论方略。早在1861年,冯桂芬在《校邠庐抗议》中即提出"以中国之伦常名教为原本,辅以诸国富强之术"①。之后,身处中西变局之中的李鸿章、郭嵩焘、薛福成先后以类似的言词表达了这个见解。1895年,沈毓桂在《万国公报》第75卷上发表了一篇名为《匡时策》的文章,提出:"夫中西学问,本自互有得失,为华人计,宜以中学为体,西学为用。"②此后,"中体西用"被广泛使用,成为流行语汇。张之洞在1898年撰成的《劝学篇》中,对"中体西用"思想作了全面系统的概括和总结。其核心思想是中国以纲常名教为核心的经世大法无不毕具,但取西人制造之长,补我不足就够了。

这个命题包含"中西""体用"两对范畴。这是西方资本主义东来,中学遭受猛烈冲击,"采西学""制洋器"已无可回避的形势下,一部分中国人当时做出的回应。在洋务运动中,它逐渐成为洋务派调和中西矛盾的基本理论。

甲午战争后,"中体西用"逐渐流行开来,接受的人越来越多,但时间不长,人们逐渐开始扬弃了它,代之以"变法改制"。因为"中体"和"西用"不会互不侵犯。换句话说,从本来意义上讲,"中体"应是对"西用"的限制,但"西用"既借"中体"为入门之阶,便会按照自身的要求发生影响,人们虽然想把它限制在既定范围,但实际上难以如愿。人们逐渐发现,西学不仅可以作"用",而且可以更好地充当"体"。也就是说,"西体西用"也是可以的,而且还可能比"中体西用"更好。由此,我国的近代化历程步入了"变法改制"这个政治体制改革阶段,也就是整个近代化过程的第二阶段。

"中体西用"是洋务派的指导思想,洋务派的法律思想当然是其中一部分。整个洋务派的法意识、法思想,基本上仍然是传统的旧法意识旧法思想,只不过

---

① 冯桂芬:《校邠庐抗议·采西学议》,载〔德〕冯凯整理:《校邠庐抗议汇校》,上海社会科学院出版社2015年版,第127页。

② 参见益之:《孙家鼐非"中学为体,西学为用"的首倡者》,载《社会科学战线》1984年第3期,第245页。按,沈毓桂即沈寿康,发表《匡时策》则署名"南溪赘翁"。

他们在维护以传统纲常名教为核心的旧法规范的同时,还主张适应时势的发展采用某些西方新法以补充传统旧法,以便更好地维护君主专制制度。

第二节 张之洞的法律思想

洋务派代表人物曾国藩、左宗棠、奕䜣、李鸿章、刘坤一等于八国联军侵华之战前或稍后死去,而未赶上20世纪初期的法律改革。张之洞是最后一个洋务派领袖,他在20世纪初期法律改革中的识见,集中代表了他的先辈和同辈的思想,因而是洋务派中在法律问题上最有代表性的人物。

张之洞(1837—1909),字孝达,号香涛。直隶南皮(今河北南皮)人。同治二年(1863)进士,殿试对策,特置一甲三名,授编修。后历任湖北、四川学政,内阁学士兼礼部侍郎等职。光绪七年(1881)除山西巡抚,以后历任两广、湖广、两江总督垂三十年,在清王朝内部,由清流翰林一变而为洋务派。19世纪90年代初,他已成为地位仅次于李鸿章的洋务派首领,是清末举足轻重的封疆大吏。慈禧与光绪死后,他以顾命重臣晋太子太保,死后被清廷谥为"文襄"。史称他"学兼汉宋,汉学师其翔实而遗其细碎,宋学师其笃谨而戒其空疏";"平生讲学最恶公羊,谓为乱臣贼子之资"。①

在张氏死后不久,时人撰写的《张文襄公事略》中有这样的概括:"十年前之谈新政者,孰不曰张公之洞,张公之洞哉?近年来之守旧见,又孰不曰张公之洞,张公之洞哉?以一人而得新旧之名,不可谓非中国之人望矣。"②时人此论,不为无见。洋务时期之张之洞,与当时官僚统治集团中的顽固派相较,确可标之为"新"。迨至戊戌,特别是辛丑以后,则确乎"旧"矣。

张之洞作为近代思想史上一重要人物,其代表性著作主要有以下三部。

---

① 徐世昌撰:《大清畿辅先哲传》,北京古籍出版社1993年版,第246页。该篇张之洞传记并被收入《张文襄公全集·卷首下》(中国书店1990年影印版,第37页)。关于张之洞的著述,现有苑书义等编《张之洞全集》(河北人民出版社1998年版)十二册、赵德馨主编的《张之洞全集》(武汉出版社2008年版)十二册。

② 《张文襄公事略》第一节《绪言》及第十九节《张文襄之盖棺定论》,载《清代野史》第6辑,巴蜀书社1988年版,第98、125页。

《书目答问》是张之洞任四川学政期间为了指导诸生读书治学而组织撰写的一部目录书。以经世致用为依归，详列了书院生员应读之书两千余部，既指示了学术门径，又总结了学术发展之大概。它自问世一个世纪以来产生了广泛的学术影响。许多近现代的著名学者在治学初期，从《书目答问》中获得教益而走上学问之路。鲁迅曾对青年说："我以为倘要弄旧的呢，倒不如姑且靠着张之洞的《书目答问》去摸门径去。"①梁启超亦云："启超本乡人，槽不知学，年十一，游坊间，得张南皮师……《书目答问》，归而读之，始知天地间有所谓学问者。"②

被誉为"中体西用的强国策"③的《劝学篇》，是张之洞在 1898 年春组织撰写并发表的一本重要著述。该书共 4 万多字，分为内篇和外篇："《内篇》务本，以正人心；《外篇》务通，以开风气。"它以中体西用为线索，广涉诸多领域，系统阐述了张之洞的学术和政法理论，构筑了一个较完整的思想体系。关于写作缘起，张之洞在序言中说得很明白："今日之世变，岂特春秋所未有，抑秦汉以至元明所未有也……于是图救时者言新学，虑害道者守旧学，莫衷其一。旧者因噎而食废，新者歧多而羊亡。旧者不知通，新者不知本。不知通则无应敌制变之术，不知本则有非薄名教之心。夫如是，则旧者愈病新，新者愈厌旧，交相为瘉……学者摇摇，中无所主，邪说暴行，横流天下。敌既至，无与战；敌未至，无与安。吾恐中国之祸，不在四海之外，而在九州之内矣。窃惟古来世运之明晦，人才之盛衰，其表在政，其里在学。"故有《劝学篇》之作。④ 该书刊行后，立即产生了广泛影响。先是其门生黄绍箕进呈，光绪帝认为其"持论平正通达，于学术人心大有裨益"，谕令广为刊布。⑤ 该书很快风行海内，印数不下 200 万册。同年，该书即被译为法文；1900 年美国纽约出版英译本，改名为《中国唯一的希望》。⑥ 针对其思想，也有人进行了反驳，影响较大的有何启、胡礼垣 1899 年写的《〈劝学篇〉书后》，认为其"不特无益于时，然且大累于世"⑦。

1901 年 1 月 29 日，清政府鉴于庚子国变，下达了要求改革推行新政的上谕，要求内而九卿六部外而督抚大臣条陈变法事宜，经将近 8 个月的反复磋商，由张

---

① 鲁迅：《读书杂谈》，载《鲁迅全集》，第三卷，《而已集》，人民文学出版社 2005 年版，第 460 页。
② 梁启超：《变法通议·论幼学》，载《饮冰室文集点校》，第一集，吴松等点校，云南教育出版社 2001 年版，第 53 页。
③ 如李忠兴评注《劝学篇》时，即以"中体西用的强国策"为副标题（中州古籍出版社 1998 年版）。
④ 张之洞：《劝学篇序》，载赵德馨主编：《张之洞全集》，第十二册，武汉出版社 2008 年版，第 157 页。
⑤ 《光绪宣统两朝上谕档》，第二四册，广西师范大学出版社 1996 年版，第 257 页。
⑥ 黄兴涛：《张之洞〈劝学篇〉的西文译本》，载《近代史研究》2000 年第 1 期。
⑦ 何启、胡礼垣：《劝学篇·劝学篇书后》，湖北人民出版社 2002 年版，第 222 页。

之洞主稿,以刘坤一、张之洞领衔发出了《江楚会奏变法三折》。10月2日朝廷下旨:"昨据刘坤一、张之洞会奏整顿中法、仿行西法各条,事多可行;即当按照所陈,随时设法择要举办。各省疆吏,亦应一律通筹,切实举行。"①朝廷批准该折,在西方列强面前树立了一个维新政府的形象,实际上也是清廷就如何变法的一个总结。所谓三折,实际包括三折一片:《变通政治人才为先遵旨筹议折》《遵旨筹议变法谨拟整顿中法十二条折》《遵旨筹议变法谨拟采用西法十一条折》《请专筹巨款举行要政片》。第一折注重教育改革,以"兴学育才"为变革政治的先决条件;第二折重在除旧弊;第三折重在行新法。附片是劝说清政府排除阻力为新政筹款。该折既是张之洞法律思想的直接集中反映,又是晚清十年新政的一个纲领性文件,具有重要的意义。

一、变而不失其道的变法观

当时的西法,建立在"天赋人权"的理论基础之上,适应资本主义发展的需要,强调个人的权利与义务。中国的传统法律,建立在宗法家族的伦理之上,适应君主专制的需要,强调"亲亲""尊尊"的等级名分,保护纲常伦理。在这个根本分歧点上,张之洞坚决拥护传统学术和法律。《劝学篇》有十分明确的阐述:"君为臣纲,父为子纲,夫为妻纲……亲亲也,尊尊也,长长也,男女有别,此其不可得与民变革者也。五伦之要,百行之原,相传数千年更无异义。圣人所以为圣人,中国所以为中国,实在于此。故知君臣之纲,则民权之说不可行也;知父子之纲,则父子同罪免丧废祀之说不可行也;知夫妇之纲,则男女平权之说不可行也。"②

他认定"三纲为中国神圣相传之至教,礼政之原本,人禽之大防"③。而"君为臣纲"又为三纲之首。他极力批判"民权",认定"民权之说,无一益而有百害"。粗举其目,则有四端:(1)本民权以开设议院,则民智未开。"中国士民至今安于固陋者尚多,环球之大势不知,国家之经制不晓,外国兴学、立政、练兵、制器之要不闻","明者一,暗者百,游谈呓语,将焉用之"?(2)据民权以立公司、开工厂,则"有赀者自可集股营运,有技者自可合伙造机,本非官法所禁,何必有权"?(3)欲藉民权以开学堂,则"从来绅富捐赀,创书院,立义学,设善堂,例予旌奖,岂转有禁开学堂之理,何必有权"?(4)欲藉民权以"练兵御外国",则"既无机厂以制利械,又无船澳以造战舰,即欲购之外洋,非官物亦不能进口,徒手乌合,岂

---

① 《光绪宣统两朝上谕档》,第二七册,广西师范大学出版社1996年版,第188页。
② 张之洞:《劝学篇·明纲》,载赵德馨主编:《张之洞全集》,第十二册,武汉出版社2008年版,第163页。
③ 张之洞:《劝学篇序》,载同上书,第158页。

能一战"?"况兵必需饷,无国法岂能抽厘捐,非国家担保,岂能借洋债?"

在张之洞看来,西方民权说"但欲民伸其情,非欲民揽其权"。"泰西诸国,无论君主、民主、君民共主,国必有政,政必有法,官有官律,兵有兵律,工有工律,商有商律,律师习之,法官掌之,君民均不得违其法。政府所令,议员得而驳之,议院所定,朝廷得而散之,谓之人人无自主之权则可,安得曰人人自主哉?夫一哄之市必有平,群盗之中必有长,若人皆自主,家私其家,乡私其乡,士愿坐食,农愿蠲租,商愿专利,工愿高价,无业平民愿劫夺;子不从父,弟不尊师,妇不从夫,贱不服贵,弱肉强食,不尽灭人类不止。环球万国必无此政,生番蛮獠亦必无此俗。"总之,"使民权之说一倡,愚民必喜,乱民必作,纪纲不行,大乱四起"①。因此,老百姓必须遵循纲常伦理,安分守己。

张之洞对旧学的根本态度如上。按理,他当与顽固守旧派为伍。但是,他又斥守旧派为"泥古之迂儒""苟安之俗吏""苛求之谈士",指责他们反对改革,因噎废食。他引经据典,证明穷则变,变则通,确如梁启超所云,大谈其"新"。其实他的"新"和"变",有着十分明确的含义:"夫不可变者,伦纪也,非法制也;圣道也,非器械也;心术也,非工艺也。"这就是通常所说的"变器不变道"。他说的伦纪不能变,法制可变,并不是说传统法制的根本可变,而是说传统法律的体例、形式可变。支撑传统法制的根本——纲常名教,亦即伦纪圣道,则不能变:"夫所谓道本者,三纲四维是也,若并此弃之,法未行而大乱作矣;若守此不失,虽孔孟复生,岂有议变法之非哉。"②

二、整顿中法与采用西法

张之洞的变法措施,集中在《江楚会奏变法三折》中,对清律的改革,见于第二折中的"恤刑狱";对西律的采用,见于第三折中的"定矿律、路律、商律、交涉刑律"。

(一)整顿中法,所以为治之具

对当时的《大清律例》,张之洞在《劝学篇·教忠》中,曾将其作为清朝的十五大仁政之一加以罗列。在他的心目中,中国历代法律与司法,自秦汉以来,好法善法,莫过于有清一代之制。③ 这不但与当时批评清律的改良派和革命派的看法

---

① 张之洞:《劝学篇·正权》,载赵德馨主编:《张之洞全集》,第十二册,武汉出版社 2008 年版,第 166—167 页。
② 张之洞:《劝学篇·变法》,载同上书,第 179—180 页。
③ 张之洞:《劝学篇·教忠》,载同上书,第 162 页。

相反,也与薛允升、沈家本等在朝律学专家之观点大相径庭(薛、沈等认为,中国历代法律,唐律最好)。在"变法"折中,他的观点有所修正。

变法第二折罗列了十二条应该变通整顿的法,其中第七条"恤刑狱"即为对清律的具体变革措施。此条之下,又分九目:一曰禁讼累、二曰省文法、三曰省刑责、四曰重众证、五曰修监羁、六曰教工艺、七曰恤相验、八曰改罚锾、九曰派专官。在他看来:"去差役则讼累可除免;宽文法则命盗少讳延;省刑责则廉耻可培养;重众证则无辜少拖毙;修监羁则民命可多全;教工艺则盗贼可稀少;筹验费则乡民免科派;改罚锾则民俗可渐敦;设专官则狱囚受实惠。"①此即为张之洞当时所主张的对旧律之改革。综观其措施,均未超越儒家之仁政思想。

(二)采用西法,所以为富强之谋

张之洞采用西法,见于变法第三折,其要旨在于采用西方一些保护工商之法,以促进中国工商业的发展。第三折拟定应采西法十一条,第六条为"定矿律、路律、商律、交涉刑律"。

(1)定矿律、路律。张氏所以倡议制定矿律、路律,其理由有二:一为抵制外人侵夺。"中国矿产富饶,蕴蓄而未开。铁路权利兼擅,迟疑而未办。二事久为外人垂涎。近数年来,各国纷纷集股来华,知我于此等事务,尚无定章,外国情形,未能尽悉,乘机愚我,攘利侵权。或藉开矿而揽及铁路,或因铁路而涉及开矿。此国于此省倖得利益,彼国即于他省援照均霑。动辄号称某国公司,漫指数省地方为其界限。只知预先宽指地段,不知何年方能兴办。近年法于云贵,德于山东,英意于晋豫,早有合同,章程纷歧,恐未必尽能妥善。此次和议成后,各国公司,更必接踵而来。各省利权,将为尽夺,中国无从自振矣。"二为在洋人开矿筑路的背景下维系国内治安。"且此以后,内地各处矿务铁路,洋人无处不有,不受地方官约束,任意欺压平民。地方官只有保护弹压之劳,养兵缉捕之费,无利益可霑,无抵制之术。一旦百姓不堪欺凌,或滋事端,又将株连多人,赔偿巨款,为害何可胜言。"职是二者,故张氏力主:"访聘著名律师,采取各国办法,秉公妥订矿路画一章程……务使界址有限,资本有据,兴办有期,国家应享权利有著,地方弹压保护有资,华洋商人,一律均霑……至滋生事端,公司受累,亦须分别有因无因;办犯赔偿,亦须预定限制,庶中国自然之大利,不至为中国无穷之大害。"②

---

① 张之洞:《遵旨筹议变法谨拟整顿中法十二条折》,载赵德馨主编:《张之洞全集》,第四册,武汉出版社 2008 年版,第 18—21 页。

② 张之洞:《遵旨筹议变法谨拟采用西法十一条折》,载同上书,第 32 页。

(2) 定商律。"再,互市以来,大宗生意,全系洋商,华商不过坐贾零贩。推原其故,盖由中外贸迁,机器制造,均非一二人之财力所能、所有。洋行皆势力雄厚,集千百家而为公司者。欧美商律,最为详明。其国家又多方护持,是以商务日兴。中国素轻商贾,不讲商律。于是市井之徒,苟图私利,彼此相欺。巧者亏逃,拙者受累,以故视集股为畏途,遂不能与洋商争衡。况凡遇商务讼案,华欠洋商,则领事任意要索;洋欠华商,则领事每多偏袒。于是华商或附洋行股份,略分余利;或雇无赖流氓为护符,假冒洋行。若再不急加维持,势必至华商尽为洋商之役而后已。必中国定有商律,则华商有恃无恐,贩运之大公司可成,制造之大工厂可设,假冒之洋行可杜。"①

诸律中,张氏最为注重商律。当清朝设立商部,向他征询商部如何着手工作时,他在复函中再次提请商部及早定商律以保护国内商业。②

(3) 定中外交涉刑律。"至刑律,中外迥异,猝难改定。然交涉之案,华民西人所办之罪,轻重不同;审讯之法,亦多偏重。除重大教案,新约已有专条,无从更定外,此外尚有交涉杂案及教案尚未酿成大事者,亦宜酌定一交涉刑律,令民心稍平,后患稍减,则亦不无小补。"

四律之制定如此重要,该如何制定?制定后又如何施行?当时清廷法律改革尚未启动,故张氏拟用如下办法:由总理各国事务衙门,电致各国驻外使节,访求各国著名律师,每大国一名,来华充当该衙门编纂律法教习,博采各国矿务律、铁路律、商务律、刑律诸书,为中国编纂简明矿律、路律、商律、交涉律若干条,分别纲目,颁行天下,一体遵守。但是,所请教习,在其合同内,必须归矿路商务大臣节制,并随事与矿路商务衙门提调商办。在制定四律的同时,该衙门内设立矿律、路律、商律、交涉律等学堂,选职官及进士举贡充当学生,纂律时,帮同翻译缮写,纂成后,随同各该教习,再行讲习律法,学习审判一二年。四律既定,各省凡有关涉开矿山、修铁路以及公司工厂华洋钱债之事,及其他交涉杂案,悉按所定新律审判。两造有不服,只可上控京城矿路商务衙门,或在京审判,或即派编纂律法教习复审,即为定谳,再无翻异。京城学生毕业,并须随同洋员学习审判此等案件。学成后,即派往各口充审判官。各洋教习,既为我编纂四项新律,兼能教授学生,即可长留在京,以备谘访而资教授。果能及早定此四律,非特兴利之

---

① 张之洞:《遵旨筹议变法谨拟采用西法十一条折》,载赵德馨主编:《张之洞全集》,第四册,武汉出版社 2008 年版,第 32 页。

② 张之洞:《覆商部》,载赵德馨主编:《张之洞全集》,第十二册,武汉出版社 2008 年版,第 112—113 页。

先资,实为防害之要着。①

张之洞对中法的整顿和对西法的采用,虽然未超越戊戌康梁之构想,但他于戊戌政变后首次提出法律改革,所拟之措施在以后的法律改革中亦被付诸实施。光绪二十八年二月二日(1902年3月11日)清廷改革法律的谕旨,基本上就是依他的上奏拟定的。他更与刘坤一、袁世凯联衔保荐沈家本、伍廷芳主持修订法律,从而间接启动了清末为时十年的法律改革。

三、博采东西诸国律法,力求合于国家政教大纲

1906年沈家本、伍廷芳草定《刑事民事诉讼法》上奏。因该法采用了西法中的一些审判制度,故遭到张之洞的严厉批驳,引发了晚清礼法之争。张之洞引经据典,证明该法草案之不合传统中国的政教大纲:

(一)诉讼法违背中国固有法律之本原

张氏以儒家经义立言,详阐法律之根本,"盖法律之设,所以纳民于轨物之中,而法律本原,实与经术相表里,其最著者为亲亲之义,男女之别,天经地义,万古不刊。"但是,修订法律大臣所纂之诉讼法,使"父子必异财,兄弟必析产,夫妇必分资;甚至妇人女子,责令到堂做证。袭西俗财产之制,坏中国名教之防,启男女平等之风,悖圣贤修齐之教……隐患实深。至于家室婚姻,为人伦之始;子孙嗣续,为宗法所关,古经今律,皆甚重之。中国旧日律例中,如果审讯之案为条例所未及,往往援三礼以证之。本法皆阙焉不及。无论勉强骤行,人情惶惑,且非圣朝明刑弼教之至意。"简言之,诉讼法草案与经术这个中国固有法之本原相悖,决不可行。

(二)诉讼法不但难挽法权,而且转滋狱讼

张之洞认为:"夫立法固贵因时,而经国必先正本。""值此环球交通时代,从前旧法"必须"量加变易"。"东西各国政法,可采者亦多。取其所长,补我所短,揆时度势,诚不可缓。"但是,"必须将中国民情风俗,法令源流,通筹熟计,然后量为变通,庶免官民惶恐,无所适从。"法律大臣"变通诉讼制度,以冀撤去治外法权",其意虽好,但是,治外法权之能否收回,关键并不在法律之是否完善,实则"专视国家兵力之强弱,战守之成效以为从违"。日本就是一个成功的例子。如

---

① 张之洞:《遵旨筹议变法谨拟采用西法十一条折》,载赵德馨主编:《张之洞全集》,第四册,武汉出版社2008年版,第32—33页。

果不察情势,贸然推行律师、陪审等"规模外人貌合神离之法",徒法不足以自行,这些律师、陪审员既无专门学问,又无公共道德,其结果必然是"良懦冤抑,强暴纵恣,盗已起而莫惩,案久悬而不结"。如此,原本希望有助于收回治外法权的诉讼法,不但难挽法权,反而因司法不公增加更多的狱讼。

(三) 先制定诉讼法不合法律原理

在张之洞看来,西洋各国制定法律,皆先有刑法、民法,然后有刑事诉讼法、民事诉讼法。日本变法维新也遵循了这一立法原理。"有诉讼之法,尤须有执行之官,故必裁判权限分明,而后诉讼法推行尽利。"德国之所以将旧诉讼法与裁判所编制法同时实行,其道理就在于此。"中国律例,详刑事而略民事",就是在刑事法领域,也与西方差别很大。综观诉讼律草案"所编各条,除中外交涉外,大抵多编纂刑法、民法以后之事,或与厘定裁制官制相辅之文,此时骤议通行,非特大碍民情风俗,且于法律原理凿枘不合"。

按照张之洞的意见,编纂法律,必须有体有用,先体后用。现在势必仍旧施行既有律例,但旧律以吏、户、礼、兵、刑、工分类,官制改革之中,名实已然乖离。近年新政新法,渐次增行,国际交涉日益繁重,实非旧例所能概括,如轮船、铁路、电报、邮政、印花、钞票,这些新事物的出现,都需要专门的法律条文予以规制。故张之洞这一时期的修律主张大致为:

"盖东西诸国法律,皆分类编定。中国合各项法律为一编,是以参伍错综,委曲繁重。今日修改律法,自应博采东西诸国律法,详加参酌,从速厘定,而仍求合于国家政教大纲,方为妥善之法。律条订定以后,再将刑事、民事诉讼法妥为议定,则由本及支,次第秩然矣。至目前审判之法,只可暂订诉讼法试办章程,亦期于民情风俗一无阻碍而后可。"①

张之洞所谓法制可变之"变",其内容大致即为如此。

(四) 因伦制礼,准礼制刑

继诉讼法之后,对随后的《大清新刑律》草案,张之洞再次明确表达了自己的主张。此次诘难,远甚于诉讼法,据当时参与修律之董康诸人记述,文字之争几成大狱:"学部大臣张之洞,以刑法内乱罪,不处唯一死刑,指为袒庇革党,欲兴大

---

① 张之洞:《遵旨核议新编刑事民事诉讼法折》,载苑书义主编:《张之洞全集》,第三册,河北人民出版社 1998 年版,第 1772—1775 页。

狱,为侍郎宝熙所阻。复以奸非罪章,无和奸无夫妇女治罪明文,指为败坏礼教。"①江庸亦云:"维时张之洞,以军机大臣兼长学部,因刑律草案无奸通无夫妇女治罪条文,以为蔑弃礼教。"②当时的学部奏折,虽不为张之洞所草,然依清朝惯例,他以军机大臣兼管学部,则学部一切事务必由其做最后之决定方能施行。此奏当然不能例外。学部批驳新刑律草案的奏折,经宝熙劝说,虽删去庇护革党之词,然而,在维护纲常伦纪上,则是寸步不让。

与批驳诉讼法的奏折一样,这篇奏折开篇即从圣人之道立言:"窃惟古昔圣王,因伦制礼,准礼制刑。凡刑之轻重等差,一本乎伦之秩序,礼之节文,而合乎天理人情之至者也。""凡听五刑之讼,必原父子之亲,立君臣之义以权之。"此乃中国立法之本。"大本不同,故立法独异。我国以立纲为教,故无礼于君父者,罪罚至重。西国以平等为教,故父子可以同罪,叛逆可以不死。各因其礼教习俗而异,万不能以强合也。"新定刑律草案与现行律例大相径庭者计有:

(1) 中国制刑明君臣之伦。旧律对于谋反大逆之犯,不问首从,凌迟处死。新律草案则对于"颠覆政府僭窃土地"者,即便为首,有的都不处死刑;对于侵入太庙宫殿等处射箭发弹的罪犯,有的仅处以百元以上之罚金而已。这种种条款之规定,都是罪重法轻,与君为臣纲之义严重相悖。

(2) 中国制刑以明父子之伦。传统法律对于殴打祖父母父母的卑幼皆处以死刑,祖父母父母殴杀子孙,处以杖刑。新律草案则对于伤害尊亲属,因而致死或笃疾的子孙卑幼,有的还不处死刑,是将父母等同于路人,故与父为子纲之义严重悖离。

(3) 中国制刑以明夫妇之伦。传统法律妻子殴打丈夫,妻子处以杖刑;反过来丈夫殴打妻子,只要不是打折肢体,即属于正常管教范围,法律不加以制裁。对殴杀丈夫的妻子处以斩刑,反过来殴杀妻子的丈夫则处以绞刑。妇人有犯罪,处罚其丈夫的条文很多,这反映出法律对男子所施加的义务较妇人为重,法意极为精微。新律草案则并无妻妾殴夫之条,等之于凡人之例。这就与夫为妻纲大相径庭了。

(4) 中国制刑以明男女之别。故传统法律有犯奸罪的人都处以杖刑,强奸者处以死刑。新律草案规定亲属相奸,与普通人处罚无别。对于未满十二岁以

---

① 董康:《前清法制概要》,载何勤华、魏琼编:《董康法学文集》,中国政法大学出版社2005年版,第232页。

② 江庸:《五十年来中国之法制》,载许章润主编:《清华法学》(第八辑),清华大学出版社2006年版,第260页。

下之男女为猥亵行为者,有的只处以三十元以上之罚金;行强者有的也仅处以二等以下有期徒刑。这就违背了传统男女之别的伦常。

(5) 中国制刑以明尊卑长幼之序。传统法律规定卑幼殴打尊长,要加凡人一等或数等处罚;尊长殴杀卑幼,其所受处罚应减凡人一等或数等。此种条文,尤其以干名犯义最为著名。新律草案则没有尊长殴杀卑幼之条,将尊长卑幼之间的殴杀伤等同于凡人,这就破坏了尊卑长幼之序。

新律破坏伦常如此,显然不可行。那么,法律改革将如何进行呢？张之洞的答复可归纳为四个字:"删繁减轻。"减轻方面,已经废除凌迟、枭首等刑,而且停止刑讯,整顿监狱,"朝廷仁厚恻怛之至意,已为各国所同钦,万民所共仰矣"。剩下的问题即在"内外刑官实力遵行"。至于删繁一节,修律大臣已奏请删定现行法律,拟有扼要办法。为今之计,应令修律大臣,"将中国旧律旧例,逐条详审,何者应存,何者可删;再将此项新律草案与旧有律例逐条比较,其无伤礼教只关罪名轻重者,斟酌至当,择善而从。其有关伦纪之处,应全行改正。总以按切时势而仍不背于礼教为主。"限期修改成书,颁行海内,以"收变法之益,而不贻变法之害"。①

在张之洞与礼教派的非议下,清朝廷终于在宣统元年(1909)颁发了修律不得违背纲常名教,以保存国粹的谕旨,从而改变了修律之初所确定的"务期中外通行"的修律宗旨。

四、任法不如任人

"任法"与"任人","法治"与"人治",历来争论纷纭。张之洞以一甲三名之正途出身,又历任封疆,生杀予夺,号令一省乃至数省垂三十年。其主"任人"和"人治",排斥"法治"与"任法",特别是排斥"法律面前人人平等"之西方"法治",乃是其必然之归宿。

他曾为其弟子解说春秋时候叔向非难子产"铸刑鼎"中的先王"议事以制"句,认为叔向此语是指"先王用刑,临事酌断,不豫设详细条目"。在他看来,"任法"而"豫设详细条目",其害甚大:"若纤悉毕载,刑书布之民间,则奸民必有挺身扞法避就告讦诸弊,蠹吏亦有舞文鬻狱之弊。"不能维持正常的统治秩序。"任法"如此,"任人"而"临事酌断"有无弊病呢？"官吏之弊,所谓乱狱滋丰,贿赂并行是矣"。同样存在弊病。"任法""任人"既然均有弊病,那么,当做何取舍呢？

---

① 朱寿朋:《光绪朝东华录》,光绪三十四年五月辛卯条,中华书局1960年版,第5908—5911页。

张之洞在权衡利弊后,主张还是要"任人":"但任人之弊弊在官,任法之弊弊在吏;任人之弊在国家,任法之弊在奸民。两害相形取其轻,不如任人也。"①

基于这种认识,张之洞在其近三十年的封疆大吏生涯中,历来把"任人"摆在"任法"之前,人法兼用,宽猛相济,鼓吹仁政,施行重罚。"窃谓抚良民则以煦妪宽平为治,惩乱民则以刚断疾速为功。"②既讲治国,"财力兵力权谋术数皆不足恃,惟民心为可恃"③;为"杜遏乱萌之谋",又行"辟以止辟之政"④。既不"为文法所拘",亦不为法所限,"因时立制"⑤,每至一地,即奏行"就地正法"。光绪十二年(1886),张之洞在广东"查办匪乡",一年之内便"就地正法"九百零六人。光绪二十六年(1900),一次"就地正法"唐才常等二十多人。上海"苏报案"刚发,他即策划将章炳麟、邹容等引渡"正法"。"任人"使他在任内运用刑罚较为得心应手。

西方法治建立在"法律面前人人平等"的基础上,强调法律必须维护个人权利。这与张之洞的"任人""人治"格格不入,水火不容。因此,晚清法律议案中,凡涉及西方法治的内容,大多遭到他的反对。具体表现在:

第一,反对司法独立。"盖外国立宪之制,其最要一语曰三权鼎立"。三权之中,他最不赞成司法独立,"苦口力争",其主要理由包括:(1)外国司法独立,其故在专为力伸民权,与国情相适。"外国前数十百年,暴君虐政,民不堪命,故国民公论特重司法独立之权,以求免残酷之祸。而外国人民智识多开,程度较胜,皆具有爱国之心,但争强于外国,不为害于本国。且适承虐政之后,故民权虽似乎偏重,而其实适得其中。"然而,即便这样,外国行之仍有弊端。各国贼君刺相,即因"国事犯罕置重典"而时有发生;国事犯不置重典,又种根于司法独立,因为"裁判官所定之罪无人驳改"。(2)中国司法独立与国情不合。"中国民智未尽开通,爱国者固多,而持破坏主义志在乱国者亦复不少"。革命党各处蠢动,沿江沿海伏莽充斥,各省辱官逐师,兵民殴杀本官,纷纷不绝,"狂焰日张,礼法寝废"。假如裁判官果有独立之权,州县臬司督抚概不与闻,而裁判各员中,又难保没有心思不端者,他们审讯逆党时,"必将强引西律,曲贷故纵,一匪亦不能办,不过数

---

① 张之洞:《议事以制说》,载苑书义等编:《张之洞全集》,第十二册,河北人民出版社1998年版,第10037—10039页。
② 张之洞:《通行保甲法并请定就地正法章程折》,载苑书义等编:《张之洞全集》,第一册,河北人民出版社1998年版,第141—142页。
③ 张之洞:《重案定拟未协折》,载同上书,第16页。
④ 张之洞:《查办匪乡折》,载同上书,第380页。
⑤ 张之洞:《请定盗案就地正法章程折》,载同上书,第374页。

年,乱党布满天下,羽翼已成,大局倾危,无从补救,中国糜烂,利归渔人"。①

(3) 旧制已有司法独立之意。"一省之中,臬司即是高等审判厅"。臬司问案拟罪,须报督抚核批。报送刑部之案,由督抚核转,最后由刑部批复定罪。则"臬司及督抚即是司法之行政,刑部即是司法"。因此,无须因袭外国制度,再设各级审判厅局。否则,州县不亲狱讼,疆臣不问刑名,"则爱民治民之实政皆无所施"。设立专门的审判厅,不可能有助于社会的治理,反而会增加无谓的纷扰。②

(4) 司法独立无助于收回治外法权。"或谓司法独立即可收回治外法权,尤为事理所无。"直隶施行新法,刊行试办审判章程,规定叛逆人命等重案,仍照旧例归臬司审理。他认为,"此时如必欲试行西法之裁判,万不得已,或者采取直隶章程",增加"准府州县监督地方裁判,臬司统辖高等裁判一条",试办数年,行之无弊,再改为独立章程,较为妥善。总之,与其过重裁判之权,不如扩大议院之规模。"盖议院虽重,仍是专属立法一门,不能兼揽司法之权,流弊尚少。"③

第二,反对罪刑法定。在晚清法律改革中,沈家本力主废弃传统的"援引比附"制度,转而采用西方的"罪刑法定",并曾撰文批评"援引比附",力陈其在司法运用中的巨大危害,把"律无正条不得为罪"的条款列入新律草案(《刑事民事诉讼法》第 76 条、《大清新刑律草案》第 20 条、《违警律》第 2 条)。④

张之洞不同意沈家本的判断和相应的立法主张,反驳:"据称比附易启意为轻重出入之弊,此诚不免,但由审判官临事判断,独不虞其意为轻重耶?引律比附,尚有依据;临事判断,直无限制。"例如,新刑律中的罚金一项,多者达数千元,少者仅数十元,'上下更易,出入必多',而且新刑律所定各条,多有同一罪而定三种之刑"。故"悉任裁判官定拟,范围太广,流弊甚大"。⑤ 传统法制之所以有比附之规定,其原因在于,"无非为情伪无穷,科条所不及者,则比附定拟以堤防之。若因律无正条,不论何项行为概置不议,虽循东西各国之律,施诸中国,适开刁徒趋避之端,恐为法制废弛之渐。"⑥

---

① 《致军机处厘定官制大臣天津袁宫保》,载苑书义等编:《张之洞全集》,第十一册,河北人民出版社 1998 年版,第 9576—9577 页。
② 《致军机处厘定官制大臣》,载同上书,第 9560 页。
③ 《致军机处厘定官制大臣天津袁宫保》,载同上书,第 9578 页。
④ 参考沈家本:《论断罪无正条》,原载《法学会杂志》1911 年第一卷第 1 期;参见《历代刑法考》,第四册,邓经元、骈宇骞点校,中华书局 1985 年版,第 1807—1825 页。
⑤ 朱寿朋:《光绪朝东华录》光绪三十四年五月辛卯条,中华书局 1960 年版,第 5910 页。
⑥ 张之洞:《遵旨核议新编刑事民事诉讼法折》附《条单》,载苑书义主编:《张之洞全集》,第三册,河北人民出版社 1998 年版,第 1781 页。

第三,反对律师制、陪审制。陪审制、律师制是沈家本、伍廷芳制定《刑事民事诉讼法》时,取法各国通例最重要之两端。在该法中,"律师"和"陪审员"各专立一节,用 36 条条文规定律师与陪审员的资格、职权和活动范围。在呈送该法的奏疏中,并详论采用两制之必要。张之洞既主"任人",不主"任法",故以"讼师""劣绅"视律师与陪审员,坚予排斥。他批驳律师之制云:"泰西律师成于学校,选自国家,以学问资望定选格,必求聪明公正之人。"其法官多从律师中挑选,名律师甚至可进上议院充任议员。律师由于与法官"同受学堂教益",故"不敢显背公理"。中国情形与西方国家相异,"各官治事,所治非所学,任官又不出专门"。近来虽然设立法律学堂,培养人才,但短期内无法"造就如许公正无私之律师"。即使选拔各省刑幕人员进入法律学堂肄业,加快培养速度,亦只能粗通法律知识,难以求其"节操端严,法学渊深"。因此,遽准律师为人辩护,"恐律师品格尚未养成,讼师奸谋适得尝试。"律师等于讼师,甚至等于讼棍,显然不能施行。关于陪审,在他看来:"外国陪审员之制仿自英吉利。英人重公德,能自治,故陪审员有益而无损。法、德诸国仿之,已多流弊。盖为陪审员者非尽法律专家,逞其臆见,反复辩论,既掣问官之肘,又延判决之期,欧洲学说已有抉其弊者。日本裁判制度多仿西洋,然区裁判所只设判事一人,地方裁判所以上有陪审判事而无陪审员。所以然者,亦以日本人民无陪审员程度故也。"法、德、日本尚且如此,中国更不在话下。"中国束身自爱之绅士,必不肯至公堂,即问官以陪审重要之故责以义务,科以罚金,必有甘受惩罚而不愿涉足公门者。"职是之故,其肯到公庭充任陪审员者,"非干预词讼之劣绅,即横行乡曲之讼棍"。用这些人"参列陪审",又岂能帮助公堂秉公行法?①

法治,作为一个系统,法官的独立审判、律师的辩护、陪审员参与案件的审理,三者互相维持,互相制约,对法治的实现均不可或缺。张之洞对法治诸要素给予全力批评,认为在当时中国不可行,尽管与法律近代转型的大方向相悖,但他对中国社会的认识,自有其独到处。其主张在一定程度上反映了近代中国法政转型的极度艰难。

在近代中国法律改革中,张之洞以其新旧兼述但实质上坚持守旧而成礼教派首领,成为中西法律冲突中的一方代表人物。近代中国法律思想以中西法律思想的冲突为特征,故学习和探究近代法律思想,不能不重视张之洞。

---

① 张之洞:《遵旨核议新编刑事民事诉讼法折》附《条单》,载苑书义主编:《张之洞全集》,第三册,河北人民出版社 1998 年版,第 1790—1792 页。

参考阅读材料

《劝学篇·变法第七》

张之洞

变法者,朝廷之事也,何为而与士民言?曰:不然,法之变与不变,操于国家之权,而实成于士民之心志议论。试观曾文正为侍郎时,尝上疏言翰林考小楷、诗赋之弊矣。及成功作相以后,若力持此议,当可成就近今三十年馆阁之人材。然而无闻焉,何也?大乱既平,恐为时贤所诟病也。文文忠尝开同文馆,刊公法、格致各书矣,以次推行,宜可得无数使绝国、识时务之才,然而曲谨自好者相戒不入同文馆,不考总署章京,京朝官讲新学者阒然无闻,何也?劫于迂陋群儒之谬说也。夫以勋臣元老,名德重权,尚不免为习非胜是之谈所挠,而不睹其效,是亦可痛可惜者矣。又如左文襄在闽创设船政,在甘创设机器织呢羽局;沈文肃成船政,设学堂,与北洋合议设招商局;丁文诚在山东、四川皆设制造洋枪枪弹局。此皆当世所谓廉政守道之名臣也,然所经营者皆是此等事,其时皆在同治中年、光绪初年,国家闲暇之时。惜时论多加吹求,继者又复无识,或废阁,或减削,无能恢张之者,其效遂以不广。

夫不可变者伦纪也,非法制也;圣道也,非器械也;心术也,非工艺也。

请征之经:穷则变,变通尽利,变通趣时,损益之道,与时偕行,《易》义也。器非求旧惟新,《尚书》义也。学在四夷,《春秋传》义也。五帝不沿乐,三王不袭礼,礼时为大,《礼》义也。温故知新,三人必有我师,择善而从,《论语》义也。时措之宜,《中庸》义也。不耻不若人,何若人有,《孟子》义也。

请征之史:封建变郡县,辟举变科目,府兵变召募,车战变步骑,租庸调变两税,归余变活闰,篆籀变隶楷,竹帛变雕版,笾豆变陶器,粟布变银钱,何一是三代之旧乎?历朝变法最箸者四事:赵武灵王变法,习骑射,赵边以安;北魏孝文帝变法,尚文明,魏国以治。此变而得者也。商鞅变法,废孝弟仁义,秦先强而后促;王安石变法,专务剥民,宋因以致乱。此变而失者也。商、王之失,在残酷剥民,非不可变也,法非其法也。

请征之本朝:关外用骑射,讨三藩用南怀仁大炮,乾隆中叶科场表判改五策,岁贡以外增优贡、拔贡,嘉庆以后绿营之外创募勇,咸丰军兴以后关税之外抽厘金,同治以后长江设水师,新疆、吉林改郡县。变者多矣。即如轮船、电线创设之始,訾议繁兴,此时若欲废之,有不攘臂而争者乎?

今之排斥变法者大率三等:一为泥古之迂儒。泥古之弊易知也。一为苟安之俗吏,盖以变法必劳思,必集费,必择人,必任事,其余昏惰偷安,徇情取巧之私计,皆有不便,故藉书生泥古之谈,以文其猾吏苟安之智,此其隐情也。至问以中法之学术治理,则皆废弛欺饰而一无所为。所谓守旧,岂足信哉?又一为苛求之谈士。夫近年仿行西法而无效者,亦诚有之。然其故有四:一、人顾其私,故止为身谋而无进境,制造各局、出洋各员是也。此人之病,非法之病也。一、爱惜经费,故左支右绌而不能精,船政是也。此时之病,非法之病也。一、朝无定论,故旋作旋辍而无成效,学生出洋、京员游历是也。此浮言之病,非法之病也。一、有器无人,未学工师而购机,未学舰将而购舰,海军、各制造局是也。此先后失序之病,非法之病也。乃局外游谈,不推原于国是之不定、用人之不精、责任之不专、经费之不充、讲求之不力,而吹求责效,较之见弹求鸮炙、见卵求时夜,殆有甚焉。学堂甫造而责其成材,矿山未开而责其获利,事无定衡,人无定志,事急则无事不举,事缓则无事不废,一埋一掊,岂有成功哉?虽然,吾尝以儒者之论折衷之矣,吕伯恭曰:"卤莽灭裂之学,或作或辍,不能变不美之质。"此变法而无诚之药也。曾子固曰:"孔、孟二子,亦将因所遇之时、所遭之变,而为当世之法,使不失乎先王之意而已。法者,所以适变也,不必尽同;道者,所以立本也,不可不一。"此变法而悖道之药也。由吕之说则变而有功,由曾之说则变而无弊。夫所谓道本者,三纲四维是也,若并此弃之,法未行而大乱作矣。若守此不失,虽孔、孟复生,岂有议变法之非者哉?

【讨论思考题】

1. 如何理解"中体西用"中的"体"和"用"?
2. 张之洞是基于什么理由来反对诉讼法草案和新刑律草案的?
3. 试从张之洞对陪审制的批评出发,思考近百年来的陪审思想的发展。
4. 评述张之洞反对司法独立的理由。

第十一章　改良主义的法律思想

第一节　19世纪的社会改良运动和"戊戌变法"
第二节　康有为的法律思想
第三节　梁启超的法律思想
第四节　严复的法律思想

第一节 19世纪的社会改良运动和"戊戌变法"

西方的介入促使近代中国社会内部发生变革。在经历了两次鸦片战争失败之后,首先在统治集团内部掀起了洋务运动,即学习西方的军事科技成果,达到"自立自强"之目的。它是魏源"师夷长技以制夷"观念在实践层面的展开。

随着中西方接触的加深,有一部分中国人逐渐意识到简单模仿西方技术层面的军事科技并不能达到"自强"的效果,觉得西洋还有其政治、法律等制度文明,甚至在其背后还有整个知识系统。如郭嵩焘在出使英国之时,深感政教风俗在东西方的兴衰递嬗,"三代以前,独中国有教化耳,故有要服、荒服之名,一皆远之于中国,而名曰夷狄……中国教化日益微灭,而政教风俗,欧洲各国乃独擅其胜。"①于光绪七年(1881)在上海出版的《花图新报》第十卷有文章明确指出:"今之谈富强者,大抵皆开矿、造船、练兵、制械、铁路、电线等事,此非富强之本。其所谓本者何?即变通学校是也。"②学校的变通即等于教育体系之革新,实际上也就是整个知识体系的变动。

此一时期还只有极少数人意识到此点,到1894—1895年甲午战争惨败,更多人从单纯模仿西方技术的迷梦中觉醒过来。如郑孝胥在战前两年到日本,还引述谷干城等的观点对日本变法推行新政进行了批评,"外观虽美而国事益坏",还幸灾乐祸地讲,"天败之以为学西法者之戒"。到《马关条约》签字之时,在其日记里就充满了辛酸泪目的记载,"闻之心胆欲腐,举朝皆亡国之臣,天下事岂可复问?惨哉!"③类似这样悲观痛苦的话语在甲午战争后比比皆是。天朝大国竟然败给蕞尔小邦,这种耻辱感以及因此而来的巨大心灵震撼,亘古少见。不要说那些一直主张变法的维新人士,就是那些比较"保守"的官员和士大夫,都在思考其原因以及有效应对之道。

---

① 《郭嵩焘日记》,第三卷,湖南人民出版社1982年版,第439页。
② 《花图新报》,台湾学生书局1966年影印版,第205页。
③ 《郑孝胥日记》,中华书局1993年版,第311、261、482页。

其实，此前的洋务运动，相对于传统而言，也是在变，只是变而不得其法，所以相当一批士大夫思考的结果就是要真正变法。"以甲午战争为分野，《万国公报》的言论发生了显著变化，那以前大多没有超出通商筑路、改革科举的范围，那以后便转向'不变法不能救中国'"。① 成文于1894年到1895年之间的《新政论议》，其作者何启（1858—1914）和胡礼垣（1847—1916）即受到甲午战争的影响，在该文中指出中国要自存，则必须改革，改革的内容不仅包括修路开矿、清理户籍、办理报纸等，更重要的还在于政治方面的改革，如学校、选举、议会等，甚至还大胆提出了建立一种与君主制妥协的民主制度。② 在甲午战争稍后的1898年，樊锥在《湘报》发表了《开诚篇》，甚至提出了全盘西化主张："洗旧习，从公道，则一切繁礼细故、猥尊鄙贵、文武名场、恶例劣范、诠选档册、谬乱条章、大政鸿法、普宪均律、四民学校、风情土俗，一革从前，搜索无剩。惟泰西是效，用孔子纪年，除跪拜繁节，以与彼见而道群。"③

另外，随着民族危机的加重，民族主义空前高涨。一个历史悠久的民族，在内忧外患之际，人们一般会考虑如何在现代进程中保留"传统"。当人们对传统有信心之时，民族主义可能并不会特别高昂；可一旦人们对传统有怀疑或者丧失信心之后，民族主义反而会甚嚣尘上。很多士大夫因甲午惨败对传统失去了信心。宋育仁④意识到了此种西学传播对民族文化根本所造成的危害，在《泰西各国采风记》中说：

> 不知西人背本争胜，矫同立异，是其性然，其用心尤在破中国守先之言，为以彼教易名教之助。
>
> 天为无物，地与五星同为地球，俱由吸力相引，则天尊地卑之说为诬，肇造天地之主可信，乾坤不成两大，阴阳无分贵贱，日月星不为三光，五星不配

---

① 朱维铮：《导言》，载李天纲编校：《万国公报文选》，生活·读书·新知三联书店1998年版，第24页。
② 《新政真诠——何启、胡礼垣集》，郑大华点校，辽宁人民出版社1994年版，第103—180页。
③ 樊锥：《开诚篇三》，收入刘泱泱编：《樊锥集·毕永年集·秦力山集》，湖南人民出版社2011年版，第16页。
④ 宋育仁，1857年出生在四川富顺县大岩乡（今仙市镇），自幼聪慧勤奋，18岁就考取了秀才，1882年中举人，1886年中进士，被授为翰林院庶吉士。宋育仁主张效仿欧洲君主立宪政体"君民共治"，提倡以发展民族工业来抵制外国的经济侵略。1894年，宋育仁出任驻英国、法国、意大利、比利时公使馆的参赞。回国后在川招商引资，兴办实业。1897年，宋育仁和几个朋友在重庆创办了川渝最早的报纸《渝报》，介绍国内外政治经济形势，宣传改良主义政治主张。1898年初，宋育仁受聘出任成都尊经书院院长，并将《渝报》原班人马带到成都，将《渝报》改为《蜀学报》。1898年3月，成都第一份近代报刊《蜀学报》正式出版，巅峰时期发行量突破两千份。戊戌政变后，宋育仁被罢去在蜀差事，一度闲居京城。民国初年，他曾在国史馆任职，后又回到四川，定居成都东郊，在现三圣乡造屋安家，称"东山草堂"，潜心著述。晚年，他用最后的精力主修《四川通志》（初稿）和《富顺县志》，1931年在成都去世。

五行,七曜拟不于伦,上祀诬而无理,六经皆虚言,圣人为妄作。据此为本,则人身无上下,推之则家无上下,国无上下,从发源处决去天尊地卑,则一切平等,男女均有自主之权,妇不统于夫,子不制于父,族姓无别,人伦无处立根,举宪天法地、顺阴阳、陈五行诸大义,一扫而空。①

甲午战后的变法思想不同于此前的变革观念就在于是"在政治传统中求变"还是"在政治传统外求变"。这种"在政治传统外求变"的思路集中表现在1898年由康有为、梁启超、谭嗣同等人所主导的戊戌维新中。在政治法律思想方面,维新者们鼓吹西方民主政治,要求设议院,开国会,定宪法,以实行"君主立宪"。为了达此目的,他们热衷于向西方学习,吸收了西方的"天赋人权""三权分立"以及民主自由等思想,一些主要代表人物还移植和改造了西方的庸俗进化说,以历史进化的观点作为替变法维新进行辩护的主要理论和批判传统伦理道德的重要武器。另外,受民族主义思想的影响,他们又采取了"托古改制"的变法模式。

"戊戌维新者,清季变法运动最惊人之一幕也",但由于变法运动直接依赖于并无实权的皇帝,且其变法主张直接触动了统治集团上层的既得利益,因此仅百日即归于失败。"朝廷之愚昧依然,旧党之顽固如昔……满人猜忌闭塞,根本不足与有为。维新诸公虽苦口大声,不能唤醒朝廷之醉梦。"②变法之失败使得清朝廷丧失了一次很重要的自我拯救的机会。

变法维新者们既以"变法"为宗旨,当然形成了较为系统的法律思想。康有为、梁启超和严复是其主要代表。

第二节　康有为的法律思想

康有为(1858—1927),原名祖诒,字广厦,号长素,广东南海人,世以理学传家,幼承家学,宗程朱,有志为圣人。1876年受业于同乡朱次琦。朱氏人称九江先生,主融通汉宋二派儒学,不守一家门户。1878年冬康有为辞别九江先生,回

---

① 《郭嵩焘等使西日记六种》,生活·读书·新知三联书店1998年版,第388页。
② 萧公权:《中国政治思想史》,新星出版社2005年版,第449—453页。

家静坐读书。1879年,他阅读了一些西书,游历了香港等地,接触到了英国治下的某些新事物,"乃始知西人治国有法度",初步感到西方政治制度比起中国传统君主专制要优越,不能再像传统朝贡体制下那样以看待"蛮夷"的眼光,去看待西方诸国,为以后讲习西学打下了一定的基础。1882年,康有为借顺天乡试之机,游历京师,路经上海,目睹租界之繁荣,"益知西人治术之有本",更加深了他的这种感触,于是"大购西书以归讲求焉"。之后数年,他"演礼运大同之旨,合春秋三世之义,兼采西洋学说,著大同书"。1888年,康有为首次以布衣身份向光绪皇帝上书,"极言时危,请及时变法"。提出"变成法""通下情""慎左右"的主张。但此举被时人目为病狂,大臣不为上达。康有为随即创办万木草堂,聚徒讲学并著述,积极宣传变法维新之主张,以开通风气。1895年,康有为偕同梁启超诸人入京会试,适逢《马关条约》之订立,感民族危机之深重,遂集各省举人"公车上书",又独上万言书,力陈变法万不可缓。之后,康有为率弟子创办报刊、组织学会,以"保国、保种、保教"为宗旨,号召变法维新。从1888年至1898年,康有为七次上书清帝,在"百日维新"期间又上奏折三十余道,反复陈述变法为"立国自强"之本,主张变革中国现有的制度,实行"君主立宪"。"戊戌变法"运动失败后,康有为出逃。从此以外人之帮助,亡命海外,前后十六年,游历欧美十三国,组织保皇党,主张君主立宪。辛亥革命后,发行《不忍》杂志,仍主张"虚君共和"。1917年与张勋共同参与宣统复辟,失败后写《共和平议》表达其主张。1927年病逝。①

康有为的法律思想主要反映在他早期所著《新学伪经考》《孔子改制考》《春秋董氏学》《大同书》等文论以及晚年所写的《拟中华民国宪法草案》《共和平议》等文章中。

一、维新时期的"变法"思想

"戊戌变法"前,康有为先后撰写的《新学伪经考》和《孔子改制考》等著作是其主张变法维新的理论基础。这些著述"托古改制",即利用儒学的旧形态,"旧瓶装新酒",宣传维新变法的新思想,旨在论证变法维新的必要性和合理性。他在《新学伪经考》中,力图证明西汉末年刘歆的著作及当时社会崇奉的《左传》等

---

① 以上有关康有为生平的介绍,参考康有为著《我史》(中国人民大学出版社2010年版)、萧公权著《中国政治思想史》(新星出版社2005年版,第453—454页)及汤志钧编《康有为政论集》(中华书局1981年版)中的康氏文章等。关于戊戌变法相关史实,可参见茅海建著《戊戌变法史事考》(生活·读书·新知三联书店2005年版)和黄彰健著《戊戌变法史研究》(上下册,上海书店出版社2007年版);关于康有为思想的研究,请参见萧公权著《康有为思想研究》(新星出版社2005年版)。

古文经典都是"佐莽篡汉"的"伪经",湮没了孔子的"改制之圣法"。断言中国两千年来历朝"王者礼乐制度之崇严,咸奉伪经为圣法",从而否定了当时"亦无一人敢违者,亦无一人敢疑者"①的传统意识形态。《新学伪经考》之作,有助于冲破旧传统,破除士大夫对传统经学教条的迷信,为变法维新扫除思想障碍。然就其内容来看,虽有某些精辟准确的论断,但很多地方失之武断和强辩。连梁启超也说,该书"往往不惜抹杀证据或曲解证据,以犯科学家之大忌"②。《新学伪经考》算不上是一部严谨的学术专著,康有为此作的着重点也不在此。他主要是通过这种学术活动来为其维新运动服务,引导人们怀疑古代经典,解放思想,为其变法主张制造舆论。

《孔子改制考》则从正面阐明了孔子"托古改制"思想,实际上是宣传他自己改制立法的变法主张。首先,康有为把孔子推为"托古改制"的"圣法"的创立者。他认为,《六经》是孔子制作的经书,六经统一于《春秋》,《春秋》之传在《公羊》。只有《公羊春秋》才是阐发孔子"圣法"的真经。《公羊春秋》的核心是"公羊三世说"。所谓"公羊三世"是汉代何休③在《公羊传注》中提出的社会历史演进的三个阶段。何休将自远古以来社会的发展分为三阶段:所传闻之世、所闻之世和所见之世,每世都有自己的特点:孔子于"所传闻之世,见治起于衰乱之中……所闻之世,见治升平……至所见之世,著治大平"。④ 康有为据此归纳出他自己的社会发展三世说,即社会由"据乱世"进入"升平世",再由"升平世"进入"太平世"。其次,康有为以自己的政治意图,解释孔子创制治世之法。他认为历史演进有"三世",孔子曾分别为这"三世"著有不同宪法。概括而言,就是《春秋》里的"大义"与"微言"。所谓"大义"即孔子治"据乱世"之宪法,从形式上讲是成文的;所谓"微言"即孔子所说的"升平世""太平世"之理想宪法,属不成文,由门下高弟口耳相传。因为"孔子以匹夫制宪法,贬天子,刺诸侯,故不能著之书而口授弟子"。康有为认为,沿着人类社会进化的三世,国家也必然地由"专制"进到"立宪",再由"立宪"进入"共和"。人类社会演化经三个阶段从乱到治,法自然应随时变化,时间不到人们不能强使之躐等而行。

---

① 康有为:《新学伪经考》,古籍出版社1956年版,第2页。
② 梁启超:《清代学术概论》,中国人民大学出版社2004年版,第199页。
③ 何休(129—182),东汉杰出经学家,被称为今文经的集大成者。字邵公,任城樊(今山东省济宁市兖州区)人。为人质朴多智,精研六经,口讷,不善讲说,门徒有问者,则书用作答。诏拜郎中,因不合于自己的志愿,以病辞去。太傅陈蕃召请他参与政事。党锢事起,陈蕃被杀害,何休也遭禁锢。他闭门不出,用功十余年,作《春秋公羊传解诂》十二卷。
④ 阮元校刻:《十三经注疏·春秋公羊传注疏》,中华书局2009年版,第4774页。

在戊戌前后康有为的思想体系中,大同太平世才是其最高理想,维新变法只不过是属于小康升平之范围。维新变法是当时中国实现大同的一个环节。其大同理想主要体现在《大同书》中。《大同书》是康有为最重要的著作之一,虽发表较晚,实则其中学说成型于19世纪80年代末。其雏形为《实理公法全书》,是康氏早期关于社会学说的代表性著作。① 在晚清没有刊行,学术界无从知晓。直到1913年,才在《不忍》杂志连续刊出其中的一部分。全书直到1935年才由其弟子钱安定整理后由中华书局出版。② 《实理公法全书》的写作受到了19世纪50年代李善兰和英国传教士伟烈亚力(A. Wylie)合作翻译的《几何原本》的明显影响。其内容虽不免有荒诞之处,但实是康氏关于人类理想之所在,为谈论康有为法律思想所不能不提及并加以分析的重要部分。且其最重要的思想价值在于对现状的批判,其批评的根源主要又是来自晚清现实。

他依据"公羊三世说",结合《礼记·礼运篇》的"小康""大同"说,佛教的"慈悲""平等""博爱"和卢梭的"天赋人权",加上间接听到的一些西方空想社会主义学说,构造了一个大同世界。他认为"三世"中的太平世即大同世界,是人类发展阶段上最理想的社会。在那里,人们摆脱了"乱世"中存在的各种"苦道"。社会上致人犯罪的政治经济根源消失了,人性可以得到充分的发展,"人人皆有士君子之行"。人们不会犯罪了,自然也就不再需要刑法了。所以他说:"太平之世无讼,大同之世刑措。"

康有为在《大同书》中以西方人性论、天赋人权论为指导,探讨了犯罪的原因和不立刑的理论根据。他认为,人之所以犯罪受刑罚,是因为"私"危害"公理",阻碍社会进化,是使人犯罪致刑的根源。有了"私",才有阶级、国家、家庭、个人之分,并由此而引起各种纷争狱讼。如贫而不能忍,"则有窃盗、骗劫、赃私、欺隐、诈伪、偷漏、恐吓、科敛、占夺、强索、匿逃、赌博之事,甚者则有杀人者矣";"有夫妇,则争色争欲,而奸淫、禁制、责望、怨怼,甚至刑杀之事出焉";"有爵位,则有钻营、媚谄、作伪、忮力、骄矜、强霸、剖夺之事起矣";"有私产,则田宅、工业、商贷之争讼多焉";"有尸葬,则有墓地之狱焉";"有税役关津,则有逃匿欺吞之罪生矣";"有军兵,则军法尤严重,杀人如草芥焉";"有名分,则上之欺凌压制,下之干犯反攻起矣"。

---

① 但康有为一直在修改中,尤其是他在戊戌之后周游列国长了见识,更是多做修正。
② 它对思想界产生了较大影响。从毛泽东的那句名言"康有为写了《大同书》,他没有也不可能找到一条到达大同的路"(《论人民民主专政》,载《毛泽东选集》,第四卷,人民出版社1991年版,第1471页),足见康氏此书,他曾经读过。且经其一点评,此书在1949年后更引起了学者们的极大注意。

康有为认为,要消除犯罪,达到"刑措不用,囹狱不设"的太平极乐境界,只靠"日张法律如牛毛,日议轻刑如慈母,日讲道德如诸圣主"是永远办不到的,更不应该"多为法网,以待其触"。在康有为看来,"惟大同之道",才能治其根本,才能达到"无讼"境界。其最根本的方法就是"去九界"。因为"九界"是"私"的载体和外在表现形式,同时它又是进一步强化"私"的酵母和催化剂。所以要致刑措,达大同,就必须"去九界"。这就是:一去国界,消灭国家,实行大同;二去级界,消灭等级,倡民族平等;三去种界,同化人类,使全世界都成为优种人;四去形界,解放妇女;五去家界,消灭家庭;六去产界,消灭私有制;七去乱界,取消各级行政区划,全球设大同公政府;八去类界,众生平等,博爱众生;九去苦界,至极乐,实行大同,达到至平、至仁、至公、至治的境界。

康有为坚信世界大同只要方法得宜,可望于短期内实现。他当仁不让,以大同社会制宪工作自任。大同世界之实现大致可以分为三个阶段,这就是康有为的"大同三世说",即公议政府、公政府以及去九界后的太平世界。所谓公议政府,就是在各国内政自主的基础上,各选派议员组成议会议决联合诸国间的公共事务,议决后交由公议政府强制执行。公议会在法律上的职权主要在议定各国公律,按照公律来判决各国交涉之事。公议政府则负责执行公议会的决定。当公议政府行之有效之际,就要"立公政府以统各国为大同之中"了。公政府与公议政府的区别就在于前者行于各国政府主权削减甚多之时,后者行于政府主权甚大之时;前者类似现今的联邦,后者类似于邦联。公政府时期要做到"废国""废君""废兵""同文"和"共历"。公政府最重要的特点就是"只有议员、行政官,无议长,无统领,更无帝王"。经历了此两个阶段后,国界才能真正去除,第三阶段就是去余下八界,如此世界才算真正进入了大同。

在康有为设想的"大同"极乐世界里,"无仰事、俯畜之累,无病苦、身没之忧,无田宅、什器之需,无婚姻、祭祀、丧葬之费"。少有所教,长有所学,老有所养,一切无所迫而为之。人人独立,人人自由,人人各纵其欲,社会上也就"无复有窃盗、骗劫……乃至杀人谋财之事,则凡此诸讼悉无,诸刑悉措矣"。康有为并具体分析说:"大同无邦国,故无有军法之重律;无君主,则无有犯上作乱之悖事;无夫妇,则无有色欲之争、奸淫之防、禁制责望、怨怼离异、刑杀之祸;无宗亲兄弟,则无有望养、责善、争分之狱;无爵位,则无有恃威、怙力、强霸、利夺、钻营、佞谄之事;无私产,则无有田宅、工商、产业之讼;无尸葬,则无有墓地之讼;无税役、关津,则无有逃匿欺吞之罪;无名分,则无欺凌、压制、干犯、反攻之事。除此以外,然则尚有何讼,尚有何刑哉!""故太平之世无讼,大同之世刑措。"①康有为的大同世界"治至刑措"的法律思想,是他对专制制度及其法律的批判,反映出他对人权、民主和自由、平等的热切追求。但是,这种"万年乐土"式的乌托邦,更多寄托了他对于人类未来的理想,而难有实现的可能。

在"戊戌变法"时期,康有为认定晚清中国属于据乱世,维新者应顺应潮流,努力拨乱,以完成中国社会向小康升平世的迈进,这同时也可以完成其救国保种的要求。但维新者也不能好高骛远,妄图进入太平大同。因此,当今中国一定要变法维新,实行君主立宪政体;当今的"布衣改制"既"合乎古训",又完全适应时代的要求。② 故需要"立行宪法,大开国会"③。

来自于西方的权力分立理论,是建设宪政国家的必备因素。不管是君主立宪,还是共和立宪,都离不开权力的分立与制衡。近代中国求强求富、实现民族独立和挽救国家危亡,都需要建设一个近代国家。要实现传统政治架构的近代化,不能没有宪政,也就不能没有权力分立。康有为对权力分立的强调,无疑是抓住了变法维新的关键之点。所以,继马建忠介绍西方三权分立学说以后,康有为等人在19世纪末期,进而要求实行这一制度,在近代中国思想史上是具有重要意义的。

康有为把"立宪法"或"定宪法"说成是"维新之始",认为"各国之一切大政,皆奉宪法为圭臬"④。他于1898年1月在《上清帝第六书》中,积极主张仿效日本明治维新制定宪法。他说:"考其维新之始,百度甚多,惟要义有三:一曰大誓群臣以定国是,二曰立对策所以征贤才,三曰开制度局而定宪法。""开制度局于宫中,选公卿、诸侯、大夫及草茅才士二十人充总裁,议定参预之任,商榷新政,草定宪法,于是谋议详而章程密矣。"在康有为看来,"日本之强,效原于此"。在当时中国,应设立制度局作为改革的总机构,下设十二局分任具体事务,配合地方治理,以收纲举目张之效。设置制度局的具体办法是:"设制度局于内廷,选天下通才十数人,入直其中,王公卿士,仪皆平等,略如圣祖设南书房,世宗设军机处例。皇上每日亲临商榷,何者宜增,何者宜改,何者当存,何者当删,损益庶政,重定章

---

① 参考康有为:《大同书》,载姜义华等编校:《康有为全集》,第七集,中国人民大学出版社2007年版,第1—188页。并参考萧公权《中国政治思想史》,新星出版社2005年版,第458—466页。
② 参考康有为:《孔子改制考》,载姜义华等编校:《康有为全集》,第三集,中国人民大学出版社2007年版,第141页。并参考蒋廷黻:《中国近代史大纲》,东方出版社1996年版,第78页。
③ 康有为:《请定立宪开国会折》,载汤志钧编:《康有为政论集》,上册,中华书局1981年版,第339页。
④ 康有为:《拟中华民国宪法草案·发凡》,载《民国经世文编·法律一》,第十五页;见沈云龙主编:《近代中国史料丛刊》第五十辑,文海出版社1970年影印版,第1387页。

程,然后敷布施行。"①

要"立宪法",就必须"设议院""开国会"。康有为早在1895年5月《上清帝第二书》中,就曾向清帝委婉地提出了设议院的建议:"特诏颁行海内,令士民公举博古今、通中外、明政体、方正直言之士,略分府县,约十万户,而举一人,不论已仕未仕,皆得充选,因用汉制,名曰议郎……以备顾问。并准其随时请对,上驳诏书,下达民词。凡内外兴革大政,筹饷事宜,皆令会议于太和门,三占从二,下部施行。"这样就可以"上广皇上之圣聪","下合天下之心志",做到"君民同体","休戚与共"。② 随后在《上清帝第四书》中他又进一步强调"设议院以通下情"的重要性与必要性。认为设议院益处很多:"民信上则巨款可筹,赋税无一定之规,费出公则每岁摊派;人皆来自四方,故疾苦无不上闻;政皆出于一堂,故德意无不下达;事皆本于众议,故权奸无所容其私;动皆溢于众听,故中饱无所容其弊。"这样,就可以"百度并举,以致富强"。③ 可见,康有为把实行议会制的"立宪"视为救国治民的重要制度设计。

康有为所提倡的"君民共治"的君主立宪,较诸英国的君主立宪有很大差异,主要体现在君主的权力和地位上。当然这跟康有为所面临的政治局势有关,时局部分地导致他不能畅所欲言。正当"戊戌变法"之际,反对派以"若开议院",则"民有权而君无权矣"④为借口,对其大肆攻讦。康有为认为:"左右贵近","畏言兴革,多事阻挠",必谓"开院集议,有损君上之权",是无稽之言。因为"会议之士,仍取上裁,不过达聪明目,集思广益,稍输下情,以便筹饷。用人之权,本不属是,乃使上德之宣,何有上权之损哉?"⑤撇开康有为的政治策略考虑,单纯就文本而言,康有为所倡设之"议院",只是一个咨询机关。康有为把希望寄托于皇帝一身,极力为光绪鼓气,以图政法之全面革新,"考定立宪国会之法,三权鼎立之义,凡司法独立、责任政府之例,议院选举之法,各国通例俱存,但命议官遍采而慎择之,在皇上一转移间耳"⑥。"中国不亡,国民不奴,惟皇上是恃"⑦。

为了使维新顺利进行,康有为还要求全面改革传统法律。康有为主张的"非

---

① 此书上于1898年1月29日(光绪二十四年正月初八),又名《应诏统筹全局折》。载汤志钧编:《康有为政论集》,上册,中华书局1981年版,第211—217页。
② 此书就是著名的"公车上书"之奏章,当时流传很广。载同上书,第134—135页。
③ 此书上于1895年6月30日,载同上书,第150—151页。
④ 康有为:《请君民合治满汉不分折》,载同上书,第340页。
⑤ 康有为:《上清帝第四书》,载同上书,第160页。
⑥ 康有为:《请君民合治满汉不分折》,载同上书,第342页。
⑦ 康有为:《进呈突厥削弱记序》,载同上书,第300页。

变通旧法无以为治"①等结论,是从他目睹清朝旧法的腐朽和对欧美新法的向往而得出的。他主张修改刑律,理由是,外国人"以我刑律太重",因而要"自治其民,不与我平等之权利",是中国的"国耻",非改不可。因此,他建议:"今宜采罗马及英、美、德、法、日本之律,重定施行。"他还要求制定民法、商法、诉讼法等。在《上清帝第六书》中,他指出:"其民法、民律、商法、市则、舶则、讼律、军律、国际公法,西人皆极详明,既不能闭关绝市,则通商交际,势不能不概予通行。然既无律法,吏民无所率从,必致更滋百弊。且各种新法,皆我所夙无,而事势所宜,可补我所未备。故宜有专司,采定各律以定率从。"②即设立专门机构,制定各种所需要的法律。显然,康有为关于建立近代法律制度的认识,和之前的思想家相比,更强调它的实践意义。

康有为以"托古改制"的形式推行变法维新,是一个需要深入思考的问题。一方面,此种"托古改制"将各种改革认为是古已有之的事情,在中国思想史上有其必然性。作为中国传统意识形态的儒家,在历史观上一直有崇古之倾向,"合于古制"一直是所有举措合法性的重要来源。在思想领域中近代中国对来自西洋新思想的容纳和吸收,尤其早期阶段,多采取了"西学中源"之形式,即将西方新知视为中国古已有之。"托古改制"就是学术思想领域的"西学中源"观念在政治法律领域的展开,便于减轻"改制"的阻力,有其不得已和合理之处。但随着中西方交流的深入,"托古改制"也如同"西学中源"说一样,其弊端日渐凸显。梁启超于 1902 年即有所反思:"抑今日之言保教者,……取近世之新学新理以缘附之曰:某某者孔子所已知也,某某者孔子所曾言也……然则非以此新学新理厘然有当于吾心而从之也。不过以其暗合于我孔子而从之耳。是所爱者仍在孔子,非在真理也。万一偏索之于四书、六经,而终无可比附者,则将明知为铁案不易之真理,而亦不敢从矣。万一吾所比附者,有人从而剔之,曰:孔子不如是。斯亦不敢不弃之矣。若是乎真理之终不能饷遗我国民也。故吾最恶乎舞文贱儒,动以西学缘附中学者,以其名为开新,实则保守,煽思想界之奴性而滋益之也。"③

1915 年梁启超更进一步申述了此种认识,"掫古书片词单语以附会今义,最易发生两种流弊:一、倘所印证之义,其表里适相吻合,善已。若稍有牵合附会,则最易导国民以不正确之观念,而缘郢书燕说之流弊。例如畴昔谈立宪谈共和

---

① 康有为:《上清帝第二书》,载汤志钧编:《康有为政论集》,上册,中华书局 1981 年版,第 123 页。
② 康有为:《上清帝第六书》,载同上书,第 214—215 页。
③ 梁启超:《保教非所以尊孔论》,载《饮冰室合集》,第一册,中华书局 1989 年影印版,"文集之九",第 56 页。

者,偶见经典中某字某句与立宪共和等字义略近,辄摭拾以沾沾自喜,谓此制为我所固有。其实今世共和立宪制度之为物,即泰西亦不过起于近百年。求诸彼古代之希腊罗马,且不可得,遑论我国。而比附之言传播既广,则能使多数人之眼光之思想,见局见缚于所比附之文句,以为所谓立宪共和者,不过如是,而不复追求其真义之所存。……二、劝人行此制,告之曰:吾先哲所尝行也。劝人治此学,告之曰:吾先哲所尝治也。其势较易入,固也。然频以此相诏,则人于先哲未尝行之制辄疑其不可行,于先哲未尝治之学辄疑其不当治。无形之中恒足以增其故见自满之习,而障其择善服从之明。"①康氏"托古改制",虽有其不得已之处,但其所导致的崇古倾向会妨碍近代中国人理解西方相关思想观念和制度建构之真义。

二、康有为晚年的法律思考——《拟中华民国宪法草案》

自近代中国与西方全面遭遇以来,学习西方以图存和自强成为中国近代思想家萦绕于心的重要问题。康有为作为近代中国大思想家活跃于思想界即在戊戌维新到民国初年这段时间。在此期间,学习西方的制度、文化成为当时思想界的主流。康本人领导发动的戊戌维新实际上开启了中国人集中心力借鉴西方制度文明的先河,自此,中国的立宪成为他始终关注的重要政治法律问题。他一生撰写了大量关于宪政问题的文章,但其中最成熟也最系统的莫过于他在1913年应门人弟子的邀请所作的《拟中华民国宪法草案》及其条文之后的按语。

(一)君主立宪与共和立宪

在康氏看来,据乱世不能行太平法,共和立宪乃太平世公政府"废君"之后的事情,而中国现今只是据乱世向升平世过渡,只能推行君主立宪。"故独立自由之风,平等自主之义,立宪民主之法。孔子怀之,待之平世而未能遽为乱世发也。以乱世民智未开,必当代君主治之,家长育之。否则团体不固,民生难成,未至平世之时而遽欲去君主,是争乱相寻,至国种夷灭而已。"②"夫所谓政党议会,民权宪法,乃至立宪共和专制,皆方药也。当其病,应其时,则皆为用。非其病,失其宜,则皆为灾。"③他在议论瑞士的共和宪政时更明确指出:"故议长共和制者,太

---

① 梁启超:《清代学术概论》,上海古籍出版社1998年版,第88页。
② 康有为:《孟子微·总论》,载姜义华等编校:《康有为全集》,第五集,中国人民大学出版社2007年版,第422页。
③ 康有为:《中国以何方救危论》,载汤志钧编:《康有为政论集》,下册,中华书局1981年版,第821—822页。

平大同之制也,非今中国据乱世所能骤至也。孔子为时中之圣,陈拨乱、升平、太平三世之义……诸君但尊立宪君主之尧舜,不甚称无首之群龙者,以非太平大同之世,而妄行之,则致乱也。"① 所以,康有为自戊戌政变流亡海外组织保皇党,鼓吹君宪,除了光绪之恩义之外,还跟此种思想认识有关。他认为革命适足招乱,因为"积四千年君主之俗,欲一旦废之,以起争乱,甚非策也"②。如果行革命换来共和立宪,每隔一定限期争总统之选举,其结果将是"两党列军相当,驱国人之属于党者相杀,每争总统一次,则死国民无算,其害大矣。夫立总统,不过为国民之代理而已,乃为一代理而死国民无算,其害大矣,则民不如有虚君主而不乱之为良法也。"③ 百年后的今天看来,康氏对革命破坏力的判断以及总统选举之弊端实有夸大之处,但在当时不无道理,民初乱象在一定程度上证成了康氏的判断。

辛亥革命以暴力一举推翻中国数千年来的皇权专制,共和成为既定事实,康氏所主张的君宪已失去依托。尽管如此,康氏认为当时中国的理想政体仍是在精神实质上与君主立宪相同的"虚君共和"。在《拟中华民国宪法草案·发凡》中他以较多的篇幅阐明此点。鉴于美国、瑞士等共和宪法皆与中国当时国情悬隔,简单模仿,不但不能引导中国进入大治,反而会招致大乱。在此种情况下,他选择了与"虚君共和"稍微接近的法国宪法作为他拟定宪法的蓝本。

欲了解康有为关于"虚君共和"在其宪法思想中的核心地位,必须先明白其宪法观。为什么近代国家需要宪法作为治国之常经? 在他看来,因为宪法是为了防止专制政体、使专制者不得将国家视作私产而产生的。"宪法何为而立也? 为敌人主专制其国而立也,为去人主私有其国而立也,为安国家而官明其职、人得其所而立也。"一般人习惯以形式上的君主有无作为区分君宪与共和之标准,在他看来是沿袭了既有的思想学说的原因:"夫阿里士多图及孟德斯鸠之时,事变皆未备也,欧美后学,误泥其名,辨义不明,分体不析。"阿氏即古希腊思想家亚里士多德,时代太早;孟德斯鸠所能观察的政治实践也很有限。康有为则认为,以君主之有无来区分君宪与共和是不妥当的,因为有君主存在的国家可能是公有和民主的,如英国;保有共和形式没有君主存在的国家也可能是私有和专制的,如墨西哥等。所以,普天下的国家,只有公有、私有两大类;相应的,孔子所讲

---

① 康有为:《共和政体论》,载汤志钧编:《康有为政论集》,下册,中华书局1981年版,第681页。
② 康有为:《救亡论》(选录),载同上书,第675页。
③ 康有为:《拟中华民国宪法草案·发凡》,载《民国经世文编·法律一》,第十四至二十九页;见沈云龙主编:《近代中国史料丛刊》第五十辑,文海出版社1970年影印版,第1386—1415页。本节引文未注明出处者,皆引自该文及其后草案(《民国经世文编·法律一》第二十九至七十二页,文海影印本第1415—1501页)。

的乱世平世、小康大同之差别也是基于公有、私有而生。

以国家公有私有之别而非君主之有无来划分国体和政体,就出现了康有为心目中理想的宪政体制——"虚君共和"了。何谓"虚君共和"?即国家虽有君主,却保有共和实质。"立宪各国政体,虽有不同,而权在国会内阁,则一也,与共和国无少异也。夫既全权在国会,由国会政党之大者,组织责任内阁,故其君主毫无用人行政之权。"因此这种"虚君共和"之君,不同于"立宪君主"。在康有为心目中,像德、俄、日三国那样,君主拥有相当主权的才是真正的"立宪君主"。而"虚君共和"之君,最多只是一个毫无实权的最尊之爵位。所以实行"虚君共和"的国家不但不是君主国,也不是君主立宪国,反而是共和国,即"共和爵国"。康有为经过这番论证,证明了"虚君共和"之制与共和国体相吻合。

那为什么要在当时的中国实行"虚君共和",也就是说"虚君共和"与"民主共和"相比,优越之处何在?康有为于政变后流亡海外,周游列国,留心于各国之治乱兴衰,经过充分考察,认为"虚君共和"可以防止因为政权转移而出现的动荡。如果在当时中国推行"民主共和"而非"虚君共和",他描述了一个可怕场景,"共和名义虽公,而有总统必属于一人,则遂为至私。谁能为之者?以四万万之人,英杰枭雄者,各省辈出,谁能相下者?常人家产田宅之争,尚倾力而为之。况总统乎?故时拥土仗钺之将,岂能下于草泽之人?旧日倡革主动之雄,岂肯屈于后至之英?各省郡分起之豪,岂肯轻举土地而属于一主?既无君臣之义,则人人皆有总统之思,而谁肯竭命尽忠者……真令人骨折心惊者也。"经过康氏这两相比照,当然是"虚君共和"较"民主共和"为优了。

考察了康有为关于当时中国实行"虚君共和"的宪政思想,加之民初民主共和治下的乱象,以及他本人与清皇室的"恩义"关系,就可以理解康有为为什么会于1917年参与张勋所发起的宣统复辟事件中来了。

(二)分权与制衡

西方宪政文化传播到中国,逐渐为朝野所接受。在晚清预备立宪期间,朝廷已意识到权力分立和相互制约的必要性:"以行政官而兼有立法权,则必有藉行政之名义,创为不平之法律,而未协舆情。以行政官而兼有司法权,则必有徇平时之爱憎,变更一定之法律,以意为出入。以司法官而兼有立法权,则必有谋听断之便利,制为严峻之法律,以肆行武健。而法律寖失其本意,举人民之权利生命,遂妨害于无形。"① 如果说在晚清因为皇权专制存在,虽在理论上认识到分权之必要,但在实际操作中无法真正推行,那么到民国肇造,不仅在认识上有所深入,且政府架构及其合法性重要来源之一就是分权与制衡。注重权力如何分立与制衡是当时所有宪法拟定中的重要关切点。

在康拟宪草中,康氏亦按照西方通行,同时也是当时绝大多数人的做法,将政府权力分为立法、行政和司法三大块。

康拟宪草最重行政。就编排来看,它将行政章置于国会和司法之前,突出了行政和作为行政首长总统的重要性。从内容上看,其关于总统权力的规定超过了当时世界上任何共和国总统的权力。康氏心目中的理想是"虚君共和",所谓虚君,就在于无权,南面垂拱而治,为什么在不得已之下相当于"虚君"的总统反而要扩大其权力?这岂非是他思想中的矛盾之处?康有为的理由是:民初之混乱是革命误行民权所招致的结果。为什么行民权会导致混乱?他认为治理国家,既要"道之以政",还要"齐之以礼"。在民众素质未到之时,贸然倡导民权,结果就是无休止的动乱。② 由此,康有为提出了"重国"论,以矫正"贵民"之流弊。既要"重国",而民权不足兴,所以权力的重心必移之于上,于是只好增加总统的权力。

但如此一来,康拟宪草中的总统就远不是虚君了,其共和也就由他心目中理想的"虚君共和"变成总统共和了。这是康有为思想的矛盾之处。康氏作为一个注重"一以贯之"的大思想家,为什么会允许自己的思想出现如此明显的裂痕?其中重要原因之一是他对国家民族前途的深深忧虑。早在戊戌前后,康氏即深感国家危亡,提出保国、保种和保教的主张,及至流亡海外,仍须臾不忘"保黄"。他之所以一直反对暴力革命,就害怕暴力革命引起列强干涉而招致亡国灭种之虞。在宪草中,他在论及地方和中央分权之时,极力反对当时中国推行联邦制和地方自治。在国权与民权自由的关系上,康氏以为后者依赖于前者,因此赋予了国权以优先地位。尽管康氏赋予总统相当大的权力,突出行政权的重要性,但康拟宪草仍力求在行政、立法和司法三权之间实现相互制约,以便将共和国建立在公有基础上,极力避免造成私有专制的结局。

---

① 《庆亲王奕劻等奏厘定中央各衙门官制缮单进呈折》,载故宫博物院明清档案部编:《清末筹备立宪档案史料》,上册,中华书局1979年版,第463页。

② 康有为研究专家萧公权先生认为,康氏对不配享有民主的民众流为暴民的描述是"反映了康氏的信念,即强加而不成熟的改变必会造成灾难"(萧公权:《康有为思想研究》,汪荣祖译,联经出版事业公司1988年版,第151、208—209页)。社会进化不能躐等而行,确是康氏自早年至晚年一以贯之的思想前提。

综观各国宪法关于议会权限的规定,有概括主义和列举主义两种,采概括主义者,无形之中赋予了议会较大的权限。而康拟宪草采纳的是列举主义。为何?源于康氏有鉴于民初国会之实在情形而产生对议员素质乃至议会本身的不信任。当前议会既不可信任,不能赋予较大的事权,但这样一来,要让议会起到制约行政权的作用,维持宪政体系之下起码的权力分立,又安有可能?康氏自己可能也意识到该问题,遂极力在其他几个方面加以弥补。

一是设立国民大议会。在康拟宪草中,国民大议会为国家最高权力机关,由各县县议会分别选举出议员一人加上国会两院议员构成。其权力有三:修正宪法、割让国境和选举总统。康氏以为,照当时国会情形来看,以国会选举总统,若总统挟兵力以迫围议院,议员恐怕易从,不能起到制约作用。而国民大议会不同,"吾以县议会议员举国民大议会之议员,人数既多至二千,则金钱难以尽买,在各省先指定总统之候选者,则京师难以迫胁,然后可望总统得人"。二是设立国询院。康氏赋予国询院以议会闭会期间制约总统以议大政之权力,其构成为议会两院各推举的五人和总统推举的五人,以阅历和才识为断。国询院虽名义上为总统之顾问机构,但总统于宣战、讲和、订约、解散国会、任命总理、发布重大命令与预算外支款,皆须取得国询院之同意。如此一来,康氏以为可起到避免总统引用私人之弊,甚且可以防止总统专制。

康氏虽主"虚君共和",但困扰于民族危机而在宪草中赋予了总统极大的权力。为实现宪政之下的分权和制衡,考虑到国会在民初的实际情形,康氏一方面对国会持不信任态度,对其权力略有限制,但又别出心裁,设计国民大议会和国询院以补其缺失。其方法能否起到立宪国中应有的权力制衡功能,则需要在实践中运作来加以检验,不能仅根据逻辑推理而单纯臆测。他在这个问题上的思考,确实比那些机械照搬西方宪草条文的人来得高明。

(三)司法设计中的世界大同与中国特色

康有为自戊戌流亡以来,长期周游列国,在同时代人里,可谓见多识广。他不仅见识了欧美宪政文明所带来的国富民强以及民权保护的巨大优点,更见到很多国家因为国情或者宪法规定之不备所造成的灾难,加以康氏个人性格上的极度自信以及中华几千年辉煌文明所造成的民族优越感在他身上的折射,他希望当时的中国创制出一部能沟通世界宪政之大同又能保持中国既有国粹,融古今中西于一炉的理想宪法。这在康拟宪草的司法方面,表现得特别明显。这种独特性主要体现在两个方面:一是司法长官的人选,二是关于行政裁判制度的设计。

康氏主张司法长官由副总统兼任,不是作为国务员与内阁相终始,而是与总统共进退。其好处显而易见,"试思总理随政党而变易,岁月难保,司法总长亦随之而岁月易位,岂可以司法之重要,而岁月移易乎?且高等法官,必备极崇高,妙选耆旧俊乂为之……资望尊重,乃能镇压顽嚚,持正守直,俾下僚知畏,贿讬不行。司法总长为总理所援用,或多引新进少年之私人,绝无资望者,耆旧岂能甘心俯首?尤非所以重国体而尊法律,所关非细故也。"司法独立制度能够建立,又以副总统兼任司法总裁,以示尊崇,"庶与政府、国会平行并立,以维司法之尊严焉"。

征诸民初史乘,北洋政府在制度设计上采取了西方通行做法,以司法总长作为内阁一员,随整个内阁之进退而进退。在整个民初(1912—1928),先后有近二十人出任过司法总长①,尚不包括一些暂署、暂代之人,平均任期还不到一年。像章宗祥担任该职三年零四个月,算是超长的了。每个新司法总长上台伊始,即便想有所作为,结果在任时间太短,来不及有所作为,遂因内阁垮台而不无遗憾地挂冠而去。如民初王宠惠、许世英、梁启超先后出任司法总长,皆提出自己的司法改革计划,最终成效未彰即辞职,徒留人去政失之叹。鉴于此,康拟宪草关于司法总裁由副总统兼任的做法,有其合理考量。

康氏在行政裁判方面的主张集中体现在其所拟宪草第 74 条,该条规定:"设立都察院以司行政之讼治,凡人民受官吏之违法抑害,与吏互讼者,别以法律定之。"接着以较大的篇幅阐释了理由:首先征之中国传统,认为吾国自秦汉两千年来,"行政之讼,与民间之讼,事义迥分",现在更要和普通审判机关分开,设立独立的行政审判衙门,"吾国既以司法为独立之院,则行政裁判所与大理寺合为三法司,若英俗然,保其国粹,义之宜也。"他反对那种参考日本行政裁判之名而使用"平政院"名称的做法,建议以"都察院"作为民国行政裁判所的名称。他希望中国在走向作为世界大同趋势的"共和宪政"之中保有中国特色,维持民彝、族彝于不坠。康氏以西方的诉讼分类观念考察了中国监察制度之沿革,认为监察制度是传统中国吏治之特色,有助于防止各级官员的专横、保护普通百姓。民初开始建立行政诉讼制度时,应该立足于传统的监察制度,结合西方行政诉讼观念和实践。

康有为在这里提出一个重要命题:处于古今中西交汇点的中国根据何种原

---

① 参见刘寿林编:《辛亥以后十七年职官年表》,中华书局 1966 年版,第 73—89 页;并载沈云龙主编:《近代中国史料丛刊》续编第五辑,文海出版社 1974 年影印版,第 73—89 页。

则建设合适的制度的问题。在传统与西方通行做法之间,是将价值的天平倾向其中的一方还是二者兼顾?这就涉及对西方具体制度的价值评估。自工业革命以后,西方凭其强大实力,以殖民扩张为手段,将其物质、制度和思想等以传教士姿态作为一种普适性的成果向全球推广。而那些既饱受列强欺凌又深切了解欧美学术和文明的非欧美知识分子,尽管在与欧美相比时对自己的国家抱有自卑感,同时也对自己的国家和民族产生了极度的忧虑,但也不能容忍对自己所属社会的全盘否定。因此,他们多将西方发展出来的某些制度或文化解释为特定社会和文化的产物,从而为寻求自身文明中的优长找到合适的空间,进而获得较为圆融的论证。在康有为看来,中国当时的贫弱并不能否定中国固有制度在某些具体方面的优长,尽管中国要向西方学习宪政、法治等内容,但具体怎么走,则不能全盘照搬西方路线,祖宗经验仍然应该借鉴。为此,他有一个发人深思的比喻:"如故家世族,必室陈世藏之器,虽敝尋亦珍之,所谓文明也,若寒家骤富,多购洋货,而无世藏之物,世家子必轻笑之。"这同样可以解释康氏为什么在民初如此全身心地投入孔教会的活动中。

的确,民初行政裁判制度的建立没有按照康氏的设想进行下去,而是采纳了大陆法系,尤其是日本的做法,设立平政院,但康氏在此提出的重要思想命题值得关注:在欧风美雨弥漫全球之际,其制度和文化是普世性的还是相对性的?非欧美民族的文化又该作何等价值评估及实际取舍?

康有为在晚清以公羊三世说为指导,替当时中国认真把脉,认为政治良药是君主立宪。及至共和告成,康氏因其固有主张,加以海外阅历,依然认为君宪在中国具有优越性,考虑到共和既成,康氏遂提出了"虚君共和"主张。受国家民族危机的困扰,以及怀着对民初国会和议员的不信任,故其在所拟的宪草中扩大了总统权力,背离了其"虚君共和"的初衷。康氏对这种背离也有所觉察,在宪草中设计了国民大议会和国询院,希望能对总统的权力进行制约,尽力维持行政权和立法权之间的平衡。在司法方面,康氏为保有其稳定性和权威性,在坚持司法独立的前提下,提出由副总统担任司法总裁的想法;为防止官吏虐民,他主张以传统的都察院充任民国的行政裁判机关。观察康氏为民国设计的宪法蓝图,凸显了辛亥革命后中国建设宪政的极度复杂性,以及康氏为应对此种复杂性的苦心经营。在这种苦心经营的背后,康氏进行的具体思考,尤其是他的主张中所反映出来的那些思想命题仍有价值。尽管这在近代中国实践进程中影响甚微,但理论的实践与否并不能衡量理论本身的价值和贡献。"一个说白马是马的人,当然是正确的,但大概是毫无价值可言;另一个说白马非马的人,当然是错误的,但却没有一部思想史可以轻易忽略它在理论思维上的贡献。"① 康有为的思考，其价值当与那个论述"白马非马"的人相类。

第三节 梁启超的法律思想

梁启超（1873—1929），字卓如，号任公，又号饮冰室主人，广东新会人。是中国近代著名的政治活动家、思想家和学者，也是近代中国一位杰出的法学家。他学识渊博，著述丰富，笔锋精警犀利而恒带感情，对中国近代法治和法制建设颇有开创性的贡献。他自幼饱读经、史、子、集和训诂辞章，有神童之誉。1884 年中秀才，1889 年中举人。次年入京会试，但未中第。南归途中，在上海见到《瀛寰志略》以及若干西书，从此开始接触西学。回到广州后，他异常倾倒于康有为的维新思想，拜其为师，之后思想也为之一变。他曾参与协助康有为编撰《新学伪经考》《孔子改制考》等重要著述，成为康有为的得意弟子和得力助手。1895 年他在京参与"公车上书"，加入强学会，任书记员。1896 年他在上海任《时务报》主笔，发表了《变法通议》等力倡维新变法的政论文章，在全国思想界产生了很大影响。后到湖南，任湖南时务学堂总教习。1898 年春夏，深入参与维新变法。光绪帝于 7 月 3 日召见梁启超，赐六品衔，命他办理译书局事务。百日维新失败，梁启超亡命日本，进一步研读西学、办报刊。1902 年夏历正月，梁启超所办的《新民丛报》在横滨出版。他大倡新民说，认为"欲救今日之中国，莫急于以新学说变其思想"②。他称自己是"中国之新民"，"欲维新吾国"，就要先"维新吾民"③。为此，他写了十万字的《新民说》一书，系统地阐述了自己对国家、权利、自由、进步等问题的看法。1905 年前后，他作为君宪派主要代表，同革命派进行论战。1912 年 10 月，梁启超结束了长达十五年的海外流亡生活，从日本回到国内，受到了热烈欢迎，在天津创办报纸《庸言》。1913 年初正式加入了共和党。历任熊希龄内阁司法总长、袁世凯政府的币制局总裁和段祺瑞政府的财政总长等职。在司法总

---

① 何兆武：《历史理性的重建》，北京大学出版社 2005 年版，第 175 页。
② 丁文江、赵丰田编：《梁启超年谱长编》，上海人民出版社 1983 年版，第 277 页。
③ 同上书，第 272 页。

长卸任之际,为改良民初司法状况,提出了《司法计划书》,对民初司法产生了一定的影响。梁启超认定国体一经确立,则不应轻易变更。尽管他早年一直坚持君主立宪,但共和宪政在辛亥革命后成为既成事实,他由此对维护经过很大苦难才得以确立的共和国体不遗余力,所以在1915年袁世凯复辟帝制和1917年张勋策动的宣统复辟这两个事件中,他都旗帜鲜明地反对复辟,尽力维护初生的民国。几年从政,受限于民初政坛乱象,并无太多政绩,军阀政治大有愈演愈烈之势,他意兴阑珊,深感在当时条件下投身政治徒劳无功,遂辞官息影林园,翌年漫游欧洲。1920年返国后,专力从事教育事业和学术研究,先后讲学于南开、清华和东南等大学。《先秦政治思想史》即是他在东南大学1922年秋季讲学之讲稿。晚年他还担任了司法储才馆馆长。

梁启超一生,著述逾千万言,其著作有中华书局出版的《饮冰室合集》,分文集、专集两部分。其中阐述法律思想的主要有《变法通议》(1896)、《论中国宜讲求法律之学》(1896)、《各国宪法异同论》(1899)、《立宪法议》(1900)、《论立法权》(1902)、《法理学大家孟德斯鸠之学说》(1902)、《乐利主义泰斗边沁之学说》(1902)、《政治学大家伯伦知理之学说》(1902)、《论中国成文法编制之沿革得失》(1904)、《中国法理学发达史论》(1904)、《中国国会制度私议》(1910)、《新中国建设问题》(1911)、《宪法之三大精神》(1912)、《进步党拟中华民国宪法草案》(1913年)、《先秦政治思想史》(1922)等,一些篇章被收入《梁启超法学文集》[①]一书中。

一、"随时创法"的变法观

梁启超于第一次入京会试之后南下途中即接触到了"西学",后师从康有为,进一步了解了中西学术思想,并以春秋公羊学说为理论工具,在戊戌前后初步形成了"随时创法"的变法观。

梁氏在1896年8月所撰写的《论不变法之害》中针对传统中国祖宗成法不能变的论点,他明确指出:"不能创法,非圣人也;不能随时,非圣人也……要而论之,法者天下之公器也,变者天下之公理也。大地既通,万国蒸蒸,日趋于上,大势相迫,非可阏制,变亦变,不变亦变。变而变者,变之权操诸己,可以保国,可以保种,可以保教;不变而变者,变之权让诸人,束缚之,驰骤之。"此种"法应随时势而变"、反对墨守成法的观点在此一时期撰写的其他几篇文章中都有类似的表达。如他在《变法通议自序》中讲到,"《诗》曰:'周虽旧邦,其命维新。'言治旧国

---

① 梁启超:《梁启超法学文集》,范忠信选编,中国政法大学出版社2000年版。

必用新法也。其事甚顺,其义至明,有可为之机,有可取之法,有不得不行之势,有不容少缓之故。"

梁氏要变法,其论证之所以变法的理论根据主要集中在对中西历史治乱兴衰的考察上。他在《变法通议自序》开篇即通过列举中国历史上制度变迁的事实论证了变法作为规律而存在。"法何以必变?凡在天地之间者莫不变:昼夜变而成日;寒暑变而成岁;大地肇起,流质炎炎,热熔冰迁,累变而成地球;海草螺蛤,大木大鸟,飞鱼飞鼍,袋兽脊兽,彼生此灭,更代迭变,而成世界;紫血红血,流注体内,呼炭吸养,刻刻相续,一日千变,而成生人。藉曰不变,则天地人类并时而息矣。故夫变者,古今之公理也:贡助之法变为租庸调,租庸调变为两税,两税变为一条鞭;井乘之法变为府兵,府兵变为彍骑,彍骑变为禁军;学校升造之法变为荐辟,荐辟变为九品中正,九品变为科目。上下千岁,无时不变,无事不变,公理有固然,非夫人之为也。"中国是如此,征之外国亦莫不然。他在《论不变法之害》中说:"泰西治国之道,富强之原,非振古如兹也,盖自百年以来焉耳。举官新制,起于嘉庆十七年……自余一切保国之经,利民之策,相因而至,大率皆在中朝嘉、道之间。盖自法皇拿破仑倡祸以后,欧洲忽生动力,因以更新。至其前此之旧俗,则视今日之中国无以远过,惟其幡然而变,不百年间,乃浡然而兴矣。"

既然征诸中西各国实乘,皆因变法而兴,不变则弱、则亡,何况今日中国所处于中西交通大开的大变局时代? 变法因之比中国历史上任何时期都要急迫,"而无如其忽与泰西诸国相遇也。泰西诸国并立,大小以数十计,狡焉思启,互相猜忌,稍不自振,则灭亡随之矣。故广设学校,奖励学会,惧人才不足,而国无与立也;振兴工艺,保护商业,惧利源为人所夺,而国以穷蹙也;将必知学,兵必识字,日夜训练,如临大敌,船械新制,争相驾尚,惧兵力稍弱,一败而不可振也;自余庶政,罔不如是,日相比较,日相磨厉,故其人之才智,常乐于相师,而其国之盛强,常足以相敌,盖舍是不能图存也。"①

在戊戌变法时期,梁启超一度用春秋公羊学说作为变法的重要理论基础。及戊戌政变失败,梁启超流亡海外,更多地接触和了解了西方社会科学知识,进化论、民约论成为其变法思想的主要理论。

梁启超受西方法律思想家卢梭、孟德斯鸠等人学说的影响,推崇民约论、人

---

① 梁启超:《变法通议·自序》,《变法通议·论不变法之害》(1896年8月19日),载《饮冰室合集》,第一册,中华书局1989年影印版,"文集之一",第1—8页。

性论。他曾经断言:在"西哲"的治国方案中,卢梭"民约论""最适于今日之中国"①;孟德斯鸠的《万法精理》,常为后来西方各国"改制之模范,功固不在卢梭下也"②。即便在戊戌变法失败的情况下,梁启超对孟德斯鸠仍是推崇不已,1902年他还专门撰写《法理学大家孟德斯鸠之学说》一文,专门评介其法律思想体系。该文明确表达了梁氏对孟德斯鸠的景仰之情:"孟子曰,有王者起,必来取法,是为王者师也。近世史中诸先哲,可以当此语而无愧者,盖不过数人焉,若首屈一指,则吾欲以孟德斯鸠当之。"基于这样的认识,他在一定程度上以自然法学派的理论为基础,批判中国传统专制制度下的法律体系及其背后的思想观念,阐明法律的起源和性质,说明采用西方法律制度的合理性和优越性,进而论证当时中国变法的必要性。

梁启超认为,人类在同自然界的竞争中,需要结成"群"才能生存,而"群"中的每个人,各有自己的天赋权利,人们为了保护和扩大各自的权利,又在"群"的内部展开了竞争。"群"中之人,"万有不齐,驳杂而无纪",如果对他们放任不管,必然会相互间争斗不已,以致无法"相群"。不能"相群",势将导致"群"在同外界竞争的过程中失败,这极不利于"群"的整体利益,归根结蒂,也不利于个人生存。在此种情况下,人们本能地按自己的"良知",认识到应该采取一定的措施,以保证每个人所享有的天赋权利不受侵犯,同时又能保证每个人不侵害他人的自由权,从而使人与人之间的竞争不至于破坏整个"群"的生存。为了这个目的就需要设立法律作为约束人们行为和保护人们天赋权利的手段,于是,法律就产生了。正因为法律是人们共同"良知"的产物,尽管它对人们的行为普遍有所约束和限制,但人们仍然能够自觉地遵守它。③ 人类社会不断向前发展,人际关系日益复杂,法律也随之变化。这时的法律可分为两类:一类出自契约,一类出自命令。从法理上说,由契约形成的法律,是真正公平善美的法律;由命令产生的法律,则不正不善。因而,判断一个法律是否公正善美,也应以是否体现人们的共同"良知"和是否由契约形成为标准。对良知和契约的强调,是梁氏解读孟德斯鸠学说的关键之点,"孟氏之学,以良知为本旨。以为道德及政术,皆以良知所能及之至理为根基。其论法律也,谓事物必有其不得不然之理,所谓法也。而此不

---

① 梁启超:《自由书·破坏主义》,载《饮冰室合集》,第六册,中华书局1989年影印版,"专集之二",第25页。

② 梁启超:《自由书(补)·孟德斯鸠之学说》("孟德斯鸠"原译"蒙的斯鸠"),载夏晓虹辑:《〈饮冰室合集〉集外文》,下册,第1247页。

③ 梁启超:《新民说》第十节《论自治》,载《饮冰室合集》,第六册,中华书局1989年影印版,"专集之四",第51—52页。

得不然之理,又有其所从出之本原,谓之法之精神。而所以能讲究此理,穷其本原,正吾人之良知所当有事也。《万法精理》全书之总纲,盖在于是。"①中国专制制度下的旧法,从官府到百姓都不遵守,有法等于无法,原因就在于这些法律是由帝王的命令形成的,它只体现帝王个人意志,并不体现人们的共同"良知",也不是由契约形成的,因而"不正""不善",需要变革。

通观梁氏一生,尽管其变法的理论基础不时有所变化,但其变法的主张可谓终身未改。究竟如何变法?早在戊戌前后,梁氏即著文批驳了在此之前洋务派所推行的"变法"。在他看来,洋务派推行洋务几近三十年而成效不彰,其原因就在于他们的变法非真变法,"即吾向者所谓补苴罅漏,弥缝蚁穴,漂摇一至,同归死亡,而于去陈用新,改弦更张之道,未始有合也。"当时中国要变法,必须探求其本原,那本原何在呢?梁氏通过对中国社会情形的考量和分析,得出结论:"变法之本,在育人才;人才之兴,在开学校;学校之立,在变科举,而一切要其大成,在变官制。"②官制究竟要如何变呢?那就是借鉴西方的"君民共主""兴民权"、合众人之力以救亡图存。从此一时期开始,以权力分立和制衡为核心的宪政就成为梁氏政治法律思想的中心,在近代中国推行真正的宪政就一直成为梁氏孜孜追求的理想。

二、君宪与共和——梁启超的宪政观

早在戊戌维新时期,梁启超就认为要救中国则必须变革君主专制政体,推行君主立宪。其理论基础就是公羊三世六别说。所谓三世六别,即社会之进化须经三世:多君为政之世、一君为政之世和民为政之世。每世又分两阶段,三世共六个阶段。这六个阶段,是所有民族都要经历的,不能逾越,也不能超前。当时中国已经历了长久的一君为政之世,现在要向民为政之世过渡,因此要提倡民权,实行君主立宪。

戊戌之后梁启超流亡日本,他接触了更多的西学知识,开始提倡民权,宣扬新民学说,极力批判专制。其倡导民权的理论基础主要不再是传统的公羊说,而变成进化论。认为人世进化分为六级:族制政体、临时酋长政体、神权政体、贵族封建政体、专制政体、立宪君主或革命民主政体。从戊戌流亡到辛亥年间,梁启

---

① 梁启超:《法理学大家孟德斯鸠之学说》,载范忠信选编:《梁启超法学文集》,中国政法大学出版社2000年版,第17—30页。
② 梁启超:《变法通议·论变法不知本原之害》,载《饮冰室合集》,第一册,中华书局1989年影印版,"文集之一",第8页、第10页。

超始终坚持当时中国应该从专制政体走出来,向君主立宪或共和立宪迈进。至于中国究竟是要实行君主立宪还是共和立宪,整体说来,梁氏倾向于君主立宪。但在 1902 年前后,他一度对共和宪政比较推崇。1902 年他在介绍孟德斯鸠的生平和学说时就非常不满意于孟氏对君主立宪的推崇:"然其论所以统一之法,则以为舍君主末由,此盖犹拘墟于一时之耳目,而未达法治之大原也……孟氏必欲举行法权,归诸累世相承不受谴责之君主,又欲调剂二权,置贵族于君民之间,以成所谓混合政体者,此由心醉英风太甚。而不知英国此等现象,实过渡时代,不得不然,非政法之极则也。"① 梁启超之所以在君宪和共和之间有此游移,除康有为的影响外,还有自身思想认识上的原因。梁氏认为政治进化有一定之阶段,不能躐等而行;民权政治为最后之归宿。其思想之游移取决于他对此两方面强调的侧重点的转移。当其重视民权之时,则主张共和宪政;当其注重政治进化必经阶段之时,则主张君宪。② 不管梁氏此一时期是主张君宪还是共和,他对君主专制的批判则一以贯之。

梁氏对专制的批判可以说是不留余地,相当深刻。他认为,中国之所以积贫积弱且极端守旧,不思进取,最主要的原因就在于专制。在专制之下,不外乎有仁政和暴政的区别。而在中国传统法律思想里面,法律儒家化的合理性之一就是其所倡导的仁政。梁氏重点分析了仁政对百姓人格的摧残,指出:"夫出吾仁以仁人者,虽非侵人自由,而待仁于人者则是放弃自由也。仁焉者多,则待仁于人者亦必多。其弊可以使人格日趋卑下。若是乎仁政者非政体之至焉者。"所以,即便是圣君明相在位,只要是君主专制,则与自由民权之思想相悖。在专制之下,"平昔之待其民也,鞭之挞之,敲之削之,戮之辱之,积千数百年霸者之余威,以震荡摧锄天下之廉耻。"等待敌国大至,这时要求老百姓奋全力保卫国家,就像"不胎而求子,蒸沙而求饭"一样不可能。为什么呢?因为"国民者,一私人之所结集也;国权者,一私人之权利所团成者也,故欲求国民之思想之感觉之行为,舍其分子之各私人之思想感觉行为而终不可得见。其民强者谓之强国,其民弱者谓之弱国。其民富者谓之富国,其民贫者谓之贫国。其民有权者谓之有权国,其民无耻者谓之无耻国。夫至以'无耻国'三字成一名词,而犹欲其国之立于天地,有是理耶?有是理耶!其能受阉宦差役之婪索一钱而安之者,必其能受外国之割一省而亦安之者也。其能现奴颜婢膝,昏暮乞怜于权贵之门者,必其能悬

---

① 梁启超:《法理学大家孟德斯鸠之学说》,载范忠信选编:《梁启超法学文集》,中国政法大学出版社 2000 年版,第 24—25 页。
② 参考萧公权:《中国政治思想史》,新星出版社 2005 年版,第 492—493 页。

顺民之旗箪食壶浆以迎他族之师者也。"①专制制度摧杀了人做人的资格和能力，导致了国家的贫弱不振。

不止如此，梁氏还较深入地从中西社会发展的对比之角度探讨了中国专制制度根深蒂固之原因。这就是贵族制度在中西方的不同命运。梁氏认为："贵族政治者，虽平民政治之蟊贼，然亦君主专制之悍敌也。"贵族政治实乃平民政治之媒介。梁氏进而阐述了贵族政治有助于平民政治的三个方面，"凡政治之发达，莫不由多数者与少数者之争而胜之。贵族之对于平民，固少数也，其对于君主，则多数也。故贵族得裁抑君主而要求得相当之权利。于是国宪之根本即已粗立。后此平民亦能以之为型，以为之楯，以彼之裁抑君主之术还裁抑之，而求得相当之权利。是贵族政治之有助于民权者一也。君主一人耳，既用愚民之术自尊曰圣曰神，则人民每不敢妄生异想，驯至视其专制为天赋之权利。若贵族而专制也，则以少数之芸芸者与多数之芸芸者相形见绌，自能触其恶感，起一吾何畏彼之思想。是贵族政治之有助于民权者二也。一尊之下既有两派，则畴昔君主与贵族相结以虐平民者，忽然亦可与平民相结以弱贵族。而君主专制之极，则贵族平民又可相结以同裁抑君主。三者相牵制、相监督，而莫或得自恣。是贵族政治之有助于民权者三也。"②西方有长时期的贵族政治，民权反而易伸。中国贵族被消灭于秦，传统中国人民又有所谓的"朝为田舍郎，暮登天子堂"之可能，导致了君主专制的根深蒂固。

梁启超对中国应实行何种国体之主张，大体可以以辛亥革命为界，之前在摇摆中倾向于主张君宪，之后则矢志捍卫共和。为什么会有如此重大的变化呢？最主要的原因在于梁氏的一个思想观念，即国体一旦确立，不能轻易变更。其实梁氏思想的变化早在1911年辛亥革命不久撰写的《新中国建设问题》一文中即露出端倪，他虽然指出虚戴君主之共和政体"虽未敢称为最良之政体，而就现行诸种政体比较之，则圆妙无出其右者矣"，但是在当时中国，由于大清皇室无道，此种"圆妙"之君主立宪不能实行："……皇室实为恶政治之所从出……今之皇室，乃引鸩以祈速死，甘自取亡，更贻我中国以难题。使彼数年以来，稍有分毫交让精神，稍能布诚以待整吾民，使所谓'十九条信条'者，能于一年数月前发布其

---

① 梁启超:《新民说》第八节《论权利思想》,载《饮冰室合集》,第六册,中华书局1989年影印版,"专集之四",第35、39页。

② 梁启超:《中国专制政治进化史论》,《饮冰室合集》,第一册,中华书局1989年影印版,"文集之九",第80—81页。

一二,则吾民虽长戴此装饰品,视之希腊那威等国之迎立异族耳。"①到袁世凯复辟帝制前夕,梁氏为反对此种国体的轻易变动,撰《异哉!所谓国体问题》,明确阐述了捍卫既定国体的主张。在梁氏看来,凡是主张立宪的,不论是政论家还是政治家,应该是只问政体,不问国体。政体是立宪不立宪的问题,国体是共和不共和的问题。政治家的天职是在现行国体的基础上谋政体之改进,若超越此界限,则是革命家之所为,非堂堂正正之政治家所当有事也。为什么呢?在他看来,"凡国体之由甲种而变为乙种,或由乙种而变为甲种,其驱运而旋转者,恒存乎政治以外之势力。其时机未至耶,绝非缘政论家之赞成所能促进;其时机已至耶,又绝非缘政论家之反对所能制止。以政论家而容喙于国体问题,实不自量之甚也。故曰不能问也。岂惟政论家为然,即实行之政治家亦当有然。"②梁启超之所以会秉持此种主张,其根本原因还在于他对于渐进改良和激进革命对推动社会发展会产生的影响所作的价值判断上。

终其一生,对于改良和革命二者,梁氏一直只有在现行国体基础上进行变法工作才能真正推动社会进步,而革命带来的只能是混乱和无序。即便说革命有其作用,但对于社会进化而言,与改良相比,则落于下策,只能是革命家所取,而非政论家和政治家所孜孜追求,是不得已而为之,而非首选。从这个意义上来讲,梁氏可以说是革命的反对派。③

梁启超终身认可渐进改革较之革命更有助于社会进化,故他在辛亥革命前后一直持反对态度,及至辛亥革命胜利,共和国体已经建立起来,他犹在《新中国建设问题》一文中对君主立宪抱有好感。等到共和国体确立并经过一段时间之后,到袁氏和废帝溥仪先后复辟君宪之时,又持激烈的反对态度。在这种看似矛盾现象的背后,实有连贯的逻辑在其中,那就是无论如何要避免因国体的变更而造成频繁的革命。

---

① 梁启超:《新中国建设问题》下篇《虚君共和政体与民主共和政体之问题》,载范忠信选编:《梁启超法学文集》,中国政法大学 2000 年版,第 336、338 页。

② 梁启超:《异哉!所谓国体问题》,《饮冰室合集》,第八册,中华书局 1989 年影印版,"专集之三十三",第 86 页。

③ 综观梁氏一生,好像只有极短的一段时间是对革命持好感的。在 1902 年 12 月他撰写的《释革》一文中认为,在当时的中国应该实行类似西方 revolution 的大变革,非此不足以救亡图存。"国民如欲自存,必自力倡大变革、实行大变革始;君主官吏而欲附于国民以自存,必自勿畏大变革且赞成大变革始。"即便如此,梁氏仍然区分了易姓换代的王朝更迭与"变其群治之情状"之革命。他认为在欧洲历史上,每个民族国家所进行的革命也仅一次而已,作为"天演界中不可逃避之公例"的革命不应该频繁发生。见梁启超:《释革》,载《饮冰室合集》,第一册,中华书局 1989 年影印版,"文集之九",第 41—44 页。

按照梁氏自己所说,其在戊戌前后所为,"则曰改革而已"①。他用自己的行为作出关于改革的积极价值判断。其后经历了极短暂的思想反复后,梁氏再次坚定了其对革命的反对态度。他于1904年2月写就的《中国历史上革命之研究》一文,通过比较中西革命,指出二者的七大不同之处:有私人革命而无团体革命;有野心的革命而无自卫的革命;有上等下等社会革命,而无中等社会革命;派系繁多的"复杂革命"与派系相对单一的"单纯革命";革命时间漫长与革命短暂;革命家与革命家之争斗与否;革命引起外族势力入侵与否。梁氏以为中国革命不可避免会出现前述弱点,因此对在中国进行革命持激烈的反对态度,并对革命所造成的社会悲剧有所预见,"吾宁不知革命论者之中,其高尚严正纯洁者,固自有人,顾吾所以且忧且惧而不能已者,吾察其机之所趋有大不妙者存,吾深虑彼之高尚严正纯洁者,且为法国罗兰夫人党之续也。"②他此种反对革命的观点直到辛亥革命未曾有大的变化。及至辛亥革命后所造成的混乱局面,梁氏更坚定了自己对于革命和改革二者所坚持的价值评判。梁氏在1912年10月《鄙人对于言论界之过去及将来》一文中说明了他之所以主张改良而非革命之原因。"其后见留学界及内地学校因革命思想传播之故,频闹风潮,窃计学生求学,将以为国家建设之用,雅不欲破坏之学说深入青年之脑中。又见乎无限制之自由平等说,流弊无穷,惴惴然惧。又默察人民程度增进非易,恐秩序一破之后,青黄不接,暴民踵兴,虽提倡革命诸贤,亦苦于收拾。加以比年国家财政国民生计艰窘皆达极点,恐事机一发,为人劫持,或至亡国。而现在西藏、蒙古离畔分携之噩耗,又当时所日夜念及而引以为戚。自此种思想来往于胸中,于是极端之破坏,不敢主张矣。"③梁氏正是在此种思想观念的支配下才在民初组织了共和党。"吾党鉴观各国前史,见革命之后,暴民政治最易发生。而暴民政治一发生,则国家元气必大伤而不可恢复。况我国今处列强环伺之冲,苟秩序一破,不可收拾,则瓜分之祸即随其后,为祸宁有纪极?故本党对于横行骄蹇之新贵族,常思所以制裁之使不得逞。一面则临时政府既经国民承认设立,在法律上当然认为国家机关,吾辈只当严重监督,而不必漫挟敌意以与相见。"④

---

① 梁启超:《释革》,载《饮冰室合集》,第一册,中华书局1989年影印版,"文集之九",第41页。
② 梁启超:《中国历史上革命之研究》,载《饮冰室合集》,第二册,中华书局1989年影印版,"文集之十五",第31—41页。
③ 梁启超:《初归国演说辞·鄙人对于言论界之过去及将来》,载《饮冰室合集》,第四册,中华书局1989年影印版,"文集之二十九",第3页。
④ 梁启超:《共和党之地位与其态度》,载《饮冰室合集》,第四册,中华书局1989年影印版,"文集之三十",第20—21页。

既然中国不可革命,只能改革,那究竟要如何改革才能救亡图存？梁氏处方中的主药就是立宪,即在近代中国将宪政真正落到实处。抓住宪政这个中心,这是梁氏同此前洋务派的区别关键所在。如前所述,他早在戊戌前后即撰文批评洋务派的做法,"今之言变法者,其荦荦大端,必曰练兵也,开矿也,通商也,斯固然矣。"①但这些行为要能真正起到预期效果,必须有人才;要培养人才,则要改革教育制度;但教育制度的改革又必然与整个社会的政治、经济制度方面的改革分不开。洋务派只在上述有限的几个领域改革,是难以达到预期的成效的。在梁氏看来,不管是在君主国体还是在共和国体之下,只有推行宪政,才是真正的改革。

在梁启超的思想体系中,在近代中国厉行宪政是一项艰巨的工作,必须从下述方面入手,方能将宪政落到实处,而非纸面上的宪法条文。

三、"民权"与"法治"

梁启超在《政闻社宣言书》中论述了立宪政治与民权的密切关系。在他看来,专制政治与立宪政治之别主要在于政府是压制民权还是发展民权。所谓立宪政治就是国民政治,要将国民政治落到实处且能够长期保持并不断发扬光大,其根本还在于国民自身。立宪政体之下的国民要具备什么样的素质呢？梁氏认为,至少应包含此层层递进的三个方面:"当使国民勿漠视政治,而常引为己任";"当使国民对于政治之适否,而有判断之常识";"当使国民具足政治上之能力,常能自起而当其冲"。② 简言之,就是要兴民权。正是因为他对民权在立宪政治中的作用有如此深切的认识,所以1902年针对清朝官员盛宣怀在奏疏中认为德国、日本的立宪政体"尊崇帝国、裁抑民权"之观点,他指出:"盛奏谓德国尊崇帝国,斯固然矣。至谓其裁抑民权,则吾不知何据也。凡其国苟无国会者,则民权必裁抑,其有完全之国会者,则民权未有不能伸者也。"③从而驳斥了毕士麦(今多译为"俾斯麦")以裁抑民权为治国之策的说法。1903年2月他更在《新民丛报》上发表《答某君问法国禁止民权自由之说》一文,认为兴民权是人类进化之公理,"民权自由之义,放诸四海而准,俟诸百世而不惑。"民权运动于"十八世纪时代,

---

① 梁启超:《变法通议·论变法不知本原之害》,载《饮冰室合集》,第一册,中华书局1989年影印版,"文集之一",第9页。
② 梁启超:《政闻社宣言书》,载《饮冰室合集》,第三册,中华书局1989年影印版,"文集之二十",第23页。
③ 梁启超:《答某君问德国日本裁抑民权事》,载《饮冰室合集》,第二册,中华书局1989年影印版,"文集之十一",第48、51页。

人民运动之范围,各在本国,今则运动之范围普及于天下",因此"医今日之中国,必先使人人知有权,人人知有自由,然后可。民约论正今日中国独一无二之良药也。"①

在传统的君主专制之下,之所以没有民权存在的空间,在他看来,主要的原因在于传统中国推行的是人治、礼治和德治,无所谓权力分立与制约。从现代西方政治法律学说的角度来看,君主握有事实上的最高立法权、司法权和行政权。仅就立法而言,由于利己是人的天性,"故操有立法权者,必务立其有利于己之法,此理势所不能免者也"。使一人握有立法权,其立法必立于其一人。因此在传统君主专制政治下有"诽谤、偶语者弃市;谋逆者夷三族"之类法律出现就不足为奇了。如果立法者同时又握有司法和行政之权,那这种立法利己的弊端就更为突出和严重。他还区分了分职牵制和分权之间的重大差别。传统中国的官制,最讲究牵制防弊之法,"然皆同其职而掣肘之,非能厘其职而均平之……西人不然,凡行政之事,每一职必专任一人,授以全权,使尽其才以治其事,功罪悉以属之。夫是谓有责任之政府。若其所以防者,则以立法、司法两权相为犄角"。②

在中西两种截然不同的治理传统之下,要兴民权,必须实行法治。"法治国者,一国之人各有权,一国之人之权各有限之谓也。固无宪法之国,断不能整齐、严肃。有法焉则自由固可也,专制亦可也。人民行其自由于法律之下,则自由而非暴;政府行专制于法律之下,则专制而非苛。"③在法治国中,政府要在既定的法律范围内行事,则民权才能有所保障。

梁启超自戊戌之后流亡海外,更多地接触到西方政治法律学说之后,逐渐认识到法治对于近代中国革新的重大意义,即"法治主义为今日救时唯一之主义"④。此后他始终秉持此种主张,直至生命的终点。考虑到法治之推行,必须养成国民尊重法律的习惯,使守法成为一种风俗⑤;出于救亡图存的焦虑和近代以来中国事事不如人的刺激,他投入极大精力研究传统中国的法家,力图从法家学

---

① 梁启超:《答某君问法国禁止民权自由之说》,载《饮冰室合集》,第二册,中华书局1989年影印版,"文集之十四",第29—30页。

② 梁启超:《论立法权》,载《饮冰室合集》,第一册,中华书局1989年影印版,"文集之九",第104—106页。

③ 梁启超:《答某君问德国日本裁抑民权事》,载《饮冰室合集》,第二册,中华书局1989年影印版,"文集之十一",第57页。

④ 梁启超:《中国法理学发达史论·绪论》,载《饮冰室合集》,第二册,中华书局1989年影印版,"文集之十五",第43页。

⑤ 梁启超:《时事杂论·箴立法家》,载《饮冰室文集点校》,第五集,吴松等点校,云南教育出版社2001年版,第2799—2801页。

说中开出一片法治主义的新天地,将来自异域的法治传统内化为中华民族本来所固有者,减少推行法治的阻力。他于 1904 年撰写了《中国法理学发达史论》,初步研究了法家的"法治主义";到他晚年退出喧嚣的政界而专力学术之时,更对法家学说乃至整个先秦思想进行了系统研究,撰写了《先秦政治思想史》,对法家"法治主义"进行了系统的评析,代表了他对于"法家思想"和"法治主义"的认识和理解。

在梁氏的思想观念里,到底什么才是法治?他于 1922 年在北京法政专门学校五四讲演——《先秦政治思想》一文中分析了先秦政治思想的四大潮流:无治主义、人治主义、礼治主义和法治主义。他对这种种主义一一做了分析,认为无治主义为道家所倡,是"以人民不争不乱为前提",从经济上看,万万办不到。人治主义为墨家和儒家所倡,"不能说他根本不对,只可惜他们理想的贤人靠不住能出现。欲贯彻人治主义,非国中大多数人变成贤人不可,儒家的礼治主义,目的就在救济这一点。"礼治是儒家政治思想的根本立论所在。梁氏认为:"礼这样东西,本是以社会习惯为根据。社会习惯,多半是由历史上传统的权威积渐而成,不能认他本质一定是好的。绝对尊重他,用作政治上主义,很可以妨碍进步,我们实在不敢赞成。但换个方面来看,习惯支配社会的力量,实在大得可怕,若不能将习惯改良,一切良法美意都成虚设。"儒家提倡礼治主义的深意,"是要国中人人都受教育,都成为'至善之民',他们深信贤人政治,但不是靠一两个贤人,他们最后目的,要把全社会人个个都变成贤人。质而言之,他们以养成国民人格为政治上第一义。他们反对法治,反对的理由就专为'民免而无耻',于国民人格大有妨害。"但在梁启超看来,这能否做得到实在是个疑问。尽管如此,他还是对这种理想中的礼治给予了相当高的评价,"法治主义,很像从前德国、日本的'警察政治'。礼治主义,很像英美的自由主义。"只有法治主义,才能切实解决治理问题,但却有其弊端。在他看来,法治主义的短处分两层:一是法治主义通有的短处,二是先秦法家特有的短处。前者略分三点:"法律权力,渊源在国家,过信法治主义,便是过信国家权力,结果,个人自由都被国家吞灭了,此其一。法治主义总不免机械观,万事都像一个模型里定制出来,妨害个性发展,此其二。逼着人民在法律范围内取巧,成了儒家所谓'免而无耻',此其三。"后者在于无法限制君主。"他们知道法律要确定,要公布,知道法律知识要普及于人民,知道君主要行动于法律范围之内,但如何然后能贯彻这种主张,他们没有想出最后最强的保障。申而言之,立法权应该属于何人,他们始终没有把他当个问题。他们所主张法律威力如此绝对无限,问法律从哪里出呢?是君主,还是政府?他们虽然唇焦舌敝,说'君主当设法以自禁',说'君主不可舍法而以心裁轻重'。结果都成废话。造法的权在什么人,变法、废法的权自然也在那人,君主承认的便算法律,他感觉不便时,不承认它,当然失了法律的资格。他们主张法律万能,结果成了君主万能。这是他们最失败的一点。因为有这个漏洞,所以这个主义,不惟受别派的攻击,无从辩护,连他本身也被专制君主破坏尽了。我们要建设现代的政治,一面要采用法家根本精神,一面对于他的方法条理,加以修正才好。"①

梁启超在《先秦政治思想》中对法家"法治主义"和普遍意义上的法治的分析,结合他在其他文章中所讲的,法是"国家之意志"②、"天下之公器"③,则可推出如下论断:国家应以立法治天下。世界上没有无法之国。"今世立宪之国家,学者称为法治国。法治国者,谓以法为治之国也。"④他还把有无法律和能否实行法治,视为区分国家文明与野蛮的标志:"文明之根源则有定。有定者何?其法律愈繁备而愈公者,则愈文明;愈简陋而愈私者,则愈野蛮而已。"⑤法又是规定与保持合理的权利与义务界限之工具。可以看出,梁启超所坚持的法治就是统治者按照规则而非恣意来治理国家和人民,与中国传统法家的主张相近,而与西方的法治传统有所背离。因为在西方,从亚里士多德开始,其所谓的法治(rule of law)包含了两层意思:一是要依照规则治理,二是规则须是良好的。为了把此两点落到实处,西方先哲们到近现代发展出了一整套法治国理论,如宪政理论、分权制衡、代议政府、司法独立等。而梁氏在《先秦政治思想史》一书中,将法家的治理国家模式称为法治主义,并把它同儒家所倡导的人治主义、礼治主义相对立。的确,梁启超在某种程度上误解了西方的法治,也可以说是抬高了传统中国的法家学说,在近代中国人正确理解西方的法治以及如何在近代中国建设法治国家等的问题上产生了副作用。尽管如此,在戊戌前后的中国,梁启超推崇法治对于破除中国行之已两千余年的君主专制传统还是功不可没。

梁启超将法治主义作为拯救中国的良方,但他也看到,法并不只是规则或法

---

① 梁启超:《先秦政治思想》,载《饮冰室文集点校》,第五集,吴松等点校,云南教育出版社2001年版,第3074—3086页。
② 梁启超:《论立法权》第一节《论立法部之不可缺》,载《饮冰室合集》,第一册,中华书局1989年影印版,"文集之九",第102页。
③ 梁启超:《变法通议·论不变法之害》,载《饮冰室合集》,第一册,中华书局1989年影印版,"文集之一",第8页。
④ 梁启超:《管子传》第六章《管子之法治主义》,载《饮冰室合集》,第七册,中华书局1989年影印版,"专集之二十八",第12页。
⑤ 梁启超:《论中国宜讲求法律之学》,《饮冰室合集》,第一册,中华书局1989年影印版,"文集之一",第94页。

条的集合体,法治也不仅仅是规则或法条的陈设,更重要的是这些规则或法条能够切实得到遵守,能够切实成为社会生活的一部分,因此他在很多地方都谈及落实法律规定的重要性。1910年5月梁氏在《国风报》第10期发表《岁晚读书录》,其中有一节讲,"国皆有法,而无使法必行之法。呜呼!何其一似为今日言之也。数年来新颁之法令,亦既如牛毛矣!夫法之良否勿论,要之诸法皆有,惟使法必行之法则无之。夫法而可以不必行,是亦等于无法而已,是法治之根本已拔,而枝叶更安丽也。中国而长此不变,则法愈多愈速其乱而已,然则使法必行之法维何?"在专制国,要依靠圣君贤相,而在立宪国,则需要宪法和国会。① 不只如此,他还看到世界各国的历史,立宪国数十计,而真正兴旺发展的国家只有几个,原因在于各国具体的"士习"和"民风"。② 尽管这种说法是老生常谈,但却是推行法治的根本着手处。

梁氏对法治的推崇以及对法治在治理国家中作用的论述有不少创见,再加之他在近代思想史上一言九鼎的地位,对于宣传此类思想和见解并扩大其对近代中国的影响都具有重要作用。

四、"立法"与"司法"

梁氏将宪政之实施作为近代中国改革的核心问题。所谓宪政,即为有限政治,即是通过国家权力分立和制衡将政府及一切国家机关的威权限制在法律范围内。所以,施行宪政,必然要求厉行法治。法治中的"法"是一个系统,一个体系。法律治理也就必定包含创制法律和适用法律两个重要组成部分,即立法和司法。梁氏很早即关注于此。1899年在《各国宪法异同论》中即指出:"行政、立法、司法三权鼎立,不相侵轶,以防政府之专恣,以保人民之自由。此说也,自法国硕学孟德斯鸠始倡之。孟氏外察英国政治之情形,内参以学治之公理,故其说遂为后人所莫易。今日凡立宪之国,必分立三大权。"③传统中国无所谓权力分立,从西方权力分立的观点来看,是行政无所不包,没有独立于行政之外的立法和司法。梁启超于1902年在《论立法权》一文中即明确揭示了此层意思:"立法、行政、司法诸权分立,在欧美日本,既成陈言,妇孺尽解矣。然吾中国立国数千

---

① 梁启超:《岁晚读书录·使法必行之法》,载《饮冰室合集》,第六册,中华书局1989年影印版,"专集之二",第119页。
② 梁启超:《岁晚读书录·治具与治道》,载同上书,第114—115页。
③ 梁启超:《各国宪法异同论》第二章《行政立法司法之三权》,载《饮冰室合集》,第一册,中华书局1989年影印版,"文集之四",第73页。

年,于此等政学原理,尚未有发明之者。"

梁氏以为,如果说行政是国家的行为,那立法就是国家的意志。西方的政治之所以优越于中国,其本原就在于立法部发达较早。作为国家意志的立法,梁氏以个人为喻,指出其存在的必要性,"就一人论之,昨日之意志与今日之意志,今日之意志与明日之意志常不能相同。何也?或内界之识相变迁焉,或外界之境遇殊别焉,人之不能以数年前或数十年前之意志以束缚今日,甚明也。惟国亦然,故须常设置立法部,因事势,从民欲,而立制改度,以利国民。"国家不仅要有常设的立法部,而且要与行政权分立。"立法行政分权之事,泰西早已行之。及法儒孟德斯鸠,益阐明其理,确定其范围,各国政治乃益进化焉。"关于不分权的后果,梁氏引了孟德斯鸠的论述做了说明,"立法行法二权,若同归于一人,或同归于一部,则国人必不能保其自由权。何则?两种相合,则或藉立法之权以设苛法,又藉其行法之权以施此苛法,其弊何可胜言!如政府中一部有行法之权者,而欲夺国人财产,乃先赖立法之权,预定法律,命各人财产皆可归之政府,再藉其行法之权以夺之,则国人虽欲起而与争,亦力不能敌,无可奈何而已。"①既然立法权要与行政权分离,而立法又是政治之本原,近世政治之目的在于求国民之幸福,所以立法权应该由人民掌握。人民数量众多,欲行其立法权,多由其代议机关的国会所代行。晚清新政,即是以西方三权分立学说为目标,设立了作为国会预备性质的资政院。针对立宪党人一次又一次的速开国会请愿活动,梁氏作为立宪党人的精神领袖,于1910年重新发表了修订后的《中国国会制度私议》长文,明确指出:"学者旧称国会为立法机关。立法事业,固非国会所得专。国会职权,亦非仅限于立法。虽然,立法为国会最重大职权之一,实无可疑也。"他接着还分别论述了国会的两大立法权:参与改正宪法和参与普通立法。②

针对民初立法中出现的因人因事立法、务外观而不务施行的种种立法乱象,梁启超撰文《箴立法家》,提出了自己对立法家的希望。在他看来,凡注意之点有三:第一,"当求以法范人,不可对人制法"。第二,"法案之草创及修正,其精神系统不可紊也"。第三,"立法非以为观美也,期于行焉"。关于立法过程中所造成的精神紊乱情况,他以清末为例,深入分析了该问题,指出:"当清之季,讬名立宪,法如牛毛,然每一纸之颁,动腾天下之笑。盖当草案伊始,已什九皆掊撠迻

---

① 梁启超:《论立法权》,载《饮冰室合集》,第一册,中华书局1989年影印版,"文集之九",第101—107页。
② 梁启超:《中国国会制度私议》,载范忠信选编:《梁启超法学文集》,中国政法大学出版社2000年版,第290—320页。

译，其适于国情惬于人心者与否，未深问也。及其脱稿传观，而某司官增窜数条焉，某堂官涂乙数语焉，经一机关之会议，而增删涂改多一度。而其人固非有法律智识，又非有喻于立法本来之意也。甚或人持一议，争论不决，则糅合诸议，骈列成文……遂使一法之中，精神冲突，词旨矛盾，支离灭裂，无系可寻。及其施用也，以舞文则无往不宜，以驭事则无一而可。清之不纲，此其一征矣。"关于要制定能够切实施行的法律，而不是追求好高骛远的目标，梁氏痛陈有法而不能守所造成的危害，"欲养成人民尊重法律之习惯，则当一法之将颁，必先有能推行此法之实力以盾其后。若法意虽甚善美，而形格势禁，不获举而措之，则毋宁暂缓焉以俟诸方来之为得也……夫使法成为纸上空文，则渎法律之神圣莫甚焉。国民法律思想本已薄弱，更从而薄弱之，则其恶影响所及于将来者，更宁忍道耶？"①

民国成立后，梁氏结束了其海外流亡生活，回国直接参与政治运动，这一时期，他对于宪法、国会和政党政治在近代中国的实施抱有极大的期望，几乎投入了他全部精力。下面以梁氏 1913 年代表进步党所拟定的宪草为中心来予以分析。

1913 年第一届国会选举结束后，梁氏为实现政党内阁的目标，筹划了进步党的成立，在此时的制宪热潮中，梁氏代表进步党拟定了一个宪法草案。该草案分为总纲、人民、国民特会、国会、总统、国务员、国家顾问院、法律、司法、会计和附则等十一章，运用了权力分立和制衡的原理，确认了主权在民原则，并以根本法的形式保障了人民各项法定权利。这与同时期的其他宪草大致相同。按照梁氏自己的说法，其宪草的独特之处在于其国民特会、国家顾问院和法律等三部分。各该内容是梁氏基于对中国国情的把握，结合国外制宪经验所构想出来的，是宪草精华所在。在他看来，国家所在，主权随之，故国家必有最高机关，这个最高机关必须超乎立法、行政、司法三机关之上，以总揽主权。君宪国则由君主执掌，共和国则由国民全体执掌。观察国外的做法，有美国那样的人民直接投票，有法国那样的特设机关。梁氏主张特设机关，名曰国民特会。其组成人员是国会两院议员的全体，其职权有四：修正宪法、选举总统、变更领土和弹劾总统或国务员等执政。国家顾问院是梁氏参照法国的参事院和日本的枢密院而设计出来的，目的是限制行政权，使其在国会闭会期间依然发挥监督行政的作用，带有几分贵族政治的特色。国家顾问院是由国会两院各选举出四人和大总统荐任五人，共十

---

① 梁启超：《箴立法家》，载《饮冰室合集》，第四册，中华书局 1989 年影印版，"文集之二十八"，第 1—3 页。

三名顾问构成,但该顾问不能兼任议员或国务员。该院的职权在于牵制大总统,规定大总统在行使这五项职权(任命国务总理、解散国会、发布紧急教令及财政上紧急处分、宣战媾和及提议改正宪法)时须经该院同意;另外该院还享有宪法解释权及宪法权限争议裁判权。另外,尽管外国宪法一般都把关于法律的规定包含在国会章节里面,但梁氏考虑到国会的职权不只是立法,而法律能够成立的程序又不能由国会单独完成,故专门拟定"法律"一章,以名立法之程序,可见梁氏对于立法之重视。①

虽然梁氏在其拟定的宪草里勾勒了未来中国的前途,但袁世凯对于真正的宪政并不感兴趣,以宪法宜永久,约法乃临时之计,于《临时约法》施行之际又拟定了《中华民国约法》,置宪法起草委员会拟定的"天坛宪草"于不顾。岂料《中华民国约法》实行一年左右,袁世凯又欲组织宪法起草委员会制定宪法,梁启超被任命为起草委员之一。针对此种情况,梁氏以为,与其玩弄宪法,不如不制定宪法,"宪法宜采纯立宪的精神,而《约法》则不妨略带开明专制的精神,此其大较也。今制定宪法,若即以《约法》之精神为精神耶,则《约法》之名,奚损于尊严?而宪法之名,岂加于崇贵?何必将此种国家根本大法,旋公布而旋弃置,以淆民视听者。若于原《约法》精神之外而别求新宪法精神耶,学理上之选举,犹为别问题。然试问法之为物,是否求其适应,求其可行。谓《约法》不适应不可行耶,则宜勿公布。《约法》既适应可行耶,则与《约法》异精神之宪法,其不适用不可行,可推见也。谓一年前宜于彼者,一年后即宜于此,天下宁有是理?是故据鄙人私见,谓今日诚无汲汲制定宪法之必要也。"梁氏更进而指出,自《中华民国约法》公布以来,其中包含人民权利在内的若干条款,"何尝有一焉曾经实行者?即将来亦何尝有一焉有意实行者?条文云云,不过为政府公报上多添数行墨点,于实际有何关系?夫《约法》之效力而仅于数行墨点,其导人民以玩法之心理则既甚矣。试问易其名为宪法,而此态度遂能否一变?苟率此态度以视将来之宪法,则与其汲汲制定,毋宁其已也。"②

民初宪法文本成为粉饰政权的工具。作为宪政最主要标志的国会,梁氏一度也曾寄予极大的希望。其先后组织共和党、进步党参与国会议员竞选就是有力的例证。不料国会几经摧残,议员们多不安于位。护国战争胜利后,国会得以

---

① 梁启超:《进步党拟中华民国宪法草案》,载《饮冰室合集》,第四册,中华书局1989年影印版,"文集之三十",第59—82页。
② 梁启超:《宪法起草问题答客问》,载《饮冰室合集》,第四册,中华书局1989年影印版,"文集之三十三",第10—11页。

恢复,针对一些议员纷纷转入行政界,梁氏痛心指出:"盖此种现象,无异议员自表示一种轻视国会之心理,以为国会不足以行吾志而尽吾才,乃亟亟顾而之他,不知此实最大谬见。虽在平时,国会与政府之职务犹不能有所轩轾,况此次国会其主要之任务,乃在行使国民会议之职权,以制定国命所托之宪法,较之在政府或在各省执行一局部、一时之事务,其轻重岂可以道里计?"①议员之所以不信任国会,原因在于国会力量的弱小,经不起外力的摧残。梁氏对该问题的深层原因进行了分析,认为国会缺乏人民信仰的支撑是导致国会力量弱小的根本因素,"我国会非能如欧洲中世之教会,如东西各专制国之君主,有历史上遗传之信仰,可以定民志勿使贰也。非如英国之国会,经数百年之蜕化,积小成大,而有以孚于其民也。以数千年未或睹闻之事,而仓卒急就于期月之间,与斯选者,十九皆新进之士,微论才气若何宏远,要之未尝有成绩往烈予国人以共见,国人视之泊如也。"②

尽管梁氏对立法权做了许多深入的研究和思考,尤其是在制定宪法和维护国会两个方面提出了一些颇有创见的思想,但由于近代中国处于复杂而漫长的社会转型期中,种种矛盾纠葛所形成的民初乱象,带给他的只能是一次次的失望。

在近代改良主义者眼中,要将近代中国建设为一个真正的宪政国家,除了完善的立法之外,更离不开具体的司法。制定出来的法律规则要真正在社会生活中起到预期的作用,更需要公正且高效的司法体系。梁氏很早即注意到司法的重要性。1907年,梁氏即指出国家设立司法机关是为了真正保障人民的公权和私权,因此设立司法机关是完全必需的。他鉴于传统中国行政兼理司法的弊端,提出建立独立司法官厅的构想。"今中国法律,大率沿千年之旧,与现在社会情态,强半不相应,又规定简略,惟恃判例以为补助,夥如牛毛,棼如乱丝,吏民莫知所适从。重以行政、司法两权,以一机关行之,从事折狱者,往往为他力所左右,为安固其地位起见,而执法力乃不克强。坐是之故,人民生命财产,常厝于不安之地,举国俨然若不可终日,社会上种种现象,缘此而沮其发荣滋长之机。"不仅如此,司法体系的落后和审理案件的不公,更给外人以领事裁判权的口实,造成国家司法主权的沦丧。因此,厘定法律以巩固司法权独立,内"得守法而无所瞻

---

① 梁启超:《与报馆记者谈话二》,1916 年 8 月 16 日,载《饮冰室合集》,第八册,中华书局 1989 年影印版,"专集之三十三",第 135—136 页。
② 梁启超:《国会之自杀》,载《饮冰室合集》,第四册,中华书局 1989 年影印版,"文集之三十",第 13 页。

徇",外可有望收回已失之司法主权,遂成为梁氏领导的政闻社的主要纲领之一。①

1913年,梁氏出任熊希龄内阁司法总长。到1914年去职前夕,梁氏根据自己在任上对民初司法的观察和思考,出于改良民初司法的目的,采择同僚董康、林蔚章等人的意见,向大总统袁世凯呈文,提出自己改良司法的建议。在该文中,梁氏提出十点具体的改革司法建议。② 在他看来,民初司法之所以出现如此众多且巨大的问题,原因在于改革步伐太快,超出了社会的承受限度。"今司法制度所以蒙诟独甚,皆缘前此改革太骤,扩张太过,锐进之余,乃生反动。今当矫枉,宜勿过正,苟其过焉,弊日滋甚。凡天下事原动力太过,必生反动,反动力太过,又生第三次反动。如是四次五次相引可以至于无穷,凡百政象皆然,不独司法也。"③梁氏的改良建议,即针对这个原因着手。由于梁氏的改良主张于中国实际情形较为接近,加之他的巨大影响力,他的方案绝大部分得到政府的认可。民初政局混乱,社会黑暗,惟司法尚有可称道者。这种状况的形成,是与像梁氏这样的热心司法人士的努力分不开的。

五、地方自治

关于地方自治与宪政之间的关系,梁氏在《政闻社宣言书》中有明确的表述,认为地方自治是欧美各立宪国之基础。其实,早在戊戌变法前后,梁氏在湖南宣传变法之时,即隐约透露了地方自治的些许信息。他在《论湖南应办之事》一文中指出救中国必兴民权,而兴民权又须开民智:"然民权非可以旦夕而成也。权者生于智者也,有一分之智,即有一分之权;有六七分之智,即有六七分之权;有

---

① 梁启超:《政闻社宣言书》,载《饮冰室合集》,第三册,中华书局1989年影印版,"文集之二十",第26页。

② 其具体内容大致可以简单归纳为:(1)改四级三审为三级三审;裁撤初级审判厅,将所管辖案件归县知事和地方法院简易庭审理;(2)审理轻微案件宜省略形式,减少讼累;(3)明定审限,限期结案;(4)上诉宜分别限制变通,鉴于不法人犯和法官借上诉玩弄司法,徇私舞弊,建议对轻微案件禁止上诉,对于法律允许的上诉案件也应规定一定的条件进行限制,以防止任意上诉;(5)宜编订刑律施行法,鉴于现行刑法规定过于宽泛,使得法官在具体适用中有太大的裁量权,影响到公正裁判,建议作具体规定,对裁量权进行限制;(6)宜酌量恢复笞杖等刑以疏通监狱,以减少国家开支,又能教育犯人;(7)在京师设法官养成所,以培训法官;(8)宜严限律师资格,由于律师资格太滥,社会上对司法问题的指责多集中于律师,建议对律师重新考核甄别,并制定相应的惩戒章程;(9)宜将聚众劫盗罪犯划归法庭外按照特别程序审理,而其他的民刑案件由法庭按照普通程序审理,不准行政官和军人干预司法;(10)宜保存现有的司法机关,由国税直接拨出经费,确保正常的司法审判。参见梁启超:《辞司法总长职呈文》附《呈请改良司法文》,载《饮冰室合集》,第四册,中华书局1989年影印版,"文集之三十一",第28—33页。

③ 梁启超:《辞司法总长职呈文》附《呈请改良司法文》,载《饮冰室合集》,第四册,中华书局1989年影印版,"文集之三十一",第33页。

十分之智,即有十分之权。"要兴民权、提高民智,又须"兴绅权"并"开绅智"。所谓"兴绅权",具体做法是采用三代的乡官制度和西人的议行分权的办法,让当地乡绅议出该乡、该县、该府、该省的兴革事宜,然后交有司执行。中国和西方的做法不同之处就在于西人以该法治一国,而中国"非不知此法,但仅以之治一乡、治一街,未能推广耳"。① 可以看出,梁氏的论述实包含了西方地方自治之精神。

梁氏在《政闻社宣言书》中指出了实行地方自治的几大好处。首先,推行地方自治,可以在很大程度上免除中央过度干涉地方之危险,由作为国家机关的地方自治团体来议决地方兴革之事,较中央之干涉更能维护地方利益,也更符合地方之实际情形,较中央之谋划为周到。其次,推行地方自治,可以使人民在小团体中练习其政治能力,可以唤起他们对政治的兴趣,达到逐渐培养人民良好政治习惯之目的,对于整个国家的政治改良多有裨益。具体到中国,由于幅员辽阔,且非联邦,虽然小的自治团体与西方无甚差异,但到省级的自治团体,与西方诸立宪国整个国家不相上下,这增加了在中国推行地方自治的难度。所以在当时中国,推行完备的地方自治制度,是最切要但也是最难的问题。鉴于此,他所领导的政闻社就将"确立地方自治,正中央地方之权限"作为其政纲之一。② 对地方自治的重视,可以说梁启超终身坚持。就是在晚年的《欧游心影录》中,尚有"自治"专节。

综上所述,梁启超作为近代中国思想界的重要人物,在法律领域有较为系统的见解,对中国法律近代化产生了重要影响。

第四节 严复的法律思想

中国近代著名思想家、翻译家严复(1854—1921),字又陵,又字几道,福建侯官(今闽侯)人。少年时代,他考入福建马尾船政局附属海军学堂学习,开始接触

---

① 梁启超:《论湖南应办之事》,载《饮冰室合集》,第一册,中华书局 1989 年影印版,"文集之三",第 41—44 页。
② 梁启超:《政闻社宣言书》,载《饮冰室合集》,第三册,中华书局 1989 年影印版,"文集之二十",第 26—27 页。

到西方自然科学。1877年留学英国,在攻读海军专业的同时,特别留意西方启蒙思想家的政治法律学说,尤其赞赏英国的君主立宪政体和法律制度。1879年回国后,严复曾先后担任北洋水师学堂总教习(教务长)、会办(副校长)、总办(校长)等职,1906年任复旦公学监督(校长)。宣统年间,严复充学部审定名词馆总纂,受赐文科进士,征为资政院议员,并被任命为海军部一等参谋官,授海军协都统衔。民国建立,曾短暂出任京师大学堂总监督(后改署理北京大学校之校长),又受袁世凯聘,先后担任顾问、约法议员及参政等职,列名拥护袁世凯称帝的"筹安会",因此声誉受损。1920年回到福州老家,次年即去世。

甲午战争后,严复投入了维新变法的宣传活动中。1895年,他在天津《直报》上相继发表了《论世变之亟》《原强》《救亡决论》和《辟韩》等一系列政论文章。同年,他着手翻译英国赫胥黎的《天演论》,1898年正式出版。他大声疾呼,中国必须顺应世变而变法,强调"中法之必变,变之而必强"①。以后,他又陆续翻译出版了亚当·斯密的《原富》、斯宾塞尔的《群学肄言》、约翰·穆勒的《群己权界论》和《穆勒名学》、孟德斯鸠的《法意》等多种西方哲学、政治学、法学著作,把进化论、古典经济学、政治学、法学等一整套理论,比较系统地介绍到中国来,为国人提供了新的世界观和方法论,成为近代中国著名思想家。蔡元培先生认为:"五十年来介绍西洋哲学的,要推侯官严复为第一。"②胡适也曾讲"严复是介绍西洋近世思想的第一人"③。

严复的政治法律思想,主要反映在他所发表的一系列政论文和他所翻译的西方思想家们的名著及其所作的按语中。④ 严复的独特在于他精通英文,对西方政治法律制度有实地考察之经历,对达尔文、孟德斯鸠、卢梭、穆勒、亚当·斯密等思想家的经典学术著作有长时间的钻研和翻译,使他的思想在戊戌前后较之主要是靠传译来了解西学的同侪,显然更为深刻。⑤

一、严复的变法思想

严复的变法思想在维新思想家中颇具特色。不同于康梁在这一时期以对传

---

① 严复:《救亡决论》,载王栻主编:《严复集》,第一册,中华书局1986年版,第50页。
② 蔡元培:《中国五十年来之哲学》,载高平叔编:《蔡元培全集》,第四卷,中华书局1984年版,第351页。
③ 胡适:《中国五十年来之文学》,载欧阳哲生编:《胡适文集》(3),北京大学出版社1998年版,第211页。
④ 关于严复的主要著作请参见王栻先生主编的《严复集》(全五册,中华书局1986年版),其中第一、二册是"诗文",第三册是"书信",第四册是"按语",第五册是"著译、日记和附录"。
⑤ 关于严复思想的研究,读者可以参见史华慈:《寻求富强:严复与西方》,叶凤美译,江苏人民出版社1990年版;黄克武:《自由的所以然——严复对约翰·弥尔自由思想的认识与批判》,上海书店出版社2000年版。

统的公羊学说进行现代阐释作为变法的理论依据,严复深受 19 世纪英国达尔文、斯宾塞及赫胥黎等人思想的影响,立足于受近代自然科学直接影响的社会科学基础之上,其维新变法思想多以天演论为根据。

他在其所译的《天演论》中集中阐述了"物竞天择"原理。"物竞者,物争自存也。以一物以与物物争,或存或亡,而其效则归于天择。天择者,物争焉而独存。则其存也,必有其所以存,必其所得于天之分,自致一己之能,与其所遭值之时与地,及凡周身以外之物力,有其相谋相济者焉,夫而后独免于亡,而足以自立也。而自其效而观之,若是物特为天之所厚而择焉以存也者,夫是之谓天择。天择者,择于自然,虽择而莫之择、犹物竞之无所争,而实天下之至争也。"① 由这种天之道推延到人之道,严复进而引出人类的行为准则,即人应该适应于这种物竞天择的天演公例。因此他强调"变",要求变法。法只有变才符合天演公例,"法犹器也,犹道涂也,经时久而无修治精进之功,则扞格芜梗者势也。以扞格芜梗而与修治精进者并行,则民固将弃此而取彼者亦势也。此天演家所谓物竞天择之道,固如是也。"②

既然法律要符合"物竞天择"之原理,应随时而变,以免"扞格芜梗",那当时中国的法律是否符合这个要求呢? 严复给出了否定的回答。在他看来,我国四千年之久的文明到自己生活的时代有衰亡之危险,正是因为包括法制在内的文明违反了物竞天择之道。自秦以后历朝,"为治虽有宽苛之异,而大抵皆以奴虏待吾民"③。秦以来的历代帝王都是"窃之于民"的窃国大盗,因其为"窃",故害怕国原有之主人"民"觉醒过来而发现其"窃",遂制定了多如牛毛的法律。这些法律之性质和功用,"其十八九皆所以坏民之才,散民之力,漓民之德者也。斯民也,固斯天下之真主也,必弱而愚之,使其常不觉,常不足以有为,而后吾可以长保所窃而永世。"④ 从这个角度来看,几千年来的法律根本上没什么变化。这种没有什么变化的法律在交通未开之世尚足以自保,到此海禁大开之今日,非变法不足以图存。

为了论证今日变法之必要,严复批驳了当时比较流行的一种观点:中国之所

---

① 王栻主编:《严复集》,第五册,中华书局 1986 年版,第 1324 页。
② 王栻主编:《严复集》,第一册,中华书局 1986 年版,第 23 页。类似的意思,严复多次表达过。如在《法意》按语中说:"中国自秦以来,无所谓天下也,无所谓国也,皆家而已。一姓之兴,则亿兆为之臣妾。其兴也,此一家之兴也;其亡也,此一家之亡也。天子之一身,兼宪法国家王者三大物,其家亡,则一切与之俱亡,而民人特奴婢之易主者耳。"王栻主编:《严复集》,第四册,中华书局 1986 年版,第 948—949 页。
③ 王栻主编:《严复集》,第一册,中华书局 1986 年版,第 31 页。
④ 同上书,第 35—37 页。

以积弱不振,不是祖宗法制的问题,而是奉行法制不力、有法不依所造成的,改进之道就在于想办法做到有法必依。在严复看来,这种观点是不明进化大势的一厢情愿的想法,如果照此施行,必无效果。"如是而为之十年,吾决知中国之贫与弱犹自若也。何则?天下大势,犹水之东流,夫已浩浩成江河矣,乃障而反之,使之在山,此人力所必不胜也。"①

那究竟应该如何变法呢?要回答这个问题,就先要弄明白什么才是变法。因为在之前,已有洋务派的运动。严复认为,洋务派之举措,不是真变法,而是"盗西法之虚声,而沿中土之实弊"。为什么是这样的呢?以北洋为例,"自海上军兴以来,二十余年,师法西人,不遗余力者,号以北洋为最",但"自明眼人观之,则北洋实无一事焉师行西法"。比如在中法战争期间,北洋延揽招募了几十名德国人,以辅助战争。到两国缔约之后,这几十名德国人没有了用场,被分发到各营担任教习。这些洋教习们看到了军队中的很多缺点,经常建议要求改正。各营的统兵官非常讨厌这些洋教习,集体上书高层要求免去他们。高层应其所请,专门设了北洋武备学堂,集中洋教习来教书育人。结果洋教习从各营撤出,人才也没培养出来。严复认为,这就是北洋练兵练将,不用西法之明证。② 不仅洋务派之变法不足以称为真变法,就是晚清预备立宪,如果抓不住分权之大趋势、大关节,也是无效之举。③

严复虽力主当时必须变法,但和同时其他维新思想家不一样,他认为变法非易,绝非一转眼间所能奏功。为什么难,原因主要来自两方面:一是法律本身之复杂。"是故法律之施行,稍或不审,则渊鱼丛雀之驱见焉,此古今法学至信之例也。"④另一个就是当时中国人特有之历史观、价值观使然。在严复看来,判断是非的标准应该是理之所在,是"即其理而推其究竟",但中国人长期以来养成尊古人、尊圣人之习俗,"但云某圣人云然,某经曰尔,以较其离合耳",放弃了独立思考及其实践,危害甚大。"不自用其思想,而徒则古称先,而以同于古人者为是非,抑异于古人者为是非,则不幸往往而妄。即有时偶合而不妄,亦不足贵也。"⑤

尽管变法非易,但仍然要变,因此重要的是抓住本源来变。在严复看来,变法抓不住本源,变去变来都没有效果,中国之前的变法就是犯了这个毛病。他

---

① 王栻主编:《严复集》,第一册,中华书局1986年版,第25—26页。
② 同上书,第48页。
③ 严复是这样说的:"孟谓立宪之柄利于分,专制之柄利于合,此诚破的之论。今者,吾国议立宪矣,又云预备立宪矣,假其诚然,则所谓预备者,将正在此分合之间。虽不能分,要常在他日可分为祈响焉可耳。"王栻主编:《严复集》,第四册,中华书局1986年版,第1020页。
④ 王栻主编:《严复集》,第四册,中华书局1986年版,第1007页。
⑤ 同上书,第988页。

说:"吾国晚近言政法者,往往见外国一二政利,遂嚣然欲仿而行之,而不知其立法本原之大异。自庚辛以还,国之所议行者亦众矣,然决知其于国终无补者,职此故耳!"①不但如此,如果变法抓不住本源,乱变一气,危害甚且过于不变之先,"不佞非曰吾法不当变,特变之而无其学识,姑耳食而盲随焉,其后害且烈于不变。沮吾国之进步者,必此耳食而盲随者矣。"②

但如何才能抓住变法之本源呢?在戊戌维新前后,严复主要是凭借其对中西双方文化的较透彻领悟,在此基础上展开深入的比较,认为当时中国变法之本源在于下述三个方面:鼓民力、开民智、新民德。为什么呢?"盖生民之大要三,而强弱存亡莫不视此:一曰血气体力之强,二曰聪明智虑之强,三曰德行仁义之强。是以西洋观化言治之家,莫不以民力、民智、民德三者断民种之高下,未有三者备而民生不优,亦未有三者备而国威不奋者也……至于发政施令之间,要其所归,皆以其民之力、智、德三者为准的。凡可以进是三者,皆所力行;凡可以退是三者,皆所宜废;而又盈虚酌剂,使三者毋或致偏焉。"③

既然变法之本源或者说目标是在鼓民力、开民智、新民德,那应如何进行呢?严复的意见是通过严厉革除陋习,如吸食鸦片、缠足等,以鼓民力;通过废八股等制科以改革人才选拔制度,引导民众讲求实学、讲求西学,最终培养其独立思考和创造的能力,以开民智。在严复看来,最难的是新民德,因为这需要移风易俗。"使无变今之俗,虽日取国人而教训之,犹无益也。观于今日出洋学生,人人所自占,多法律、政治、理财诸科,而医业、制造、动植诸学,终寥寥焉!而国家所以广厉学官,动曰培才为朝廷所任使,是上下交相失也。"④但也不是没有办法,主要的就是改革政治法律制度,改变固有的奴隶道德。在民族危机深重之时,为了让民众有爱国之心,需要从"设议院于京师,而令天下郡县各公举其守宰"做起;除设立议院为维新思想家的普遍主张外,该论述格外强调地方自治的作用,"欲民之忠爱必由此,欲教化之兴必由此,欲地利之尽必由此,欲道路之辟、商务之兴必由此,欲民各束身自好而争濯磨于善必由此"。⑤

从地方自治入手以新民德,从改革人才选拔制度入手以开民智,从废除陋习入手以鼓民力,是严复在戊戌前后变法思想的核心内容所在。较之此一时期康、梁侧重改革上层政治制度的变法方案,严复提供了另外一条变法思路。

---

① 王栻主编:《严复集》,第四册,中华书局1986年版,第1006—1007页。
② 同上书,第1026页。
③ 王栻主编:《严复集》,第一册,中华书局1986年版,第18—19页。
④ 王栻主编:《严复集》,第四册,中华书局1986年版,第1000—1001页。
⑤ 王栻主编:《严复集》,第一册,中华书局1986年版,第30—32页。

二、严复的自由与民权观

严复之所以选择了一条从地方自治入手,着重于移风易俗的变法之路,这是因为他深刻认识到了自由在西方文化中的重要地位。早在1895年他发表在天津《直报》上的文章《论世变之亟》中,即通过中西文化之比较明确指出自由之观念为两种文化的深层差异所在:"夫自由一言,真中国历古圣贤之所深畏,而从未尝立以为教者也。彼西人之言曰:唯天生民,各具赋畀,得自由者乃为全受。故人人各得自由,国国各得自由,第务令毋相侵损而已。侵人自由者,斯为逆天理,贼人道。其杀人、伤人及盗蚀人财物,皆侵人自由之极致也。故侵人自由,虽国君不能,而其刑禁章条,要皆为此设耳。"在严复看来,中国之所以今日坐困,其根本原因就在这自由上面。西方科学技术发达之关键,"苟扼要而谈,不外于学术则黜伪而崇真,于刑政则屈私以为公而已。斯二者,于中国理道初无异也。顾彼行之而常通,吾行之而常病者,则自由不自由异耳。"针对当时较为流行的"西学中源"说,严复即明确指出,在中国固有文化中最多只有自由之萌芽,但绝无真正的自由精神,"中国理道与西法自由最相似者,曰恕,曰絜矩。然谓之相似则可,谓之真同则大不可也。何则?中国恕与絜矩,专以待人及物而言。而西人自由,则于及物之中,而实寓所以存我者也。自由既异,于是群异丛然以生。"①

自由之中,尤其重要的是思想言论自由,恰好这一点为历来中国,甚且至今之所无,足证自由非中国所固有,"为思想,为言论,皆非刑章所当治之域。思想言论,修己者之所严也,而非治人者之所当问也。问则其治沦于专制,而国民之自由无所矣。尚忆戊戌之岁,清朝方锐意变法,而廷臣之向背不同。某侍御主于变法者也,疏论礼部尚书许应骙腹诽新政。上令自陈,以为无罪,而某侍御遂为舆论所不直。夫其人躬言变法,而不知其所谓变者,将由法度之君主,而为无法之专制乎?抑从君主之末流,而蕲得自由之幸福耶?呜呼!可谓愦已。近世浮慕西法之徒,观其所持论用心,与其所实见诸施行者,常每况而愈下。特奔竞风气之中,以变乱旧章为乐,取异人而已。卤莽灭裂,岂独某侍御言失也哉!"②

既然自由为中国自古至今所无,且它又是如此之重要,因此就要了解西方自由之真谛,然后在此基础上引入中国。因此,严复多次通过文化间的比较来阐述自由之真谛,"夫泰西之俗,凡事之不逾于小己者,可以自由,非他人所可过问。

---
① 王栻主编:《严复集》,第一册,中华书局1986年版,第2—3页。
② 王栻主编:《严复集》,第四册,中华书局1986年版,第973页。

而一涉社会,则人人皆得而问之。乃中国不然,社会之事,国家之事也。国家之事,惟君若吏得以问之,使民而图社会之事,斯为不安本分之小人,吏虽中之以危法可也。"①

严复认识到自由在西方文化中的极端重要性,"西土计其民幸福,莫不以自由为唯一无二之宗旨"②,且可能正是因为他对自由的体悟较深较早,故严复也是中国人当中较早开始反思"自由"的人。从严复的经历来看,正是因为认识到自由主义是西方近代思想的核心所在,为了充分阐扬自由的意义,他才翻译了《群己权界论》(穆勒之《论自由》)。但此书翻译出来后,严复已转而开始怀疑自由对于当时中国的意义,并明确指出:"特观吾国今处之形,则小己自由,尚非所急,而所以祛异族之侵横,求有立于天地之间,斯真刻不容缓之事。故所急者,乃国群自由,非小己自由也。"③这些话反映了严复对国族危亡之焦虑。他虽然承认"小己自由",但认为这种自由还处于"非所急"的地步。同时,他又创立"国群自由"的概念,使"国群"与"小己"处于对立的地位。实际上,通过提出"国群自由"概念,严复有了一个自己的分析框架。在这个框架中,国家利益和个人利益不具有可融通性,而是紧张冲突的两极。在这个框架下理解自由,结论就是:"凡国成立,其外患深者,其内治密;其外患浅者,其内治疏。疏则其民自由,密者反是。"④也就是说,在有外患的时候,个人自由是应当让位于国家自由。个人自由的界限,与外患的深浅成反比。外患越深,个人自由越少。在没有外患时,则可放松对个人自由的限制。在此基础上,得出"今之所急者,非自由也,而在人人减损自由,而以利国善群为职志"⑤的结论,也就自然而然了。但如此一来,随着国族危机的加深,个人自由的空间就会越来越小,那就否定了自由的根基——那些最基本的天赋权利,这与专制又有什么区别呢?对西方自由精髓把握在胸的严复,自然也对此感到不安。

所以,严复在翻译孟德斯鸠《法意》中的"故为政有大法:凡遇公益问题,必不宜毁小己个人之产业,以为一群之利益"后,写下了这样的按语以提醒读者:"卢梭之为民约也,其主张公益,可谓至矣。顾其言有曰,国家之完全非他,积众庶小己之安全以为之耳。独奈何有重视国家之安全,而轻小己之安全者乎?夫谓爱

---

① 王栻主编:《严复集》,第四册,中华书局1986年版,第994页。
② 同上书,第981页。
③ 同上。
④ 王栻主编:《严复集》,第五册,中华书局1986年版,第1292页。
⑤ 王栻主编:《严复集》,第二册,中华书局1986年版,第337页。

国之民,宁毁家以纾难,不惜身膏草野,以求其国之安全。此其说是也。然是说也,出于爱国者之发心,以之自任,则为许国之忠,而为吾后人所敬爱顶礼,至于无穷。独至主治当国之人,谓以谋一国之安全,乃可以牺牲一无罪个人之身家性命以求之,则为违天蔑理之言。此言一兴,将假民贼以利资,而元元无所措其手足。是真千里毫厘,不可不辨者耳。"①所以,严复对于自由的真实想法大致可以归纳如下:自由乃西方文化之精髓,中国需要引入自由,但中国危机之深重,需要在一定程度上减损个人自由以维护国族自由。不过,这是养成新民德之后国民之自由选择,绝不能让当权者主动以国族自由为名来取消个人自由。

自由的根本在于权利,尤其在于民权。在严复看来,民权跟国家、民族的富强直接相关。在晚清这个君主政体下,有民权必有君权。二者是不是如通常所说的是一种对立关系呢?严复以为不然。他说:"天下未有民权不重,而国君能常存者也。"②故依严氏之见,"民权"不是"君权"的对立面,反而能起到强化"君权"的作用。其原因在于:"民权"不重,不单单造成人民无权,还会直接导致"污吏暴君"之"不可制","上下之智力"由此"而日窳",财力"由此而日微",兵威"徒形具而已"等严重的后果。③ 所以,是否重"民权"在国家能否富强这点上和君权统一起来了。

若无强敌环伺,"民权"之义或可稍缓,而"乃今之世既大通矣,处大通并立之世,吾未见其民之不自由者,其国可以自由也;其民之无权者,其国之可以有权也。"所以,他的结论是:"故民权者,不可毁也。必欲毁之,其权将横用,而为祸愈烈者也。毁民权者,天下之至愚也,不知量而最足闵叹者也。"④

严复所指的民权实际上是要通过制度保障来实现的,是一种客观化的权利,其外在表现是制衡君主或当国者的强大力量,"国之所以常处于安,民之所以常免于暴者,亦恃制而已,非恃其人之仁也。恃其欲为不仁而不可得也,权在我者也。使彼而能吾仁,即亦可以吾不仁,权在彼者也。在我者,自由之民也;在彼者,所胜之民也。必在我,无在彼,此之谓民权。"⑤正是民权所表现出来的力量,使得人民能"制"君主之专横,从而保有以自由为内涵的民权。

以自由为核心内容的民权所需要的制度保障是什么呢?当然是立宪。"盖

---

① 王栻主编:《严复集》,第四册,中华书局 1986 年版,第 1022—1023 页。
② 王栻主编:《严复集》,第一册,中华书局 1986 年版,第 90 页。
③ 王栻主编:《严复集》,第四册,中华书局 1986 年版,第 898 页。
④ 同上书,第 917—918 页。
⑤ 同上书,第 972 页。

立宪之国,虽有朝进夕退之官吏,而亦有国存与存之主人。主人非他,民权是已。民权非他,即以为此全局之画长久之计者耳。"①只有立宪之后,才有切实的制度保障,才有以自由为核心的民权之可言。② 这种制度保障之内涵,就是厉行法治。下面简要分析一下严复的法治观。

三、严复的法治观

与其对中国变法的认识紧密相关,严复认为法治不单纯是简单地以分权制衡为基础展开的立法、司法和行政等的依法行事,而更关键的还在于通过推行地方自治以新民德。由此,赋予地方自治在法治中以基础地位,这是严复法治观最主要的特色。

严复通过对国外和租界的实地观察,认为从表面观察,是"制度厘然,自议制、行政、司法,至于巡警之备,教育之资,纲举目张,靡所不具",其背后的原因在于它们"常有地方自治之规,故虽商贩小民,皆知所以合群而立治"③,因此在他看来,中国改革之出路就在于切实推行地方自治。"故不佞窃谓居今而为中国谋自强,议院代表之制,虽不即行,而设地方自治之规,使与中央政府所命之官,和同为治,于以合亿兆之私以为公,安朝廷而奠磐石,则故不容一日缓者也。"④既然推行地方自治万不可缓,那应该怎么做呢?严复的设想是"一乡一邑之间,设为乡局,使及格之民,推举代表,以与国之守宰,相助为理,则地方自治之基础矣"⑤。

正因严复将推行地方自治视为中国当务之急,故他对于即开国会就不是特别热心,有时甚且反对即开国会。他认为,没有地方自治作为基础,以开发民智、培养民德,国会则是靠不住的。等到1910年他本人被选为资政院硕学通儒议员,对出席常年会以及讨论议案不是特别热心,在整个为期100天的资政院第一次常年会中仅发议3次,甚至因为开会迟到早退还受到了一些年轻议员的批评。⑥

严复虽然对地方自治特别重视,认为它才是奠定国家万年之基,但他也并不

---

① 王栻主编:《严复集》,第四册,中华书局1986年版,第1006页。
② 俞江:《近代中国的法律与学术》,北京大学出版社2008年版,第52—66页。
③ 王栻主编:《严复集》,第四册,中华书局1986年版,第997页。
④ 同上书,第985页。
⑤ 同上书,第982页。
⑥ 《资政院议场会议速记录——晚清预备国会论辩实录》,李启成校订,上海三联书店2011年版,第203、770—771页。旁观记者甚至注意到:"当休息后,严复到院,以白布手巾围颈,倚几欲卧,旋即出院。"见杨天石等编:《宁调元集》,湖南人民出版社2008年版,第476页。

因此而轻视立法和司法。这不仅是因为立法和司法本身有助于建设真正的地方自治,还因为它们实乃保障以自由为核心的民权之所必需。

严复在一次演说中,直将立宪说成是立法,并认为它并非高远难行之事。"笃而论之,其制无论大小社会,随地可行"。立宪"行之而善,皆可以收群立群策之效,且有以泯民心之不平"①。如果说立法即为立宪,那中国几千年来皆有立法,那是不是就已立宪了呢? 在严复看来,"立宪之国,最重造律之权,有所变更创垂,必经数十百人之详议。议定而后呈之国主,而准驳之。此其法之所以无苟且,而下令常如流水之原也。"②以此为标准,中国传统立法之性质可见,"自三古以来,所用者为有法之专制,县官以一体而兼三权,故法制有分部、分官而无分柄。设庶职资选举,以招天下之人才,即以此为与民公治之具,其法制本为至密。言其所短,则其有待于君者过重,其有待于民者过轻……顾欲为立宪之国,必先有立宪之君,又必有立宪之民而后可。"③如此看来,传统中国虽有立法,但不是立宪意义上的立法。因此,需要在当时中国进行立宪意义上的立法。既然立法,则必须意识到立法之难而慎重为之。严复举了一例:平等固然是立法所追求的价值,但不能简单立法,强使不平等的平等之。因为人本有贤愚不肖、勤劳懒惰之别,自然会有不平等的结果。如果立法不审,追求结果之平等,"夫如是,则无富贵矣,而并亡其所以为富贵者矣。夫国无富贵者可也,无所以为富贵者不可也。"④

和立法相比较,严复更重视司法权。为什么呢? 当然是他充分见识了传统司法的黑暗,给他留下了深刻印象,言之痛心疾首:"向使游于吾都,亲见刑部之所以虐其囚者,与夫州县法官之刑讯,一切牢狱之黑暗无人理,将其说何如! 更使孟氏来游,及于明代,睹当时之廷杖,与家属发配象奴诸无道,将其说更何如? 呜呼! 中国黄人,其亭法用刑之无理,而得罪于天久矣! 虽从此而蒙甚酷之罚,亦其所也。况夫犹沿用之,而未革耶? 噫! 使天道而犹有可信者存,此种固不宜兴,吾请为同胞垂涕泣而道之。"⑤为什么中国刑狱黑暗一至于斯,严复通过中西比较,给出了答案。他说在留学欧洲的时候,曾经跟郭嵩焘聊过,英国和欧洲各

---

① "按宪法二字连用,古无所有。以吾国训诂言仲尼宪章文武,注家云宪章者近守具法。可知宪即是法,二字连用,于辞为赘。今日新名词,由日本稗贩而来,每多此病。如立宪,其立较为无疵,质而解之,即同立法。"王栻主编:《严复集》,第二册,中华书局1986年版,第238—239,244页。
② 王栻主编:《严复集》,第四册,中华书局1986年版,第995页。
③ 王栻主编:《严复集》,第二册,中华书局1986年版,第245页。
④ 王栻主编:《严复集》,第四册,中华书局1986年版,第957页。
⑤ 同上书,第982—983页。

国之所以强盛,就在于狱讼一事上面。中国刑狱,是"以贵治贱"。这种"以贵治贱"的司法,司法者如果仁慈,可以为民父母;如果暴虐,可为民之豺狼。没有好的制度,不改变这种"以贵治贱"的局面,即便有某次司法的公正,那也只是一时之侥幸,而非事理之必然。①

既然司法要改,那应怎么改呢? 像 1905 年前后,清朝廷接受沈家本等的建议,废除凌迟、枭首等酷刑,并要求司法官废除刑讯②。无论就建议者还是朝廷来说,上述举措本是仁心之所发,固然有足多者,但严复经过中西法律之系统比较,认定在不整体改良司法制度的情况下废除刑讯是"取其一而遗其余",须有更进一步的改革。③ 严复认为真正的改革就是要学习西方的司法独立。他在 1906 年在安徽高等学堂演讲中的一段话说得最为清楚明白:

> 至于司法之权,立宪所与旧制异者,立宪之法司,谓之无上法廷。裁断曲直,从不受行法权之牵掣,一也。罪有公私之分,公罪如扰害治安,杀人放火,此归孤理密律(criminal law),国家不待人告发,可以径问;私罪如负债、占产、财利交涉,此归司域尔律(civil law),原告兴讼,理官为之持平裁判,二也。讼者两曹可以各雇知律者为之辩护,而断狱之廷又有助理陪审之人,以可否法官之所裁判者,而后定谳。故西国之狱,绝少冤滥,而法官无得贿鬻狱枉法之事。讯鞫之时,又无用于刑讯。此立宪司法之制,所以为不可及,而吾国所不可不学者,此其最矣。④

因此,在严复那里,中国的出路是要建设制度,实行法治;要实行法治,就需要在立法和司法上下功夫,要真改革,尤其是真正推行司法独立。但光是注重立法和司法还是不够的,更要切实推行地方自治,以新民德,为立法和司法改革打下坚实的基础,以树建设立宪国家和民族富强之基础。

严复和其同时代的思想家比较起来,其法律思想的独特性或者说深刻之处在于,他并不认为变法就是能立马见效的起死回生特效药,而是充分意识到了变革之艰难,告诫我们不要鲁莽灭裂,注意到百年树人的重要性。他说:"且仆闻

---

① 王栻主编:《严复集》,第四册,中华书局 1986 年版,第 969 页。
② 李贵连著:《沈家本年谱长编》,山东人民出版社 2010 年版,第 118、124 页。
③ 严复在按语中说:"夫泰西之所以能无刑讯而情得者,非徒司法折狱之有术,而无情者不得尽其辞也。有辩护之律师,有公听之助理,抵瑕蹈隙,曲证旁搜,盖数听之余,其狱之情,靡不得者。而吾国治狱,无此具也。又况诪张之民,誓言无用,鹘突之宰,惟勘不明,则舍刑讯,几无术矣……且又知善政必全而用之,取其一而遗其余,即其一不可得也。"王栻主编:《严复集》,第四册,中华书局 1986 年版,第 994—995 页。
④ 王栻主编:《严复集》,第二册,中华书局 1986 年版,第 243—244 页。

之，改革之顷，破坏非难也，号召新力亦非难也，难在乎平亭古法旧俗，知何者之当革，不革则进步难图；又知何者之当因，不因则由变得乱。一善制之立，一美俗之成，动千百年而后有，奈之何弃其所故有，而昧昧于来者之不可知耶！是故陶铸国民，使之利行新制者，教育之大责，此则仆与同学诸子所宜共勉者矣。"①

作为近代中国最重要的启蒙思想家，严复通过实地接触和认真翻译西方政治法学著作，形成了一套以"变法"和"法治"为中心的法律思想；在他的"法治"主张中，强调了自由和民权对当时中国的重要意义，为西方政治法律观念在中国的传播起了重要作用。

参考阅读材料

《请定立宪开国会折》

康有为

奏为请定立宪，开国会，以安中国，恭折仰祈圣鉴事。

窃顷者东败于日，辽台既割，胶旅继踵，臣每忧国危，未尝不仰天而叹也。及闻皇上圣武发愤，变法维新，臣不禁轩鼓鼍舞，欢欣忭蹈，以为尧舜复出也。方今变法，可陈之事万千，臣生逢尧舜之世，安敢以枝节琐末之言，上渎尧舜之君哉？

臣窃闻东西各国之强，皆以立宪法开国会之故，国会者，君与国民共议一国之政法也。盖自三权鼎立之说出，以国会立法，以法官司法，以政府行政，而人主总之，立定宪法，同受治焉。人主尊为神圣，不受责任，而政府代之，东西各国，皆行此政体，故人君与千百万之国民，合为一体，国安得不强？吾国行专制政体，一君与大臣数人共治其国，国安得不弱？盖千百万之人，胜于数人者，自然之数矣。其在吾国之义，则曰天视自我民视，天听自我民听，故民之所好好之，民之所恶恶之，是故黄帝清问下民，则有合宫；尧舜询于刍荛，则有总章；盘庚命众至庭，《周礼》询国危疑，《洪范》称谋及卿士，谋及庶人；孟子称大夫皆曰，国人皆曰，盖皆为国会之前型，而分上下议院之意焉。

春秋改制，即立宪法，后王奉之，以至于今。盖吾国君民，久皆在法治之中，惜无国会以维持之耳。今各国所行，实得吾先圣之经义，故以致强；吾有经义，存空文而不行，故以致弱。然此实治国之大经，为政之公理，不可易矣。今变行新法，固为治强之计，然臣窃谓政有本末，不先定其本，而徒从事于其末，无当也。

---

① 王栻主编：《严复集》，第二册，中华书局1986年版，第246页。

《春秋》之义，据乱之后，进行升平。上有尧舜之君，下乃有尧舜之民，伏惟皇上圣明神武，拨乱反正，真尧舜之君也。伏乞上师尧舜三代，外采东西强国，立行宪法，大开国会，以庶政与国民共之，行三权鼎立之制，则中国之治强，可计日待也。若臣言可采，乞下廷议施行，若其宪法纲目，议院条例，选举章程，东西各国，成规具存，在一采酌行之耳，则皇上之圣治，驾汉轶唐超宋迈明而上之，岂止治强中国而已哉？孟子曰"非尧舜之道，不敢以陈"。臣愚冒昧上闻，不胜恐惧屏营之至，伏乞皇上圣鉴。谨奏。①

【讨论思考题】

1. 康有为为什么要在"戊戌变法"中运用托古改制的办法？
2. 康有为晚年所主张的"虚君共和"是什么？
3. 梁启超的变法理论根据和康有为的有什么不同？
4. 严复的变法思想和康、梁的变法思想比较，有哪些显著的特点？

---

① 该奏折是康有为代替内阁学士阔普通武作，时间为 1898 年 8 月。原文载汤志钧编：《康有为政论集》，上册，中华书局 1981 年版，第 338—339 页。

第十二章 晚清法律改革和沈家本的法律思想

第一节 晚清法律改革
第二节 法律改革中的礼法之争
第三节 沈家本的法律思想

第一节 晚清法律改革

庚子八国联军之役,是中国近代史的转折点。掌握国家统治实权的慈禧太后集团,为度过权力危机,挽救王朝命运,重拾变法旗号,从而开启了晚清十年之久的变法修律。这次变法修律,是中国法律由古代向近代演进的改革,在中国法律史上占据着十分重要的地位。这一时期,由改革而引发的新与旧、中与西两种法文化的矛盾交织进行。这种矛盾和冲突,迄于清亡,亦未消除。

第一节 晚清法律改革

1900年,慈禧太后在逃往西安的途中,下令变法,规定除三纲五常之外,"令甲令乙,不妨如琴瑟之改弦"①,取外国之长,补中国之短。据此,两江总督刘坤一、湖广总督张之洞,上折建议朝廷整顿中法、采用西法,即改革旧的审判和监狱制度,仿照西方法律,制定中国自己的矿律、路律、商律和交涉刑律。在此期间,张之洞参与了清廷与英国的商约谈判,提出中国改革法律、英国放弃在华领事裁判权的要求。在取得英国代表马凯的首肯并列入条约以后,光绪二十八年(1902),清廷正式下达法律改革之诏,责成袁世凯、刘坤一、张之洞,"慎选熟悉中西律例者,保送数员来京,听候简派,开馆编纂,请旨审定颁发"②,拉开了法律改革的序幕。

根据朝廷谕旨,袁世凯、刘坤一、张之洞联衔保举沈家本、伍廷芳主持法律改革工作。同年四月六日,以"务期中外通行,有裨治理",收回国家利权为目的,清朝廷正式任命沈家本、伍廷芳"将一切现行律例,按照交涉情形,参酌各国法律"③,进行改革。由此,法律改革正式进入操作阶段。

从1902年清廷任命沈家本、伍廷芳担任修订法律大臣起,至清王朝被推翻

---

① 《大清德宗景皇帝实录》,卷四七六光绪二十六年十二月丁未条;载《清实录》,第五八册,《德宗实录》(七),中华书局1987年影印版,第273页。
② 《大清德宗景皇帝实录》,卷四九五光绪二十八年二月癸巳条;载同上书,第537页。
③ 《大清德宗景皇帝实录》,卷四九八光绪二十八年四月丙申条;载同上书,第577页。

止，晚清法律改革历时十年。其间，主持法律改革的其他修订法律大臣屡有变易，唯沈家本基本始终其事，他是晚清法律改革的实际主持者及灵魂人物，宪法和行政法规之外的各种法律草案，均由他所主持的修订法律馆起草。

由于晚清法律改革是清廷为摆脱统治危机的自救行为，且以收回列强在华领事裁判权为契机，故其改革宗旨，初期强调"参酌各国法律"、"务期中外通行"，重在取西法之长补中法之短，偏于西法之采用，颇有开明之面。迨统治危机稍逝，其守旧之面目立显。故改革中期以后，强调法律本源"本乎礼教"、三纲五常"为数千年相传之国粹，立国之大本"，"旧律义关伦常诸条，不可率行变革，庶以维天理民彝于不敝"，并以此作为改革之"至要"宗旨。[①]

清廷在改革中后期的这一"至要"宗旨，与精通中外法学、以学术而身膺立法重任的沈家本之主张不无冲突。沈氏从其学术思想出发，其改革之指导思想乃是"折衷各国大同之良规，兼采近世最新之学说，而仍不戾乎我国历世相沿之礼教民情"[②]。其思想乃在冶西方各国之法、世界最新之法律学说和中国国情为一炉。融合中西法理，贯通古今学说，制定最新最善之法，在中国实行西方式的法治。以这种思想为指导而制定的新律草案，不可能不超越清朝廷所划定的改革范围。因此，在晚清法律改革过程中，终于爆发了中国近代立法史上的最大论争——礼法之争。

由沈家本主持的晚清法律改革，大体按如下顺序进行。

一、对《大清律例》的改造

中国传统法律，自先秦李悝《法经》起，经商鞅相秦改法为律而为秦律。迨后，汉承秦制，演变而为汉律，历三国两晋南北朝至隋唐，唐律集其大成。至是，以唐律为代表之中华法系赫然成为世界独特之法系而影响东亚诸国。此后，历宋元明，虽代有增改，要皆不出其藩篱。清承明制，《大清律例》不越明律之范围。在中国进入近代社会之后，法律未与社会发展同步演进为近代法律。因之，20世纪初期，《大清律例》已与社会严重脱节：不但落后于世界法律，且无以规范近代中国社会。因此，改革工作之第一步，即为改造《大清律例》。为使改革有条不紊，"定例系一时权宜，今昔情形不同"，不适应当时社会的死文赘文，成为首批改

[①] 《修改新刑律不可变革义关伦常各条谕》，载故宫博物院明清档案部编：《清末筹备立宪档案史料》，下册，中华书局1979年版，第858页。

[②] 沈家本：《修订法律大臣沈家本等奏进呈刑律分则草案折》，载怀效锋主编：《清末法制变革史料》，下卷，刑法、民商法编，中国政法大学出版社2010年版，第100页。

革对象。第一批删除例文 344 条。① 循此而进,依据传统儒家的仁政思想和西方人道主义精神,修律者废除凌迟、枭首、戮尸、缘坐、刺字等最野蛮、落后的内容;有条件地废止刑讯制度;笞杖罪名,仿外国之法,改为罚金;停止妇女犯罪收赎之法;削减死罪条目,改革传统的死刑公开执行方法;废除奴婢律例,取消旗人之特殊法律地位;统一满汉法律;变革秋审条款,改革秋审制度。

通过上述一系列的局部改造以后,1908 年,在西法翻译研究方面已有一定成效的基础上,转入对旧律进行大刀阔斧的改造。以删除总目、厘正刑名、节取新章、简易例文为纲,削除吏、户、礼、兵、刑、工六曹分目之旧,将整部《大清律例》分为三十门类。废除笞、杖、徒、流、死五刑之名,改为死刑、安置、工作、罚金。统一律例外之通行章程,分别去留,纂为定例。对将近二千条之繁碎例文加以删并,以归简易。宣统元年(1910),改造工程告竣。经过反复修改,共编定律文389 条,例文 1327 条,附《禁烟条例》12 条,《秋审条例》165 条,定名《大清现行刑律》,由清廷正式颁行。② 经过全面改造的这部《大清现行刑律》,虽然仍未完全脱离传统法律的窠臼,但是,它集晚清旧律改革之大成,已掺进了部分西法内容,作为清王朝正式立宪前的在行法,无疑是传统法典中最后也是最进步的一部法典。

二、外国法典和法学著作之翻译

参酌外国法律以制定新律,其前提条件是必须有可供专业人员参考阅读的外国法律法学译作。"将欲明西法之宗旨,必研究西人之学,尤必编译西人之书。"③ 无书则无从研究,没有研究则无法明了西法之宗旨,不明宗旨则"参酌"徒为虚言。20 世纪之前,由于洋务运动之开展,洋务派曾主持翻译过一批外国法典和法学著作。但是,由于洋务派翻译的目的在办理外交事务,故所译以国际公法为主,公法之外的少数译作,如《法国民法典》等,又因当时没有相应的近代法言法语,且出自非专业人员之手,而使专业人员亦无法阅读。因此,准确、系统地翻译外国法典和法学著作,成了法律改革的当务之急,是改造旧律和编纂新律草案

---

① 沈家本:《修订法律大臣奏请先将例内应删各条分次开单进呈折》,载徐世虹主编:《沈家本全集》,第二卷,中国政法大学出版社 2010 年版,第 434—435 页。
② 《大清现行刑律》卷首除奏疏外,并有律目、服制图、服制。正文三十门,次第为:名例、职制、公式、户役、田宅、婚姻、仓库、课程、钱债、市廛、祭祀、礼制、宫卫、军政、关津、厩牧、邮驿、贼盗、人命、斗殴、骂詈、诉讼、受赃、诈伪、犯奸、杂犯、捕亡、断狱、营造、河防。其中,户役内之承继、分产,以及婚姻、田宅、钱债等条中纯属民事者,不再科刑。
③ 沈家本:《新译法规大全》,载《寄簃文存》,商务印书馆 2015 年版,第 212 页。

的一项重要内容。

"参酌各国法律,首重翻译。"①由于法律改革者十分清楚并重视翻译工作的重要性,故在十年之内,大体上把当时主要西方国家的主要法典,均翻译成中文。据不完全统计,当时翻译成中文的外国法典和法学著作,共有 103 部,涉及的国家近 20 个,涵盖大部分部门法。而且由于翻译出自专业人员之手,所据版本率由清朝驻外使节通过官方途径而罗致,故当时之译作,在国内具有无可置疑的准确性和权威性。它为新法起草铺平了道路,也为西方法律在中国更加广泛的传播创造了条件。

三、制定新法律

晚清所立新法,最初是为了规范因时代变化而出现的新的社会问题。1906 年清政府宣布仿行立宪后,则专力于为来日君主立宪所行的新律草案。新法律,有的在当时已实施,大部分则为草案。

(一)商法的制定

重农抑商或重本抑末,是中国的传统思想,亦为传统法律之重要内容。它与我国传统的农业社会大体相适应,已行之两千余年。海禁大开后,西方列强的商品输出,强烈刺激了中国的民族工商业。早期改良主义者曾四处奔走呼喊,制定相应的商法,与西方列强展开"商战"。清朝廷直至庚子以后才对社会的这种需求做出回应,在中央设置商部,管理全国之工商业,并于下令制定商律。1904 年 1 月,《商人通例》(9 条)、《公司例》(又称《公司律》,131 条)由载振、伍廷芳编定上报;清廷批准后,定名《钦定大清商律》颁行。此后,又陆续制定颁布《公司注册试办章程》(18 条)、《破产律》(69 条)、《银行注册章程》(8 条)、《大小轮船公司注册给照暂行章程》(20 条)、《运送章程》(56 条)以及《铁路简明章程》《大清矿务章程》《商标注册试办章程》等单行法。1906 年,预备立宪之诏颁布后,也有系统的商法编纂,计有:《大清商律草案》,由日本人志田钾太郎起草,分总则、商行为、公司律、票据法、海船律五编,1008 条;《破产律草案》,由日本人松冈义正起草,237 条;《保险规则草案》,由商部起草,124 条;《改订大清商律草案》,由商部据前《钦定大清商律》,参考各地商会特别是上海总商会呈报之《商会调查案》,分总则、公司两编,367 条。

---

① 沈家本:《沥陈修订法律情形拟请归并法部大理院合同办理折》,载徐世虹主编:《沈家本全集》,第二卷,中国政法大学出版社 2010 年版,第 448 页。

（二）诉讼法的制定

《大清刑事民事诉讼法》草案，是第一部打破传统诸法合体立法例而单独成案的诉讼法典草案。该案大体由伍廷芳执笔，合刑民诉讼为一编，计 5 章 260 条，附颁行例 3 条，于 1906 年完稿。伍廷芳是英国法学者，且曾为香港律师、议员及法官，故该法采英美法系传统，特别强调律师制、陪审制、公开审判制等英美审判制度，被部院督抚大臣指为违背中国法律本旨。预备立宪宣布后，诉讼法仿大陆法系体例，分刑事诉讼和民事诉讼，重新单独制定，于宣统二年分别完成草案。《大清刑事诉讼律草案》凡 6 编 14 章 516 条，《大清民事诉讼律草案》凡 4 编 21 章 800 条。此外，1906 年清廷官制改革，实行审判独立，由大理院与各级审判厅专掌审判，因而有《大理院审判编制法》《各级审判厅试办章程》的颁布。1910 年，清朝颁布了第一部法院组织法——《法院编制法》，计 16 章 163 条。

（三）刑法的制定

1907 年，清廷聘日本人冈田朝太郎参与起草的《违警律》和《大清新刑律》完稿。《违警律》共 10 章 45 条，于翌年颁布施行。新刑律引起长达六七年之久的激烈争论。该法体例上摒弃诸法合体传统，是中国历史上第一部单行刑法典。经综合中西之异同、考较新旧之短长，它有五个方面的重大改革：更定刑名，改笞、杖、徒、流、死为死刑、徒刑（有期、无期）、拘留、罚金；酌减死罪条目；死刑执行用绞，于特定场所密行；删除比附，引进罪刑法定制度；对少年犯进行感化。该法分 2 编 53 章共 411 条，附《暂行章程》5 条。1910 年公布，预定立宪后实施。因清廷未及结束预备立宪期即灭亡，故在清代它未能正式实施。与刑事法相关，1908 年清廷聘日本人小河滋次郎起草监狱法，1910 年《大清监狱律草案》脱稿。该草案分总则、分则两部分，计 14 章 241 条。

（四）民法

《大清民律草案》于光绪三十三年（1907）开始起草，后由清廷聘日本人松冈义正等协助起草，参照德国、瑞士、日本等国民法、斟酌各省民俗调查报告之表册，于 1911 年完稿。全案凡 5 编 37 章 1569 条。

（五）宪法

晚清法律改革，没有制定正式宪法。但是，逼于国内外宪政运动的压力，清廷于 1908 年制定颁布了《钦定宪法大纲》。该宪法性文件共四部分，首列《君上大权》14 条，以下为：《附臣民权利义务》9 条，另颁行《议院法要领》11 条，《选举法要领》6条。辛亥革命爆发后,为安抚人心,清廷又快速颁布另一个宪法性文件——《重大信条》19条(通称《十九信条》)。它并没有达到挽救王朝的目的,基本上谈不到施行。

晚清所进行的法律改革[①],是历史上一次空前的变革,它是国家社会转型所带来的法律变动。在国家社会向近代转型过程中,法律也不得不由古典向近代演进。因此,除上述主要法典的改革之外,尚有无数行政法规的制定,以及伴随法律改革而来的法律教育、法学研究等的繁盛。这次改革,发生在世纪之交,处在历史的临界点上。它的成败得失、经验教训,都对后来的中国法律产生了重大影响。

第二节 法律改革中的礼法之争

在晚清的法律改革过程中,发生过许多争论。在这些争论中,以礼法之争[②]最为著称。这些争论,虽然不能全部纳入中西两种异质法文化冲突的范畴,但是,基本上都与这种冲突相关。特别是礼法之争,基本上就是这种冲突的集中表现。

一、礼法之争概述

礼法之争中的礼指礼教,法指法理。当时直接参加这场争论的陈宝琛说:

[①] 晚清法律改革是改革开放后法史学界长期关注的问题,关于这方面的基本资料大致有故宫博物院明清档案部编的《清末筹备立宪档案史料》(中华书局1979年版,上下册)、怀效锋主编的《清末法制变革史料》(中国政法大学出版社2010年版,上下册)和汪庆祺编的《各省审判厅判牍》(李启成点校,北京大学出版社2007年版);有代表性的学术研究著作主要有黄源盛的《中国传统法制与思想》(五南出版公司1998年版)、李贵连的《近代中国法制与法学》(北京大学出版社2002年版)、程燎原的《清末法政人的世界》(法律出版社2003年版)、李启成的《晚清各级审判厅研究》(北京大学出版社2004年版)、眭鸿明的《清末民初民商事习惯调查之研究》(法律出版社2005年版)、高汉成的《签注视野下的大清刑律草案研究》(中国社会科学出版社2007年版)、张从容的《部院之争:晚清司法改革的交叉路口》(北京大学出版社2007年版)等。

[②] 关于礼法之争,学界有代表性的研究成果有蔡枢衡的《中国法理自觉的发展》(清华大学出版社2005年版)、王伯琦的《近代法律思潮与中国固有文化》(清华大学出版社2005年版)和李贵连的《清末修订法律中的礼法之争》(北京大学1981年硕士学位论文)等。

"《新刑律草案》于无夫奸罪之宜规定与否,或主礼教,或张法理,互相非难,未有定说。"①中国传统法律中的礼教,是法典化了的三纲五常等纲常名教。法理,是西方法学的用语(中国古代法学中,有这个词,但基本与"法律"同义)。近代西学输入中国,这一用语便被中国法律学者所采用。按照沈家本的解释,法理就是"法律之原理"。②

礼教和法理代表两种不同的法律思想。前者是传统法律思想,以维护宗法家族制度,进而维护整个君主专制制度为目的;后者是近代法律思想,以维护人权为号召。当时也有人称礼教派或礼派为家族主义派、国情派,称法派或法理派为国家主义派、反国情派。又由于法派首领为沈家本,故又有沈派和反沈派之说。

礼法之争,以时间及争论的内容、方式划分,可分如下几个阶段:

第一阶段。光绪三十二年(1906)修订法律大臣沈家本、伍廷芳模范列强,学习西方,拟成《大清刑事民事诉讼法》草案,这是中国法律史上的第一部单行诉讼法。因其中采用了西方的律师制度和陪审制度,故该草案遭到以湖广总督张之洞为首的礼教派的反对。清廷采纳张之洞等的意见,该法草案未予公布即作废。

第二阶段。光绪三十三年八月和十二月,沈家本等先后奏上《大清新刑律草案》和该草案的案语。草案采用西方刑法体例,分总则、分则,"总则为全编之纲领,分则为各项之事例"。沈家本等认为,《新刑律草案》虽然"仍不戾乎我国历世相沿之礼教民情",但修订大旨要"折衷各国大同之良规,兼采近世最新之学说"③,即要以西方法律的原理原则制定新刑律。这种指导思想为礼教派所反对。清廷根据学部及各大臣的意见,于宣统元年(1909)正月二十七日下谕:"惟是刑法之源,本乎礼教,中外各国礼教不同,故刑法亦因之而异。中国素重纲常,故于干名犯义之条,立法特为严重。良以三纲五常,阐自唐虞,圣帝明王,兢兢保守,实为数千年相传之国粹,立国之大本。今寰海大通,国际每多交涉,固不宜墨守故常,致失通变宜民之意,但只可采彼所长,益我所短。凡我旧律义关伦常诸条,不可率行变革,庶以维天理民彝于不敝。该大臣务本此意,以为修改宗旨,是为

---

① 陈宝琛:《新刑律无夫奸罪说》,载劳乃宣编:《新刑律修正案汇录》,附于《桐乡劳先生遗稿》,1927年桐乡卢氏刻本。影印本见沈云龙主编:《近代中国史料丛刊》第三十六辑,《桐乡劳先生(乃宣)遗稿》,文海出版社1969年版,第953页。

② 沈家本:《论杀死奸夫》,载《寄簃文存》,商务印书馆2015年版,第61页。

③ 沈家本:《修订法律大臣沈家本等奏进呈刑律分则草案折》,载怀效锋主编:《清末法制变革史料》,下卷,刑法、民商法编,中国政法大学出版社2010年版,第100页。

至要。"①将学部及部院督抚大臣的签注,连同《大清新刑律草案》发交沈家本和法部修改。沈家本和修订法律馆在修改中,"并于有关伦纪各条,恪遵谕旨,加重一等"②,然后送交法部。法部尚书廷杰等以为"中国名教必宜永远奉行勿替者,不宜因此致令纲纪荡然",在正文后面又加上《附则五条》,③明确规定:"大清律中,十恶、亲属容隐、干名犯义、存留养亲以及亲属相奸相盗相殴并发冢犯奸各条,均有关于伦纪礼教,未便蔑弃。"中国人犯以上各罪,仍照旧律办法惩处(第 2 条)。"危害乘舆、内乱、外患及对尊亲属有犯"应处死刑者,仍用斩刑(第 3 条);卑幼对尊亲属不能使用正当防卫之法(第 5 条)。④ 这实际上在很大程度上否定了正文的相关条文。这次修改案,定名为《修正刑律草案》,宣统元年末(1910 年初)由廷杰、沈家本联名上奏。

第三阶段。宣统二年(1910),《修正刑律草案》交宪政编查馆核订。候补四品京堂、宪政编查馆参议、考核专科总办劳乃宣以草案正文"于父子之伦、长幼之序、男女之别有所妨"⑤,背弃礼教;《附则》规定旧律礼教条文另辑单行法适用中国人是"本末倒置"为由,向宪政编查馆上《修正刑律草案说贴》,并遍示京外,要求把"旧律有关伦纪礼教各条",直接"修入新刑律正文"⑥。礼教派由此群起发难,整个新刑律草案几乎有被根本推翻之态势。沈家本著论予以反驳,协助修律的日本学者冈田朝太郎、松冈义正及宪政馆、法律馆诸人"亦助沈氏辞而辟之"⑦。礼法双方就刑律的具体条文,以文字互相辩难。最后,宪政编查馆基本未采纳以劳乃宣为首的礼派意见,但也作了一些调和。《修正刑律草案》经核订,成为《大清新刑律》,《附则》改为《暂行章程》。上奏后,于十月初三日交资政院议场议决。

第四阶段。资政院是清末筹备立宪时期的预备国会,它有权力议决法律。

---

① 《修改新刑律不可变革义关伦常各条谕》,载故宫博物院明清档案部编:《清末筹备立宪档案史料》,下册,中华书局 1979 年版,第 858 页。

② 奕劻:《奏为核订新刑律告竣敬谨分别缮写清单请旨交议折》,载李贵连编著:《沈家本年谱长编》,山东人民出版社 2010 年版,第 283 页。

③ 廷杰等:《奏为修正刑律草案告成敬缮具清单恭折会陈仰祈圣鉴折》,载《钦定大清刑律·奏疏》,1911 年刻本,第 15—20 页;电子阅览见国家图书馆中华古籍资源库,天津图书馆藏本,http://read.nlc.cn/allSearch/searchDetail? searchType = 1002&showType = 1&indexName = data _ 892&fid = GBZX 0301012013,2023 年 6 月 25 日最后访问。

④ 参见《修正刑律案语》,修订法律馆 1910 年印本;并参考高汉成:《签注视野下的大清刑律草案研究》,中国社会科学出版社 2007 年版,第 182 页。

⑤ 劳乃宣:《韧叟自订年谱》,载《桐乡劳先生遗稿·卷首》,1927 年桐乡卢氏刻本;文海出版社 1969 年影印版,第 53 页。

⑥ 劳乃宣:《修正刑律草案说帖》,载《桐乡劳先生遗稿·新刑律修正案汇录》,1927 年桐乡卢氏刻本;文海出版社 1969 年影印版,第 904—905 页。

⑦ 江庸:《五十年来中国之法制》,载《清华法学》(第八辑),清华大学出版社 2006 年版,第 260 页。

宪政编查馆特派员杨度到议场说明新刑律的国家主义立法宗旨，批评传统旧律的家族主义原则。这个讲话，遭到以劳乃宣为首的礼教派之激烈反对。议场内外，就中国立法应以国家主义还是家族主义为指导思想，展开辩论。劳乃宣不仅亲自撰文批驳国家主义，而且邀集议员共 105 人，向资政院提交《新刑律修正案》，对宪政编查馆核订之《大清新刑律》修改、移改、复修、增纂有关礼教条款十三条又二项，在新刑律已有的礼教条款上，增加和加重卑幼对尊长、妻对夫杀害伤害等罪的刑罚，减轻尊长对卑幼、夫对妻杀害伤害等罪的刑罚，更全面地维护亲亲、尊尊的传统纲常名教。这个修正案在资政院法典股审查时，全被否定。因此，议场议决新刑律，针对子孙对尊长的侵害是否适用正当防卫以及无夫和奸是否定罪的问题，爆发大争论。议场的辩论，因双方冲突，秩序大乱。最后，因观点无法调和，只好用投票法表决。由于资政院会期时间已过，新刑律全文在议场没有全部议完。礼法双方的辩论亦随之告终。新刑律由军机大臣会同资政院上奏，清王朝上谕裁可颁布，礼教派在议场的胜利成果化为乌有。但是，礼法之争仍然继续进行。礼教派对法派提出弹劾，沈家本被迫于 1911 年辞去修订法律大臣和资政院副总裁之职。

从礼法之争的过程可见，它表面上是清王朝内部对《刑事民事诉讼法》，特别是《大清新刑律》的立法指导思想所引发的争论，实质上涉及清末整个修律指导思想的一次大争论，是中西法律文化的一次大冲突。

在整个争论中，礼法双方并不绝对地主张礼教或法理。礼教派尽管主张维护传统中国的礼教，但也主张采用某些西法；法理派虽然要求用西方法律的原理和原则制定新律，但实际上他们的思想却未完全脱离礼教，在他们主持修订的新律中保留了大量的礼教条文。如劳乃宣也时常引证西方法律条文之规定以证成其主张，承认"罢除笞杖、停止刑讯、裁判独立、监狱改良"等法律改革①；又如亲自参与起草《大清新刑律》的日本法学博士冈田朝太郎还在《法学会杂志》发表了《论大清新刑律重视礼教》一文以为辩护。② 双方争论的核心是：鉴于当时中国的国情，应以西方法律的原理原则为主要指导思想，还是以传统礼教为主要指导思想制定新法？新法的精神应该是国家主义还是家族主义？《大清律例》中的"干名犯义""犯罪存留养亲""亲属相奸""故杀子孙""杀有服卑幼""妻殴夫夫殴妻""犯奸""子孙违犯教令"等维护传统礼教的法律条文，要不要全部列入新律？要

---

① 参考劳乃宣：《修正刑律草案说帖》，载《桐乡劳先生遗稿·新刑律修正案汇录》，1927 年桐乡卢氏刻本，第 12 页；文海出版社 1969 年影印版，第 900 页。

② 冈田朝太郎：《论大清新刑律重视礼教》，载《法学会杂志》1911 年第一卷第 3 期。

列入的又如何列入？是修入法典正文还是附在《暂行章程》？这场争论成了中国近代法律史上耐人寻味的一页。

20世纪初期的中国民生艰难，民族危机沉重。为了挽救民族危亡，国内各种政治派别都在寻找救国的方法。法理派就是希望在法律上学习西方、日本，与西方国家"齐一法制，取彼之长，补我之短"①，通过改革中国旧法，挽回主权。他们认为，根据国内国际形势，法律的发展变化，要图强，都必须学习西方，制定出新法律。他们向往西方的各种法律制度，认为西法不过是中国的古法而已。西法并未违背圣人之教，完全应该并可以采用。

礼教派也承认修律要参考、借鉴西方诸国的法律，但"立法固贵因时，而经国必先正本"，用西方法律的原理原则来替代中国传统的礼教原则则万万不行。因"法律之设，所以纳民于轨物之中，而法律本原实与经术相表里"。"经术"是法律的本质、内容，法律是"经术"的现象和形式，"经术"中的"亲亲之义、男女之别"是法律中的天经地义、万古不变之"本"。② 中国修律，只能按照"明于五刑以弼五教"和"凡听五刑之讼必原父子之亲，立君臣之义以权之"的原则，"因伦制礼，准礼制刑"。③ 他们认为，《新刑律草案》与君臣之伦、父子之伦、夫妇之伦、男女之别、尊卑长幼之序相背。总之，新法与传统礼教的核心"三纲五常"相背，如果这样的法律施行的话，中国就不成其为中国，故绝对不允许这样的法律在中国施行。

在礼教派看来，《刑事民事诉讼法》采用西法，使父子异财，兄弟析产，夫妇分资，"袭西俗财产之制，坏中国名教之防，启男女平等之风，悖圣贤修齐之教"④。针对法理派收回领事裁判权的论点，他们反驳说：收回治外法权虽为"今日急务"，但不能把"中国旧律精义弃置不顾，全袭外国格式文法"。各国法律互不相同，均"无碍于完全之法权"，中国新律关系纲常伦纪之处，"其罪名轻重即使与各国有所异同"⑤，也不妨碍收回治外法权。英美等国条约中所说"一切相关事宜皆臻妥善"即弃其治外法权的保证靠不住。治外法权主要"视国家兵力之强弱，战

---

① 沈家本：《核议御史刘彭年恢复刑讯折》，载李贵连编著：《沈家本年谱长编》，山东人民出版社2010年版，第127页。
② 张之洞：《遵旨核议新编民事刑事诉讼法折》，载苑书义主编：《张之洞全集》，第三册，河北人民出版社1998年版，第1772—1773页。
③ 朱寿朋：《光绪朝东华录》，光绪三十四年五月辛卯条，中华书局1960年版，第5908—5909页。
④ 张之洞：《遵旨核议新编民事刑事诉讼法折》，载苑书义主编：《张之洞全集》，第三册，河北人民出版社1998年版，第1773页。
⑤ 朱寿朋：《光绪朝东华录》，光绪三十四年五月辛卯条，中华书局1960年版，第5910—5911页。并参见刘锦藻撰：《清朝续文献通考》卷二百四十七《刑六》，商务印书馆1955年版，总第9920页。

守之成效以为从违",决不单纯以法律之完善与否为转移。总之,中国修律,"必须将中国民情风俗、法令源流通筹熟计"①,按照中国的政教大纲酌量变通。

二、礼法之争核心内容举例

宣统二年(1909),围绕《修正刑律草案》,劳乃宣撰写《修正刑律草案说帖》,要求直接把旧律义关伦常诸条,逐一修入新刑律正文。沈家本著《书劳提学新刑律草案说帖后》,予以驳斥。劳乃宣再书《声明管见说帖》回驳。宪政编查馆、修订法律馆的人员几乎都加入了这场争论。社会上报纸杂志亦为此进行笔战。最后,导致资政院议场大辩论。

在双方争论的十一个问题中,关于干名犯义、犯罪存留养亲、亲属相奸、亲属相盗、亲属相殴、故杀子孙、杀有服卑幼、妻殴夫夫殴妻、发塚等九个问题,劳乃宣认为,应在新刑律正文中,予以特别规定。沈家本则指出,这些问题,有的在新刑律正文中已有相应规定将它包括进去了,而按照法理,有的不能列入正文,只能附于判决录中。

比如,犯罪存留养亲。劳乃宣认为,旧律所以定这一条,目的在于"教孝"。因此,新律不列入,"实属漏义"。沈家本则反驳说:中国古代并无"罪人留养之法",北魏出现这种法条,但后来多遭非议。他特别搬出嘉庆谕旨:"凶恶之徒,稔知律有明条,自恃身系单丁,有犯不死,竟至逞凶肆恶,是承祀留养非以施仁,实以长奸,转似诱人犯法。"以"祖训"论证这一条不进正文,"似尚无悖于礼教"。这一来,劳乃宣只好同意可以"不必专列"。其他八个问题的辩驳与此相似。②

双方都坚持己见,未取得一致意见的是"犯奸"和"子孙违犯教令"这两个问题。

关于"犯奸"。劳乃宣认为,中国旧律和奸无夫妇女杖八十,和奸有夫妇女杖九十,分别治罪,前轻后重。现在的刑律草案,只列有夫和奸罪,无夫和奸不为罪,失之太过。中国风俗,特别重视处女和寡妇的和奸罪,如完全不以为罪,不符合中国人心。沈家本反驳说:无夫妇女与人和奸,西方国家没有治罪明文,此最为外人着眼之处;如一定要把这一条加入新刑律,恐怕此律必定遭到外国人多方指摘,会妨碍领事裁判权的收回。此外,无夫妇女与人和奸,主要是道德风化问题,应从教育方面想办法,不必编入刑律之中。和奸无夫妇女应否治罪,在资政院议场议决时,引来一场面对面的斗争。礼教派认为:无夫奸,中国社会普通的

---

① 张之洞:《遵旨核议新编民事刑事诉讼法折》,载苑书义主编:《张之洞全集》,第三册,河北人民出版社1998年版,第1773页。

② 参见《桐乡劳先生(乃宣)遗稿》,文海出版社1969年影印版,第885—943页。

心理，都认为应当有罪，因此国家不能听任无夫妇女与人和奸，而要有刑律做保证。法派则指出：这一条万不能加入正文。理由主要是：首先，现在民法未定，家庭中的关系还没有确定。例如妾的问题，按立宪原则，不允许纳妾。但中国事实上很多人有妾。如果以后民法按照立宪原则修订，不承认纳妾，这样妾便等于无夫妇女。而非正式婚姻，即等于和奸。若刑律定入无夫奸有罪一条，那么有妾也就有罪了。其次，礼派怕无夫奸不定罪造成社会风气败坏，事实上这是不可能的。地方上放荡不羁想奸人妇女的人必须偷偷摸摸，原因不是怕旧律中杖八十的刑罚，而是怕自己的名誉受损，怕妇女家中的男人杀伤。因此，法律纵然不写这一条，也不至风俗一败不可收拾。就是法律定了这条，而奸无夫妇女之事也是仍然有的。旧律规定无夫奸有罪，但各地很少发案，正说明法律有这一条也是具文。无夫奸在道德上是天然的罪名，可是事情暧昧，很难提起公诉，所以法律上不问。若是定了有罪，国家立法上就不得其平。再从司法看，这种罪既然是和奸，男女双方就一定同意。在审判时，双方口供相同，纵然口供不同，也找不到证人。而且和奸要加罪，审清楚后，加谁的罪呢？不管加男方还是加女方，都未免不均不平。因此，规定了这条，审判上反会生出种种扰乱。

关于无夫奸是除罪还是入罪，如果入罪，是入刑律正文还是《暂行章程》。礼、法双方在议场辩论无果，只好付诸表决。表决结果，颇出法派意外，赞成与反对无夫奸入罪者分别为 77 票和 42 票，赞成将之保留在刑律正文的议员占多数（61 位赞成，49 位反对）。① 由于整个新刑律在资政院因为时间的关系没能全部完成三读立法程序，资政院会同军机大臣共同议决将刑律总则上奏，故议员们对处于分则中的无夫奸条文的表决自然归于无效。故直到清廷灭亡，关于无夫奸问题之争议都还在继续进行着，足见其激烈程度。

关于"子孙违犯教令"。劳乃宣认为：旧律规定子孙违犯教令处以杖刑；屡次触犯，尊长呈请发遣者，将其发遣。发遣后，祖父母父母呈请将他释放回来，也有放回的成案。这样，子孙治罪之权，全在祖父母父母，实为朝廷教孝之盛轨。刑律草案不列这一条，违反了朝廷以孝治天下的大道。沈家本反驳说：子孙违犯尊亲教令完全是家庭教育问题，无关于刑事，不必规定于刑律之中，应设立感化院之类的机构来解决该问题。劳乃宣认为：沈家本主张子孙违犯尊亲教令全都是教育问题，不关刑民事件之说，并非确论。《周官》八刑中就有不孝之刑，俄国刑

---

① 《资政院议场会议速记录——晚清预备国会论辩实录》，李启成校订，上海三联书店 2011 年版，第 668—669 页。

法也有呈送忤逆之条。如果子孙触忤祖父母和父母,官府没有惩治他们的法律,祖父母和父母对忤逆子孙没有呈送惩治的地方,实在是大拂民情之事。至于感化院一类地方,中国有一千多州县,不能同时设立。因此,在现在情况下必须规定于刑律中,由官府代为惩治。这一条与礼教关系很大,万不可删。① 由于资政院闭会,这个问题在议场未及辩论,但关于卑幼对尊长有无正当防卫权的问题却掀起不小的波澜。

新刑律草案的正当防卫条款,遭到部院督抚大臣的反对。他们认为,按照礼教规范,一般人可以有正当防卫,但子女对父母尊长不能有正当防卫。法部尚书廷杰在《修正刑律草案附则》中加入"凡对尊亲属有犯,不得适用正当防卫之例",以此限制正当防卫的适用范围。宪政编查馆核订,将它列入《暂行章程》第五条,原文未动。杨度在资政院会场解释宪政编查馆的态度时说:"因为刑律本有正当防卫之例,今既对尊亲属不得适用,是谓防卫为不正当,而尊亲属无论何种行为皆为正当。究竟天下事不能一概而论,编制《新刑律》的人,对于社会上人类种种的情形,不能不面面想到。父子之间虽以父慈子孝为常,然天下非无不慈之父、不孝之子,断不能说,父可不必正当,子不能不正当。"天下情形复杂,既有为父而不慈者,也有为子而不孝者。父子之间的行为"坐定父之一面必正当,子之一面必不正当",就是宋儒"天下无不是的父母"的说教。然而从国家的观点看,宋儒的学说不完全。"父杀其子,君主治以不慈之罪;子杀其父,君主治以不孝之罪。既此不偏为为人子者,立法亦不偏为为人之父者,立法必要面面俱到,始为公平",所以不应列入刑律正文,但为照顾中国的风俗习惯,故写进《暂行章程》。议场议决这条时,劳乃宣首先提出要按他们的修正案,将这条加入刑律正文。他们认为:一般人可以使用正当防卫。可是,"对于尊亲属,小杖则受,大杖则走,子孙不可有正当之防卫"。法派则反驳道,"子弟在幼稚时代,尊长得干涉其行为",这是尊长对卑幼的管束,而不是侵害。针对礼派小受大走,尊长可以随意殴打甚至杀死卑幼,他们指出:"法律订定之后,子弟有不法行为,国家有法律代为管束,用不着尊亲属杀之也。"反对私刑,要求将家庭父子之间的行为,纳入国家法律的范围,而不容许超越国家的范围另行立法。因此,子孙不得使用正当防卫不应另立

---

① 参考劳乃宣:《修正刑律草案说帖》《声明管见说帖》;沈家本:《书劳提学新刑律草案说帖后》(即"沈大臣酌拟办法说帖");陈宝琛:《读劳提学及沈大臣论刑律草案平议》。以上均载《桐乡劳先生遗稿·新刑律修正案汇录》,1927年桐乡卢氏刻本;文海出版社1969年影印版,第885—951页。

专条,写入刑律。①

三、国家主义与家族主义之争

(一) 杨度的国家主义立法理论

国家主义是与家族主义相对立的法理派法律思想,在资政院议场议决新刑律时,由杨度提出。杨度(1875—1931),湖南湘潭人,原名承瓒,后自取名度,字皙子。师从大儒王闿运,1893 年中举后两次会试落第,1902 年留日入东京弘文学院,与黄兴等创办《游学译编》,1905 年当选为留日学生总会干事长。1908 年杨度因袁世凯和张之洞的保荐,被清廷授予四品京堂的官衔,在宪政编查馆担任提调,同年以讲师身份在颐和园向皇亲国戚讲立宪精义,成为朝野知名的立宪专家。1910 年杨度就是以宪政编查馆特派员身份到资政院发表关于新刑律主旨为国家主义之演说的。武昌起义后,杨度曾出任袁世凯内阁学部副大臣。后当帝师心热,在袁氏称帝前夕组织筹安会。复辟失败后,以帝制祸首被通缉,声名一落千丈。晚年曾加入国共两党的革命,后病逝于上海。

杨度认为,旧律与新刑律在"精神上、主义上"有着根本性的区别,前者依据家族主义,后者依据国家主义。立法要以维护国家利益而不是维护家族利益为出发点。因为他所指的"国家"是君主立宪的国家。所以,换句话说就是:要以西方法制的原理原则而不是以传统礼教原则立法。

所谓家族主义,就是以家族为本位的国家制度。国家"以家族为本位,对于家族的犯罪,就是对于国家的犯罪。国家须维持家族的制度,才能有所凭借,以维持社会"。家族制度的特点是严定家族内部的尊卑等级,"一人犯罪,诛及父母,连坐族长"。由此而产生家族责任,"国家为维持家族制度,即不能不使家长对于朝廷负其责任,其诛九族夷三族就是使他对于朝廷负责任的意思"。家长既然要对朝廷负责任,"在法律上就不能不与之特别权利。并将立法权、司法权均付其家族,以使其责任益为完全,所以有家法之说。所谓家法者,即家长所立之法,此即国家与家长以立法之权"。为什么会形成这种制度呢?因为国家"要恃家族制度以保护国家与治安,故并立、司法之权以付与家长。故家长对于一家之中,可以行其专制之手段,有无上之权柄"。这种制度实行的结果,造成家庭成员没有独立的人格,"无论四五十岁之儿子,对于七八十岁之父母,丝毫不敢违犯"。

---

① 参见《资政院议场会议速记录——晚清预备国会论辩实录》,李启成校订,上海三联书店 2011 年版,第 307—308、611—613 页。

所谓国家主义,则正好与家族主义相反,是以个人为本位的国家制度,"国家对于人民有教之之法,有养之之法。即人民对于国家亦不能不负责任。其对于外,则当举国皆兵以御外侮,对于内则保全安宁之秩序。必使人人生计发达,能力发达,然后国家日臻发达,而社会也相安于无事"。人民对国家负担义务,国家保证人民有法律内的自由权利。"各国法律对于人民有成年不成年之别",在没有成年以前,人民对国家的一切权利义务,全部交给家长代替行使;但到成年后,家长就要把这些权利义务还给他本人,由他本人行使,不能代替。

杨度认为,根据进化论,一切国家都有家族制度的阶段。历史上所有国家的政治法律都经历过家族主义支配的时代。区别仅在于,有的国家制度发达较早,很快由家族主义进至国家主义;有的则发达很迟,到现在还是家族主义。中国就是国家主义发达很迟的国家。中国之所以国家主义发达很迟,是因中国古代无所谓"国际"概念,国家就是天下,天下就是国家,国家与国际概念混而为一。各代帝王"只要维持社会,即足以保国家之治安,并无世界竞争之必要"。所以家族制度在这个时代,是适于统治的制度。正因为这样,所以"二千年之法律,均本于秦"。这种家族制度法律,完全能够达到维护社会治安的目的,所以国家主义迟迟不能发达。历史发展到现在,国家与国际的概念大明,列强的弱肉强食,严重威胁中国的存亡。家族主义造成了中国的贫穷落后,变家族主义而为国家主义,是中国由弱转强的迫切需要:号称四亿人口的中国,为什么不能和外国相抗?原因就在于这四亿人口"只能算四万万人,不能算四万万国民"。他们"都是对于家族负责任,并非对于国家负责任"。四亿人分两种:家长和家人。家长对家人负有特别的权利义务。家人不仅对于国家不负责任,即对于家庭亦不负责任。家庭义务全由家长一人负担,所以,人口虽有四亿,但是"自国家观之,所与国家直接者亦不过是少数之家长而已。其余家人概与国家无关系也"。这少数家长,不管是做工还是经商,都有家庭负累。他们更多的是尽家庭的义务,负养活妻和子的责任,而不是尽国家的义务,负国家兴亡的责任。他特别指出既是家长又是官吏的那些人。按道理说,他们对国家负有义不容辞的责任。但是,其实不然,他们与其说对国家负责任,无毋说对家族负责任。人们所痛恨责备的贪官污吏,为什么会贪污呢?无非是有妻子之累,内顾之忧。他们做官完全是为了取得养活妻子的资财。因此"只要得几文钱以之养家足矣,与国家本无关系也"。但是,如从家族主义的观点看,对这种贪官还不能十分责备,"因为他对于国家虽是贪官污吏,而对于家族都是个慈父孝子、贤兄悌弟"。

总之,由于中国大多数人对于国家没有直接的权利义务关系,对国家兴亡不负责任;少数家长虽有责任,但又力所不及,为官作吏的家长,虽为贪官污吏,但又是慈父孝子贤兄悌弟,所以中国虽号称四亿人口,也不能与外国相抗而屡败。"中国之坏,就由于慈父孝子贤兄悌弟之太多,而忠臣之太少"。同年发表于《国风报》的《编制局校订新刑律意见书》也指出,世界的发展,都由家族主义进至国家主义。中国只有行国家主义保护人权,才能使人民"群策群力",使国家"渐图恢复,不致受灭亡之实祸"。否则,就会"民气消阻,振起无由"。新刑律草案删去旧律中的故杀子孙、干名犯义、违犯教令及亲属相殴等诸条,"其隐寓保护人权之意,维持家属主义,而使渐进于国家主义者,用心良苦"。所以从国家的前途出发,必须将国家主义作为改定法制的宗旨,以便使家长由慈父孝子贤兄悌弟变为国之忠臣,使家人有独立生计,独立能力。杨度认为,国家给人民"营业、居处、言论等等之自由,使其对于国家担负责任"。这样,他们就由"人"进到了"国民"。新刑律正是本此宗旨,减少了家族制度的条文,使之向国家主义转变。①

(二) 劳乃宣的家族主义立法理论

杨度在资政院议场所宣讲的国家主义法律理论,引发了劳乃宣的反驳,后者提出了基于类型说的中国家族主义法律理论。

劳乃宣(1843—1921),字季瑄,号玉初,又号韧叟,浙江桐乡人。1865 年中举人,1871 年中进士,后历任临榆、南皮、完县、蠡县、吴桥、清苑等县知县二十余年。1901 年开始担任南洋公学总理、杭州求是书院监院、浙江大学堂总理及监督等职,创办简字学堂,力主普及教育。1908 年开始在宪政编查馆和政务处任职,1910 年成为资政院硕学通儒议员,后授江宁提学使;1911 年获授京师大学堂总监督兼署学部副大臣等;进入民国后,他主张复辟清室,以遗老自居。他还是近代音韵学家、汉语拼音倡导者。他绝大部分关于法律思想方面的著述收入《桐乡劳先生遗稿》一书中。

为了论证家族主义适合于中国,劳乃宣首先提出法律的起源问题。"法律何自生乎? 生于政体。政体何自生乎? 生于礼教。礼教何自生乎? 生于风俗。风俗何自生乎? 生于生计。"农桑、猎牧、工商三种经济类型,产生三种类型的风俗礼教政体,从而产生出家法、军法、商法三种不同类型的法律。

---

① 杨度的论述见《资政院议场会议速记录——晚清预备国会论辩实录》,李启成校订,上海三联书店 2011 年版,第 301—308 页。《编制局校订新刑律意见书》,载《国风报》,1910 年第 32 号,《文牍》第 5—9 页(总第 93—97 页);影印本见国风报馆编:《国风报》,第七册,中华书局 2009 年版,第 4853—4857 页。

农桑之国的人民,有固定的土地,固定的住所,全家人都听命于父兄的安排,"父兄为家督而家法以立。是家法者,农桑之国风俗之大本也"。礼教政体都从家法中产生出来,君臣关系等于父子关系,"其分严而其情亲,一切法律皆以维持家法为重,家家之家治而一国之国治矣"。在这种法律下,"人人亲其亲,长其长",天下由此而太平。猎牧之国的人民,没有固定的住所,"结队野处,逐水草而徙居",必须有兵法约束才能谋生存。"故人人服从于兵法之下,是兵法者猎牧之国风俗之大本也。"他们的礼教政体从这种兵法中产生出来,君臣关系等于军队中将帅与士兵的关系,"其分严而情不甚亲"。这种国家的"一切法律皆与兵法相表里",约束很严而简单易行,合于用兵之道。"工商之国,人不家食,群居于市。非有市政不能相安,故人人服从于商法之下。是商法者工商之国风俗之大本也"。他们的礼教政体都由商法而产生,君臣关系是一种雇佣关系,"情亲而分不甚严"。其中,君主形式的国家就像独家商业公司,民主形式的国家就像合资商业公司。"一切法律皆与商法相表里。凡所为尚平等重契约,权利义务相为报酬,皆商家性质也。"所以"风俗者法律之母也,立法而不因其俗,其凿枘也必矣。"中国是农桑之国,风俗礼教政体都从家法中产生出来,所以政治必须"从家法",而不能用朔方的军法和欧美的商法;刑律必须维护家法,而不能维护军法和商法。"今欲以欧美之商法政治治中国,抑独可行之无弊乎?"

针对杨度使民爱国必须破坏家法之说,劳乃宣认为,中国人但知爱家不知爱国,根源不在家族主义而在秦以后的专制政体。秦以前的"春秋之世,正家法政治极盛之时也,而列国之民无不知爱其国者"。如《左传》记载的郑国弦高送牛犒秦师;越国亡于吴国后,越人举国一致复兴越国,等等,"国人莫不毁家以卫其国,家法政治之下,民何尝不爱其国哉"!只是到了秦代,行专制政体,"一国政权悉操诸官吏之手,而人民不得预闻"。久而久之,才使今日之民不知爱国。因此,"以欧美尚平等、重权利之道"取代家法政治,是大误特误。再以西方而论,"欧美之民何尝不爱其家哉"!所不同者在于西方家庭和中国家庭的范围不同而已。"中国之家以父子为范围,西国之家以夫妇为范围,西国之所谓一家,犹中国之所谓一房,而其为有家则一也"。认为西方人爱国是由于没有家庭观念,此论不能成立。西方人爱国,在于人人"深明家国一体之理,知非保国无以保家"。为什么他们能明白这一道理呢?在于他们行"立宪政体,人人得预闻国事,是以人人与国家休戚相关"。中国现在已行预备立宪,只要"假以岁月,加以提撕,家国一体之理渐明于天下,天下之人皆知保国正所以保家,则推知其爱家之心,而爱国之心将有油然而生,不期然而然者"。法理派所说必先破坏家族主义乃能成就国民主义,明显不成立。合乎逻辑的结论自然为:"然则居今日而谈变法将何适之从哉?曰:本乎我国固有之家族主义,修而明之,扩而充之,以期渐进于国民主义,事半功倍,莫逾乎是。"①

辛亥革命的枪声,打断了礼法双方的互相辩难。民国以后,这种规模的正面冲突虽没发生过,但小规模的争论可以说从未间断,礼法之争可说贯串整个中国法律近代转型之始终,特别值得后人深思。

第三节 沈家本的法律思想

在近代中国,承先启后、媒介中西、为中国法律的近代转型奠定基础者,当首推沈家本。② 1913 年 7 月,由北京法学会主持的沈家本追悼会在北京湖广会馆举行。在社会各界送来的诸多挽联中,有一条是这样的:

法治导先河,钜典修成,笔挟风霜难易字;
作人开广厦,宗工遐耆,手栽桃李未成荫。

这幅挽联概括了沈家本晚清十年的修律实践。法治,更确切地说,宪政法治,是当年沈家本主持改革的理想。在西方法的影响和冲击下,清政府为了挽救危局,终于走上法律改革之路。而在这场影响深远的中国法律近代转型运动中,沈家本作为清末法律改革的主持者,他对改革的态度,他对西方法的理解,他的

---

① 劳乃宣:《新刑律修正案汇录序》,载《桐乡劳先生(乃宣)遗稿》,文海出版社 1969 年影印版,第 235—241 页。
② 沈家本生平及其法律思想的研究,是法史学界近几十年来的一个热点问题,相关的资料整理和学术研究成果很多。其中,资料整理成果主要有:《历代刑法考》(邓经元、骈宇骞点校,中华书局 1985 年版,全 4 册)、《沈家本未刻书集纂》(刘海年等整理,中国社会科学出版社 1996 年版,上下册)、《沈家本未刻书集纂补编》(刘海年等整理,中国社会科学出版社 2006 年版,上下册)、《枕碧楼丛书》(知识产权出版社 2006 年版,全 1 册)、《沈家本全集》(8 卷本,中国政法大学法律古籍整理研究所和中国社科院法学所法制史研究室共同整理,中国政法大学出版社 2010 年版)。相关学术研究成果,主要有李贵连的《沈家本传》(法律出版社 2000 年版)、《沈家本年谱长编》(山东人民出版社 2010 年版)、《沈家本评传》(南京大学出版社 2005 年版、中国民主法制出版社 2016 年版),黄静嘉的《沈寄簃(家本):中国法制现代化之父》(载黄静嘉:《中国法制史论述丛稿》,清华大学出版社 2006 年版,第 98—112 页),黄源盛的《晚清修律大臣沈家本》(载黄源盛:《中国传统法制与思想》,五南图书出版公司 1998 年版,第 307—334 页)。

思想和行动,都对这场改革产生了无可置疑的重要作用。

沈家本(1840—1913),近代著名法学家和立法专家,字子惇,又作子敦,号寄簃,浙江归安(今浙江省湖州市)人。同治三年(1864)进入清朝刑部做官,光绪九年(1883)考中进士,仍留刑部供职,是道地的传统中国士大夫。历任刑部直隶、陕西、奉天各司主稿,兼秋审处坐办,律例馆提调。沈家本以精熟律学而为官场和士大夫所推许,"以律鸣于时",是当时刑部最出色的司员之一。光绪十九年(1893)出任天津知府,因"以宽大为治""用律能与时为变通",而受到时人称誉。①后来调任直隶首府保定府知府。在此期间,因董福祥甘军过境,捣毁保定北关外法国教堂,引起中外交涉。他据理与法国传教士力争。为此,在八国联军占领保定期间,他被侵略军拘留近四个月,一度被押上刑场陪斩,深受刺激,强化了其固有的以治国强国为主要内容的"法律救国"思想。从光绪二十八年(1902)起到宣统三年(1911)止,受命主持法律改革,历任清朝刑部侍郎、修订法律大臣、大理院正卿、法部侍郎、管理京师法律学堂事务大臣、资政院副总裁、袁世凯内阁司法大臣等职。1910年,中国第一个全国性的法学学术团体北京法学会成立,他被推为首任会长。

在法律思想上,沈家本主要受先秦儒家、法家和西方法学三个方面的影响,希望能将三者融会贯通,构建一能与当时中国社会相适应的新"法治"。由于受儒家仁政思想的影响,因而他痛恨各种残刑酷法,认为"先王之道在德礼而不在刑政"②,"刑者非威民之具,而以辅教之不足者也"③,主张德刑并用,先德后刑,宽平治国,宽平治民。立法不能完全背弃本国固有之礼教民情。但是,他不排斥法家思想,而且特别推崇法家《管子》,用《管子》的"不法法则事毋常,法不法则令不行",来论证"国不可无法,有法而不善与无法等"④。他认为,法是"天下之程式,万事之仪表"⑤,治国不但必须有法,而且要有善法、好法,并由熟悉法律的"仁人"执法。否则,就会使老百姓无所措其手足,导致民心离散、国家危亡。从这种思想出发,沈家本在主持修改制定法律时,不但吸收中国古代法律特别是《唐律》中他认为适合今用的东西,同时热心研究西方法律和法学。参考古今,博辑中外;旧不俱废,新亦当参;取人之长,补己之短。沈家本把他认为适用于当时中国

---

① 王式通:《吴兴沈公子惇墓志铭》,附载于徐世虹主编:《沈家本全集》,第八卷,中国政法大学出版社 2010 年版,第 978 页。
② 沈家本:《历代刑法考》,第二册,邓经元、骈宇骞点校,中华书局 1985 年版,第 838 页。
③ 沈家本:《历代刑法考》,第一册,邓经元、骈宇骞点校,中华书局 1985 年版,第 9 页。
④ 沈家本:《法学名著序》,载《寄簃文存》,商务印书馆 2015 年版,第 208 页。
⑤ 沈家本:《新译法规大全序》,载同上书,第 213 页。

的西方法律和法理引进中国,从而在一定程度上突破了正统法律思想的范畴,把中国法律推向近代。

一、治国强国的法律救国论

沈家本在主持晚清的法律改革中,对旧律进行了大刀阔斧的改造,同时又引进大量的西方法律,是融会中西法学的冰人,中国法制现代化的先行者。那么,支配他行动的思想基础是什么呢?换句话说,沈氏思想的出发点是什么呢?他的出发点就是以爱国、治国为目标的"法律救国"论。

抵御、反抗外来侵略,保国保种,救亡图存,是近代中国社会的主旋律。它激动了所有的阶级和阶层,形成一股波涛汹涌的近代思潮。在这曲爱国救国的大合唱中,社会历史以及自身条件所赋予沈家本的是通过对旧法制的改造,使之适应变化了的新的世局,进而使新的世局、新的社会得到治理,国家由此从弱变强,消除国耻,与世界先进国家齐头并进。换句话说,他走的是法律救国或法律治国的道路。

沈家本是一个忧国忧民,具有民族自尊心和爱国心的传统官僚士大夫,神州陆沉的民族灾难,经常使他寝食不安。1860 年,他刚二十周岁,就在北京目睹英法联军火烧圆明园的暴行。他亲笔记录了侵略者的罪恶,并激起投笔从戎、请缨杀敌之念。四十年后,北京再次遭受侵略军的洗劫。其时他任咫尺之近的保定知府,对北京的陷落痛彻心骨。在侵略军占领保定以后,不但府署被抄,府库被劫,最后自身也未能幸免,被侵略者拘押,身陷囹圄数月并险遭不测。国家破亡的惨景,囚徒的耻辱,使他悲愤欲绝。这种刺激,对他法律救国思想的形成有着重大影响。

沈家本从青年时期即入刑部学律治律并以律鸣于时,清朝同光之际,刑部治狱有声者并不乏人,特别是薛允升、赵舒翘这样的法律学家,旧律功底与沈家本一样深厚,他们之间的交谊亦非一般朋友可比。但是,考查他们的著述和行状,即可发现,沈家本早在任职刑部司员期间即注意、留心对外交涉,而薛、赵在这个方面则似乎全是空白。现存的沈家本生前未刊著作《刑案汇览三编》的最后一部分——《中外交涉刑案》,是迄今所见 19 世纪绝无仅有的中外交涉案件汇编。这说明,沈家本比中国同时期的其他法学家更重视对中外交涉案件进行总结。他这样做的目的很明显,就是为以后的司法、立法积累资料,提供经验。也正是因为他有这种资料和经验积累,所以,在办理保定北关外法国教堂案时,他才敢于和法国教士杜保禄当面辩论,使杜保禄"无言而退"①,挫败了侵略者的阴谋。总之,沈家本在治律中,比同时代法学家的视野要宽,考虑的问题要深。在研读旧律的同时,早就究心对外的法律问题。他的"法律救国"思想即种根于此。

奉命修律以后,这种思想就更明显了。沈家本非常称誉春秋时期郑国子产铸刑书"救世"之苦心:"国小邻强交有道,此人端为救时来。"②他效法子产,在"国弱邻强"的时代,负起修律救时之重任。由于沈家本的"法律救国",以采用西法改造旧法为归依,故这时他撰写的大量奏疏、论说、序跋等,处处强调取人之长,补己之短,采西法之善,去中法之弊,不厌其烦地反复阐述治理国家,必须使法律随乎世运递迁而损益变化的道理。西方通过革新法典,得以改革其政治,保安其人民而日益强盛;中国介于列强之间,迫于交通之势,更是万难守旧,不能不改。直至老病侵夺、卧床不起的弥留之际,他仍念念不忘毕生之志,撰文祝愿"吾中国法学昌明,政治之改革,人民之治安,胥赖于是,必不让东西各国竞诩文明也"。③字字句句,都渗透了这位法学先驱的报国之情和以法治国、以法强国的理想。

在近代中国,"科学救国""教育救国""实业救国"等力图超越现实政治斗争的救国论,在各个不同历史时期,都曾喧腾过一时。沈家本一生不以利禄为念,为了中国的兴盛而致力于法律之学,其"法律救国"即属于这个范畴。尽管这未能挽救中国的危亡,但它促进了中国社会的进步。为了救国治国,沈家本把一生精力和全部才智都倾注在融合中西法律之中。

二、儒家仁政与人道主义思想

沈家本一生治律,兼治经史,融经史于律。其法律学识之渊博,中国法律史上鲜有能与匹敌者。通观他的全部理论和实践,他的思想核心就是儒家仁政和西方的人道主义。

"仁政""仁学"是儒家所代表的中国传统文化的重要组成部分。由于孔子纳"仁"入"礼",秦汉以后,历代统治者又一步步"纳礼入律"。因此,中国传统法律包容了孔子以来的儒家"仁政"学说。传统法中的一系列宽刑、轻刑、省刑措施和思想家中的"德化""教化"等,就是这种"仁政"学说的具体表现。沈家本幼读经

---

① 王式通:《吴兴沈公子惇墓志铭》,载徐世虹主编:《沈家本全集》,第八卷,中国政法大学出版社 2010 年版,第 978 页。

② 沈家本:《子产祠》,收录于《枕碧楼偶存稿》,卷十一;载徐世红主编:《沈家本全集》,第七卷,中国政法大学出版社 2010 年版,第 160 页。"救世"见《左传·昭公六年》。

③ 沈家本:《法学会杂志序》,载《寄簃文存》,商务印书馆 2015 年版,第 214 页。

史,受儒家思想熏陶,身上打下极深的儒家"仁政"烙印。《历代刑法考·刑制总考》,是他对上自唐虞,下至明代法制的总考论。他对历代法制和皇权统治的裁定,莫不从"仁"字着墨,以"仁"为衡。法之善恶,人之仁暴,皆以"仁"为准。符合"仁"者,法为善法、良法,君为贤君;违背"仁"者,法为恶法、坏法,君为暴主。沈家本认为,中国法律,自唐虞时代起,便"以钦恤为心,以明允为用",形成德化的传统。这一传统至商鞅变法修刑而绝。因此,他特别推誉汉初:"汉文除肉刑,千古之仁政也。"①

对法制和君主的评定如此,对执法官的评定也是如此。在他的著述中,对"仁人"执法的赞美,几乎到了不厌其烦的地步。他反复强调:"夫法之善者,仍在有用法之人,苟非其人,徒法而已。""用法得其人,法即严厉亦能施其仁于法之中;用法失其人,法即宽平亦能逞其暴于法之外。""为仁为暴,朕兆甚微,若空言立法,则方策具在,徒虚器耳。"②这种见解,既是他阅读经史的心得,也是他生平治狱的经验总结。

用儒家"仁政"评判历代法制、君主和执法者,并不是沈家本的目的,而是一种手段。他的目的是通过这种评判,论证必须以"仁"为标准,对旧律进行全面的审查,把"仁"作为改造旧律、制定新律的标准。在脍炙人口的《删除律例内重法折》中,他深刻揭示了这些不仁之法给社会造成的恶劣后果,并坚决主张予以废除。

沈家本在以儒家"仁政"思想来评判历代法制和指导修律的同时,已在一定程度上接受西方的"人道主义"思想,同样用它来评判历代法制,并以此指导修律。在表达这种思想时,他没有直接运用"人道主义"一词,而是用西人批评中法之"不仁"这种曲折的方法,间接表达他的这种思想。如《删除律例内重法折》说:"臣等以中国法律与各国参互考证,各国法律之意旨,固不能出中律之范围……综而论之,中重而西轻者为多。盖西国从前刑法,较中国尤为惨酷,近百数十年来,经律学家几经讨论,逐渐改而从轻,政治日臻美善。故中国之重法,西人每訾为不仁。"③又如《刑制总考四》论死刑唯一:"以斩与绞相较,则斩殊身首又不如绞之身首尚全,故近来东西各国有单用绞刑者,亦仁术之一端也。"④这种出自外人之口的"仁""不仁""仁政""仁术",显然已非纯粹的儒家之"仁",其实质乃是西方

---

① 沈家本:《历代刑法考》,第一册,邓经元、骈宇骞点校,中华书局1985年版,第9页、第179页。
② 沈家本:《刑制总考四》,载同上书,第51页。
③ 沈家本:《删除律例内重法折》,载《寄簃文存》,商务印书馆2015年版,第1—2页。
④ 沈家本:《刑制总考四》,载《历代刑法考》,第一册,邓经元、骈宇骞点校,中华书局1985年版,第54页。

近代的人道主义。用的是儒家之词,阐述的却是西方近代之道,穿的是古装,演的是新戏。

如果说上面所列尚存以儒家之"仁"偷贩西方人道主义之嫌,那么在废除奴婢制度问题上,沈家本已公开打出了人道主义的旗号:"本大臣奉命纂修新律,参酌中外,择善而从。现在欧美各国,均无买卖人口之事,系用尊重人格之主义,其法实可采取。"短短几句话,极为鲜明地表述了他的立场。从这种立场出发,他痛恨把人当非人看待,反对把人比作畜产或禽兽:"且官员打死奴婢,仅予罚俸;旗人故杀奴婢,仅予枷号。较之宰杀牛马,拟罪反轻,亦殊非重视人命之义。"①"……奴亦人也,岂容任意残害?生命固应重,人格尤宜尊。正未可因仍故习,等人类于畜产也。"②东汉时,曾有三男共娶一妇之案,当时的司法官以禽兽喻三男,而将三人同戮于市。沈家本考论此案,愤怒斥责:"三男并无死法,乃遽骈首就戮,且曰以禽兽处之,何其轻视人格哉?"③人就是人,把人当做禽兽,正是西方人道主义所极力反对的兽道主义。沈家本通过正反对比,反对把人当禽兽,极为鲜明地表达了其近代西方人道主义立场。

"民本"思想是儒家"仁政"的滥觞。沈家本作为修律大臣,从儒家"民本"思想出发,他希望作为治国之具的法律能考虑普通民众的利益,对他们的利益给予适当保护。故在他的著述中反复出现"为政之道,自在立法以典民"④;"立法以典民,必视乎民以为法而后可以保民","因民以为治,无古今中外,一也"⑤等词句。他十分强调法律与民众生命财产的关系:"律者,民命之所系也,其用甚重而其义至精也。根极于天理民彝,称量于人情事故,非穷理无以察情伪之端,非清心无以祛意见之妄。设使手操三尺,不知深切究明,而但取办于临时之检按,一案之误,动累数人,一例之差,贻害数世,岂不大可惧哉。"⑥对残民以逞、贻害民生之法,他予以批判。如对盗贼的治理,他首先肯定的是"盗贼之多,由于政令之烦苛而民生贫困"⑦;反对置民生不问而用重法治盗,滥杀无辜。他主张立法应便利民

---

① 沈家本:《禁革买卖人口变通旧例议》,载《寄簃文存》,商务印书馆2015年版,第17页。
② 沈家本:《删除奴婢律例议》,载同上书,第23—24页。
③ 沈家本:《汉律摭遗》,卷八,载《历代刑法考》,第三册,邓经元、骈宇骞点校,中华书局1985年版,第1523页。
④ 沈家本:《旗人遣军流徙各罪照民人实行发配折》,载《寄簃文存》,商务印书馆2015年版,第10页。
⑤ 沈家本:《裁判访问录序》,载同上书,第206页。
⑥ 沈家本:《重刻唐律疏议序》,载同上书,第177页;参见《唐律疏议》,刘俊文点校,中华书局1983年版,第669页。
⑦ 沈家本:《汉律摭遗》,卷七,载《历代刑法考》,第三册,邓经元、骈宇骞点校,中华书局1985年版,第1504页。

生,凡有碍民生的条款都必须废除。在适用法律上,他反对因身份之异而"急黎庶而缓权贵"①。从"民本"出发,他终于走到近代西方的人权上来了。

在沈家本的著述中,阐述西法权利观念的文字并不多,而且还没有专门的文章。但是,只要对他主持制定的新律稍做分析,即可发现里面到处体现着这种观念。在他看来,新律,特别是民商各律,其意即在"区别凡人之权利义务而尽纳于轨物之中"。因此,从制定《刑事民事诉讼律》采用"律师制""陪审制""公开审判制",到制定《大清民事诉讼律草案》以"保护私权"作为司法要义,举凡西方法中有关保护个人权利的内容,大都被他所引进。权利观念,是近代西方人道主义的法律用语。儒家主张的"仁政"与"人道主义",虽然有着某些内在联系,但存在质的区别。特别在个人权利方面,儒家的"仁政"是自上而下的一种恩赐、恩惠。传统法律只要求民众尽义务,权利则只能等待当政者的赐予,不存在运用法律维护自己权利的问题。近代西方法律依据人道主义原则,社会所有成员的权利义务均由法律规定,公民依据法律尽义务,也依据法律享受并维护自己的权利。因此,由儒家"仁政"过渡到近代西方人道主义有一个质的飞跃。沈家本在新律制定的过程中,如此大量地吸收权利观念,说明他的思想已完成了这个飞跃过程。

三、酌古准今,融会中西

沈家本辗转清朝官场近半个世纪,其间业绩最大、最为世人所称道的阶段,实为晚年担任清王朝的修订法律大臣、主持法律改革的十年。此时乃中国学习西方政法制度的极盛时期,"百熙管学务,家本修法律,并邀时誉"②,在中西学说互为水火的20世纪初年,法律能与学务一起而"并邀时誉",显然与主持修律者个人识见高卓,能较好地处理中西制度的矛盾和冲突,使新旧双方都能大体上接受新制度有着密切的关系。

对新学与旧学,沈家本有一个总体认识,即新旧各有其是,学者不应用新旧之名而立门户。他反对新旧互相倾轧,并认定在挽救国家危亡的总目标下,新旧界线必将自行融化。"旧有旧之是,新有新之是,究其真是,何旧何新?守旧者思以学济天下之变,非得真是,变安能济也?图新者思以学定天下之局,非得真是,

---

① 沈家本:《刑制总考三》,载《历代刑法考》,第一册,邓经元、骈宇骞点校,中华书局1985年版,第34页。
② 《清史稿》卷四百四十三《列传二百三十》评语,载赵尔巽等撰:《清史稿》,第四十一册,中华书局1977年版,第12448页。百熙指张百熙,时为学务大臣。

局莫可定也。世运推演,真是必出。"①在法学领域里,他赞誉西方法律法治,但是反对全部抛弃传统的主张:"今者法治之说,洋溢乎四表,方兴未艾。朝廷设馆,编纂法学诸书,将改弦而更张之矣。乃世之学者,新旧纷拏,各分门户,何哉？夫吾国旧学,自成法系,精微之处,仁至义尽,新学要旨,已在包涵之内,乌可弁髦等视,不复研求。新学往往从旧学推演而出,事变愈多,法理愈密,然大要总不外情理二字。无论旧学新学,不能舍情理而别为法也。所贵融会而贯通之,保守经常,革除弊俗,旧不俱废,新亦当参,但期推行尽利,正未可持门户之见也。"②

沈家本一生治律,其对旧律研究之精深,自薛允升逝后,可以说无有能过之者。正是由于有极其精深的旧律基底,才使他能得心应手、大刀阔斧地革除旧律中的落后部分。他强调立法要研究旧律,要求学者探求古今异同之原,讲明世轻世重之故。为探讨中律本原,他对中国法律旧籍的搜求几乎到了如醉如狂的地步。早在任职刑部司员期间,他即与友人一起重刻《唐律疏议》。主持修律以后,更以搜求考订刊刻旧籍为职志。官府之藏,民间之秘,国内外之本,乃至手抄所传,苟闻其下落之所,必千方百计到手一睹为快,并克服经费困难将其刊印。《沈寄簃先生遗书》中的不少"序"和"跋",即为搜求考订刊刻的古籍而作。与此同时,他自己长年累月,爬罗剔抉,伏案挥毫,写出《历代刑法考》等鸿篇巨制。沈家本对我国古代法律所做的这些工作,在中国法律史上称得上前无古人。他的工作既为以后中国法律史的研究开拓了道路,也为后人留下了宝贵的精神财富。

通过考订研求,比较对照中西法律,沈家本得出结论说:中西法律,"同异相半"③,西方法律的大要大旨,中律尽已包含。但旧律毕竟适应不了新的时局,为了挽救民族的危亡,使国家强盛,沈家本在强调继承传统的同时,把目光转向西方。他认为:"方今中国,屡经变故,百事艰难,有志之士,当讨究治道之原,旁考各国制度,观其会通,庶几采撷精华,稍有补于当世。"他在清朝决定变革法律之前,便认识到旧律之不适于新时局。主持修订法律后,他研读西方法律和法学著作,深明西法优于中法之处,更力主博采西法以补中法,使新法适应时局发展之需要。他向国人陈述道:"泰西各国当中土周秦之世,学术称盛。而希腊罗马亦师儒相望,已为后世诸家专门之祖。十九世纪以来,科学大明,而研精政法者复

---

① 沈家本:《浙江留京同学录序》,收入《枕碧楼偶存稿》,卷五;载徐世红主编:《沈家本全集》,第七册,中国政法大学出版社 2010 年版,第 73 页。
② 沈家本:《法学名著序》,载《寄簃文存》,商务印书馆 2015 年版,第 210 页。
③ 沈家本:《大清律例讲义序》,载同上书,第 203 页。

朋兴辈作,乃能有今日之强盛,岂偶然哉。"①中西有同样的过去,西方国家后来能以法学昌明、法律进步而致国家强盛,中国难道不应以之为师,迎头赶上,使自己的法学、法律走出国界,与世界同步发展吗?

为使国人相信中国采用西法能导致国强民富,沈家本多次举日本之例为证:"日本旧时制度,唐法为多。明治以后,采用欧法,不数十年,遂为强国。是岂徒慕欧法之形式而能若是哉?其君臣上下同心同德,发愤为雄,不惜财力以编译西人之书,以研究西人之学,弃其糟粕而撷其英华,举全国之精神,胥贯注于法律之内,故国势日张,非偶然也。"②日本采用西法能富能强,中国采用西法难道就不能富强吗?他就是抱着这样一个良好的愿望,从事清朝廷交给他的立法主持工作的。

沈家本多次称誉西法西学:"近今泰西政事,纯以法治,三权分立,互相维持。其学说之嬗衍,推明法理,专而能精。流风余韵,东渐三岛,何其盛也。"③论西法刑民诉讼之优则曰:"泰西各国诉讼之法,均系另辑专书,复析为民事、刑事二项。凡关于钱债、房屋、地亩、契约及索取赔偿者,隶诸民事审判。关于叛逆、伪造货币官印、谋杀、故杀、强劫、窃盗、诈欺、恐吓取财及他项应遵刑律定拟者,隶诸刑事裁判。以故断弊之制秩序井然,平理之功如执符契。"④总之,西方国家强盛,与其法制先进息息相关。由于对西法西学如此推誉,所以他十分热心向国人推荐西方译作,并为不少译作撰写序言,冀期广为流传。为使新修法律能真正采用西方的良规新说,他对西法西学的翻译极为重视。

作为传统官僚士大夫、清王朝的修订法律大臣,沈家本采取西法的目的是寻求新的"治道",以救国、富国、强国。他精博的中西法律知识,以及在修律时遭到守旧官僚的阻挠、朝廷的压力,种种内外因素,决定他在修律中要经常采用近代思想家曾经使用过的"托古改制"的方法。而在实践中,则只能采撷西法,以彼之长补我之短,而不能用西法取代中法。简言之,他不会也不可能使中国法律全部西化,只能是新旧兼收,中西并蓄,为我所用。用他的话说,就是会而通之。会通中西,是旧法不适用,西法又不能全部取代旧法的必然结果。通过会通中西,使中国法律走出传统窠臼,既是沈家本主持修律的理想,也是他主持修律的功绩。

---

① 沈家本:《政法类典序》,载《寄簃文存》,商务印书馆 2015 年版,第 211 页。
② 沈家本:《新译法规大全序》,载同上书,第 212 页。
③ 沈家本:《法学名著序》,载同上书,第 209 页。
④ 沈家本:《修订法律大臣沈家本等奏进呈诉讼法拟请先行试办折》,载怀效锋主编:《清末法制变革史料》,上卷,宪法行政法、诉讼法编,中国政法大学出版社 2010 年版,第 385—386 页。

四、中西法律的融会点——法理

熔铸东西,或融会中西、贯穿中西,是沈家本晚年的职志。通过对两者的研究,他把中西两种异质法律的融会点选在"法理"上。

"法理"一词,大约在我国古代东汉即已出现,基本上与"法律"同义。中国古代的法律,一方面侧重指"刑",所谓"出礼而入刑",法理为礼义所限定;另一方面,传统律学侧重对成文法进行术语界定、文义疏通、各类成文法之关系、条文与成文法整体之关系等技术层面,而少有探究法律起源、本质、职能、作用等近代法理方面的内容。近代意义上的"法理"随西学东渐进入中国,"近世纪欧洲学者孟德斯鸠之伦,发明法理,立说著书,风行于世……流风所被,渐及东海。"①这种由西方孟德斯鸠所发明而传入东方的"法理",其含义显然不同于我国古代的"法理"。

早在刑部司员任内,沈家本即提出适用法律必须精思其"理"的论断。光绪十六年(1890),沈家本在为重刻《唐律疏议》而作的序中即提出:"是今之君子,所当深求其源,而精思其理矣。"②这里所说的"理",虽然还不是近代西方法学意义上的"法理",但显然也不是与法律同义的古代"法理"。这个"理"当指中国古代法律所含的原理,包括天理民彝,也包括人情世故。可见,沈家本早在出任修订法律大臣,主持法律改革之前,就非常留意对法律中"理"的研究和探讨。

"法理"一词,第一次见诸沈家本的著述,是他在保定知府任内为《刑案汇览三编》所作的序中。当时,他针对"戊戌变法"前后出现的新旧学说之争,发出如下议论:

> 顾或者曰:今日法理之学,日有新发明,穷变通久,气运将至,此编虽详备,陈迹耳,故纸耳。余谓:理固有日新之机,然新理者,学士之论说也。若人之情伪,五洲攸殊,有非学士之所能尽发其覆者。故就前人之成说而推阐之,就旧日之案情而比附之,大可与新学说互相发明,正不必为新学说家左袒也。③

在这里,他不但使用了"法理"概念,而且还对新旧学说的相互关系、各自的长短进行了初步论说。沈家本认为,中西法律法学都有各自的法理,尽管它们不

---

① 沈家本:《法学会杂志序》,载《寄簃文存》,商务印书馆2015年版,第214页。
② 沈家本:《重刻唐律疏议序》,载同上书,第177页。
③ 沈家本:《刑案汇览三编序》,载同上书,第195页。

完全相同，但总逃不出"情理"二字。在《法学名著序》中，他详细阐述了这种观点："夫吾国旧学，自成法系，精微之处，仁至义尽，新学要旨，已在包涵之内，乌可弁髦等视，不复研求。新学往往从旧学推演而出，事变愈多，法理愈密，然大要总不外情理二字。无论旧学新学，不能舍情理而别为法也，所贵融会而贯通之。"①旧学已将新学要旨包含在内的论断，显然是他作为传统士大夫对旧学的眷恋溢美之词，但他用"情理"概括法理大要，并由此入手，贯通中西法学，则是其独到之处。

《论杀死奸夫》是沈家本在修律过程中与礼教派相互辩难之作，也是清末礼法之争中，法理派反击礼教派的代表作。在这篇文章中，他运用"法理"，就本夫有无权利在奸所杀死奸夫奸妇的问题，进行了系统的论证。西方法律，禁止本夫擅自杀死与人通奸的妻子和奸夫。比照西法，中国法律允许本夫在奸所杀死与人通奸的妻子和奸夫的规定应不应该删除呢？换句话说，应不应该用西律取代中律呢？他作了肯定的回答。因这一规定不仅存在中西法律相异的问题，最根本的是这一规定本身不合"法理"：(1)凡人和奸，从《唐律》起，其罪名即仅为徒、杖，并不当杀。律不当杀而本夫擅杀之，实为法之所不许。"法既不许，乌得无罪？有罪而予之以罪，义也。明明有罪而许为无罪，则悖乎义矣。悖乎义者，不合乎法理。"(2)律载，死罪犯人拒捕而捕人擅杀者杖一百。可见，"即罪犯应死之人，常人亦不得任意杀之，而况非罪犯应死之人乎？和奸，律止拟杖，与罪犯应死者大相悬殊。在官司差人擅杀应死罪犯，尚应拟杖，而谓常人可以任意杀人，所杀者又罪止拟杖之人，轻重相衡，失其序矣。失其序者，不合乎法理。"(3)"妇人淫佚，于礼当出"，并无死法。唐律之下，"其犯七出有三不去而出之者，杖六十"，而恶疾及奸除外；明律进而删去例外条款，"是有三不去者，出亦不许矣。出且不许，况于杀乎？不许其出而许其杀，两律显相矛盾。夫君子绝交尚不出恶声，况于妻乎？当出者礼也，其不可杀者亦礼也。不可杀而杀，违乎礼矣。违乎礼者，不合乎法理。"(4)好生恶杀，人之常情，"乃以骨肉之亲，床笫之爱，惨相屠戮，其忍而为此，于情岂终能安乎？情不能安，即乖乎情矣。乖乎情者，不合乎法理。"总之，从义、序、礼、情四个角度来观察，"皆于法律之原理有未能尽合者"。②不合乎法理之法，即不能为法。因此，法律不能赋予本夫擅杀与人通奸的妻子和奸夫的权利，旧律此条必废。

---

① 沈家本：《法学名著序》，载《寄簃文存》，商务印书馆 2015 年版，第 210 页。
② 沈家本：《论杀死奸夫》，载同上书，第 60—61 页。

可见,沈家本的"法理"或"法律之原理",主要指贯透于法律中的"义、序、礼、情"。"义"者"宜"意,"有罪而予之以罪"正是"宜",体现法律的公平性,这是法律的本义。有罪变为无罪,有罪不罚,则显失公平,与法律本义相悖,当然也就不合法理。"序"指罪行的大小与刑罚的轻重相宜,也就是现代的罪刑相当。重罪轻罚,或轻罪重罚,均失其"序",因之不合法理。"礼"指人伦之理,"君子绝交尚不出恶者,况于妻乎"。人与人之间应遵循这种人伦之理。法律有违这种人伦之理,即为违礼,也就不合法理。"情"在这里主指"人性","惨相屠戮",即非人性之所应有,故亦不合法理。在沈家本的著述中,"情理"二字连篇累牍,其大要皆不能越此四端。

在沈家本的思想中,中外法律虽然各有自己的法理,但是,法理之大要"情理"则是相通的。融会贯通中外法学,就是要取中外法律中合于"情理"者,而舍其悖于"情理"者。合于"情理"者为善法、良法,悖于"情理"者为恶法、非法之法。在修律实践中,沈家本可说尽力贯彻了这种取舍原则。改重为轻、化死为生是他在修律活动中最为世人所称誉的功绩。然而,在改重为轻的同时,他还有为人所忽略的改轻为重之举。盗窃罪和妇女犯罪,就由他亲自将原来较轻的刑罚改为较重的刑罚。改重为轻与改轻为重,是两种决然相反的做法。沈家本既主改重为轻,同时又主改轻为重。从表面看,十分矛盾,但背后实有一以贯之的理据。在他看来,旧律中的各种野蛮刑罚,完全不合人性,不合情理。因此,重法必须删除,才合乎法理。而妇女犯罪和盗窃罪,旧律规定的刑罚太轻,以致轻重失序,也不合法理。总之,在对旧律的改造中,他并不绝对执着于改重为轻,而是严格从实际出发,依照法理,权衡斟酌,以定取舍。

不但改造旧律是这样,制定新律也是如此。对西方法律中有违法理的制度,沈家本是不予采用的。如制定《大清刑事诉讼律草案》,在确定预审制度时,他就指出,外国的预审制度,"论其性质,本与侦查处分无异。而法国治罪强分为二,以侦查处分属检察,以预审处分属审判……以一侦查处分而强分为二,法理既不可通,事实亦多不便"。因此,舍外国成法,合二为一,将预审处分属检察厅。又如制定《大清民事诉讼律草案》,在诉讼关系和执行关系上,"各国民事诉讼律,有于规定诉讼关系外,兼规定执行关系者。日本、德国即用斯例"。而他却认为,"诉讼关系其主旨在确定私权,执行关系其主旨在实行私权。二者之旨趣程序均各不同,如强合为一,揆诸法理,实所未安。"因此,尽管日本、德国有此制,他却不予采用。①

在沈家本看来,世界各国,人情尽管有异,但由于都是"人"之"情",因此异中仍然有相通之处。法理因于人情,同样异中有同。他比较对照中西法律,经常说某某制度中西"暗合",某某规定中西"相合",理由就在这里。这种西方制度和思想,中国古已有之的托古改制论证方法,是戊戌维新以来,新学家们的惯用方法。这种方法,在学术上难免牵强附会之嫌,但是,在反驳守旧派、开启人们的思想方面,它曾起过重要的作用。

托古改制,托古不过是手段,改制才是目的。托古既然是手段,那么,不管沈家本如何反复证明中西法律"暗合""相合",旧学法系如何包含新学要旨,中西法律的"情理"如何相似,都不过是手段而已。其相合、相似只能是形式上的相合、相似。事实上,他所模范的大同良规、最新学说,本质上与旧律原理很难有共同之处。例如,他与守旧派做了激烈争论后所采用的罪刑法定制度就是如此。在反驳守旧派时,他引录西晋刘颂之论:"又律法断罪,皆当以法律令正文,若无正文,依附名例断之,其正文名例所不及,皆勿论。"然后指出,"今东西国之学说正与之同"②。而在事实上,新律的罪刑法定,与古代的罪刑法定存在质的区别。这一点,蔡枢衡先生说得很透彻:"这个罪刑法定原则实是近代民主和法治思想在刑法上的表现。过去的罪刑法定主义,都是对官吏强调君权;这次的罪刑法定主义,却是破天荒第一次对君和官强调民权。"③沈家本知道中外法律的这种不同的内涵吗?以他的学识而论,肯定是知道的。为什么明知如此还说其相同呢?说到底,他是要用中外法律都规定审判官必须严格按照法律给罪犯处刑,这一罪刑法定的外在之"理",去反驳守旧派。以此为手段,最后达到采用内涵不同的西方近代刑法罪刑法定制度之目的。由此可见,沈家本虽然选定"法理"为中西法律的融会点,并大讲中西法理大要不外"情理"二字、中西法律"情理"相似相通。实质上,他所论证的只是外在的相似相同,而非内涵的一致。

五、沈家本的法治(Rule of Law)理想

发生在 19 世纪、20 世纪之交的法律改革,在中国近代史上非常重要。经沈

---

① 参见李贵连编著:《沈家本年谱长编》,山东人民出版社 2010 年版,第 288—289、295 页。并参考吴宏耀、郭恒编校:《1911 年刑事诉讼律(草案):立法理由、判决例及解释例》,中国政法大学出版社 2011 年版,第 471 页。

② 沈家本:《断罪无正条》,载《历代刑法考》,第三册,邓经元、骈宇骞点校,中华书局 1985 年版,第 1812—1813 页。

③ 蔡枢衡:《中国刑法史》,广西人民出版社 1983 年版,第 131—132 页。

家本等法律修订者的共同努力,这次改革开启了中国法律近代化之门。中国法律向近代演进,这是中国史上第一次继受西方法治。沈家本是法治(Rule of Law)特别是法治中审判独立的追求者和实践者。

作为晚清法律改革的主持者,沈家本熟悉我国的古代"法治"(Rule by Law),对西方法治(Rule of Law)也有深入洞见。但是,从现有材料看,在主持法律改革之前,没有发现他对西方法治有什么了解。1900年八国联军占领保定城,侵略者加给他的切肤之痛,导致他的思想急剧转变。1899年秋天撰写,1907年面世的《刑案汇览三编序》,记述了他的这一转变。

《刑案汇览三编》是沈家本于保定知府任内,在保定府署编定的起自道光十八年(1838)的刑案。编完这本巨著后,他把自己大半生中对清朝刑案,同时也是对中国传统法律的认知,写进书序。书序中的这段话,真实地记录了他的心路转变历程:

《汇览》一书,固所以寻绎前人之成说以为要归,参考旧日之案情以为依据者也。晰疑辨似,回惑祛而游移定,故法家多取决焉……此编虽详备,陈迹耳,故纸耳……就前人之成说而推阐之,就旧日之案情而比附之,大可与新学说互相发明,正不必为新学说家左袒也。①

这段话直接说出了他花那么多时间编辑《刑案汇览三编》之目的,为他的付出做价值论证。他知道新"法理",也不排斥这种外来的新"法理",但他看重的仍然是传统司法经验的价值。但是没过多久,沈家本就把他的这种价值判断推翻了。1907年《寄簃文存》八卷刊行,收入1899年所写的这篇序。在这篇序文的末尾,他加上了另一段话:

……今日修订法律之命,屡奉明诏,律例之删除变通者,已陆续施行。新定刑法草案,虽尚待考核,而事机相迫,施行恐亦不远。此编半属旧事,真所谓陈迹故纸也。……②

从之前坚信前人"成说"、旧日"案情"有其价值,"大可与新学说互相发明";到八年后认定这些"成说""案情"为"陈迹故纸"。前后变化如此之大,为什么呢?这就是沈家本在庚子年因保定北关教案而经历的牢狱之灾坚定了其法律救国理念所致。及至因缘际会,他担任清廷修律大臣,为他所依托的王朝命运,为他所

---

① 沈家本:《刑案汇览三编序》,载《寄簃文存》,商务印书馆2015年版,第195页。
② 同上,第195—196页。

挚爱的国家,为他所亲见的同僚鲜血,为他个人所蒙受的屈辱,愤而激变。庚子年的切肤之痛,使他在主持法律改革以后,迅速接受了从海外传来的西方法。又由于他对中国传统法造诣的精深博大,他很快就究明西方法与我国固有法之间的差异。对这种差异,他没有长篇大论的理论论证,但有明确的表述,而且往往一语中的。如关于中西审判制度,他讲:

> 西国司法独立,无论何人皆不能干涉裁判之事。虽以君主之命,总统之权,但有赦免,而无改正。中国则由州县、而道府、而司、而督抚、而部,层层辖制,不能自由……西法无刑讯,而中法以考问为常。西法虽重犯亦立而讯之,中法虽宗室亦一体长跪。此中与西之不能同也……更有相同而仍不同者。古今无论矣,但即中、西言之裁判所凭者,曰供,曰证。中法供证兼重,有证无供,即难论决……西法重证不重供,有证无供,虽死罪亦可论决。此又中西之同而不同者也。①

中西司法审判的差异如比,法治也是这样。在《新译法规大全序》中,他开篇就指出:

> 《管子》曰:"立法以典民则祥,离法而治则不祥。"又曰:"以法治国,则举措而已。"又曰:"先王之治国也,使法择人,不自举也,使法量功,不自度也。"其言与西人今日之学说,流派颇相近,是法治主义,古人早有持此说者,特宗旨不同耳。②

西方有法治,中国也有自己的"法治"。但是,中国自古就有的"法治",与西方法治并不完全相同,只是"颇相近"。它们相近在什么地方呢?相近在"以法治国""使法择人""使法量功"等表面形式上。这种形式上的"相近",无法掩盖二者的"宗旨",亦即精神内核的天渊之别。"以刻核为宗旨,恃威相劫,实专制之尤",这是中国传统,尤其是法家的"法治";"以保护治安为宗旨,人人有自由之便利,仍人人不得稍越法律之范围",这是西方法治。"二者相衡,判然各别。"③这位花甲之年才开始通过翻译而接触西方法律的老翁,短短几句话,非常深刻,足见其建立在深厚学识上的敏锐洞察力。正是有这种认识,所以他反对当时国内的古今中西门户之见,力主博采古今中西的善法,改弦更张,制定适合中国国情的近

---

① 沈家本:《裁判访问录序》,载《寄簃文存》,商务印书馆2015年版,第205页。
② 沈家本:《新译法规大全序》,载同上书,第212页。
③ 沈家本:《法学名著序》,载同上书,第210页。

代法,实行近代法治,来挽救国家民族的危亡。在沈家本看来,立法者必须关注百姓、注重社会政教习俗,有开阔的心胸,高超的识断,择善固执,尤不能预存古今中西牢不可破的成见,"我法之不善者当去之,当去而不去,是之为悖。彼法之善者当取之,当取而不取,是之为愚。夫必熟审乎政教风俗之故,而又能通乎法理之原。虚其心,达其聪,损益而会通焉,庶不为悖且愚乎……是在讲究斯法者,勿求之于形式,而求之于精神,勿淆群言,勿胶一是,化而裁之,推而行之,斯变通尽利,平争讼,保治安,阻力罔勿消,而势亦无所阂矣。古今中外之见,又何必存哉。"①具备这样的洞察力,能对中西法治做如此精辟的分析,他的价值取向不言自明,即奉行"法治"(Rule of Law)主义。

理性认识,不等于理论体系的建立,已届垂暮之年的老翁,虽然希望通过法治(Rule of Law)使中国和西方、日本一样强盛起来,然而他已没有精力为这个法治建构理论体系。他只能在职分范围内,通过"斗法"②,把自己的"法治"理想灌注到制度的建构中。这种建构是多方位的,第一步则是法律制度的变革。

晚清法律改革,虽然只有短短的十年,但是可以划分为两个阶段:第一阶段,1902年到1906年的"新政"阶段,重点在于对旧律的改造。就沈家本的思想而言,改造旧律的目的,落脚点主要是收回领事裁判权。第二阶段,1906年至1911年,因宣布预备立宪,法律改革重点在围绕"立宪",制定适于宪政时代的新律。由于新律要到"宪政"施行后才能实施,因此,这个阶段还必须继续改造旧律,使之成为"宪政"前的适用法律,因之有《大清现行刑律》的颁布施行。

清廷宣布预备"立宪"后,作为坚定的司法独立论者,沈家本既是当时的理论阐述者,同时又是实践者。他所做的工作,大致体现在下述几个方面:第一,著《历代刑官考》。为论证中国古代也有近代法治国家所要求的审判独立的传统,沈家本特著《历代刑官考》。该书成于1909年,正是清廷筹建各级审判厅,将审判权从各级行政官手中剥离之际。因此,人们尽可批评他以古代"刑官"比"欧洲制度"③的幼稚浅薄,批评他"司法独立非惟欧西通行之实例,亦我中国固有良

---

① 沈家本:《裁判访问录序》,载《寄簃文存》,商务印书馆2015年版,第206—207页。
② 沈氏女婿汪大燮有"改官制事,非变政,实斗法"之论,十分精当,见上海图书馆编:《汪康年师友书札》(一),上海古籍出版社1986年版,第985页。晚清变法,实在是官僚争斗"斗法"的大战场。沈家本如果没有"对中国官场逻辑的谙熟",不会"斗法",在当时的官场,恐怕寸步难行。
③ 沈家本:《历代刑官考》上《周》,载《历代刑法考》,第四册,邓经元、骈宇骞点校,中华书局1985年版,第1962页。

规"①论之妄谬,但无法否认他在社会转型时期为当时各级审判厅奠基的理论意义;而就论证方法而言,也无法断言他的方法就一定比其他论证方法的效果逊色。实际上,就当时的环境而言,如不用这种"托古改制"或"复古改制"的手法,而直接用西方理论去阐述司法独立在中国的必要性,它的效果究竟能有多大,实在令人怀疑。第二,派员考察日本裁判制度,确认"司法独立与立宪关系至为密切"。如果说《历代刑官考》是从中国传统说明司法独立在中国的可行性,那么,调查日本裁判制度,则是实地考察司法独立在东方国家的实效,近距离观察和探讨西方司法独立之本原。光绪三十一年(1905)九月,他和伍廷芳专折奏请派员考察日本的裁判制度。1906年,董康、麦秩严等接受委派,在日本司法省特简参事官斋藤十一郎、监狱局事务官小河滋次郎的协助下,分别参观了日本各处裁判所及监狱。通过半年多的调查访问,将见闻所及,撰写裁判四章、监狱二十二章,缮具清单进呈上奏。通过考察,沈家本确信日本"国力之骤张基于立宪,其实司法独立隐收其效"。在列举行政官兼任司法的四大害处之后,他斩钉截铁地指出:"职是四者,司法独立为及今刻不容缓之要图。"②第三,引入律师制、陪审制。律师是职业法律人群体的重要组成部分。律师制和陪审制是西方司法审判独立的重要制度。特别是英美法系国家,案件的审判,陪审团、律师制约法官,依法审判案件,使法官不能肆意妄为,避免司法专横。清末最早提请采用律师制和陪审制的法案,是1906年的《刑事民事诉讼法草案》。虽然这些条款遭到张之洞等人逐条逐句的批驳,但这种反对声音最终未能阻止中国引进律师制度的步伐,与法院法官一样,在历史潮流下,律师终于在中国登堂入室。

培育合格的法律人是推行法治不可缺少的重要方面。职是之故,在改革旧法、翻译外法、制定新法的过程中,沈家本极为重视中国近代法律教育和法学研究。在他的多方奔走和主持下,中国近代第一所全国性的专门法学教育机构——京师法律学堂,于1906年在北京开办。他以修订法律大臣身份兼任该学堂的管理大臣,几年之内,"毕业者近千人,一时称盛"③。中国的近现代法学高等教育,其始应为1895年的北洋大学堂。如果再早一点,可以上推到1869年同文馆"国际公法"课程的开设。但是,正规而有系统的法学教育,应该是1906年由

---

① 《调查日本裁判监狱报告书》卷前奏疏,北京农工商部印刷科1907年铅印本;当代标点本有何勤华、魏琼编:《董康法学文集》,中国政法大学出版社2005年版,第641页。
② 《调查日本裁判监狱报告书》卷前奏疏,北京农工商部印刷科1907年铅印本;参见何勤华、魏琼编:《董康法学文集》,中国政法大学出版社2005年版,第641—642页。
③ 王式通:《吴兴沈公子厚墓志铭》,载徐世虹主编:《沈家本全集》,第八卷,中国政法大学出版社2010年版,第979页。

沈家本主持开办的这所京师法律学堂。这是一所为新设各级审判厅培养法官的学校。在京师法律学堂的示范作用下,各类法学教育机构在全国各地迅速成立,从而掀起了清末民初中国近代第一次法学教育高潮。为促进法学研究的深入,在他的推动下,全国性的法学学术团体——北京法学会,于1910年在北京成立,并由他出任第一任会长。在此基础上,他还推动创建法学研究所,创刊《法学会杂志》。围绕北京法学会,中外学者云集,同人相聚,讲说新理,推演旧义,盛极一时,奠定了中国近代以法为研究对象的法学学术地位。他是中国近代法学当之无愧的开路人。

模范列强,制定"宪政"之法;在"宪政"之法的规范下,实行司法独立;开展现代法学教育,养成现代法律人。这就是沈家本晚年致力法律改革的理想。这种理想,就是法治(Rule of Law)的理想。他的这种理想和付出,得到时人的认同和肯定。但是,沈家本的这种法治追求理论贫乏。晚清立法修律是专制帝王政治权力危机的产物,而不是理论成熟的民众政治行动。沈家本接受的是帝国皇帝的修律任命诏书,他是清帝国的修律大臣,而不是君主立宪国或民主共和国的议会推举的法律起草委员会主任。他主要从救国救亡角度接受西方法治,认为实行西式的法治就能强国救国。由于主客观上的这些原因,其理论缺失便在所难免。

近代法治的原则是人权保障和分权。沈家本说过,申韩法治是专制之尤,也就是集权。西方法治是三权分立,互相维持,使人人都有自由的便利,又不超越法律的范围。但这仅仅是几句话,是纲,没有展开,没有理论体系。在人权保障上,"礼法之争"可以说是围绕人权的法律论战,法派当时就提出,制定新法的一个重要目的就是保护人权。还有禁革买卖人口,废除奴婢律例,都可以说是人权的保障,但同样缺少理论体系的支持。司法独立是沈家本法治追求的重要部分,在理论上他做过一些论证。他的论证分为两层:一是通过分析传统中国行政兼理司法的四大弊害,来间接说明司法独立在近代中国的必要性;二是司法独立已成各国的潮流,而且是中国古已有之的良规。沈家本归纳的行政官兼理司法存在四大弊害,要点为:行政官员没有专门的法学知识;胥吏容易营私舞弊;上诉制度流于虚设,相关法规几乎形同具文;以及它的存在有碍于收回领事裁判权。这种论证,没有触及行政官兼理司法这个制度本身与传统君主专制之间的必然关系。司法独立制度本身的独立价值——作为贯彻西方权力分立的重要制度设计以保障公民的自由和权力——实际上被有意无意地抽掉了。在西方,不论是在英美等普通法国家还是在法德等大陆法系国家,司法独立制度的建立,是保证有超然于诉讼双方之上的公正裁判者,防止各式各样的专断权力对公民权利和自由的侵犯。尤其是抵御国家本身和作为国家代表的当政者(也就是通常所说的公权力)对公民的威胁,使司法成为人民权利的最后庇护所。这方面的论证,沈家本着墨不多,他只简略地说"司法独立与立宪关系至为密切"。① 但是,两者"密切"在何处？立宪国优于专制国的地方何在？这些问题都没有论及。为什么？是不敢论、不想论,还是不知道、无法论？斯人已逝,根据现有资料难有准确答案。司法独立停留在操作层面上,这种功利性的司法独立观只会产生更功利的"法治"理论。这种工具主义层面上的司法独立和"法治",在相当大的程度上预示了它在近代中国的命运。

为什么会这样？原因在时代。近代法治,不论是君主立宪下的君宪法治国还是民主立宪下的"共和法治国",都是西方近代国家模式。这种模式,以"宪政"为前提。不管这种"宪政"是民主的还是君主的,抑或是君民共主的,搞宪政就要分权。但是,清帝国的"立宪",是在内外交困的局面下,为稳定自身统治权力而被迫宣布的"立宪"。统治者要的是集权,而不是分权,是借立宪集权于皇帝,集权于清朝贵族。这种"立宪",不但不同于西方的民主立宪,与日本的"君主立宪"也相距甚远,甚至还是导致清帝国被迅速推翻的重要原因。

在这样的环境中,沈家本按照自己的理想而构建的制度,其实际状况会怎样呢？民国成立,汪庚年在他的《上大总统及司法总长条陈司法独立书》中说:"前清时代,无论普通行政、司法行政,莫不以侵犯司法为常例。"行政官"欲强揽司法权,以售其舞文弄法之伎俩而遂其私",而"审判官之判决案件,其拟律之判决文必先受本厅长官之删改,再受法部之核稿,往返驳诘,不得其许可,其谳即不能定。"在法官的任用上,"司法大臣之任用司法官也,一差一缺,纯以金钱献媚之多寡为标准。巧立章程,以便其迁就；破坏法律,以逞其私心。"其结果,"一般毫无法律知识者,皆以金钱或声气之能力,蟠踞于其中"。而就沈家本极为关注的京师监狱而言,"北京之模范监狱,其建筑之目的不在改良监狱……乃有调剂私人,多派监工委员,假土木以夥分国库之支出而已。"②

清帝国被迫的"立宪",是沈家本通过司法独立来推行近代中国"法治"的理想受挫的关键原因。可以肯定的是,通过改革者的努力,大理院终于从刑部剥离

---

① 《调查日本裁判监狱报告书》卷前奏疏,北京农工商部印刷科 1907 年铅印本；参见何勤华、魏琼编：《董康法学文集》,中国政法大学出版社 2005 年版,第 641—642 页。

② 原载《盛京时报》,1912 年 4 月 21 日及 24—25 日。并收入《民国经世文编·法律二》,第四十八至四十九页,见沈云龙主编：《近代中国史料丛刊》第五十辑,文海出版社 1970 年影印版,第 2001—2003 页。

出来,一部分地方审判厅也从知县知府衙门剥离出来,中国破天荒有了大理院和各级审判厅这样的专门审判机构。但沈家本的法治实践并没有解决行政干涉司法问题。更为糟糕的是,民国以后枪杆子干涉司法,比行政干涉司法更可怕。这就不仅仅是沈家本一个人的遗憾,而是整个国家民族的不幸了。

参考阅读材料

《法学名著序》

沈家本

《管子》曰:"不法法则事毋常,法不法则令不行。"此言国不可无法,有法而不善,与无法等。然则议法者欲明乎事理之当然,而究其精意之所在,法学之讲求,乌可缓乎? 南齐孔稚珪《请置律学助教表》云:"寻古之名流,多有法学。故释之、定国,声光汉台。元常、文惠,续映魏阁。"尔时稚珪提倡宗风,始标法学之名,以树之的,复特引名流以为重,其惓惓于法学之讲求,意何殷也。

夫自李悝著经,萧何造律,下及叔孙通、张汤、赵禹之俦,咸明于法,其法即其学也。迨后叔孙宣、郭令卿、马融、郑玄诸儒,各为章句,凡十有余家,家数十万言。凡断罪所当由用者,合二万六千二百七十二条,七百七十三万二千二百余言。法学之兴,于斯为盛。郑氏为一代儒宗,犹用此学,可以见此学为当时所重,其传授亦甚广。魏卫觊请置律博士,转相教授。自是之后,下迄唐宋,代有此官,故通法学者不绝于世。洎乎元主中原,此官遂废,臣工修律之书,屡上于朝,迄未施行。明承元制,亦不复设此官。国无专科,人多蔑视,而法学衰矣。卫觊云:"刑法者,国家之所贵重,而私议之所轻贱。"斯言若伤于过激。然纪文达编纂《四库全书》,法令之书,多遭摈弃,并以刑为盛世所不尚,所录略存梗概而已。夫以名公钜卿,创此议于上,天下之士,又孰肯用心于法学? 其衰也宜也。

近今泰西政事,纯以法治,三权分立,互相维持。其学说之嬗衍,推明法理,专而能精,流风余韵,东渐三岛,何其盛也。各国法学,各自为书,浩若烟海,译才难得,吾国中不能多见。日本之游学欧洲者,大多学成始往,又先已通其文字,故能诵其书册,穷其学说,辨其流派,会其渊源。迨至归国之后,出其所得者,转相教授,研究之力,不少懈怠。是以名流辈出,著述日富。大抵专门之学,非博观约取,其论说必不能详,非极深研几,其精蕴必不能罄。此固非积数十寒暑之功候不能有所成就。若第浅尝而猎取之,遂欲折衷群言,推行一世,难矣。

今者法治之说,洋溢乎四表,方兴未艾,朝廷设馆,编纂法学诸书,将改弦而更张之矣。乃世之学者,新旧纷挐,各分门户,何哉?夫吾国旧学,自成法系,精微之处,仁至义尽,新学要旨,已在包涵之内,乌可弁髦等视,不复研求。新学往往从旧学推演而出,事变愈多,法理愈密,然大要总不外"情理"二字。无论旧学、新学,不能舍情理而别为法也,所贵融会而贯通之。保守经常,革除弊俗,旧不俱废,新亦当参,但期推行尽利,正未可持门户之见也。或者议曰,以法治者,其流弊必入于申、韩,学者不可不慎。抑知申、韩之学,以刻核为宗旨,恃威相劫,实专制之尤。泰西之学,以保护治安为宗旨,人人有自由之便利,仍人人不得稍越法律之范围。二者相衡,判然各别。则以申、韩议泰西,亦未究厥宗旨耳。

此编网罗法学之书,精译印行,其中作者并日本近世知名之士,经数十载之研稽,著为论说,卓然成家,洵足饷遗当世。彼都人士,交相推重,非虚语也。方今宪政推行,新法令将次第颁布,得是书而讲求之,法学之起衰,庶于是乎!在窃愿拭目竢之。宣统三年夏五〔月〕。①

【讨论思考题】

1. 试思考晚清法律改革与新政的关系。
2. 在礼法之争中,礼法双方是如何看待并评判中国国情的?
3. 沈家本是如何以"法理"为中心来媒介中西方法学的?在这里,"法理"应如何理解?
4. 沈家本法治观的优长和缺失分别是什么?

---

① 沈家本:《历代刑法考(附寄簃文存)》,第四册,邓经元、骈宇骞点校,中华书局1985年版,第2239—2240页。并见沈家本:《寄簃文存》,商务印书馆2015年版,第208—210页。

第十三章　革命派的法律思想

第一节　革命派法律思想概述
第二节　孙中山的法律思想
第三节　章太炎的法律思想

1898年戊戌维新以失败告终，清廷失去了一次很关键的自救机会，以孙中山为首的革命派开始逐渐登上历史舞台。革命派的活动虽早在"戊戌变法"前就已开始，但未成气候。戊戌维新被镇压所带来的王朝政治上的全面反动以及愈来愈大的满汉裂痕为革命派活动之进行提供了良好契机。1905年，革命团体"兴中会""华兴会"和"光复会"合并组成了"中国同盟会"，确定了"驱除鞑虏，恢复中华，建立民国，平均地权"的纲领。后经过多次的流血牺牲，革命派以武力推翻了清王朝，结束了长达两千多年的皇权专制，建立了中华民国。民国成立之后不久，政权即为以袁世凯为首的北洋派所掌握，当时中国仅有"民国"之招牌而无真正的民国，以孙中山为首的革命派仍在为建立真正的民国而继续奋斗不已。在长期的奋斗过程中，革命理论日渐丰富和成熟。与此相应，革命派的法律思想也逐渐形成系统。

第一节　革命派法律思想概述

革命派为了推翻帝制，唤醒国人，对君主专制制度及其背后的思想和意识形态进行了批判，并与改良派展开了大论战。在法律和法律思想领域里，他们以西方"天赋人权""自由、平等、博爱""法律面前人人平等"之类的思想观念为尺度，来评判传统的法律和司法，激励人们起来推翻君主专制，废除维护专制的传统法制，主张建立与共和国相匹配的新法律制度。其法律思想，大致包含以下几个方面的内容：

一、民权至上

皇权至上，法自君出，是中国封建社会正统法律思想最重要的特征。革命派依据西方近代国家学说，将"君"和"国"严格加以区分，把批判的矛头直接指向了所谓"受命于天"的专制君主，指出那种"举土地为一己之私产，举人民为一己之私奴，而悍然自称曰'国'"的国，是违反公理的非法之国、一人之国、一姓之国；其法，则是一人之法、一家之法。真正的国家应当为人民所"公有"，其法律应代表"公意"。国家对外必须有独立的主权，"土地虽割而国不亡……惟失其主权者则国亡"；对内必须有人人都得遵守的"国法"，"故一国之中有国法，为民者守之，为君、为臣者守之。民犯国法谓之乱民；君犯国法，谓之暴君；臣犯国法，谓之贼臣。其名不同，其罪同也"①。革命派认为，清朝对外无主权，对内无国法，不能称其为国家。

那么，主权应该属于谁呢？革命派以民主主义为武器，明确提出主权在民，"天下之至尊至贵不可侵犯者，固未有如民者也"。一国可以无君，天下可以无君，但是，一国不可无民，天下不可无民；"一国无民则一国为丘墟，天下无民则天下为丘墟"。"以一国之民而治一国之事，则事无不可治；以一国之民而享一国之权，则权无越限。"②只有人民才是国家的主人，帝王、君主只不过是盗窃人民权利的大盗而已。

由此出发，他们坚决反对传统的忠君思想，认为"君臣之名义"是专制社会"最为毒害于人心者"③。在忠君之说的影响下，"君挟权势，辄以小恩小惠买人心。而为臣者，迷于利禄，溺于名教，得君之一颦一笑，常沾沾自喜，虽肝脑涂地而无悔"④。对此，革命派尖锐地指出，忠于君主一人而不忠于国家，不能称之为忠。

为了改变这种状况，革命派要求人身自由，反对人身专制。他们指出，人的权利为天所赋予："天之生人也，既与以身体自由之权利，即与以参预国政之权利"。因此，作为"国民"之人民必须有过问行政之权、干涉立法之权、管理司法之权，共同求一国之利、除一国之害。这才是"国民之真权利"，"暴君不能压，酷吏不能侵，父母不能夺，朋友不能僭"。这种权利既不能让君主一人占有，也不能让贵族数人私有，更不能让外人"盗我权利，诈我权利"。全体国民应以法国大革命为榜样，把自身从君权压制中解放出来。"天之生人也，原非有尊卑上下之分。自强凌弱、众暴寡，而贵贱形焉，主奴形焉。故治人者为主则被治者为奴，贵族为主则平民为奴，自由民为主则不自由民为奴，男子为主则女子为奴"。这是最不平等、最不合理的"奴隶之国"。他们号召人民，"冲决治人者与被治者之网罗"，

---

① 《原国》，载《辛亥革命前十年间时论选集》（以下简称《时论选集》），第一卷，上册，生活·读书·新知三联书店1960年版，第63—64页。
② 《说国民》，载《时论选集》，第一卷，上册，生活·读书·新知三联书店1960年版，第72页。
③ 汉民（胡汉民）：《述侯官严氏最近政见》，载《时论选集》，第二卷，上册，生活·读书·新知三联书店1963年版，第151页。
④ 民：《普及革命》，载《时论选集》，第二卷，下册，生活·读书·新知三联书店1963年版，第1036页。

"冲决男子与女子之网罗"。主张人与人之间在法律上一律平等，人人都是治人者，也是被治者；都是王侯，又都是皂隶。法律无奴仆之文字，男女都有参政权。人人得其平，人人得其所。他们大声疾呼，要求人民以威武不能屈、富贵不能淫、贫贱不能移的精神，反抗专制主义和帝国主义的压迫，争做独立的国民，大倡权利、责任、自由、平等、独立之说，大争权利、责任、自由、平等、独立之实，建立自由平等的共和国，使中华民族"气凌欧美，雄长地球"①，自立于世界民族之林。

二、主张共和宪政

宪法，是近代西方的产物，为建设宪政和法治国家所必需。改良派曾经把开国会、制宪法作为自己的重要目标，并为之奋斗。革命派也重视宪法，但是，其宪法观与改良派有很大差别。

革命派所要的宪法是民主宪法，所谓"宪法者，国民之公意也，决非政府所能代定。盖宪法之本质，在伸张国民之权利，以监督政府之行为，彼政府乌有立法以自缚者？"②因此，他们反对改良派所坚持的君主立宪，认为完全之宪法应是民权宪法，其目的在于"保护人民之权利"。宪法的制定，完全取决于国民的意志，"而与君主官吏漠无相涉"③。他们指出：改良派所鼓吹的宪法，是由清廷自己制定的。而在清廷，从君主到臣下，都是至卑至劣之人，没有任何人能代表国民，因此，由他们制定的宪法，只能是"贵族宪法"④。在君主立宪之下，"其治人者与治于人者，等差厘然各殊"。所以这种宪法，纵然"袭用欧美之宪章成法"，政治之"恶劣亦如故"⑤，"不过于寻常腐败法律之外，多增一钦定宪法，以掩饰大地万国之瞻听"⑥而已，不可能有什么新变化。

在革命派看来，"夫宪法者，一国之根本法，又人民权利之保障也"⑦，自由、平等、博爱乃其内在之精神。在这种宪法之下，君民上下平等，"均处一律之地位，

---

① 《说国民》，载《时论选集》，第一卷，上册，生活·读书·新知三联书店1960年版，第72—77页。
② 精卫(汪兆铭)：《民族的国民》，载《时论选集》，第二卷，上册，生活·读书·新知三联书店1963年版，第97页。
③ 鸿飞(张锺瑞)：《土耳基立宪说》，载《时论选集》，第三卷，生活·读书·新知三联书店1977年版，第366—367页。
④ 娲石女氏：《吊国民庆祝满政府之立宪》，载《时论选集》，第二卷，下册，生活·读书·新知三联书店1963年版，第862页。
⑤ 汉民(胡汉民)：《"民报"之六大主义》，载《时论选集》，第二卷，上册，生活·读书·新知三联书店1963年版，第375、377页。
⑥ 怀姜：《立宪驳议》，载同上书，第556页。
⑦ 莹：《论宪法上之君主神圣不可侵犯之谬说》，载《时论选集》，第三卷，生活·读书·新知三联书店1977年版，第831页。

无稍差异";人民不但有言论、出版、迁徙、集会之自由,财产人身之不受侵犯,而且有"诉求请愿,秘密书函,干涉行政之得失,选举议员之资格"①等广泛的权利。清廷立宪却恰恰相反,其目的只不过是"实行排汉主义,谋中央集权,拿宪法做愚民的器具"②。为维护皇权,他们在宪法中首明"君主神圣不可侵犯"。其实世界上根本不存在什么"神圣"的东西,"神圣之前提既不正确,不可侵犯之断定自属误谬,则君主神圣不可侵犯之断定,尤为误谬之误谬"。如果君主不尽"公仆"之责,徒借宪法妄为神圣,妄求不可侵犯,以欺压国民,则商汤放桀,周武伐纣,法国专制君主上断头台,古今中外,概莫能外。③ 要想获得中国人民所需的宪法,只有像世界各国一样,通过流血斗争才能换取,绝不可以拥戴满洲政府而为君主立宪。

革命派不但认为宪法应当出自国民之公意,而且认为其他所有法律也应当出自公意。他们认为,法律是"国民之公器,称之曰国法,非一家之法"④,"所以保护国中之安宁、秩序、生命、财产者也,凡其封域之中,人无论贵贱,种无论黄白,法律所立,皆有守之之责"⑤。但在君主专制制度之下,人民"除服从私意,遵守王法外,更无可以发表意思之余地","数千年蜷伏于专制政权之下,复罔论宪法!全社会束缚于名分大防之内,复罔论法律!"在这种法律制度下,人民无权无势,虽然财产、生命、人格被任意吞蚀、剥夺、污辱,但由于"既畏惧于王法之森严,又怵惕于强权之暴厉,于是乎不得不蠕然驯伏,禁舌无声"⑥,敢怒而不敢言。清末,虽然在伪立宪的招牌下进行了修律活动,但根本不能消除传统法律的弊端,相反,"法律愈备,杀人愈多"。例如,以前没有诉讼法,现在有了,按其规定"审讯凭证据不问口供,此岂非文明之法律!然地方官吏,不从事于检证,惟幸于不取口供可以定罪,杀人之事,益见其易"⑦。又如,"枭首凌迟之淫刑,岂非明示废止者耶?而徐烈士之狱,剖其心、磔其支体,犹以为不足,暴尸兼旬,人莫敢殓,虽至野

---

① 《为外人之奴隶与为满洲政府之奴隶无别》,载《时论选集》,第一卷,下册,生活·读书·新知三联书店 1960 年版,第 526 页。
② 孙文:《"民报"周年纪念大会上的演说》,载《时论选集》,第二卷,上册,生活·读书·新知三联书店 1963 年版,第 536 页。
③ 莹:《论宪法上之君主神圣不可侵犯之谬说》,载《时论选集》,第三卷,生活·读书·新知三联书店 1977 年版,第 830—831 页。
④ 《二十世纪之中国》,载《时论选集》,第一卷,上册,生活·读书·新知三联书店 1960 年版,第 68 页。
⑤ 《中国灭亡论》,载同上书,第 79 页。
⑥ 汉驹:《新政府之建设》,载《时论选集》,第一卷,下册,生活·读书·新知三联书店 1960 年版,第 585—586 页。
⑦ 精卫(汪兆铭):《驳革命可以生内乱说》,载《时论选集》,第二卷,上册,生活·读书·新知三联书店 1963 年版,第 533 页。

蛮之国,有淫刑以逞至于此极者耶?"①总之,不推翻专制政体,即使改革法律,也改变不了传统法律和法制的专制本质。

三、对传统纲常伦理的批判

革命派对君主专制、君主立宪和整个传统法制的批判,并不限于法律本身,而且追根溯源,深入到法制的根本——礼教上面。

他们首先指出,传统社会的"礼""非人固有之物也,此野蛮时代圣人作之以权一时"。所谓"礼仪三百,威仪三千",只不过是"大奸巨恶,欲夺天下之公权而私为己有,而又恐人之不我从也,于是借圣人制礼之名而推波助澜,妄立种种网罗,以范天下之人"②。这种旧礼教旧道德,其实并非真道德而系伪道德。他们认为,道德有天然道德和人为道德之分:"天然之道德,根于心理,自由、平等、博爱是也;人为之道德,原于习惯,纲常名教是也。"天然之道德是真道德,人为之道德是伪道德。中国数千年相传之道德,皆是伪道德,而非真道德。③

革命派痛恨旧礼教、旧道德,指出礼教使人丧失最高尚的自由平等资格,"耗人血、消人气,不至于死亡不止也"④。它是比"猛兽盗贼"⑤更为凶残、更为野蛮的吃人之道。专制者在伪道德的假面具下,"等道德于刍狗,借权术为护符,将恻隐廉耻之心荡然俱尽,人类之祸日以酷烈"。不仅如此,为了维护旧礼教、伪道德之尊严,统治者还将"道德与法律混而一之",强迫人民接受。"出于礼即入于刑","礼教与刑法相为表里","其事苟为伪道德所非,即有峻法严刑以待其后"。因此,其惑民诬民,实甚于洪水猛兽。旧律"拘守不通之礼教",乃其"最乖谬之处"和"最足为民害"之处。

针对旧礼教所鼓吹的"君为臣纲",革命派指出,这是专制君主压制人民的工具。由于君主"自念威福权力,皆由强取豪夺而来",为了巩固自己的统治,才"不得不创尊君亲上之谬说"。至于官尊民卑,则因官吏"为君主所信任,奉君主之命令以治人民",抵抗官吏,便被视为抵抗君主。官吏受君主之命治民,故人民之生死予夺,悉握于官吏掌握之中。"残民以逞,莫敢谁何","罗织无辜,流血成川"。因此,老百姓称他们为"破家县令,灭门知府"。⑥

---

① 阙名:《预备立宪之满洲》,载《时论选集》,第三卷,生活·读书·新知三联书店1977年版,第41页。
② 《权利篇》,载《时论选集》,第一卷,上册,生活·读书·新知三联书店1960年版,第479页。
③ 愤民:《论道德》,载《时论选集》,第三卷,生活·读书·新知三联书店1977年版,第847页。
④ 《权利篇》,载《时论选集》,第一卷,上册,生活·读书·新知三联书店1960年版,第479页。
⑤ 《广解老篇》,载同上书,第429页。
⑥ 愤民:《论道德》,载《时论选集》,第三卷,生活·读书·新知三联书店1977年版,第847—853页。

针对旧礼教的"父为子纲",革命派认为父母有养育子女之恩,子女尽孝父母,乃理之当然。但是,法律根据礼教,规定尊长有命,卑幼不能违;甚至尊长杀卑幼,尊长亦不为罪,任凭父母凌虐子女,这就有悖公理。他们坚决反对父母对子女专横:"当其幼时,不知导之以理,而动用威权,或詈或殴",致使长大以后"卑鄙相习,残暴成性";教以"崇拜祖宗,信奉鬼神",而使之丧失判别是非之能力;教以"敬长尊亲,习请安跪拜",而成奴性;婚姻惟听父母之所择,不能自由,因而造成人世间无数惨剧。①

对于所谓"夫为妻纲",革命派批之尤烈。他们指出:"居地球之上,其不幸者莫如我中国人,而中国女界,又不幸中之最不幸者。"妇女"奴隶于礼法,奴隶于学说,奴隶于风俗,奴隶于社会,奴隶于宗教,奴隶于家庭,如饮狂泉,如入黑狱"②。妇女"襁褓未离,而'三从''四德'之谬训,无才是德之謷言,即聒于耳而浸淫于脑海,禁识字以绝学业,强婚姻以误终身,施缠足之天刑而戕贼其体干焉,限闺门之跬步而颓丧其精神焉,种种家庭之教育,非贼形骸即锢知识",与其如此而生,还不如早夭为幸。出嫁后,强悍翁姑"禁遏自由之权力,且不逊父母兄弟而尤过之";丈夫在"闺房之内,俨然具有第二君主之威权",因此,妇女出嫁等于进了第二重地狱。③ 总之,在"三纲五常"的家族主义下,妇女"出入无自由,交友无自由,婚姻无自由,非顺从家主,不得其所欲"④,男子是入了文明新世界,二万万女同胞,"还依然黑暗沉沦在十八层地狱"⑤。

总之,革命派不但对君主专制、君主立宪进行了抨击,而且批判了整个传统法制及其背后的礼教,为推翻清王朝的统治,大造了舆论。并且在南京临时政府成立后,他们积极进行法制建设,实践其理论主张。但亦需指出的是,他们中的某些人对传统法制及其背后礼教的批判有时不免存在矫枉过正的偏激之处。殊不知,破坏固然不易,建设尤其困难,建设又跟前此的破坏紧密相关,非凭空而能奏效。破坏过甚过激,建设亦就无从取资,从而增加了其难度。近代中国法制转型之艰难,当与此不无关系。在革命派法律思想的产生和发展过程中,孙中山起了最重要的作用,是革命派法律思想的主流;章太炎的法律思想非常深刻,亦是

---

① 真:《三纲革命》,载《时论选集》,第二卷,下册,生活·读书·新知三联书店1963年版,第1016—1019页。
② 亚卢(柳亚子):《哀女界》,载《时论选集》,第一卷,下册,生活·读书·新知三联书店1960年版,第936—937页。
③ 丁初我:《女子家庭革命说》,载同上书,第927—928页。
④ 亚特:《论铸造国民母》,载同上书,第932页。
⑤ 秋瑾:《敬告姊妹们》,载《时论选集》,第二卷,下册,生活·读书·新知三联书店1963年版,第845页。

革命派法律思想画卷中的一道亮丽的风景。

第二节　孙中山的法律思想

在革命派中，孙中山是最具现代意识的领袖和思想家。为了寻求救国救民的真理，他一生经历了无数的坎坷曲折，是中国近代伟大的革命先行者。

孙中山（1866—1925），名文，字德明，号逸仙，别号中山，广东香山县（今中山市）人。青少年时期曾在檀香山、广州、香港等地读书，立志改造中国。他对清朝君主专制极为不满，决心实行武装起义，建立以西方国家为模式的民主共和国。1894年11月，孙中山在檀香山的华侨中建立了兴中会，提出"驱除鞑虏，恢复中华，创立合众政府"的口号。1905年，他出任中国同盟会总理，提出以民族主义、民权主义、民生主义为基本内容的三民主义。1912年就职为中华民国首任临时大总统。在整个北洋军阀主政时期，他为保护民国和约法奋斗不已。最后在"革命尚未成功"的1925年病逝于北京。其主要著作有《三民主义》《建国方略》《建国大纲》等，后人也整理有《孙中山全集》并出版发行。[①]

清末民初，先进知识精英们的理想，是建设一个现代法治即民主法治的中国。孙中山是这种民主法治的最早追求者。但是，在民国初年的特定环境中，他由这种法治的追求者变为党治的倡导者。他倡导的这种"党治"，不是西方多党政治下的"党治"，而是苏俄式的党治。国民党掌控中央政权后，他的后继者将这种党治，诠释成"一切权力，皆由党集中，由党发施"[②]，"党外无党，党内无派"[③]的集权党治。国民政府时期的中国就是这样的党治国家。

[①] 《孙中山全集》，全十一卷，中华书局1981—1986年版；在中国台湾地区，则有秦孝仪主编的《国父全集》（全十二册，近代中国出版社1989年版），关于孙中山的生平，可以参见陈锡祺主编的《孙中山年谱长编》（中华书局1991年版）。

[②] 胡汉民、孙科：《训政大纲说明书》，载中国第二历史档案馆编：《国民党政府政治制度档案史料选编》（上），安徽教育出版社1994年版，第588页。

[③] 胡汉民：《中央党部第二次总理纪念周报告》，载《胡汉民先生演讲集》，第二集，民智书局1927年版，第46页。并参见《胡汉民再答鄢悌讨论三民主义函》，载陈红民辑注：《胡汉民未刊往来函电稿》，第十四册，广西师范大学出版社2005年版，第712页。

一、民主法治的追求者

孙中山对民主法治的追求,是从批判清王朝的专制法律和司法开始的。1895 年 10 月,孙中山领导的广州起义因事泄而未及爆发就被清政府镇压了。孙中山也因此被清政府通缉,不得不于次月东渡日本,后经檀香山赴美、欧游历,其沿途的行踪均受到清政府的监视。1896 年 9 月 30 日,孙中山抵达英国伦敦;10 月 11 日,孙中山在外出途中被清政府驻英国公使馆诱捕、监禁;获释后与英国记者埃德温·柯林斯撰写了一篇题为《中国之司法改革》的论文。在该文中,孙中山开门见山地指出:在今日中国的社会生活部门中,也许没有什么部门比司法制度——如果能称之为制度的话——更迫切需要彻底改革。接着,他就列举了行医过程中所见的若干案例及被囚禁于清朝廷驻伦敦公使馆的亲身经历等来论证清朝司法制度的黑暗和腐败,揭露了司法机关执法手段与行刑方法的残酷,并以"生不进衙门,死不进地狱"的中国谚语来形容中国人对传统司法制度的看法。孙中山认为,中国传统司法制度的主要弊病在于:"在中国对任何社会阶层都无司法可言。私刑、贿赂,相对体面的强盗头目们大规模、例行的敲诈勒索,以及村社间表现为几乎达到内战程度械斗的审判,这些是居民们赖以保护私有或社团的生命财产的唯一方法;而地方行政官和法官的存在只是为了自己发财致富和养肥他们的顶头上司、直至皇室自身。民事诉讼是公开的受贿竞赛;刑事诉讼程序只不过是受刑的代名词——没有任何预审——对被告进行不可名状的、难以忍受的严刑拷打。"

在孙中山看来,中国传统司法制度的弊病即地方行政、司法官吏徇私枉法,贪污腐败,任意编织罪名,随意出入人罪,滥施酷刑;而究其根本原因,就是中国古代社会的司法不独立:其身为民牧者,操有审判之全权,人民身受冤抑,无所吁诉。且官场一语等于法律,上下相蒙相结,有利则各饱其私囊,有害则各卸其责任。孙中山指出:"中国目前统治者的存在,他们授予司法职位的整套理论与实践、他们的生计、乃至是否能保住自己的官职,这一切都不可分割地与维护一成不变的现存制度密切相关。"因此,显而易见,只有王朝的变换,以建立公正司法制度为目标的改革才可能成功,"社会、商务、政治、内政及其他任何方面的进步"也才有机会。也就是说,只有彻底推翻清政府的专制统治、建立民主共和国,才能实现司法制度的改革。而这种司法改革就是尝试"尽可能把欧化的司法制度引进我国",即实行司法独立。① 孙中山的《中国之司法改革》一文,不仅是中国近代最早的法律论著之一,而且也是近代中国用西方法学理论剖析、批判以清王朝为代表的传统法制和法治,进而明确提出改革传统司法制度、发出"司法独立"呐喊的一篇法学论文,是"戊戌变法"以前中国的思想家对中国法律近代化所发出的时代强音。

孙中山是传统法制的敌人。他在为一本书所写的序言中说:"以礼治国,其国必昌;以法治国,则国必危。征之往古,卫鞅治秦,张汤治汉,莫不以尚法而致弱国败身。然则苛法之流毒甚矣哉!"但治国又不能无法,尤其需要法律保障人权,因此必须是良善之法,且要人们知法进而守法。② 他颠倒"法者治之具也"③的传统观念,第一次明确指出:"夫法律者,治之体也,权势者,治之用也。体用相因,不相判也。"④权势,即国家政权。在国家政权和法律的关系中,如此明确地把法律作为治国之"体",把政权作为治国之"用"者,实乃创举。

在这个命题中,孙中山明确指出法律和权力的不可分离性。法治,就是法律与权势的统一。因法律而生权力,权力必须依法行使。权力脱离法律,结果必然是权力支配法律,法不为法,国无以存:

> 盖国家之治安,惟系于法律。法律一失其效力,则所尚专在势力;势力大者,虽横行一世而无碍;势力少者,则惟有终日匍匐于强者脚下,而不得全其生。则强暴专国,公理灭绝,其国内多数人,日在恐惶中,不独不足以对外,且必革命迭起,杀戮日猛,平时不能治安,外力乘之,必至灭国。⑤

孙中山先生曾多次发挥他的法治体用论,并将其作为发动护法战争的理论根据。他指出,共和之根本在法律,而法律之命脉在国会。⑥ 他反复强调,"国于天地,必有与立。民主政治赖以维系不敝者,其根本存于法律,而机枢在于国会。必全国有共同遵守之大法,斯政治之举措有常轨;必国会能自由行使其职权,斯

---

① 孙逸仙、埃温德·柯林斯:《中国之司法改革》,贺跃夫、周黎明译,载《中山大学学报(哲学社会科学版)》1984年第1期。并参考孙逸仙、埃温德·柯林斯:《中国的司法改革》,余霞译,载《近代史研究》1984年第2期。
② 孙中山:《周东白辑〈全国律师民刑新诉状汇览〉序言》,载《孙中山全集》,第八卷,中华书局1986年版,第355页。
③ 《淮南子·泰族训》。
④ 孙中山:《驳保皇报书》,载《孙中山全集》,第一卷,中华书局1981年版,第236页。
⑤ 孙中山:《与戊午通信社记者的谈话》(1918年10月27日),载《孙中山集外集》,上海人民出版社1990年版,第234页。
⑥ 孙中山:《军政府对内宣言书》,载《孙中山全集》,第四卷,中华书局1985年版,第487—488页。

法律之效力能永固。所谓民治,所谓法治,其大本要旨在此。"①而在正式宪法产生之前,《中华民国临时约法》具有宪法性质,因此,北洋政府破坏约法,解散国会,为国人所不容,这就是他发动护法战争的原因。

孙中山先生是一位受过西方现代科学训练的民主革命家,他深知法律对一个国家生存、发展的重要作用,并对西方法治表现了极其浓厚的兴趣。他认为:"虽然,立国于大地,不可无法也。立国于二十世纪文明竞进之秋,尤不可无法,所以障人权,亦所以遏邪辟。法治国之善者,可以绝寇贼、息讼争。西洋史载,斑斑可考。无他,人民知法之尊严庄重,而能终身以之耳。"②他对西方法治的溢美之词,虽然带有很强的理想主义色彩,但他指出传统法治与西方现代法治的区别,即现代法治保障人民"不可让与的生存权、自由权和财产权"③。因而把现代法律作为治理现代国家之"体",这正是孙中山先生思想的独到之处。

孙中山先生重视法律,认为法律是"一种人事底机器"。在诸种法律中,他又尤其重视宪法,认为"宪法就是一个大机器,就是调和自由与统制底机器"④。宪法是"人民公意之表示",是"国家之构成法,亦即人民权利之保障书"⑤。宪法在法律中的这种地位,决定了宪政在孙中山先生法律思想体系中的地位。

宪法是西方资产阶级革命的产物。西方资产阶级在推翻专制王朝的过程中,成功地建成了以宪法为核心的现代法治国家。孙中山先生相当重视西方国家的法治模式,主张采用西法:"大小讼务,仿欧美之法,立陪审人员,许律师代理,务为平允,不以残刑致死,不以拷打取供。"⑥辛亥革命爆发后,他更加明确指出:"中国革命之目的,系欲建立共和政府,效法美国,除此之外,无论何项政体皆不宜于中国。因中国省份过多,人种复杂之故。美国共和政体甚合中国之用。"⑦

为把中国建设成现代法治国家,他很早就留意探讨世界各国的法治经验,以资借鉴。他的总体目标是"取欧美之民主以为模范,同时仍取数千年前旧有文化而贯通之"⑧,也就是中西结合,将中国建设成为超越东西方的现代法治国家。具体而言,就是人所熟知的,除行政、立法、司法三权之外,再加考试、监察二权,五

---

① 孙中山:《辞大元帅职临行通电》,载《孙中山全集》,第四卷,中华书局1985年版,第480页。
② 孙中山:《周东白辑〈全国律师民刑新诉状汇览〉序言》,载《孙中山全集》,第八卷,中华书局1986年版,第355页。
③ 孙中山:《中国问题的真解决》,载《孙中山全集》,第一卷,中华书局1981年版,第252页。
④ 孙中山:《五权宪法》,载《孙中山选集》,人民出版社1981年版,第493—494页。
⑤ 孙中山:《中国宪法史前编序》,载胡汉民编:《总理全集》,第1集,上海民智书局1930年版,第1053页。
⑥ 孙中山:《政港督卜力书》,载《孙中山全集》,第一卷,中华书局1981年版,第194页。
⑦ 孙中山:《在巴黎的谈话》,载同上书,第563页。
⑧ 孙中山:《在欧洲的演说》,载同上书,第560页。

权独立,同时又有四权(选举、罢免、创制、复决四权由人民掌握)制约的五权宪法。

以五权宪法为核心,建立现代中国的法律体系,并以这种法律体系为体,建设现代法治中国,这就是孙中山先生法治思想的全部内涵。这种"法治"以宪法为核心,尽管不同于西方的三权宪法,但毫无疑义应归属于现代的"法治",即 Rule of Law。

二、三民主义理论和五权宪法构想

"三民主义"是民族主义、民权主义和民生主义的总称,经历了由旧三民主义到新三民主义的巨大变化,是孙中山法律主张的理论基础和指导思想。

先来看民族主义。在旧三民主义中,民族主义的基本内容是"驱除鞑虏,恢复中华"。"驱除鞑虏"指推翻满族统治的清朝廷,"恢复中华"指光复民族国家。孙中山不同于某些一味讲"夷夏之辩",讲"仇满",把民族主义看作种族复仇的革命家,而是为了救国才决心用暴力推翻清政府。他一再强调,民族主义"并非是遇着不同族的人,便要排斥他";"民族革命是要尽灭满洲民族,这话大错";"我们并不是恨满洲人,是恨害汉人的满洲人,假如我们实行革命的时候,那满洲人不来阻害我们,绝无寻仇之理"。[①] 也就是说,民族革命的对象,是野蛮统治中国的满清皇帝和贵族。孙中山既反对民族压迫,也反对民族复仇。孙中山的旧民族主义没有明确提出反对帝国主义,没有充分回应救亡这个时代要求。后来他重新解释三民主义时说:"国民党之民族主义,有两方面之意义:一则中国民族自求解放;二则中国境内各民族一律平等。"对外的"中国民族自求解放",其目的在使中国民族得自由独立于世界;对内的"各民族一律平等",即组织各民族自由联合的中华民国。[②] 经过这种解释,弥补了没有明确提出反对帝国主义的重大缺陷,并把反帝当作国民党的首要任务。正如孙中山讲:"……我们要先决定一种政策,要济弱扶倾,才是尽我们民族的天职。我们对于弱小民族要扶持他,对于世界列强要抵抗他,如果全国人民都立定……扶倾济弱的志愿,将来到了强盛的时候,想到今日身受过了列强政治经济压迫的痛苦,我们便要把那些帝国主义来消灭,那才算是治国平天下。我们要将来能够治国平天下,便先要恢复民族主义和

[①] 孙中山:《在东京〈民报〉创刊周年庆祝大会的演说》,载《孙中山选集》,人民出版社 1981 年版,第 80—81 页。

[②] 孙中山:《中国国民党第一次全国代表大会宣言》,载《孙中山全集》,第九卷,中华书局 1986 年版,第 118—119 页。

民族地位,用我们固有的道德和平做基础,去统一世界,成一个大同之治,这便是我们四万万人的大责任……便是我们民族的真精神。"①经过重新解释的民族主义,体现了孙中山在帝国主义问题上认识的飞跃,如能付诸实现,则将为近代中国制定政策和法律提供良好的外部环境。

民权主义是三民主义的核心,其基本内容就是推翻君主专制制度,建立民国。孙中山一开始便把实行民权主义作为革命的主要内容和重要目标。在《同盟会宣言》(即《军政府宣言》)中,它是"建立民国"的四大纲领之一,"今者由平民革命以建国民政府,凡为国民皆平等以有参政权,大总统由国民公举,议会以国民公举之议员构成之,制定中华民国宪法,人人共守,敢有帝制自为者,天下共击之。"孙中山坚决反对帝制,主张政治革命或国民革命的结果,应当使"一国之人皆有自由、平等、博爱之精神"②;应当"建立民主立宪政体"③。孙中山早年民权主义受西方"天赋人权"理论的影响很深。到新三民主义阶段,则已由重视人权发展到更多地重视民权。在《中国国民党第一次全国代表大会宣言》中,孙中山指出:"国民党之民权主义,于间接民权之外,复行直接民权,即为国民者不但有选举权,且兼有创制、复决、罢官诸权也……近世各国所谓民权制度,往往为资产阶级所专有,适成为压迫平民之工具。若国民党之民权主义,则为一般平民所共有,非少数人所得而私也。于此有当知者:国民党之民权主义,与所谓'天赋人权'者殊科,而唯求所以适合于现在中国革命之需要。盖民国之民权,唯民国之国民乃能享之,必不轻授此权于反对民国之人,使得借以破坏民国。详言之,则凡真正反对帝国主义之个人及团体,均得享有一切自由及权利;而凡卖国罔民以效忠于帝国主义及军阀者,无论其为团体或个人,皆不得享有此等自由及权利。"④

民生主义是孙中山三民主义中最有特色的部分,是他自认为真正超越西方理论的地方。为了解决欧美列强贫富悬殊的弊端和预防社会革命,孙中山提出民生主义,以"举政治革命、社会革命毕其功于一役"⑤。从民生主义出发,他把着眼点放在解决占中国人口绝大多数的农民生活问题上。民生主义不仅要解决农

---

① 孙中山:《三民主义·民族主义·第六讲》,载《孙中山全集》,第九卷,中华书局1986年版,第253—254页。
② 孙中山:《军政府宣言》,载《孙中山选集》,人民出版社1981年版,第77—78页。
③ 孙中山:《在东京〈民报〉创刊周年庆祝大会的演说》,载同上书,第82页。
④ 孙中山:《中国国民党第一次全国代表大会宣言》,载《孙中山全集》,第九卷,中华书局1986年版,第120页。
⑤ 孙中山:《〈民报〉发刊词》,载《孙中山全集》,第一卷,中华书局1981年版,第289页。

民的生活问题,而且要解决广大工人的生活问题和使国家富足的问题。为此既要发展大工业,又要预防因资本家剥削所带来的矛盾,因而必须解决资本问题。所以民生主义主要是解决"土地"和"资本"两大问题。中国没有大资本家和显著的资本主义生产关系,所以只要解决土地问题就可以直接实行"社会主义"并"预防"资本主义的祸害。"平均地权"则是解决土地问题的主要方法。即先由地主自报地价,国家征以重税,同时国家又握有土地所有权,可以随时按地价收买地主土地。他认为这样一来,由于税重则地主不敢"以少报多";由于国家可以收买,则地主也不敢"以多报少"。在"资本"问题上,孙中山既要发展大工业,又要避免资本主义。他用来解决"资本"问题的具体办法,是实行一种"集产社会主义"。集产社会主义是社会主义两大派别之一,"夫所谓集产云者,凡生利各事业,若土地、铁路、邮政、电气、矿产、森林皆为国有。""故我人处今日之社会,即应改良今日社会之组织,以尽我人之本分。则主张集产社会主义,实为今日唯一之要图。凡属于生利之土地、铁路收归国有,不为一、二资本家所垄断渔利,而失业小民,务使各得其所,自食其力,既可补救天演之缺陷,又深合于公理之平允。斯则社会主义之精神,而和平解决贫富之激战矣。"①到晚年,他突出了"耕者有其田"②的思想。在资本问题上,他提出了"节制资本"的主张。要解决土地问题,重在国家对私人土地进行征收,然后由国家将土地分给佃农,因此国家需要制定土地法、土地使用法、土地征收法和地价税法等;节制资本的要点在于"凡本国人及外国人之企业,或有独占的性质,或规模过大为私人之力所不能办者,如银行、铁道、航路之属,由国家经营管理之,使私有资本制度不能操纵国民之生计"。与此相应,国家还要有一套保护劳工的法律,如"工人之失业者,国家当为之谋救济之道,尤当为之制定劳工法,以改良工人之生活"。此外还有相辅而行的一系列制度要实行,如养老之制、育儿之制、周恤废疾之制、普及教育之制等。③

如何才能实现三民主义,孙中山提出了革命三阶段论。在他看来,中国四万万人口中"大多数都是不知不觉的人"。而国家的治理则是要靠那些"先知先觉"们"预先来替人民打算,把全国的政权交到人民"④,故他将整个国民革命阶段分为"军政""训政""宪政"⑤三个时期,分别实行"军法之治""约法之治"和"宪法之

---

① 孙中山:《在上海中国社会党的演说》,载《孙中山全集》,第二卷,中华书局1982年版,第508—509页。
② 孙中山:《三民主义·民生主义·第三讲》,载《孙中山全集》,第九卷,中华书局1986年版,第399页。
③ 孙中山:《中国国民党第一次全国代表大会宣言》,载同上书,第120—121页。
④ 孙中山:《三民主义·民权主义·第五讲》,载同上书,第324、326页。
⑤ 孙中山:《建国方略》,载《孙中山全集》,第六卷,中华书局1985年版,第204页。

治"①。其中"训政"时期是由"军政"进入"宪政"的不可逾越的阶段。在论及"训政"问题时，孙中山认为，"中国人民久处于专制之下，奴性已深，牢不可破"，加之"人民之知识、政治之能力，更远不如法国"。因此，必须经过一段"训政"时期。必须注意的是，孙中山看到了"训政"可能被当政者滥用成为其拒绝"还政于民"实施宪政的借口，明确规定了"训政"的期限，即"军政"成功后，全国平定之后的第六年，即应组织国民大会，制定宪法，施行宪政。②

三民主义是孙中山改造中国社会的方案，是"立国之本原"。③ 以三民主义思想为指导，孙中山发展出了五权宪法制度设计方案。孙中山的"五权宪法"是以人民掌握政权、政府实施治权的权能分治学说为直接依据的，故先须介绍一下他的"权能分治"理论。

孙中山把政治权利分为政权和治权两种："政是众人之事，集合众人之事的大力量，便叫做政权，政权就可以说是民权。治是管理众人之事，集合管理众人之事的大力量，便叫做治权，治权就可以说是政府权。所以政治之中，包含有两个力量：一个是政权，一个是治权。这两个力量，一个是管理政府的力量，一个是政府自身的力量。"他认为要把中国改造为新国家，必须把权和能（治权）分开。政权"完全交到人民的手内，要人民有充分的政权可以直接去管理国事"；治权则"完全交到政府的机关之内，要政府有很大的力量治理全国事务"。只要"人民有了很充分的政权，管理政府的方法很完全，便不怕政府的力量太大，不能够管理"④。由此，他批评欧美三权分立的代议制政体：人民只有选举权，选出来的议员，不对人民负责，人民不能直接过问国事，结果人民所持的态度，总是反抗政府。中国不应蹈欧美议会政治的旧辙，应该建设"全民政治"国家。为了使人民真正握有政权，享受应得的权利，他从对各国宪法的考察中发现，瑞士宪法除规定人民有选举权外，另有创制权和复决权；美国西北各州的宪法中，则还有罢免权。他认为人民有了这四个权，才算是"充分的民权""彻底的直接民权"；只有选举权是间接民权，"间接民权就是代议政体，用代议士去管理政府，人民不能直接去管理政府。要人民能够直接管理政府，便要人民能够实行这四个民权，才叫做

---

① 孙中山：《军政府宣言》，载《孙中山选集》，人民出版社1981年版，第78页。
② 孙中山：《建国方略》，载《孙中山全集》，第六卷，中华书局1985年版，第204—205、208、211页。
③ 孙中山：《中国国民党宣言》，载《孙中山全集》，第七卷，中华书局1985年版，第1页。
④ 孙中山：《三民主义·民权主义·第六讲》，载《孙中山全集》，第九卷，中华书局1986年版，第345—347页。

全民政治。"①

孙中山的四权可分两类：一类是涉及人民管理政府的官吏，即选举权与罢免权。他主张人民要有"直接民权的选举权"②，全国实行分县自治，人民直接选举官吏，直接选举代表参加国民大会，组成最高权力机关。但人民只有直接选举权还不能完全管理官吏，还必须有罢免权。"人民有了这个权，便有拉回来的力。这两个权是管理官吏的，人民有了这两个权，对于政府之中的一切官吏，一面可以放出去，又一面可以调回来，来去都可以从人民的自由"。另一类是管理法律的权力，即创制权与复决权。他指出："如果大家看到了一种法律，以为是很有利于人民的，便要有一种权，自己决定出来，交到政府去执行。关于这种权，叫做创制权。"复决权比较复杂，其一是修改法律权。"若是大家看到了从前的旧法律，以为是很不利于人民的，便要有一种权，自己去修改，修改好了之后，便要政府执行修改的新法律，废止从前的旧法律。关于这种权，叫做复决权。"③二是通过法律权，"立法院如有好法律通不过的，人民也可以公意赞成通过之。"④这两种权结合在一起就是复决权。

孙中山强调，真正的中华民国，必须保证人民有这四个权。人民有了这四权，才算是充分的民权，才能掌握政权，真正做到直接管理政府。在制定《中华民国临时约法》时，孙中山坚决要求必须将"中华民国主权属于国民全体"写入条文。

孙中山重视法律，在各部门法中，又尤其重视宪法，将宪法视为规范治权的制度设计。他认为，宪法的好坏，对于治理国家至为重要："我们有了良好底宪法，才能建立一个真正底共和国。"⑤同时，宪法又是人民公意之表示，是国家之构成法，亦即人民权利保障书。宪法是西方的产物，孙中山十分注意借鉴西方经验，但同时又不囿于西方经验："余之谋中国革命，其所持主义，有因袭吾国固有之思想者，有规抚欧洲之学说事迹者，有吾所独见而创获者。"⑥中西结合，将中国建设成为超越西方的现代国家。这种思想集中地反映在他的五权宪法思想中。

"五权宪法"是孙中山在研究各国宪法的基础上，结合中国的历史与国情加

---

① 孙中山：《三民主义·民权主义·第六讲》，载《孙中山全集》，第九卷，中华书局 1986 年版，第 350—352 页。
② 孙中山：《五权宪法》，载《孙中山选集》，人民出版社 1981 年版，第 498 页。
③ 孙中山：《三民主义·民权主义·第六讲》，载《孙中山全集》，第九卷，中华书局 1986 年版，第 350 页。
④ 孙中山：《五权宪法》，载《孙中山选集》，人民出版社 1981 年版，第 498 页。
⑤ 同上，第 488 页。
⑥ 孙中山：《中国革命史》，载《孙中山全集》，第七卷，中华书局 1985 年版，第 60 页。

以综合考量的产物。他认为,英美宪法都很好,其三权分立学说在西方过去起过很大作用,但现在世界文明日进,已不完全适用了。为了适合中国国情,中华民国宪法要创造一种新主义,叫做"五权分立"。这是一种可以补三权分立之不足的新创造,"这不但是各国制度上所未有,便是学说上也不多见,可谓破天荒的政体"①。"要想把中国弄成一个庄严华丽底国家",只能实行他独创的五权宪法。五权宪法是消除专制余毒,建设国家的基础,是"实行民治底根本方法"。②

孙中山的"五权",是在行政权、立法权、司法权之外,再加上考试权和监察权。以"五权分立"为基本内容的宪法,叫"五权宪法"。根据"五权宪法"设立行政、立法、司法、考试、监察五院,称为五院制。他不满西方宪法之三权,以美国为例:国会既是立法机关,又是监察机关,往往擅用此权挟制行政机关,成为议院专制,这是监察权没有独立的恶果。另一方面,政府官员由总统委任,随总统的进退而进退。无才无德之人可以随总统之进而为官吏,有才有德之人也要随总统之退而罢官,这是考试权没有独立的恶果。为了避免欧美"三权分立"的弊病,孙中山认为,中国的宪法应该把立法权中的监察权和行政权中的考试权独立出来。只有用五权宪法所组织的政府,才是完全政府,才有完全的政府机关。这种"五权分立"的"完全的政府机关"③,按孙中山的设想,结构如下:

> 以五院制为中央政府:一曰行政院,二曰立法院,三曰司法院,四曰考试院,五曰监察院。宪法制定之后,由各县人民投票选举总统以组织行政院。选举代议士以组织立法院。其余三院之院长,由总统得立法院之同意而委任之,但不对总统、[立]法院负责。而五院皆对于国民大会负责。各院人员失职,由监察院向国民大会弹劾之;而监察院人员失职,则国民大会自行弹劾而罢黜之。国民大会职权,专司宪法之修改,及制裁公仆之失职。国民大会及五院职员,与夫全国大小官吏,其资格皆由考试院定之。此五权宪法也。④

孙中山认为,监察权与考试权"是中国固有的东西"⑤。中国历朝都有御史、

---

① 孙中山:《在东京〈民报〉创刊周年庆祝大会的演说》,载《孙中山选集》,人民出版社1981年版,第89页。
② 孙中山:《五权宪法》,载同上书,第498—491页。
③ 孙中山:《三民主义·民权主义·第六讲》,载《孙中山全集》,第九卷,中华书局1986年版,第351页、第353—354页。
④ 孙中山:《建国方略》,载《孙中山全集》,第六卷,中华书局1985年版,第205页;并参考《孙中山选集》,人民出版社1981年版,第166页。
⑤ 孙中山:《三民主义·民权主义·第六讲》,载《孙中山全集》,第九卷,中华书局1986年版,第353页。

谏议大夫等官独掌监察权,他们"官品虽小而权重内外,上自君相,下及微职,儆惕惶恐,不敢犯法";即使身受廷杖也在所不计。① 甚至外国学者也著书"谓中国之弹劾权,是自由与政府间底一种最良善之调和方法"②,中国应发扬自己的传统,将监察独立。另一方面,中国的考试制度合乎平民政治。通过考试,"朝为平民,一试得第,暮登台省;世家贵族所不能得,平民一举而得之"。而且考试严格,"科场条例,任何权力不能干涉。一经派为主考学政,为君主所钦命,独立之权高于一切。官吏非由此出身,不能称正途。"考试结果人才辈出。③ 欧美以前没有考试制度,"近来……也有仿效中国的考试制度去拔取真才"④。所以,"将来中华民国宪法,必要设立机关,专掌考选权。大小官吏必须考试,定了他的资格,无论那官吏是由选举的,抑或由委任的,必须合格之人,方得有效。"⑤这样就可防止滥选和徇私。在孙中山看来,增加监察、考试两权,可以补充"三权分立"之不足,克服代议制的缺点,矫正选举制度的弊病;可集合中外之精华,防止一切流弊,连成一个很好的完璧,造成一个五权分立的政府。这样的政府,才是世界上最完全最良善的政府,中国才会成为真正"民有、民治、民享"的"三民主义"国家。

以五权宪法为核心,建立现代中国的法律体系;以这种法律体系为体,建设现代中国,这就是孙中山的理想。尽管有学者批评其五权宪法是政府的职能分工而背离了分权原则,"三权已足,五权不够"⑥。但是,他不拾西方牙慧,不步西方后尘,立足本国,探究国情,吸收西方经验,甄采传统,以建设现代国家的精神,值得称道。

三、"党治"理论的倡导者

孙中山的民主主义法治理想,从中华民国建立之日起,便陷入困境,逼迫他重新寻找出路。在早年的革命当中,他受西方议会政党政治的影响,认为一党独尊与专制相连,民国建立后应该有多个政党存在,互相竞争。即便在将政权让渡给袁世凯之后,他仍坚持这一观点,指出"文明各国不能仅有一政党。若仅有一

---

① 孙中山:《与刘成禺的谈话》,载《孙中山全集》,第一卷,中华书局1981年版,第445页。
② 孙中山:《五权宪法》,载《孙中山选集》,人民出版社1981年版,第493页。
③ 孙中山:《与刘成禺的谈话》,载《孙中山全集》,第一卷,中华书局1981年版,第445页。
④ 孙中山:《三民主义·民权主义·第六讲》,载《孙中山全集》,第九卷,中华书局1986年版,第353页。
⑤ 孙中山:《在东京〈民报〉创刊周年庆祝大会的演说》,载《孙中山选集》,人民出版社1981年版,第88页。
⑥ 唐德刚:《晚清七十年》第伍册《袁世凯、孙文与辛亥革命》,远流出版事业有限公司1998年版,第221—223页。

政党,仍是专制政体,政治不能进步。"①国民党既不能一党独尊,相应地其党义也不应定于一尊,所以他又讲,"既有党不能无争,但党争须在政见上争"②。

"列宁创建了俄国共产党(后改称'联共[布]'),开展暴力革命,推翻了沙俄帝制,创立了党政军高度统一、党权高于一切的'党化国家'体制。孙中山在领导中国革命屡受挫折后,改奉'以俄为师',将苏俄'党化国家'的体制引入中国,提出和推行了'以党治国'论,这便是'以党治国'的发端。"③此时孙中山"以俄为师",党治思想确立。但孙中山党治思想的"发端",应在宋教仁遇刺后。当时,面对议会政治无望,国民党一盘散沙,"二次革命"惨败,他渐渐意识到一个组织严密的革命党对于建立和保障民国的重要意义,思想开始由西方议会政党政治向一党制转变。他在《中华革命党总章》说,在革命时期,"一切军国庶政,悉归本党负完全责任"④,就是这种转变的表现。1918—1919 年间,他因军政府改组受西南军阀的排挤而困居上海,著《建国方略》,认定在军政、训政时期应由国民党完全负责。中华革命党成立前后所形成的"一党制"思想,在当时世界各国尚无成功范例,无法付诸施行。苏俄立国,使这种局面发生转变。1923 年 1 月 1 日发表的《中国国民党宣言》提出革命"所谓成功者,非一人一党之谓,乃中华民国由阽危而巩固,而发扬光大之谓也"⑤。到 1924 年的国民党一大,孙中山正式确立了联俄的方针,在宣言中集中阐述了他心目中的党治理论:

> 自本党改组后,以严格之规律的精神,树立本党组织之基础,对于本党党员,用各种适当方法施以教育及训练,使成为能宣传主义、运动群众、组织政治之革命的人才。同时以本党全力,对于全国国民为普遍的宣传,使加入革命运动,取得政权,克服民敌。至于既取得政权树立政府之时,为制止国内反革命运动及各国帝国主义压制吾国民众胜利之阴谋,芟除实行国民党主义之一切障碍,更应以党为掌握政权之中枢。盖惟有组织、有权威之党,乃为革命的民众之本据,能为全国国民尽此忠实之义务故耳。⑥

---

① 孙中山:《在国民党成立大会上的演说》(1912 年 8 月 25 日),载《孙中山全集》,第二卷,中华书局 1982 年版,第 408 页。
② 孙中山:《在东京留日三团体欢迎会的演说》(1913 年 3 月 1 日),载《孙中山全集》,第三卷,中华书局 1984 年版,第 37 页。
③ 于一夫:《"以党治国"面面观》,载《炎黄春秋》2010 年第 7 期,第 1 页。
④ 孙中山:《中华革命党总章》,载黄彦编:《孙文选集》,中册,广东人民出版社 2006 年版,第 430 页。
⑤ 孙中山:《中国国民党宣言》,载《孙中山全集》,第七卷,中华书局 1985 年版,第 3 页。
⑥ 孙中山:《中国国民党第一次全国代表大会宣言》,载《孙中山全集》,第九卷,中华书局 1986 年版,第 122 页。

这是孙中山"以俄为师"的政治产物,国民党"党治"理论至此成型。孙中山先生的这种"党治"理论,其要点大体包括下述几个方面:

第一,担负中华民国治理责任的政党必须是革命党,中国国民党则是中国唯一能够担负这种责任的革命党。"中华民国……要以革命党为根本","革命未成功时,要以党为生命;成功后,仍绝对用党来维持。"①如前引《中国国民党第一次全国代表大会宣言》所说,革命者在取得政权建立政府以后,"为制止国内反革命运动及各国帝国主义压制吾国民众胜利之阴谋,芟除实行国民党主义之一切障碍,更应以党为掌握政权之中枢"。也就是说,不仅夺取政权,推翻清王朝统治,离不开革命党的领导,国家治理更需依靠革命党的力量。西方国家的两党制或多党制有很大弊端,中国应像十月革命后的苏俄一样,实行一党制。这个党,就是他领导的国民党。因此,他所倡导的一党制,就是由国民党单独承担领导和治理中华民国之责任的一党制。

第二,孙中山强调,"以党治国"的基本要求是用三民主义统一国人的思想,是"党义治国",而不是"党员治国"。1923年10月,他曾在国民党恳亲大会上,针对当时国民党内不少人把"以党治国"理解为国民党党员都应做官的错误认识,谈到了"以党治国",重在以三民主义"统一全国人民的心理"。他指出:"本总理向来主张以党治国",但这并不意味所有国民党人都得做官,"所谓以党治国……是要本党的主义实行,全国人都遵守本党的主义,中国然后才可以治。""以党治国,并不是用本党的党员治国,是用本党的主义治国,诸君要辨别得很清楚。"②

第三,孙中山提出"训政"时期应由国民党担负起"训导"国民行使"政权"的责任,同时强调"训政"的最终目的是还政于民。

在这种思想指导下,广州国民政府时期,"党国""党军""党治""党化"等新名词就反复出现于各种党报党刊及党人之口。党要治军、治政,当然党也要治司法。赵士北反对司法党化,革命政府就免去他的职务。对这样的党治,李剑农先生当时就精辟地指出:"……此后政治中所争的将由'法'的问题变为'党'的问题了;从前是约法无上,此后将为党权无上;从前谈法理,此后将谈党纪;从前谈'护法',此后将谈'护党';从前争'法统',此后将争'党统'了。"③党权成为革命进程

---

① 孙中山:《在上海中国国民党本部的演说》,载《孙中山全集》,第五卷,中华书局1985年版,第262—263页。

② 孙中山:《在广州中国国民党恳亲大会上的演说》,载《孙中山全集》,第八卷,中华书局1986年版,第281—284页。

③ 李剑农:《最近三十年中国政治史》,上海太平洋书店1931年版,第531页。

的关键,在党、政、军的权力关系上,以党治军,以党治政,党权高于一切。

四、南京国民政府的"党治"

孙中山先生生前,国民党尚未掌控全国政权。从国民党改组到北伐攻占武昌、南京这段时间里,国共两党还在合作。因此,他的"党治"还是理想,没有具体的制度设计,更谈不上实际的制度操作。这个任务,由在南京建立国民政府并掌控国民党中央权力的蒋介石、胡汉民等完成。

早在1926年8月14日,北伐尚在进行之时,蒋介石在长沙作《党员的责任和地位与党的组织和纪律》讲演,就开始解说孙中山所倡导的"党治":

> 我们的政府是由党产生出来的,党是政府的一个灵魂,政府完全要党来领导,要党员来拥护、辅助,才能施行我们党的政纲,发挥我们党的效力!所以我们的党与政府,是相连的,不能分开的……现在的政府,是我们党的政府,也就是我们自己的政府,我们的党命令政府、指挥政府,政府才能发生效力,照党的主义政策去实行。如果党员不明白这个政府是党的政府,与政府始终立在反对地位,政府一举一动,我们都要反对。我们党的效力就完全失掉了!我们党的力量怎样才能强固敏捷?必须政府完全听党的命令,照党的政纲做去,党员却也不可掣政府的肘……却不知"以党治国"这句话,不是说我们党员统统做官,统统到政府里面去治国,只是拿党来做中心,根据党的主义、政纲、政策,决定了政治方案,命令政府实行,党不是直接施政的,是命令政府做发号施令的机关,所以党对于政府有辅助之必要,我们能够辅助政府,党才发生效力!党与政府要很密切地配合团结起来合作,党才可以达到治国的目的!所以请各位不要误解"政府同党的地位"。须知政府有利,党也有利,政府有害,党也有害,政府失败,党也失败;党同政府是相连的,不可分开的!①

政府"由党产生",政府是"党的政府",政府必须"完全听党的命令",党透过"政府做发号施令的机关",这就是南京国民政府成立前蒋介石"以党治国"的党治。国共合作破裂,国民党清党反共,一党独大。1927年4月18日,蒋介石、胡汉民两派联合,在南京成立国民政府。"党治"通过国民党元老胡汉民的阐释,进入中国的实际政治生活。

---

① 蒋中正:《蒋委员长言论集》,中国文化建设协会1935年版,第29—30页。

胡汉民长期追随孙中山,是孙中山三民主义、五权宪法等学说的解说人。1927年5月,他在双五节纪念会的讲演,用"以党救国、以党建国、以党治国"来概括孙中山所倡导的党治。他认为,只有国民党才能挑起救国建国治国的重担,"救国建国治国的大业简直是舍国民党其谁"。因此,"在军政训政两个期间,本来人民应操的权柄,须由国民党暂时代操,并须祗让国民党一党来代操,一切思想、行为、组织,都是要统一的。这两个时期间,不能容许多党来合治,是要唯一的自己担任的。"①

南京国民政府成立后,胡汉民、孙科向国民党中央提出训政大纲提案。在提出提案的同时,胡汉民还发表《训政大纲提案说明书》,系统阐述"党治"方案。有四点原则:(1)军政结束转入训政,国民党必须挑起训政重任。(2)训政要旨八个字,即"以党建国,以党治国"。于建国治国之过程中,国民党始终以政权之保姆自任。以国民党的力量,扫除革命之障碍,造成真实之统一,负起训政之全责。(3)训政党治,"就党与政府之关系言,党必求有其完固之重心,政府必求其有适宜之组织;就权与能之关系言,党为训政之发动者,须有发动训政之全权,政府为训政之执行者,须有执行训政之全责;就党与政府二者在训政时期中与人民之关系言,则党之目的在以政权逐步授之全国民众,政府之目的在于逐步受国民全体直接之指挥与监督。此三者,为训政时期建国制度者所必须周顾之根本原则,缺一不可。"(4)训政之目的,在于宪政之完成,而宪政必恃训政为阶梯。五权宪法是建国的制度,国民党的责任在于培植五权之基础而期其最后之完成。②

《训政大纲》是一个全面实施孙中山党治理念的纲领。在此基础上,1928年10月3日,国民党中央常务会议通过《训政纲领》。《训政纲领》的主要内容包括:(1)训政时期由国民党的党代会代表国民大会领导国民行使政权,党代会闭会期间,政权托付国民党中执委执行;(2)国民党"训练"国民学会行使选举、罢免、创制、复决四项政权,国民政府则总揽行政、立法、司法、监察、考试五种治权;(3)国民党中央政治会议指导监督国民政府重大国务的施行,修改及解释国民政府组织法。③ 国民党的"党治",通过《训政纲领》进入实际运作。

司法院院长居正也是日本法政大学法政速成科毕业生,他撰写发表《司法党

---

① 胡汉民:《双五节纪念会演讲词》,载《胡汉民先生讲演集》,第一集,民智书局1927年版,第43—44页。
② 《胡汉民孙科在巴黎电交中政会议之〈训政大纲〉及其在二届五中全会后对该大纲所作之说明》,载中国第二历史档案馆编:《国民党政府政治制度档案史料选编(上)》,安徽教育出版社1994年版,第584—586页。
③ 《二届中央常务会议通过〈训政纲领〉》,载中国第二历史档案馆编:《国民党政府政治制度档案史料选编(上)》,安徽教育出版社1994年版,第590页。

化问题》,直接把广州政府时代的司法党化推向全国。他说:"司法党化这个新名词出世以后,有人高兴有人忧虑。高兴的像是得到奇货,忧虑的好像世界末日将要到来,露出惶惶不可终日的样子。其实这些人都是大惊小怪。在"以党治国"的国家,"司法党化"应该是"家常便饭"。在那里一切政治制度都应该党化。特别是在训政时期,新社会思想尚待扶植,而旧思想却反动勘虞。如果不把一切政治制度都党化了,便无异于自己解除武装任敌人袭击。何况司法是国家生存之保障、社会秩序之前卫,如果不把它党化了,换言之,如果尚容许旧社会意识偷藏潜伏于自己司法系统当中,那就无异容许敌方遣派的奸细加入自己卫队的营幕里。这是何等一个自杀政策!"他认为,"司法党化"是不成问题的,成问题的是:怎样才叫做"司法党化"。按他的见解,司法党化必须包含以下两个意义:(1)主观方面:司法干部人员一律党化。(2)客观方面:适用法律之际必须注意于党义之运用。他解释说,司法干部人员专指各级法院的推检。所谓司法干部人员一律党化,非指推检都由有国民党党证的人来担任,而是要从明瞭而且笃行党义的人民中去选任。要他们都有三民主义的社会意识。"质言之,司法党化并不是司法'党人化',乃是司法'党义化'。"在此基础上,"三民主义国家,要求每一个法官对于三民主义法律哲学都有充分的认识,然后可以拿党义充分地运用到裁判上。"他们能够做到:(1)法律没有规定的,能用党义来补充;(2)法律规定太抽象空洞而不能解决实际具体问题的,能拿党义去充实其内容,在党义所明定的界限上,装置法律之具体形态;(3)法律已经僵化之处,拿党义将之活用起来;(4)法律与社会实际生活明显地表现矛盾而又没有别的法律可据用时,可以根据一定之党义宣布该法律无效。① 这就是居正所要的司法党化。它是党国一体、以党治国理论的逻辑结果。

  1927年6月6日,胡汉民在"清党"中重提"党外无党,党内无派"的口号,要求国民党员"对于党的信仰,要绝对的统一"②。既然"党外无党",那么国民党之外的其他政党都成了"异党""匪党"。国民党就要通过掌控的政权,动用行政、立法、司法,直至军事围剿、特务暗杀、金钱收买等手段,取缔、捣毁、屠杀、消灭"异党""匪党"。1929年,国民党第三次全国代表大会召开,上海特别市代表陈德征提出《严厉处置反革命分子案》,认定"共产党、国家主义者、第三党及一切违反三

---

  ① 参见居正:《司法党化问题》,原载《东方杂志》第32卷第10号,第6—19页;并收入氏著:《法律哲学导论》,商务印书馆2017年版,第22—46页。
  ② 胡汉民:《中央党部第二次总理纪念周报告》,载《胡汉民先生演讲集》,第二集,民智书局1927年版,第46—47页。

民主义之分子",都是危害党国的反革命分子。他主张,对这些反革命分子,只要国民党的省及特别市党部一纸书面证明,法院或其他法定受理机关,就应以反革命罪处分之。① 这就是国民党的党治。

  胡汉民从大清帝国走出来,头脑中留有传统帝王思想,采用帝王手段消灭异党,当是他的"党外无党"的应有之义。但是,党内无派却让他自己尝尽苦头。他和蒋介石本是国民党内的两派,"党外无党",在"清共""反共"的共同目标下联合。但是,手握军权的蒋介石,无法接受胡汉民党权的指挥。1931年2月28日,仅因训政时期要不要专门制定约法的争论,蒋介石在国民党中央党部公开宴请胡汉民,对这位国民党元老、中执委、中常委、立法院长、党治理论的权威进行"党治"。枪口之下,胡汉民乖乖就缚,被送往汤山,亲尝了自己酿造的"党内无派"这杯苦酒。胡汉民获释后,出走广东,与蒋介石分道扬镳。这种状态,可以说是对国民党"党治"的最大讽刺。也许就是这个原因,1932年5月22日《独立评论》第1号刊出的胡适的《宪政问题》一文,说:"住在香港的胡汉民先生近来也屡次发表谈话,表示他赞成宪政的实行。并且赞成党外可以有党了。"② 然而蒋介石操纵国民会议,于1931年5月通过《中华民国训政时期约法》,规定:"训政时期由中国国民党全国代表大会代表国民大会行使中央统治权。中国国民党全国代表大会闭会时,其职权由中国国民党中央执行委员会行使之。"用根本法的形式,将国民党一党专政的"党治"凝固化。《约法》扩大国民政府和国民政府主席的权力,规定"国民政府统率陆、海、空军",国民政府主席统辖五院,五院院长和各部部长人选由国民政府主席提请国民政府任免。③ 这样一来,继续担任国民政府主席兼行政院院长的蒋介石,终于通过法律,将党政军大权集于自身,使他的专制独裁合法化。

  共和法治、民主法治,在摧毁大清帝国的过程中,曾经激励过数不清的志士仁人,他们中的不少人,甚至为此献出了自己的生命。但是,20世纪取代大清帝国的中华民国从未出现共和法治、民主法治,而是实行了国民党的"党治"。于此可见孙中山法律思想尤其是"党治"思想对近代中国所产生的巨大影响。

---

 ① 参考杨天石:《胡适和国民党的一段纠纷》,载氏著:《寻求历史的谜底:近代中国的政治与人物》,中国人民大学出版社2010年版,第464页。
 ② 欧阳哲生编:《胡适文集》(2),北京大学出版社1998年版,第202页。
 ③ 中国第二历史档案馆编:《中华民国史档案资料汇编》第五辑第一编《政治(一)》,江苏古籍出版社1994年版,第269—274页。

第三节　章太炎的法律思想

章太炎(1869—1936),原名炳麟,字枚叔,因慕明末清初顾炎武(原名绛)之为人,易名绛,别号太炎,浙江余杭人。少学于晚清大儒俞樾,治古文经。曾读蒋良骐所编《东华录》,知吕留良等事迹,遂痛恨于异族之残暴;继读王夫之、全祖望等人著述,乃生光复汉族之志。戊戌政变后,居上海,与蔡元培等设立爱国学社,宣传民族革命。1903年,在上海《苏报》发表《驳康有为论革命书》,斥光绪为"载湉小丑,未辨菽麦"[①];又为邹容的《革命军》作序,触怒清廷。上海公共租界工部局以"亵渎皇帝,倡言革命"将之逮捕入狱,此即轰动一时的"苏报案"。在监三年后出狱,于1906年东渡日本,加入同盟会,主持《民报》,与康、梁保皇派论战。从"戊戌变法"到辛亥革命前夕,"七被追捕,三入牢狱,而革命之志,终不屈挠"[②]。辛亥革命后归国,倡言"革命军起,革命党消",与黎元洪、宋教仁等组织统一党。宋教仁被刺杀后,章太炎谋划讨伐袁世凯,失败后只身北上,于大总统府诟詈袁世凯,旋被软禁,曾绝食十四日而不死。1917年随同孙中山参加护法运动,任大元帅府秘书长。1920年前后,鉴于民国乱局,大力倡导联省自治。1924年国民党一大改组之后,宣布不再与闻国政,退居书斋,钻研学问。晚年在苏州设立国学会,专力著述讲学,粹然一代儒宗。章太炎曾有这样的自述,可见其生平旨趣所在:"庄生之玄,荀卿之名,刘歆之史,仲长统之政,诸葛亮之治,陆逊之谏,管宁之节,张机、范、汪之医,终身以为师资。"[③]在学术上,他涉猎甚广,经学、哲学、文学、语言学、文字学、音韵学、逻辑学等方面都有所建树。一生著述颇丰,文字较古奥难懂。主要著作由后人编入《章氏丛书》《章氏丛书续编》和《章氏丛书三编》,后有系统整理的《章太炎全集》出版。

章太炎以古文经学家的身份,投身推翻帝制的民主革命,其思想非常复杂深

---

① 汤志钧编:《章太炎政论选集》,上册,中华书局1977年版,第199页。
② 鲁迅:《关于太炎先生二三事》,载《鲁迅全集》,第六卷,《且介亭杂文末编》,人民文学出版社2005年版,第567页。
③ 章太炎:《菿汉微言》,载《菿汉三言》,虞云国校点,上海书店出版社2011年版,第49页。

刻。在法治问题上,章太炎同样显示了他的这种深刻性和复杂性。他是专制帝国的反叛者、掘墓人,又是商、韩"法治"的公开辩护人。他是民国的设计者,早在1906年就高呼:"中华民国万岁!"①又是西方代议政治的有力批判者。薛允升、沈家本认为唐律最好,他则认为"上至魏下讫梁"的五朝之法最宽平无害。他和孙中山认识交往很早,其法律思想,两人既有相通之处,也存在重大差别。

一、专以法律为治,反对人治和人法兼治

萧公权认为,章太炎的政治哲学以个人为其中心点。②他平生很难与人合作:写《谢本师》,与老师俞樾绝交;与康、梁先合作后决裂;与孙中山也是这样,反复合作决裂;对袁世凯是先拥护后决裂,好像只有与黎元洪一直交好。他最推崇荀子,荀子是性恶论者,所以他不相信人。由此他既反对人治,也反对人、法兼治,主张"专以法律为治"③的法治。他总结中国历代治乱的经验说:"铺观载籍,以法律为《诗》《书》者,其治必盛;而反是者,其治必衰。"④《诗》《书》就是经典,他要求奉法律为经典,任何人都不得离开法律任意而行。他的论证如下:

第一,古官制发源于法吏,法治早于人治。章太炎以中国古代历史为据考证说:唐虞之世,天子和贵族世侯一起议决政事。由于贵族世侯的地位与天子相差无几,可以单独行使职权,所以天子不能专制。因为天子不能驾驭贵族世侯,于是就起用身边的"奴仆与近侍",把他们引为心腹,名之为"公辅"。他认为,商代的伊尹就是这种人。自商代以后,历朝的御史大夫、尚书令、司徒、司空、侍中、中书令及明清之内阁等,都是作为仆从小臣得到君主信任,从而进位为"公辅"的。这些人以帝王的喜怒和好恶来治理国家,"名为帝师,或曰王佐,其实乃佞幸之尤",根本不依法行事,其结果是祸国殃民。法吏则不同,它的起源远远早于"公辅",是远古战争的产物。战争需要军队,军队必须有申明纪律、审讯俘虏的"法吏";"及军事既解,将校各归其部,而法吏独不废,名曰士师"⑤。所以,远古时代治理民众的官吏只有士师。后来,随着国家机构逐步完备,士师一人已无法治理,于是将士师的职权分开,凡长民者皆称为官吏,这才产生了所谓的官制,可见法治要远远先于人治。

---

① 章太炎:《民报一周年纪念会祝辞》,载汤志钧编:《章太炎政论选集》,上册,中华书局1977年版,第326页。
② 萧公权:《中国政治思想史》,新星出版社2005年版,第572页。
③ 章太炎:《代议然否论》,载汤志钧编:《章太炎政论选集》,上册,中华书局1977年版,第457页。
④ 章太炎:《章太炎全集》(四),上海人民出版社1985年版,第96页。
⑤ 同上书,第92—95页。

第二,荀卿、韩非之说不可易。辛亥革命后,章太炎在追述自己寻求救国之路时说:"遭世衰微,不忘经国,寻求政术,历览前史,独于荀卿、韩非所说,谓不可易。"①他赞扬先秦法家以法治国,执法严明,信赏必罚。"管子治齐,首主法律。以此创业垂统,则中主可以持国矣"②;商鞅、韩非"不踰法以施罪、剿民以任功"③,"政令出内,虽乘舆亦不得违法而任喜怒"。在中国历史上,商鞅和秦始皇都以严刑峻法而为人唾骂。章太炎则为先秦法家的重刑思想辩护。他解释说:中国历史上的重刑有两类。一类是"以刑维其法",即用重刑维护法律之实施,代表人物就是商鞅和韩非。他们行重刑不是"以刑为法之本",而是把重刑作为行法的手段,通过重刑,使法律从上到下得到贯彻实施。因此,这种重刑虽然刑罚很重,如商鞅曾"一日刑七百人以赤渭水",但却是合理的。因为"商鞅行法而秦日富",直至家给人足,道不拾遗,山无盗贼,所以刑虽重而无可非议。另一类是"其鹄惟在于刑",重刑的目的不在保证法律的实施,而在讨好人主,最终满足自己的私欲。这类重刑以汉朝的公孙弘、张汤、赵禹为代表。他们"专以见知、腹诽之法震怖臣下,诛鉏谏士,刈杀豪杰,以称天子专制之意"④。每审一案,"不千金不足以成狱"⑤,因而"张汤行法而汉日贫",以致"盗贼满山"。通过比较,他得出结论:商鞅与张汤等人虽然都行重刑,但商鞅是"知有大法"的重刑;而张汤等则是徒知有"狴狱之制"的重刑。因此,商鞅是政治家行法治,张汤之流则不过是刀笔吏的卑鄙行为而已。要治理好国家,就必须像商鞅、韩非那样"知有大法",而不能学张汤行"狴狱之制"。他还在文章附识中,把商鞅的法治和西方资产阶级的法治进行比较,认为两者"整齐严肃则一也",区别仅在于"轻刑一事"⑥,即商鞅施重刑行法治,西方行轻刑求法治。这种比较显然混淆了两种不同性质的法治。在后续版本中,章氏也删除了这样的附识。

在颂扬法治的同时,章太炎猛烈抨击人治。他指斥董仲舒作《春秋决狱》,"引经附法"为"佞之徒";汉代儒家"往往熹舍法律文明,而援经诛心以为断",无异于"为法之蠹"⑦。他还把黄宗羲提出的"有治法无治人"视为"欺世之谈"。其

---

① 汤志钧编:《章太炎政论选集》,下册,中华书局1977年版,第734页。
② 章太炎:《菿汉微言》,载《菿汉三言》,虞云国校点,上海书店出版社2011年版,第52页。
③ 章太炎:《章太炎全集》(四),上海人民出版社1985年版,第123页。
④ 汤志钧编:《章太炎政论选集》,上册,中华书局1977年版,第69—70页。
⑤ 章太炎:《章太炎全集》(三),上海人民出版社1984年版,第11页。
⑥ 汤志钧编:《章太炎政论选集》,上册,中华书局1977年版,第69—73页。
⑦ 同上书,第42—43页。

根据就是黄宗羲提出这一命题后，又主张学校议政，"使诸生得出位而干政治"①。他认为，诸生在校读书，既非官吏，所学亦非全"刑名"；退一步说，这些人即使学过"刑名"，亦未从政，学业不修而去议政，造成"士侵官而吏失守"②，其结果只能是人治。这就是"过任治人，不任治法"③，从而否定了黄宗羲自己的"有治法无治人"。

章太炎不仅反对人治，而且反对人、法兼治。他批评朱元璋"诵洛、闽儒言，又自谓法家"，儒法相渐，人法并治，愈治愈乱。"任法律而参洛、闽，是使种马与良牛并驷，则败绩覆驾之术也。"④

如前文所述，在章太炎看来，民国要"专以法律为治"，但是章太炎所要的"法律"并不是，或者说主要的并不是西方法律。他对西方法律有很强的排斥心理。早在辛亥革命前，他就说："往时伍廷芳在律例馆，欲尽改清律如美律，日本法家被佣为顾问者笑之。"⑤他说日本专家笑之，实际他同样笑之。所以辛亥革命爆发才回国他就发表宣言说："诸妄主新律者，皆削趾适屦之见，虎皮蒙马之形，未知法律本依习惯而生，非可比傅他方成典。故从前主张新律者，未有一人可用。"⑥章太炎是深受中国古代文化熏陶、熟悉中国历史的思想家。西方法律不能用，传统法律怎么样呢？他赞美商鞅、韩非，商、韩著作只有思想，还未形成完整制度。通过考察中国历代法律，他认为汉代法律，采取董仲舒"春秋诛心之法"，"不可依准"；唐律虽然"文帙完具"，但是承用"十恶"之条，也不可用；"求宽平无害者，上至魏，下讫梁，五朝之法而已"⑦，即指魏、晋及南朝宋、齐、梁五朝的法律。为此，他专门撰写了一篇文章，名为《五朝法律索隐》，指出这五个朝代的法律虽然残缺不全，但"举其封略，则有损上益下之美；抽其条目，则有抑强辅微之心"⑧。主张以五朝之法为主干，再略采他方诸律，互相糅合，就可以制定出既能"庇民"，又可"持国"的好法律。五朝法律好在哪里呢？

一是重生命。其法有二：（1）"父母杀子者，同凡论。"这一条源自晋律。他标举该条，针对的是传统法律中尊长杀死卑幼能够减轻甚至免除刑罚的相关规

---

① 汤志钧编：《章太炎政论选集》，上册，中华书局1977年版，第427页。
② 章太炎：《章太炎全集》（四），上海人民出版社1985年版，第125页。
③ 汤志钧编：《章太炎政论选集》，上册，中华书局1977年版，第427页。
④ 章太炎：《章太炎全集》（四），上海人民出版社1985年版，第122页。
⑤ 汤志钧编：《章太炎政论选集》，上册，中华书局1977年版，第474页。
⑥ 汤志钧编：《章太炎政论选集》，下册，中华书局1977年版，第529页。
⑦ 章太炎：《章太炎全集》（四），上海人民出版社1985年版，第79页。
⑧ 同上书，第85页。

定。(2)"走马城市杀人者,不得以过失杀人论。"这一条也来自晋律。他认为,明知都市人多而跑马伤人,这是故意犯罪。"若无走马杀人之诛,则是以都市坑阱人也。"他由此推及当时的电车,"观日本一岁死电车道上者,几二三千人",惨不忍睹。电车只利富人,无益人民,国家立法不能"惟欲交欢富人,诡称公益,弛其刑诛"。因此,立法应参照晋律,制造电车和使用电车者,处二岁刑。使用电车而轧死人命,车主和车夫都处死刑。

二是恤无告。其法有一:"诸子姓复仇者,勿论。"这一条源自汉魏旧法,"谋杀、故杀、贼杀诸科,官未能理者,听其子姓复仇"。为什么要这样规定?因为"法吏断狱,必依左证报当,左证不具,虽众口所欲杀,不得施。如是,狡诈者愈以得志,而死者无有可申之地"。为使恶有所报,冤有所伸,这条法律应该保留。但复仇要有限制,只有被害者的"子姓"即直系卑亲属才能复仇,不是"子姓",以及"屯聚相杀"者,不许复仇。

三是平吏民。其法有二:(1)"部民杀长吏者,同凡论。"这一条是魏晋相承之律。立法理由是,"盖法律者,左以庇民,右以持国。国之所以立者,在其秩分,秩分在其官府,不在其任持官府者。故谋反与攻盗库兵,自昔皆深其罪。及夫私人相杀,虽部民、长吏何择焉?"魏晋以后,这条法律被修改,部民杀长吏不再同凡科断。现在是"此省此道之民,杀彼省彼道之吏,亦与部民杀长吏同科",完全违反法律"庇民"之意。他认为,推翻清朝以后,如实行民主制,官民之间已无等级之分,民杀官理应和一般人相杀一样论罪。如行君主立宪制,"部民杀长吏,亦当取魏、晋旧律,悉同凡论"。齐民杀官吏及君主的亲属,与此相同。(2)"官吏犯杖刑者,论如律。"这一条源自梁律。他主张将官员犯某罪杖多少笞多少,制成法律条文,官吏不准用罚俸、贬官代替笞杖,必须实杖实笞。他指出,自秦始皇统一中国后,"民无贵贱矣",礼可下庶人,刑也要上大夫。要废笞杖,则官民同废;如要保留,就不能"独用于民,不用于吏"。官民都要同笞同杖。

四是抑富人。其法有二:(1)"商贾皆殊其服。"这一条来自晋令。商人须戴头巾,额上写明住所、姓名,一脚穿白鞋,一脚穿黑鞋,以便区别身份,使"兼并者,不得出位而干政治;在官者,亦羞与商人伍"。他认为中国的国情是"贵均平、恶专利、重道艺、轻贪冒"。商人喜专利,爱贪冒,因此应该抑制。国家不能没有商人,但商是末,农、工才是本。所以立法时,晋令仍然可以效法。(2)"常人有罪不得赎。"①

---

① 章太炎:《章太炎全集》(四),上海人民出版社1985年版,第79—86页。

正是由于五朝之律具有重视生命、体恤求告无门的弱势群体、注意调剂官民穷富之间的差异,最大程度上体现了宽平无害之精神,新生共和国的法律应于此借鉴。

二、反对专制和代议制

早在革命时期,章太炎即为未来民国设计了法治方案。辛亥革命前,章太炎就著文解说"中华民国"一词。他主张民主共和,坚决反对君主专制制度。但他的"中华民国",不是西方的代议制民主共和国,而是一独具特色的民主共和国。

他反对君主专制,认为只有国民才是国家的主人,统治者应该尽公仆保护人民之责,按照人民的意志治理国家。但是,专制统治者不是这样,他们以摧残屠杀人民为快,是"群盗之尤无赖者"①。他号召大家奋力颠覆清政府,推翻专制制度,建立由人民当家作主的"中华民国"。他认为这是时势之必然:"在今之世,则合众共和为不可已","以合众共和结人心者,事成之后,必为民主。"②

他的反专制和反满紧密联系。他认为,清王朝"非我族类,不能变法当革,能变法亦当革;不能救民当革,能救民亦当革"③。甚至认为,革命就是"光复"。他和蔡元培、陶成章等组织的"光复会",宗旨就是"光复中国之种族""光复中国之州郡""光复中国之政权",以"革命"之名,行"光复"之实。④ 在《正仇满论》《定复仇之是非》等文章及演说中,为了激发汉族人民反对满族的情感,"扬州十日""嘉定三屠"之类的言论随处可见。但他同时又强调其反满排满,仅仅"排其皇室""排其官吏""排其士卒"⑤,并不"屠夷满族,使无孑遗"或"奴视满人不与齐民齿叙"。一旦倾覆清政府,满族人民和汉族人民一样,"农商之业,任所欲为;选举之权,一切平等"⑥。在他看来,排满就意味着反对君主专制。他说:"夫排满洲即排强种矣,排清主即排王权矣。"⑦其次,他的"排满"思想中,更包含反帝内容。他认为"西人之祸吾族,其酷烈千万倍于满洲"⑧,强烈反对外国侵略者强迫中国签订的各种不平等条约以及强迫中国接受的领事裁判权,尤其痛恨清政府处理涉外

---

① 汤志钧编:《章太炎政论选集》,上册,中华书局1977年版,第229页。
② 章太炎:《章太炎全集》(四),上海人民出版社1985年版,第180页。
③ 汤志钧编:《章太炎政论选集》,上册,中华书局1977年版,第233页。
④ 同上书,第309页。
⑤ 章太炎:《章太炎全集》(四),上海人民出版社1985年版,第269页。
⑥ 汤志钧编:《章太炎政论选集》,上册,中华书局1977年版,第519—520页。
⑦ 章太炎:《章太炎全集》(四),上海人民出版社1985年版,第274页。
⑧ 汤志钧编:《章太炎政论选集》,上册,中华书局1977年版,第432页。

案件的立场。他指出,清政府投降卖国,所以为了反帝以维护民族独立就必须反满。

章太炎反对专制,主张共和,认为共和政体是所有政体中祸害最轻的政体,但是他同时也反对西方的代议制,反对建立在代议制之上的君主立宪和民主立宪,并为此而专门撰写《代议然否论》长文①。民主立宪是西方现代国家的标志。行政、立法、司法三权分立,是民主宪政的基石。没有议会的宪政民主国是不可思议的民主国。但是,他却为这种民主国做了一个详细的论证。他反对代议制的理由主要有三点:

第一,代议乃封建遗制,不适合平等社会。他把能否"伸民权"作为评价政体好坏的标准。"代议政体非能伸民权,而适埋郁之"。不行代议,只有政府与公民两个等级;行代议则议院横于政府和公民之间,政府多了一个"牵掣者",公民多了一个"抑制者"。因此,他认为代议政体实际上是封建制的变相。君主国行代议,议院中"上必有贵族院,下必审谛户口、土田、钱币之数,至纤至悉,非承封建末流弗能"。②民主国行代议,"虽代以元老,蜕化而形犹在"③,仍然是封建之变种。所以不论君主、民主,代议制在中国都不能用。"君主之国有代议,则贵贱不相齿;民主之国行代议,则贫富不相齿"④。就法律而言,"凡法自上定者,偏于拥护政府;凡法自下定者,偏于拥护富民"。"今使议院尸其法律,求垄断者,惟恐不周,况肯以土田平均相配?"⑤也就是说,议会所立之法根本不会考虑平民利益。

第二,代议政体不适合中国国情。章氏认为,代议制西方可行,日本可行,中国则不可行,因其不合中国国情。其一是欧美、特别是日本距封建近,中国距封建远。"去封建远者,民皆平等,去封建近者,民有贵族黎庶之分。"⑥欧美和日本从封建下解脱出来,更立宪政,即使很不理想,也能接受。中国已经统一了两千年,"秩级已弛",人民早已"等夷"(平等),"名曰专制,其实放任也"。西方有些学者就常说中国人是最自由之人。既有自由,现在却把一个议院横插进来,所选议士又多是"废官豪民"⑦,这是抑民权,而非伸民权。据此,他认为,与其效法西方立宪,"使民有贵族黎庶之分",还"不如王者一人柄权于上"。其二是,中国地广

---

① 章太炎:《章太炎全集》(四),上海人民出版社1985年版,第300—311页。
② 同上书,第185页。
③ 同上书,第300页。
④ 同上书,第306页。
⑤ 同上书,第305页。
⑥ 同上书,第300页。
⑦ 同上书,第185页。

人众,无法行代议。仅就选举而言,代议就不可行。若搞通选,中国地广,2400万"平方里",州县1400,人口4.2亿有余。如仿日本13万人选一议员,则中国当选议员须有3200多人。这么多的议员,根本无法讨论政事。"列国议员无有过七百人者",中国以此为限,则60万人才能选一人。"数愈阔疏,则众所周知者愈在土豪","是故选举法行,则上品无寒门,而下品无膏粱,名曰国会,实为奸府,徒为有力者傅其羽翼",老百姓却一无所得。限选也一样行不通,如果以识字为标准,那么中国十人中只有三人识字,便有七人无选举权。如以纳税为标准,由于贫富不均,选举权就会集中到富庶的东南江浙一带。而革命党人大多因"游异国","不治生产",虽"素知法律",并"略有政见",却"反无尺寸选举之柄",也将被排斥于选举之外。分析了各种选举办法之后,他得出结论说:"是故通选亦失,限选亦失,单选亦失,复选亦失,进之则所选必在豪右,退之则选权堕于一偏。要之,代议政体必不如专制为善。满洲行之非,汉人行之亦非;君主行之非,民主行之亦非。上天下地,日月所临,遗此尘芥腐朽之政,以毒黎庶"①,中国决不能行代议。

第三,议员不能代表民意。章太炎反对君主专制,要求以民选大总统代替君主,但又不同意设代议士。在他看来,"置大总统则公,举代议士则戾"。议员不能代表民意。他解释说,选举之目的在"伸民权,宣民志"。"总统之选",废官豪右无法把持,被选者往往有功有才有德。议员则不然,可以借权势及其他种种手段获选。竞选时许诺选民,当选后置选民之意于不顾。"选人一朝登王路,坐而论道,惟以发抒党见为期,不以发抒民意为期,乃及工商诸政,则未有不徇私自环者。欧洲诸国中选者,亦有社会民主党矣。要之,豪右据其多数,众寡不当则不胜,故议院者,民之仇非民之友"②。更有甚者,成为议员后,"在乡里有私罪,不得举告,其尊与帝国之君相似",俨然"议皇"。中国"不欲有一政皇,况欲有数十百议皇耶"?③

章太炎坚决反对代议制,但并不因此而否定民主共和,只是想在代议制之外,根据中国国情,改弦更张,另起炉灶,建立一个较少祸害的共和政制。他的具体办法,就是分四权与"置四法"。具体内容如下:

分四权,即行政、立法、司法三权,再加上教育权。辛亥革命后,他对四权又做了修正,并增加了纠察权。他在解释行政、教育、纠察三权时说:行政除大总统

---

① 章太炎:《章太炎全集》(四),上海人民出版社1985年版,第300—304页。
② 同上书,第305—306、309—310页。
③ 同上书,第306页。

外,其他不由人民选举。大总统要限制其权,"以防民主专制之弊"①。甚至主张学法国,"使首辅秉权,而大总统处于空虚不用之地"。教育不应随内阁为进退,教育宗旨定后不宜常变,聘任教授必须看其是否具有专门学识,政府不得干涉而设。建纠察院或督察院,由"骨鲠之人"②担任纠察,监督行政、立法两部。经过章太炎修正后的五权,与孙中山的五权相近。区别在于孙主考试独立,章主教育独立;孙的五权名为五权宪法,章则不冠"宪法"。此外,五权产生的方式方法也不尽相同,但两者都强调民权。

为了弥补共和制的缺陷,除分四权外,章太炎还"当置四法以节制之"。四法是:"一曰均配土田,使耕者不为佃奴。"③这一主张含有土地国有之意。章太炎主张耕者有其田,并力图把这个原则推广到畜牧、山林、盐井等行业。但后来他考虑到,"至若土地国有,夺富者之田以与贫民,则大悖乎理;照田价悉由国家收买,则又无此款,故绝对难行",遂主张"限制田产"。④ "二曰官立工厂,使佣人得分赢利。三曰限制相续,使富者不传子孙。"⑤所谓"相续",即指继承。"四曰公散议员,使政党不敢纳贿。"章太炎对"公散议员"有一基本观点,即议员"大抵出于豪家,名为代表人民,其实依附政党,与官吏相朋比,挟持门户之见,则所计不在民生利病,惟便于私党之为"。所以他说:"议院者,受贿之奸府;富民者,盗国之渠魁。"要求给人民以解散议院之权。⑥

章太炎的分四权置四法,旨在"抑强辅微"⑦、抑官伸民、抑富振贫,防止贫富悬殊和防止官僚资本垄断国计民生,与孙中山的"平均地权""节制资本"基本相通。其中虽有些不合时代要求,但某些见解很独到也很深刻。例如,他的轻谋反罪的主张、限制官商勾结的主张等。他自己也很看重他的这些主张,用他的话说,叫做"君权可制矣,民困可息矣"⑧。

三、中华民国成立后的法治方案

武昌起义爆发后,章太炎希望联络各方面的反清力量,推进筹议中的临时共

---

① 汤志钧编:《章太炎政论选集》,下册,中华书局1977年版,第532页。
② 同上书,第540页。
③ 章太炎:《章太炎全集》(四),上海人民出版社1985年版,第430页。
④ 汤志钧编:《章太炎政论选集》,下册,中华书局1977年版,第533页。
⑤ 章太炎:《章太炎全集》(四),上海人民出版社1985年版,第430页。
⑥ 同上书,第430—431页。
⑦ 同上书,第85页。
⑧ 同上书,第308页。

和政府的建立,提出了"革命军起,革命党消"的口号,表明他于革命进行之时已在思考革命成功后的政法建设问题,故其主张为当时各派政治势力所关注,产生了重大影响。① 但不管是在南京临时政府时期,还是袁世凯北京政府时期,他的法治方案根本就无法实际操作,不得不与现实妥协,进行某些修正和调整。如他所坚决反对的代议制:"吾前在日本,逆知代议制度不适于中土;其后归国,竟噤口不言者,盖以众人所咻,契约已定,非一人所能改革。且国会再被解散,言之惧为北方官僚张目,故长此默尔而已。"② 1911 年 12 月 1 日,他回国不久,就发表宣言:"逮北廷既覆以后,建设真正共和政府,然后与议员以大权,未晚也。"③ 这说明他已同意设议员。

1912 年 1 月 3 日,他的《中华民国联合会第一次大会演说辞》,比较系统地阐述了他为新成立的中华民国设计的法治方案:

> 中国本因旧之国,非新辟之国,其良法美俗,应保存者,则存留之,不能事事更张也……惟置大总统,限制其权,以防民主专制之弊,宜与法之制度稍近。至行政官,除大总统外,不由人民选举。行政部应对议院负完全责任,不宜如美之极端分权。对于外藩,仍应行统属主义,俟言语生业同化后,得与本部政权平等。三权分立之说,现今颇成为各国定制,然吾国于三权而外,并应将教育、纠察二权独立。盖教育与他之行政,关系甚少,且教育宗旨定后,不宜常变,而任教授者,又须专门学识,故不应随内阁为进退。纠察院自大总统、议院以至齐民,皆能弹劾,故不宜任大总统随意更换……惟国家社会主义,乃应仿行,其法如何? 一、限制田产,然不能虚设定数,俟查明现有田产之最高额者,即举此为限。二、行累进税,对于农工商业皆然。三、限制财产相续,凡家主没后,所遗财产,以足资教养子女及其终身衣食为限,余则收归国家。④

1912 年 1 月 4 日,他发表的《大共和日报发刊辞》批评英、美、法宪政说:"民主立宪、君主立宪、君主专制,此为政体高下之分,而非政事美恶之别。专制非无良规,共和非无秕政。我中华民国所望于共和者,在元首不世及,人民无贵贱……非欲尽效法兰西、美利坚之治也。议院之权过高,则受贿鬻言,莫可禁制;

---

① 参考杨天宏:《政党建置与民初政制走向——从"革命军起,革命党消"口号的提出论起》,载氏著:《革故鼎新:民国前期的法律与政治》,生活·读书·新知三联书店 2018 年版,第 219—262 页。
② 汤志钧编:《章太炎政论选集》,下册,中华书局 1977 年版,第 788 页。
③ 同上书,第 527 页。
④ 同上书,第 532—533 页。

联邦之形既建,故布政施法,多不整齐。臧吏遍于市朝,土豪恣其兼并,美之弊政,既如此矣;法人稍能统一,而根本过误,在一意主自由……其政虽齐,无救于亡国灭种之兆。"①他显然不理解西方国家的分权,更不理解西方国家的权力制衡。

1912年9月,他在《新纪元星期报发刊辞》中再次阐述说:"夫制大法者,当察于历史,不在法理悬谈;求民情者,当顺于编氓,不在豪家荡子。余向者提倡革命,而不满于代议。以为代议之制,满人行之非,汉人行之亦非;君主行之非,民主行之亦非。是时所痛心疾首者,盖在君主立宪。至于今,幸而小成,君主世及之制已移,独立宪未能拨去。末流狂醉,崇贵虚华,不悟外人所讥专制者,皆有神权贵族把握其间,以为国蠹,而中国唐、宋、明盛时,其专制固绝异是,比例悬殊,不得引以拟议。清之失政,在乎官常废弛,方镇秉权,则适与专制相反……矫清之弊,乃在综核名实,信赏必罚,虽负虿尾之谤可也;若制宪法以为缘饰,选议员以为民仪,上者启拘文牵义之渐,下者开奔竞贿赂之门……然则议员之为民贼,而宪政之当粪除,于今可验,吾言亦甚信矣。"元首由选举产生,"故余以为官制刑书,粲然布列,则宪法可以无作……宪法者出于国会,国会者决于多数,彼其自谋权利至矣,胡肯降心以相从哉!"②继续反对议员宪法。"中国之有政党,害有百端,利无毛末","夫政党本为议院预备,而议院即为众恶之原"。③"光复以来,号称平等,而得志者,惟在巨豪、无赖。人民无告,转甚于前,菇痛含辛,若在囹圄。"④

以上即为章氏民国成立时的法治方案。这个时期,他拥袁反孙,把希望寄托在袁世凯身上。但是,他找错了对象。袁世凯是乱世枭雄,他要的是"和尚打伞,无法无天",最不喜欢的是法律的约束和限制。革命大文豪章太炎让他做有名无实大总统,显然是痴人说梦。袁世凯不仅要做集权大总统,要做终身专制总统,最后还要做洪宪皇帝。现实残酷,理想破灭。上当受骗的大文豪无路可走,只好大闹新华门,一泄心中激愤。

四、军阀割据下的联省自治

袁世凯去世,章太炎的人身自由恢复了。但是,全国的政治重心也没有了。

---

① 汤志钧编:《章太炎政论选集》,下册,中华书局1977年版,第537页。
② 同上书,第624—625页。
③ 同上书,第648页。
④ 同上书,第595页。

北方军阀打仗抢地盘,北京政府听由有势力的军阀摆布。南方广州护法,也是军阀角力。章氏南下,再度与孙中山合作。但是,他没有与孙中山合作建党,走党治之路,而是联省自治。他是当时联省自治的有力鼓吹者。

1920 年 11 月 9 日,他发表《联省自治虚置政府议》,正式提出他的联省自治主张。他认为:"民国成立以来,九年三乱。"为什么会这样呢?原因就是中央权力太大、太集中:"然近世所以致乱者,皆由中央政府权藉过高,致总统、总理二职为夸者所必争,而得此者,又率归于军阀。攘夺一生,内变旋作,祸始京邑,鱼烂及于四方。非不豫置国会,以相监察,以卵触石,徒自碎耳。"①军阀争夺中央权力,是内乱外患的根源。面对这种现状,他的药方是两味:各省自治和虚置中央。

在各省自治上,他说,"今所最痛心者,莫如中央集权,借款卖国,驻防贪横,浚民以生,自非各省自治,则必沦胥以尽"。②具体做法是:"自今以后,各省人民,宜自制省宪法,文武大吏,以及地方军队,并以本省人充之;自县知事以至省长,悉由人民直选;督军则由营长以上各级军官会推。令省长处省城,而督军居要塞,分地而处,则军民两政,自不相牵。其有跨越兼圻,称巡阅使,或联军总司令者,斯皆割据之端,亟宜划去。此各省自治之大略也。"③

其次是中央,"欲为中国弭乱,则必有大改革焉。所改革者云何?曰约法(天坛宪法亦同)、国会、总统是。约法偏于集权,国会倾于势力,总统等于帝王,引起战争,无如此三蠹者。三蠹不除,中国不可一日安也。"④具体做法是:"今宜虚置中央政府,但令有颁给勋章、授予军官之权;其余一切,毋得自擅。军政则分于各省督军,中央不得有一兵一骑。外交条约则由各该省督军省长副署,然后有效。币制银行,则由各省委托中央,而监督造币、成色审核、银行发券之权,犹在各省。如是,政府虽存,等于虚牝,自无争位攘权之事。联省各派参事一人,足资监察,而国会亦可不设,则内乱庶其弭矣。"⑤

袁世凯称帝后,已与孙中山分裂的章太炎,终于再次与孙中山合作。袁死后他南下广州就职,就是这种合作的表现。但是,两人的理念始终不合。孙中山以俄为师,倡导党治,并将之付诸实践,影响后来极大。章氏鼓吹各省自治、联省自治,真诚爱国,用意良苦,但极易为地方军阀割据所用,几年之后,烟消云散。

---

① 汤志钧编:《章太炎政论选集》,下册,中华书局 1977 年版,第 752 页。
② 同上书,第 755 页。
③ 同上书,第 752 页。
④ 同上书,第 756 页。
⑤ 同上书,第 752—753 页。

鲁迅是章太炎的学生,他对这位老师的评价是"有学问的革命家"①。这个评价很到位。章太炎确实是一位深受中国传统文化的影响,从旧营垒中杀出来的思想家、革命家。辛亥革命时期,在政治上,康有为、梁启超主张改良,他主革命;学术上,康梁习今文经学,他则习古文经学。无论是政治还是学术,双方都形同水火。《驳康有为论革命书》如行云流水,震动人心。"要之,拨乱反正,不在天命之有无,而在人力之难易。"②"然则公理之未明,即以革命明之;旧俗之俱在,即以革命去之。革命非天雄、大黄之猛剂,而实补泻兼备之良药矣!"③直到现在,读这些文字,还觉得虎虎生威,仿佛身处千军万马之间。所以鲁迅说读他这个时期的文章"令人神往"④。我们看不到康有为的答复,可能也是他无法回答。这就是有学问的革命家的章太炎。对章太炎的学问源流,李泽厚认为:"章太炎最初'所持论不出《通典》《通考》《资治通鉴》诸书,归宿则在孙卿韩非'(《章太炎自编年谱》)。后来又以佛学唯识宗为主,企图将道、儒、法和西方哲学等等熔为一炉。"⑤并认为,"在如此庞杂繁多的议论和思想变化过程中,当然会有极多的先后出入和自相矛盾。一生针对那么多的问题,发了那么多的议论,又接受吸取那么多的学派思想的影响,如果其思想、主张、言论、行为以及政治态度等等没有矛盾变化,倒是非常奇怪的事了。"⑥

作为思想家革命家,章太炎的思想确实充满矛盾。他具备传统的"士可杀不可辱"的大无畏担当精神,认定方向便百折不回。谢本师、断发绝交、苏报案、日本官方封民报、拥孙反孙、拥袁反袁,最后到晚年反蒋抗日。虽然他参加了这么多的社会政治活动,但他是有学问的革命家。因为有学问,所以他比其他人看得多、看得深、看得远、看得更全面,因而对中国的未来满腹疑虑困惑。他的法律思想以及设计出来的法治方案就是这种疑虑困惑的产物,这是时代的疑虑困惑在他身上的反映。他处在国家民族危亡、社会前所未有的大转型时代。国家民族危亡,是因外国帝国主义的侵略:"至于帝国主义,则寝食不忘者,常在劫杀。虽磨牙吮血,赤地千里,而以为义所当然。"⑦之所以中国会遭受列强侵略,是因为专

---

① 鲁迅:《关于太炎先生二三事》,载《鲁迅全集》,第六卷,《且介亭杂文末编》,人民文学出版社 2005 年版,第 566 页。
② 章太炎:《章太炎全集》(四),上海人民出版社 1985 年版,第 179 页。
③ 同上书,第 181 页。
④ 鲁迅:《关于太炎先生二三事》,载《鲁迅全集》,第六卷,《且介亭杂文末编》,人民文学出版社 2005 年版,第 566 页。
⑤ 李泽厚:《中国近代思想史论》,人民出版社 1979 年版,第 388 页。
⑥ 同上书,第 389 页。
⑦ 章太炎:《章太炎全集》(四),上海人民出版社 1985 年版,第 438 页。

制帝制。专制帝制的顶端是满族皇帝。所以他反满、反专制帝制、反外国侵略，希望用民主共和取代专制帝制。民主共和的标志是代议政治。代议政治在当时的西方国家呈现腐朽没落之态。他看得很清楚，所以他力批代议。在当时的思想家、革命家中，孙中山和他一样看到代议政治的弊病，故孙中山创造了五权宪法。这正是其分权模式与孙中山五权宪法相接近的原因。但同时可想见，时人对孙中山的五权因无法操作都不能接受，章太炎的方案因为更无法操作，也就更无人过问了。

　　萧公权把章太炎的政治思想总结为三大端：民族、民权和个人主义。① 在民权思想方面，章太炎认定凡政府皆罪恶，但人类又不能没有政府，因此只能选择祸害最小的没有代议的共和政体。从前面的分析可以看出，他反代议，也反皇权专制，而不反民权共和。他认为，代议之外更好更完善的民权制度是分四权、宣民意、置四法实行法治。实行法治是他的民权思想的最大特点。但是，他对西方法治有重大误解，实际上他不清楚中西法治的区别何在。他强烈主张"专以法律为治"，认为专制共和，皆以任法而成，皆以不任法而败。共和而不守法，其弊不下于专制。这些见解都很深刻很独到。但是，他没有论证专制与共和在所任之法、所守之法方面的本质上的差别。专制所任所守之法是黄宗羲所说的"一家之法""非法之法"；沈家本也认为商韩法治是"专制之尤"。同时章太炎也更不明白，不守法不任法的民权共和，不是真民权共和，而是假民权共和。这是他的法治思想和制度设计的致命伤。

　　这不仅是章太炎一个人的致命伤，从更大的视野看，也是近代中国施行法治的致命伤，是转型中国制度演变的必然。民主法治的建立需要长时间的打造，专制法治不可能因为武昌起义的一声枪响而变为民主法治。这是章太炎"专以法律为治"的法治赖以产生的真正原因，也是帝国倒塌民国建立而没有出现民主法治的根本原因。

参考阅读材料

《国民政府建国大纲》

孙中山

一、国民政府本革命之三民主义、五权宪法，以建设中华民国。

---

① 参考萧公权：《中国政治思想史》，新星出版社2005年版，第559—581页。

二、建设之首要在民生。故对于全国人民之食衣住行四大需要,政府当与人民协力:共谋农业之发展,以足民食;共谋织造之发展,以裕民衣;建筑大计划之各式屋舍,以乐民居;修治道路运河,以利民行。

三、其次为民权。故对于人民之政治知识能力,政府当训导之,以行使其选举权,行使其罢官权,行使其创制权,行使其复决权。

四、其三为民族。故对于国内之弱小民族,政府当扶植之,使之能自决自治。对于国外之侵略强权,政府当抵御之;并同时修改各国条约,以恢复我国际平等、国家独立。

五、建设之程序分为三期:一曰军政时期;二曰训政时期;三曰宪政时期。

六、在军政时期,一切制度悉隶于军政之下,政府一面用兵力以扫除国内之障碍,一面宣传主义以开化全国之人心,而促进国家之统一。

七、凡一省完全底定之日,则为训政开始之时,而军政停止之日。

八、在训政时期,政府当派曾经训练考试合格之员,到各县协助人民筹备自治。其程度以全县人口调查清楚,全县土地测量完竣,全县警卫办理妥善,四境纵横之道路修筑成功,而其人民曾受四权使用之训练,而完毕其国民之义务,誓行革命之主义者,得选举县官以执行一县之政事,得选举议员以议立一县之法律,始成为一完全自治之县。

九、一完全自治之县,其国民有直接选举官员之权,有直接罢免官员之权,有直接创制法律之权,有直接复决法律之权。

十、每县开创自治之时,必须先规定全县私有土地之价。其法由地主自报之,地方政府则照价征税,并可随时照价收买。自此次报价之后,若土地因政治之改良、社会之进步而增价者,则其利益当为全县人民所共享,而原主不得而私之。

十一、土地之岁收,地价之增益,公地之生产,山林川泽之息,矿产水力之利,皆为地方政府之所有,而用以经营地方人民之事业,及育幼、养老、济贫、救灾、医病与夫种种公共之需。

十二、各县之天然富源与及大规模之工商事业,本县之资力不能发展与兴办,而须外资乃能经营者,当由中央政府为之协助;而所获之纯利,中央与地方政府各占其半。

十三、各县对于中央政府之负担,当以每县之岁收百分之几为中央岁费,每年由国民代表定之;其限度不得少于百分之十,不得加于百分之五十。

十四、每县地方自治政府成立之后,得选国民代表一员,以组织代表会,参预中央政事。

十五、凡候选及任命官员，无论中央与地方，皆须经中央考试铨定资格者乃可。

十六、凡一省全数之县皆达完全自治者，则为宪政开始时期，国民代表会得选举省长，为本省自治之监督；至于该省内之国家行政，则省长受中央之指挥。

十七、在此时期，中央与省之权限采均权制度。凡事务有全国一致之性质者，划归中央；有因地制宜之性质者，划归地方。不偏于中央集权或地方分权。

十八、县为自治之单位，省立于中央与县之间，以收联络之效。

十九、在宪政开始时期，中央政府当完成设立五院，以试行五权之治。其序列如下：曰行政院；曰立法院；曰司法院；曰考试院；曰监察院。

二十、行政院暂设如下各部：一、内政部；二、外交部；三、军政部；四、财政部；五、农矿部；六、工商部；七、教育部；八、交通部。

二十一、宪法未颁布以前，各院长皆归总统任免而督率之。

二十二、宪法草案当本于建国大纲及训政、宪政两时期之成绩，由立法院议订，随时宣传于民众，以备到时采择施行。

二十三、全国有过半数省分达至宪政开始时期，即全省①之地方自治完全成立时期，则开国民大会，决定宪法而颁布之。

二十四、宪法颁布之后，中央统治权则归于国民大会行使之，即国民大会对于中央政府官员有选举权、有罢免权，对于中央法律有创制权、有复决权。

二十五、宪法颁布之日，即为宪政告成之时，而全国国民则依宪法行全国大选举。国民政府则于选举完毕之后三个月解职，而授政于民选之政府，是为建国之大功告成。②

【讨论思考题】

1. 如何看待孙中山对中国传统法律和司法的批判？
2. 试分析孙中山从法治向党治的转变历程。
3. 章太炎的分权理论和孙中山的分权理论有何区别？
4. 为什么孙中山和章太炎都对西方的代议制提出了批评？试比较其批评根据之异同。

---

① 案："省"字应为"国"字之误。
② 此乃孙中山起草后提交国民党一大于1924年1月23日审议通过，事后的手写件。载《孙中山全集》，第九卷，中华书局1986年版，第126—129页。

后　记

　　本书为高等院校法学专业课教材。既然是教材,就有一定的标准。这个标准就是必须比较完整、系统地阐述该学科最主要的内容,讲授最基本的知识。目前,中国法律思想史教材在国内是汗牛充栋。各种教材基本内容相似,但是各部分内容的详略、重点内容的比例、结构编排体例则各不相同。学术要有所发展,必须注重学术传承,在此基础上推陈出新。职此之故,本书对张国华先生所著的《中国法律思想史新编》(北京大学出版社1998年版)多有借鉴,张老师关于中国法律思想史课程重点在社会大转型时期的观点、对先秦诸子法律思想的见解,在本书中皆有不同程度的体现。但本书仍有如下显著特点:

　　第一,引文尽量用白话表述。本书正文对古文献资料的引文,除少量需要用原文表述者之外,大部分引文都尽量口语化,以方便读者理解,提高其学习兴趣。

　　第二,重其所重,轻其所轻。每一门学科根据教学研究者对该学科的把握,都有其所认为的重点内容,此不足为异。当年钱穆先生在北京大学讲授中国通史,认为"委悉周备"不如"简明扼要"之为难。这的确是个中经验之谈,在大学认真讲授任何一门学科,可能都是如此。中国法律思想史虽为中国通史内一专门史,既要照顾"委悉周备",又要做到"简明扼要",也非易事,故取舍必有一标准。那我们这个教材取舍的标准是什么呢?中国法律思想史是"思想"的史。"思想"是人所独具的,而人的思想以社会转型期最为丰富多彩。因此,社会转型期思想家的思想一般都是思想史的重点,法律思想史自不例外。中国社会发展至今,有两次最大的转型期,即春秋战国和1840年鸦片战争以后的近现代。因此,本书突出这两个时期的法律思想,是谓重其所重。公元前221年秦王朝建立至1840

年鸦片战争爆发,是中国漫长的君主专制社会。在这期间,社会定型,思想相对凝固。在法律思想上,原创性思想较少,阐说前人思想较多。因此,本书减少这一时期的内容,是谓轻其所轻。

第三,尽量吸收本学科的前沿知识。最近十来年的时间,中国法律史学界的学术研究,既拓宽了研究领域,原有的研究领域又有所深化。这主要得益于一些新材料的发掘和新研究方法的借鉴和运用。鉴于此,著者尽量吸收这些最新的研究成果,力争在本教材中有所反映。

第四,每章之后附录参考阅读材料和思考题目。治学,尤其是史学,不可空腹为之。有一分证据说一分话;追求独立思考,必须是建立在材料和证据的基础上才有可能,否则即沦为臆想、化为私见。所以,我们选择了一些思想家最有代表性的有关法律思想的论述作为参考阅读材料,让读者与正文互相阐证。为学最重独立思考,我们每章列出思考题,仅仅是想为初学者点一下思考之方向,读者千万不要以此自限。

第五,本书的注释特别注重学术性。撰写教材,其内容之深浅当以一般学生之水准为衡,但此乃抽象而言。具体到学生个人,则有程度高下之别,学习目标之异。本书为照顾那些对本课程有一些钻研兴趣,尤其是那些希望以此为方向准备研究生考试学习的读者,撰写了以查照基本材料、了解大概研究状况为内容的注释,希望能有所帮助和提示;一般学生则可略过此等注释,集中关注正文即可。

本书之内容主要来自两位作者在北大法学院多年教学之讲义,先由李启成教授进行了重写、改订,最后经李贵连教授审阅。

修订三版后记

本书自修订再版后，又有一些新的资料整理成果和少量研究论著面世，足以匡正某些既有论述的不准确之处。近些年，著者在北大法学院跟研究生们一起研读儒家传世经典，略有寸进，进而对近代的礼法之争有了一些新的思考。这些新的思考，虽尚不成系统，但对某些涉及价值判断之字句，有再加斟酌的必要。有鉴于此，在编辑玉琢的建议下，再次予以修订。此次修订，内容涉及一些对儒家法思想、礼法两派评价的微调。主要修订是所引证资料之来源和正文字句之梳理订讹。后面这部分主要是由玉琢完成。该工作不仅需要较深厚的学养，更得有做好书之"正心诚意"，其费时费力，自不待言。阳明先生曾讲："夫道，天下之公道也。学，天下之公学也。非朱子可得而私也，非孔子可得而私也。"故以文字致谢，不免蛇足。是为记。

李启成

2023年3月下旬